孙昌武文集

7

佛教与中国文学

中华书局

图书在版编目（CIP）数据

佛教与中国文学/孙昌武著. —北京：中华书局,2019.7（2024.11
重印）
（孙昌武文集）
ISBN 978-7-101-13649-4

Ⅰ.佛⋯　Ⅱ.孙⋯　Ⅲ.佛教-关系-中国文学-研究
Ⅳ.①B94②I206

中国版本图书馆 CIP 数据核字（2018）第 295416 号

书　　　名	佛教与中国文学
著　　　者	孙昌武
丛 书 名	孙昌武文集
责任编辑	葛洪春
责任印制	管　斌
出版发行	中华书局
	（北京市丰台区太平桥西里 38 号　100073）
	http://www.zhbc.com.cn
	E-mail:zhbc@ zhbc.com.cn
印　　　刷	北京建宏印刷有限公司
版　　　次	2019 年 7 月第 1 版
	2024 年 11 月第 2 次印刷
规　　　格	开本/920×1250 毫米　1/32
	印张 13　插页 2　字数 310 千字
国际书号	ISBN 978-7-101-13649-4
定　　　价	73.00 元

孙昌武文集
出版说明

孙昌武先生,一九三七年生,辽宁省营口市人。南开大学教授,曾在亚欧和中国港台地区多所大学担任教职和从事研究工作。

孙先生治学集中在两个领域:中国古典文学和中国宗教文化。孙先生学术视野广阔,熟谙传统典籍和佛、道二藏,勤于著述,多有建树,形成鲜明的学术特色。所著《柳宗元传论》(人民文学出版社,1982)、《佛教与中国文学》(上海人民出版社,1988)、《道教与唐代文学》(人民文学出版社,2001)、《中国佛教文化史》(中华书局,2010)、《禅宗十五讲》(中华书局,2017)等推进了相关学术领域研究,在国内外广有影响;作为近几十年来中国传统文化研究成果,世所公认,垂范学林。

孙先生已年逾八秩。为总结并集中呈现孙先生学术成就,兹编辑出版《孙昌武文集》。文集收录孙先生已出版专著、论文集;另增加未曾出版的专著《文苑杂谈》、《解说观音》、《僧诗与诗僧》三种;孙先生在国内外学术刊物发表的论文未曾辑入论文集的,另编为若干集收入。孙先生整理的古籍、翻译的外国学者著作,不包括在本文集内。中华书局编辑部对文字重新进行了审核、校订,庶作为孙先生著作定本呈献给读者。

北京横山书院热心襄助文化公益事业,文集出版得其资助,谨致谢忱。

中华书局编辑部

二〇一九年五月

目　录

前　言

　　本书是佛教对于中国文学发展影响的历史的、概括的"描述"。"描述"重点在佛教信仰、佛教思想如何作用于中国文人的文学创作方面。

　　宗教是人类历史上的重要现象,是一种主要的社会意识形态。从原始社会"初民"时期直到如今,各种不同类型的宗教一直伴随着人类历史的发展,在社会生活的诸多方面起着巨大的作用。恩格斯在谈到基督教时曾指出:"对于一种征服罗马世界帝国、统治文明人类的绝大多数达一千八百年之久的宗教,简单地说它是骗子手凑集而成的无稽之谈,是不能解决问题的。"①这一论断,也为科学地认识人类历史上的所有宗教提供了指针。人类认识世界和改造世界,本来就是在充满片面性、表面性和谬误的行程中不断地向着真理前进。从更广阔的历史视野看,宗教也是这种努力的一部分,而且是取得积极成果、起到重大作用的一部分。在人类长远的历史发展中,宗教观念、宗教信仰在相当程度上左右着人们的行动,宗教组织在整个社会生活中更占据着举足轻重的地位。从这样的意义说,宗教从总体看乃是人类历史上的伟大创造,是推动人类进步和社会发展的积极力量。另一方面,从人类文化发展角度讲,宗教不仅是这一发展的重要内容,又是众多文化成果的载体,

---

①《马克思恩格斯全集》第十九卷,第 328 页。

在人类文化不断积累、不断扬弃、不断进步的过程中,宗教一直承担了极其重要的作用。这些也就成为宗教在历史上延续发展、直到如今仍呈现蓬勃生机的基本缘由。做出这样的论断,当然不是否定宗教的消极方面。例如它把先验的、绝对的信仰作为思想观念的核心,造成各种"迷信";它往往被社会统治阶级所"利用",成为驯服民众的"工具";不同宗教相互排斥,往往造成社会分裂,以至挑起宗教战争;更不要说各种"邪教"活动的危害了等等。但承认宗教作为历史现象的这种种复杂性,并不能否认或贬低它在总的历史发展进程中的积极意义与作用,更不能否认或忽视它在众多文化领域创造的辉煌业绩。

具体到佛教,并不是教主释迦牟尼及其弟子们凭空创造出来的,乃是古代印度文化长期积累的成果①。释迦牟尼在公元前六、前五世纪之际组织僧团,创建了佛教②。到孔雀王朝的阿育王(?—232)统一全印,佛教更被立为国教,并积极地向四方弘传,南传至今斯里兰卡,北传至今印度克什米尔地区和阿富汗一带。佛教从而逐步完成从地域性民族宗教向世界性宗教的转变。在印度本土,在直到12世纪初衰亡的一千几百年间,佛教作为思想文化领域的主要力量之一,取得了众多有价值的成果,对于人类文化的发展做出了十分宝贵的贡献。仅就思想领域说,印度佛教历代众多论师,又是代表一代思想理论水平的大思想家。他们所创造的佛教教理本质上是一个唯心主义体系,根本目的在为信仰做论证,但在认识上却包含着丰富的客观真理内容。例如大乘中观学派,

---

① 说佛教产生于印度,或称"印度佛教",是约定俗成的说法。佛陀释迦牟尼生于今尼泊尔境内的迦毗罗卫,当时的印度半岛处在分散的城邦国家状态,早期佛教发展由中印扩展到西北印,延展到今中亚地区。

② 由于古印度没有编写史传统,佛陀的生卒年难以确定,说法很多。汉传佛教一般把佛灭年代确定在公元前486年,确认他在世八十岁,觉悟成道、组织教团在三十五岁。

立真、俗二谛来证成我、法两空，一方面确认物质和精神世界的一切都处在生、住、灭、异的变化过程之中，它们只是由于因（内部原因）缘（外部条件）和合而存在，故变动不居，没有自性；另一方面，又承认"立处皆真"、"触事而真"、"俗谛"的现象界又都是"真谛"的体现。这种所谓"中道"观乃是古代人类辩证思维的重大成果。发展到大乘瑜伽行学派，提出"八识"、"三能变"，确立阿赖耶识和末那识，与眼、耳、鼻、舌、身、意等前六识并列成三类识体，认阿赖耶识为世间一切现象的本源、个体生命得以存在的主体，进而证成"境不离识"、"万法唯识"的教理。瑜伽行派教理对于人的意识活动，对于实践与意识的关系等都做出了相当深入的探讨。又佛教需要解决的核心问题是平凡人能否成佛的问题，即是否具有"佛性"及其如何实现的问题。这就关系到对于人的"心性"的探讨。这正是中国古代传统学术较少关注的问题。佛教在这方面的成果，对于中国思想、学术的影响更是特别重大。

　　把佛教当作文化现象和文化载体看，它包含有丰富的哲学、伦理学、心理学等领域的内容是不言而喻的。在佛教教学和辩论中，发展了因明即佛教逻辑学，这是古代世界与亚里士多德形式逻辑、中国墨辩并列的三大逻辑体系之一。佛教著述和佛典吟诵推动了声明及语言文字之学的发展，仅就对于中国语言和语言学的贡献说，除了极大地丰富了词汇、语法，更直接促进了古代汉语反切规律的总结，推动了汉语音韵学的进展；更间接影响到中国诗文对于声律的应用，包括促进近体诗格律的形成。佛典与文学的关系至为密切。许多经典很富文学色彩，其中不少本身就是优秀的文学作品。学术界确立起"佛教文学"这一概念，在中国又有"佛教（典）翻译文学"；还有更广义的佛教文学，一般是指僧、俗佛教信徒创作的、宣扬佛教的文学作品。佛教对于世俗创作的影响更及于从内容到形式的方方面面。佛教潜移默化，在更深更广的程度上影响到所传播国度与民族的各类艺术；佛教的偶像崇拜发展出成就辉煌的佛教美术,佛教的塔寺建筑是建筑史上的伟大成就等等。中国佛教义学的科判义疏,丰富和改变了文献注疏的方法,给儒家章句注疏之学的发展提供了借鉴。此外,围绕着佛教,还形成有关佛教史、佛教文献、佛教礼仪制度、佛教经济等众多的学术部门。与佛教密切相关的学术领域,还有中印、中国与中亚、南亚文化交流史,古代印度、中亚地理,古代印度和中亚诸多语言的研究等等。如此广泛、众多的学术领域,佛教都创造出一定的成绩,造成一定的影响。

著名史学家李济说过:"中国民族性特点之一为能吸收其他区域文化之优点。"①这也是中国文化源远流长、蓬勃发展的重要原因之一。对于中国,佛教是外来宗教。佛教输入中国并得以扎根、发展,是古代中外思想、文化交流的成果,更是中国在本民族思想文化土壤上积极地吸收和消化外来文化并重新加以创造的范例。自从印度佛教在中国传播伊始,中国人就以虚怀若谷的精神和海纳百川的气魄,接纳了这一新的宗教。当然起初接触到这一外来宗教的只是少数人,这一外来宗教在完全陌生的土地上不是没有遇到不解、怀疑、抵制以至对抗,但从总体趋势说,却是相当平稳、顺畅地在中国传播、扩展、扎根、壮大的。继少数先行者之后,社会各阶层有更多的人接纳了这一新宗教。经过数百年的传播,终于发展成为真正实现"中国化"的宗教,与本土道教并立成为两个历史上传播最广、影响最大的宗教。而且,在中国文化传统的具体条件之下,虽然真正的佛教信徒在民众中始终居于少数,佛教在中国一直没有取得政治或思想的主导地位,但佛教的影响却深入人心,历久不衰。特别由于历代统治者对于佛教的加护和支持,更给这一外来宗教提供了良好条件和发展空间。这一新宗教遂能够逐步融汇到极其悠久、优秀的本土传统之中,成为中国文化的有机组成部

---

① 李济:《中国文明的开始》,江苏教育出版社,2005年,第77页。

分。因此如一位外国学者所说：

> 佛教是印度对中国的贡献。并且，这种贡献对接受国的宗教、哲学与艺术有着如此令人震惊并能导致大发展的效果，以至渗透到中国文化的整个结构。[①]

值得注意的是，佛教输入时期的中国，已经是一个有着高度发达的思想、文化的国度，而且又已形成强固的人本思想和理性精神的传统。荷兰中国学家许理和关于中国佛教早期发展历史的名著题名为《佛教征服中国》。但是从实际情况看，与其使用"征服"（Conquest）一语，不如用"融入"更为合宜。正如陈寅恪总结中国思想发展的历史规律时说过的：

> 其真能于思想上自成系统，有所创获者，必须一方面吸收输入外来之学说，一方面不忘本来民族之地位。此二种相反而适相成之态度，乃道教之真精神，新儒家之旧途径，而二千年吾民族与他民族思想接触史之所昭示者也。[②]

中国接受佛教，正堪称在本民族的思想文化土壤上积极加以吸收、消化外来学说，丰富民族思想文化可供借鉴的经典范例。

中国自汉武"罢黜百家"直到清季，在思想领域形式上是儒家圣人之道定于一尊。但实际上，汉武时期的所谓"儒术"已远非孔、孟真传。此后，汉儒章句之学一乱之于谶纬神学，再乱之于玄学。魏、晋之际，承汉末社会大动乱之后，儒家那种大一统的思想统治受到严重冲击，学术思想界也出现了比较开放自由的局面。正是在此期间，作为外来宗教的佛教以更大规模东传，给中土带来了一

---

① J.勒卢瓦·戴维森：《印度对中国的影响》；*A Cultural History of India*，Edited by A.L.Basham，Oxford University Press，New Delhi，1984；巴沙姆主编：《印度佛教史》，闵光沛等译，商务印书馆，1997年，第669页。
② 陈寅恪：《冯友兰中国哲学史下册审查报告》，《金明馆丛稿二编》，上海古籍出版社，1980年，第252页。

股强劲的新的思想文化潮流,给当时的中国知识界以很大震动。中国人在此后几百年的时间里,对这股思想文化潮流采取了积极欢迎的态度。当时在印度本土,大乘思想仍在发展中,新的经典和论著不断出现。这些经论很快就被在中国传译。中国人欢迎从天竺和西域来的沙门在中国传播教义,以至组织译场请他们译经讲学;另有许多人西行求法,间关万里远到佛教发祥地的天竺或西域去寻求佛教经典和知识。这样,佛教思想理论才能逐渐更真实正确地以其本来面貌介绍到中国来,中国人也才有对它深入研讨、汲取和发挥的可能。中国人对于佛教这种积极吸收的态度,表明了古代中国人对于外来文化勇于学习的开阔胸襟,佛教也成为促进中国思想发展、丰富中国文化的十分活跃的因素。这也是佛教在中国生根、滋长的重要原因之一。

佛教在中国初传,主要作为信仰和方术流行于民间和宫廷。其被广大知识分子所接受,是从两晋时期开始的。接触到佛教的当时的中国士大夫,已经有中国儒家"不语怪、力、乱、神"的牢固的理性主义传统,又受到过老、庄与玄学抽象思辨的训练。他们对这种新传入的宗教颇具分析、批判态度。他们特别感兴趣的是佛教的思想理论,即南北朝时所谓的"义学",尤其是佛教提出的中国传统学术较少研究的一些理论问题。这样,在中国佛教的发展中,民众佛教的浅俗信仰和知识界中流行的重义理的佛教明显地发生了分化。知识阶层中许多相信或倾心佛教的人,较少对于地狱天堂、六道轮回之类的迷信,而主要是从学理上研讨、赞赏和相信佛家学说。后来的居士思想和居士佛教正集中体现了这种倾向。古代的一些不信佛或反佛的人,也研习佛典,并从中汲取某些思想资料。正因此,中国佛教才创造出众多的学派和宗派,它们各有典据,各有传承,各有丰富的理论思想,都给中国思想学术史提供了一定的贡献或资料。

另外,佛教自输入中土,直到唐宋以至后来,不断有人著文攻击佛教是"夷狄之法"、蠹国病民；统治阶级中也出现过"三武（北魏太武帝、北周武帝、唐武宗）一宗（后周世宗）"，演出了酷烈的灭佛事件；但从总的倾向看，在中国，儒、佛、道三教是在斗争中发展，在发展中交流的。六朝士大夫间，调和三教的思想已成为潮流。鲁迅先生曾指出过："其实是中国自南北朝以来，凡有文人学士，道士和尚，大抵以'无特操'为特色的。晋以来的名流，每一个人总有三种小玩意，一是《论语》和《孝经》，二是《老子》，三是《维摩诘经》，不但采作谈资，并且常常做一点注解。唐有三教辩论，后来变成大家打诨；所谓名儒，做几篇伽蓝碑文也不算什么大事。宋儒道貌岸然，而窃取禅师的语录。"①这种思潮，有利于各种思想在交流与斗争中融合，也使得佛教的"中国化"成为可能。宋代以后，理学兴起，强化了儒家"道统"的思想一致性。但理学本身就是统合儒、释的产物。禅宗的"明心见性"和华严的"事理圆融"等观念都是理学的有机内容。

　　佛教在中国历史上发挥作用，主要通过规模庞大、构成复杂的僧团。这种所谓"方外"组织作为社会存在，对于社会生活、思想观念、伦理道德、文化艺术等多方面的影响十分巨大和深远。上世纪初英国著名印度学家查尔斯·埃里奥特说过：

　　　　佛陀的伟大实际成就，就是建立了一个宗教团体。这个团体叫做僧团，一直存在到今日，其成员称为比丘。他的宗教之所以能够持久，主要是因为有这个组织。②

当代荷兰学者许理和也曾指出：

　　　　佛教不是并且也从未自称为一种"理论"，一种对世界的阐释；它是一种救世之道，一朵生命之花。它传入中国不仅意

---

①《鲁迅全集》第五卷，人民文学出版社，1981 年，第 310 页。
②《印度教与佛教史纲》（Sir Charles Eliot, *Hundusm and Buddhism*）第一卷，李荣熙译，商务印书馆，1982 年，第 342 页。

味着某种宗教观念的传播，而且是一种新的社会组织形式——修行团体即僧伽（saṅgha）的传入。对于中国人来说，佛教一直是僧人的佛法。因佛寺在中国的存在所引起的作用力与反作用力、知识分子（intelligentsia）和官方的态度、僧职人员的社会背景和地位，以及修行团体与中古中国社会逐步整合（integration），这些十分重要的社会现象在早期中国佛教的形成过程中都起到了决定性的作用。①

僧团梵名 saṅgha（僧伽），意译为"和合众"、"法众"等，本是出家人以个体修道者身份、通过自由集合的方式而形成的特殊的社会群体。出家人"遁世以求其志，变俗以达其道"②，度过所谓"清净梵行"即弃绝所有世俗欲望和现世利益的生活。从理论上说，僧人不受世俗王法管束，也不对团体负有任何义务，所以如谢和耐所说："对于个人来说，出家入道是一种思想和物质上的解放。"③僧团这种组织形式，是和中国传统上以血缘关系为纽带的宗法制度和等级专制体制大不相同的。在南北朝到隋唐时期，僧团规模十分庞大。如此庞大的、作为专制国家体制之外特异存在的社会群体，必然造成各种社会问题（比如寺院经济膨胀对国计民生的影响），这也是历史上朝廷几度采取毁佛酷烈行动的基本原因。而值得注意的是，在中国，如此庞大的"方外"组织，参与者相当一部分并不是佛教信仰者。下层民众很多人是因为生计无着而出家的，在战乱、饥馑年月更是如此；上层人士则往往由于人生失意、仕途不利、还

---

① 《佛教征服中国》（Erich Zürcher, *The Buddhist Conguest of China: The Spread and Adaptation of Buddhism in Early Medieval China*），李四龙等译，江苏人民出版社，1998 年，第 2 页。

② 慧远：《沙门不敬王者论》，《弘明集》卷五，《大正藏》第 52 卷，第 30 页中。

③ 《中国 5—10 世纪的寺院经济》（Jacques Gernet, *Les aspects économiques du Bouddhisme dans la société chinoise du Ve au Xe siècle*），耿昇译，上海古籍出版社，2004 年，第 199 页。

有改朝换代之际不仕新朝等等原因而遁入空门。这样，僧团这种社会组织实际是提供了另一种生活出路，也是树立起另一种人生"模式"、理想社会。僧团实现一种不同于正统和世俗的思想观念、价值观念、生活方式、人生理想。单单是这种存在本身影响就是十分巨大的，对于文学、艺术更是如此。所以佛教僧团被评价为令人惊异的"世界上的伟大力量之一"①。文学本来是宗教宣传的重要手段之一，历朝许多文人参与僧团，僧团本身即进行多种多样的文学创作活动；僧团的活动由于吸引文人参与，儒、释交流成为中国历史上久远的传统；僧团生活体现的组织、伦理原则又树立起一种榜样，如此等等，佛教僧团在社会上、对于文学领域也必然发挥巨大的影响。

　　佛教在向外扩展的过程中，形成了"南传"、"藏传"和"汉传"三个各具特色的系统。这正体现了宗教在不同民族文化土壤上的演化。但是就这三大系统进行具体分析，以中国佛教为核心的汉传佛教的民族性格显然更为鲜明和突出。这也是因为外来宗教与文化在中国生存和发展必须适应本民族先进、发达的思想文化土壤，因此必然要发生衍变。而由于佛教自身具有柔韧、包容的性格，在强势的本土传统面前，基本采取退让、妥协的姿态，使得自己的教义、教理能够相当顺利地与本土固有的思想文化相调和。例如佛教徒弃世出家，显然是违背儒家伦理的，但佛教在中国却一再声称自己的教义不违仁孝来进行辩护。而从更深刻的理论层次看，中国思想传统的现实精神、人本思想、逻辑上的本体观念、人生的入世态度，以及中国民族宗教道教的教理、神格等等，都以各种形态融入到中国佛教之中。经过与中国思想文化传统数百年间相互斗争、相互交流、相互吸纳的过程，先是在南北朝时期形成中国佛教的"义学""师说"即佛学学派，到隋唐时期又形成了一批中国佛教

---

①《印度教与佛教史纲》第一卷，第344页。

"宗派",终于实现了外来佛教的"中国化"。宗派佛教的各个宗派与外来佛教的联系各不相同,但其中的几个主要宗派,如天台宗、华严宗,特别是禅宗,已经相当彻底地脱卸了外来的面貌,成为真正意义上的中国佛教。这样,中国人接受印度佛教,发展、改造成为中华民族大家庭的宗教,乃是对于整个佛教的伟大贡献。也正是由于实现了"中国化",才使得这一外来宗教在中国得以兴旺发达并做出多方面的贡献,它也才能够深入影响诸多的思想文化领域并创造出众多辉煌的成果。就其与文学领域的关系说,众多文人和文学创作接受佛教的影响,又成为促进其"中国化"的动力,也是其实现"中国化"的具体表现。实际上佛教在深浸到文学领域的过程中,也在改造着自身。因而中国文学接受佛教的影响,又正体现了佛教"中国化"的重要方面。

以上所述中国佛教发展的一些情况和特点,决定它对中国思想文化必然产生深刻影响。这种影响不只表现在信仰、观念等表面,更及于思想、感情和思维方式的深层,还关系到人生观、生活方式等现实层面。可以说,由于受到佛教影响,中国人的思想观念和思维方法产生了重大的改变。至于改变得好与不好,值得另外进行探究;但改变发生了则是事实。这种改变也发生在文人身上,发生在文学理论与创作实践之中。其具体情形,就是本书所要描述的。

因此可以说,不了解佛教,不探讨佛教与中国文学的关系,就不能认识和评价中国文学的历史。而研究佛教与中国文学的关系,起码还在以下两方面有重大意义。一是可以加深我们对中国传统文化及其发展规律的了解。佛教传入了,被中国人吸取了,它融入到中华民族的历史中,铸造成了它的长处和短处,成就和缺点,起过积极作用也起过消极作用,在今天也还有重大影响。我们通过分析佛教影响中国文学这一个侧面,对我们民族的历史传统会加深认识。二是佛教东传是历史上一次伟大的文化交流。对中国来说,是外来文化的大规模的输入。这种输入伴着宗教传布进行,有它的成绩,也有它的缺失。中国人历史上吸收外来文化的经验教训,是值得我们汲取的。佛教影响于中国文学,也是这种文化交流的一个部分。

本书只是对佛教影响中国文学的情况的一个"描述",即根据笔者掌握的材料,对有关历史事实加以记叙说明。目前虽然佛教与文学关系的诸问题已被更多的人所重视,国内外已有前辈与时贤开拓探讨,多有劳绩,但对基本历史情况尚缺全面梳理。本书只提供一个概括的材料。由于笔者学识、才力所限,内容一定会有许多疏误之处。当然,"描述"中也不是没有观点,书中对一些问题也提出了不成熟的看法,允当与否,亦殊无把握。

笔者之所以给自己确定这个"描述"的任务,还因为深刻意识到:事实是科学研究的立足点,实事求是是它的基本原则。以前一些论者包括笔者自身在关于佛教对中国文学影响的诸问题上时常下草率、简单的论断,很重要的原因是忽视历史事实。实际上,只有在真正弄清历史的真实情况之后,认真的科学研究方才开始。所以,笔者所做的,还只是研究开始前的准备工作。期望本书能起到抛砖引玉的作用,引发起更多的人对这一研究领域的兴趣,并取得优异的研究成果。

第一章　汉译佛典及其文学价值

佛教在中国的流传和扩大影响，一方面靠僧团的传教活动，一方面则要靠佛典的传译与流通。佛、法、僧是佛教的"三宝"，佛的教法就记录在佛典里。中国文学和文人接受佛教的浸染，与佛典的翻译和传播更有直接关系。自两晋以后，佛教广泛而深入地流传到文人之中，文人们研习佛典渐成风习。对于具有悠久文化传统和高度文化修养的中国知识阶层来说，佛典的精密义理、恢宏想象及其华美表现，较之僧侣们的粗俗的宗教宣传也更有吸引力。因此佛典对中国文人的影响是十分巨大和深刻的。就是一些对佛教并无兴趣甚至是反佛的人，也接触到某些佛典，并在某些方面接受了它的浸染。因此探讨佛教与中国文学的关系，首先要研究一下佛典在中国的传译及其文学价值，以及译经对中国固有文体的直接影响。

一、佛典的文学性质

佛典，一般称作佛经，本来是佛教传教的文字记录，一种宗教宣传品。佛教的创立者释迦牟尼(约公元前565年—前486年①，尊称为"佛"、"佛陀")及其弟子和后世的信仰者们，在延续千余年的漫长岁月里②，制作出大量佛典，主要是为了宗教宣传。佛陀的教法、佛陀的形象，也主要是依靠这些佛典流传下来的。但是佛典的价值，又远远超越于宗教宣传之外。这是因为在数量庞大的佛典中，除了教义宣传和教理论说，还包含着关于社会、历史、经济、法律、哲学、伦理学、心理学、美学、文学、艺术、语言学以及医学等自然科学许多领域的广阔而有价值的内容。佛典在宗教宣传的形式之下，凝集了古代印度③人民创造的大量精神财富。就其有关文学的内容而言，许多佛典的语言和表现是非常富于文学性的；一些佛典包含着古代印度的民间文学创作；还有一些本身就是文学作品。所以学术界才有"佛教文学"以及"佛教(典)翻译文学"这些概念。正因此，也就加强了它对中国文化以及文学的影响力量。

　　佛典中的"经"，按佛教传统说法，就是佛陀说法的记录。佛陀姓乔答摩，名悉达多，释迦牟尼是他的一种尊称，是释迦族的圣人的意思。据传他是古印度北部一个小国迦毗罗卫国(在今尼泊尔境内)的王子，29岁出家，35岁悟道，到80岁入寂以前45年之间，说法教化，信众甚多。他遗留下的弟子形成僧团，严格戒律，整理经典，发展为世界三大宗教之一的佛教。按狭义说，只有佛陀说法的记录才叫作"经"；但按广义说，规定教团和僧侣行为规范的"律"和后代信仰者阐释"经""律"的"论"，也可统称为"经"。"经"、"律"、"论"又合称"三藏"。"藏"这个词，在古印度文字梵文里，本

①如《前言》所注，释迦牟尼的生卒年已不可确考。据日本佛教学者中村元等
　人的考证(《ブッダの世界》，学研社1980年版)为前463—前384年。
②这是指佛教在印度本土被灭的年代。实际上在包括中国在内的佛教流传国
　度，一直有人在制作新的经典，其中有些被明确判定为"伪经"。
③这里所谓"印度"，是约定俗成的说法，其范围不限于现在的印度共和国，还
　包括尼泊尔、巴基斯坦、孟加拉国、斯里兰卡等地。

是"篮子"的意思；汉译用表示收藏东西的仓库的"藏"字，以概括其包容广大。收集三藏的丛书，在汉语里称为"大藏经"、"一切经"。在佛教流传于中国以后，不少中国和尚与信徒的著作，也收入了汉语《大藏经》。这些作品中有些严格地说并不是纯粹的宗教作品。例如一些僧史、僧传，是宗教史著作；又如玄应的《一切经音义》应算是语言学著作；而道世的《法苑珠林》则是佛教类书。但世俗上是把所有收入《大藏经》的作品都叫作"佛经"的。

全部佛典数量非常庞大。仅据汉译数量来说，按元世祖至元二十四年(1287)硕学庆吉祥等编撰完成的我国古代最后一个经录《至元法宝勘同总录》的统计，从东汉永平十一年(68)，到当时千余年间，留存姓名的重要译师有194人，译出经典1440部、5586卷。这当然并非汉译佛典的全部，因为不少译籍在流传中佚失或被淘汰了。有人依据日本新修《大正藏》前三十二卷翻译佛典计算，全部约有四千万字。这也远不是佛典的总数。汉译有重复、有伪作，这是可以肯定的；但也有不少原典没有翻译。事实上数量如此庞大的著作，不会是一人一时所创作。不但"三藏"中的"论"是后人作品，就是"经"也不是佛陀一人所说，"律"也不是他一人制订的。相传佛灭之后，五百弟子在迦叶主持之下，在王舍城"结集"，凭回忆由优波离诵"律"，由阿难诵"经"，然后大家"合诵"认可，形成了最初的佛典。此后很长一段时间，经典流通靠口耳相传，因此最初的佛典的具体面貌已不可确考。只能肯定现存的《阿含》类经典保存着原始佛教的基本内容。佛陀在世时，他和弟子们组成的教团就很松散。他又广施教化，门徒中各个阶层的各种人都有，观点就很难一致。到佛灭百年左右，又进行了第二次"结集"，教团终于分裂，进入所谓"部派佛教"时期，先后形成了约二十个部派。这些部派经过分裂、斗争、组合，约当公元纪元前后，形成了新教派大乘佛教。大乘思想的因素早在佛陀在世时就已存在，但形成为教派，造成一个思想"运动"，则在此以后。大乘教派发挥了新兴的、改革的教义，贬低保守旧说的部派为"小乘"。此后

在印度和西域,虽然大、小乘之间有矛盾、有斗争,但又常常是"大小
俱行"的。在这个过程中,各个部派都继续制造自己的经典,并在流
传中不断地修正、改订、增补,又不断创造新经典。中国人也造了一
部分伪经。但是不少部派的经典并没有流传下来。现在,由古印度
一种方言巴利文记录的"三藏"是小乘部派的,主要流传于斯里兰卡、
缅甸、泰国、老挝、柬埔寨和我国南方傣族地区。汉译佛典主要是由
佛教梵语①和中亚语文翻译过来的,在东汉后期至北宋前期的千余
年间,几乎是紧随着大、小乘各部派的原典集成,很快就输入中国并
被译成汉语。还有藏译佛典,大、小乘兼存,密教经典较多。从数量
上看,巴利文佛典较少,只约当汉文的十分之一;藏译与汉译不相上
下。但从内容的丰富、译文的质量以及学术价值等方面看,汉译佛典
水平最高。中国人除了西部藏族地区、南方傣族、土族、裕固族、纳西
族、西北部部分蒙古族外,主要接受的是汉文佛典。佛典形成的历史
时期绵长,地域广泛,是造成它内容庞杂、丰富的原因之一。我们透
过不同时期出现的佛典,可以研究佛教思想以至其中透露的社会思
想发展的历史层次。例如中国不同时期的译经,不只反映了原典出
现的先后,而且为什么译这部经,为什么这样译,译出后又为什么能
流通或被淘汰,也往往表现了中国社会及其意识本身的变化与要求。
又如中国人自己制造"伪经",这对佛教本身会危害它的"纯洁性",但
却又正反映了中国人对佛教的要求与理解。这样,数量庞大的佛典,
从一定意义上说,是历史资料,也是思想材料。研究佛教与中国文学
的关系,它们更是基本资料。

　　佛陀本人是位杰出的布道者,是非常富有文学才能的。他"悟
道"时只是一个人,据传第一批门徒只有五个人,开始求道时连家
人、亲属都反对他。他不懈地宣传,努力扩大影响,终于组织起人
数众多的教团。教团中包括了有教养的王族、婆罗门直到社会下

---

①一种夹杂着方言成分的非规范梵语。

层的一般劳动者。当时的佛教还只是一个新兴的小团体,传统的婆罗门教和各种"外道"势力很大,社会上思想斗争激烈,甚至威胁到这个团体本身的生存。这样,佛陀传教就要看对象、讲方法,不断提高说法的艺术,做到所谓"应病与药"、"对机说法"。如上所说,现存的任何一部佛典都不可看做是佛陀传法的忠实记录,但可以肯定《阿含经》①中保存了原始佛教的基本内容,也可以相信它们的有些故事或内容是有事实依据的。在那些材料中,清楚地表现了佛陀教团传法时浓厚的文学色彩。

　　首先从内容看。佛陀生前施行教化时就非常注意解决人生实际问题,而对纯粹的理论思辨较少兴趣。他本人游方各地,接触各种徒众,对人生与社会了解得十分透彻,因此他的说法很有实际内容。他谆谆善诱,用具体、形象的东西启发人,让人透过具体、形象的事例来领悟他的道理(尽管今天看来这种道理包含不少宗教偏见和谬误)。黑格尔在其《美学》中论及人类思维发展的辩证过程时,指出宗教与艺术在思维方式上是接近的。他指的是宗教与艺术的思维方式都是形象的、具体的,是通过具象来表现抽象的义理的。这种共同点不只表现在形式上,而且关系到内容。佛陀说法常常是结合了生活具体实践的。例如他讲修证必须精勤努力即后来大乘佛教所谓"精进",就用铸金、调马、种田作譬。这不只表明他对这些工匠和农民的劳动技能很熟悉,而且他还善于从这些实际活动中发现和总结出道理来。他讲"四谛"、"五蕴"、"十二缘生"、"八正道"②这些原始佛教教义的主要观点时,常用一些生动的

①汉译《阿含》类经典有四部:《杂阿含经》、《中阿含经》、《长阿含经》、《增一阿含经》。本书讨论佛典,主要以北传汉译为对象。
②"四谛":苦、集、灭、道。"五蕴",又译作"五阴"、"五众":色、受、想、行、识。"十二缘生",又译作"十二因缘":无明、行、识、名色、六处、触、受、爱、取、有、生、老死等"十二支"逐次缘生。"八正道",又译作"八圣道":正见、正思维、正语、正业、正命、正精进、正念、正定。

故事,结合生活的实际。《杂阿含经》卷四十三第一一七二经有"一篋四蛇"的譬喻,说有一"士夫"先是避四毒蛇之害,又遇到了五怨贼、六恶贼,后入一空村,屋舍朽坏,避贼来害,逃脱中临一大河,无桥、船可渡,只好束草木成筏,以手足力横渡至彼岸。后面解释说:四蛇是喻地、水、火、风"四大",五怨贼喻色、受、想、行、识"五蕴",六恶贼喻眼、耳、鼻、舌、身、意"六入处"(又译作"六根"),河流喻欲爱、色爱、无色爱"三爱",筏喻"八正道",利用它以勇猛精进到达"正觉"彼岸①。这样,用一个故事来成立人本是"五蕴"和合的"无我"说,并宣扬修证"我空"以求解脱的道理。这种取自生活实践的故事,不仅可补抽象说教的不足,其具体内容往往给人更多的启示。这与文学作品中以形象表现的道理是相通的。

从方法看,佛陀说法多用譬喻,常常借用现成的故事或举出事例。这就使得说法的语言具有了艺术性。请看《杂阿含经》卷十一第二七六经记述的佛陀的弟弟、也是他的弟子难陀与比丘尼的一段对话:

> 尊者难陀告诸比丘尼:"善哉善哉!姊妹,汝于此义,当如实观察,彼彼法缘生彼彼法,彼彼法缘灭,彼彼生法亦复随灭,息没寂灭,清凉真实。诸姊妹,听我说譬,夫智者因譬得解。譬如善屠牛师、屠牛弟子,手执利刀,解剥其牛,乘间而剥,不伤内肉,不伤外皮,解其枝节筋骨,然后还以皮覆其上。若有人言,此牛皮肉全而不离,为等说不?"答言:"不也,尊者难陀。""所以者何?彼善屠牛师、屠牛弟子,手执利刀,乘间而剥,不伤皮肉,枝节筋骨,悉皆断截,还以皮覆上,皮肉已离,非不离也。姊妹,我说所譬,今当说义。牛者,譬人身粗色,如《篋毒蛇经》广说;肉者,谓内六入处;外皮者,谓外六入处;屠牛者,谓学见迹;皮肉中间筋骨者,谓贪、喜俱;利刀者,谓利智慧。多闻圣弟子以智慧利刀,断截一切结缚……"②

①见《大正藏》第 2 卷,第 313 页中—313 页下。
②《大正藏》第 2 卷,第 75 页上—75 页中。

这也是成立"无我"说的。有趣的是,我们一眼就可以看出,这里的故事与《庄子·庖丁解牛》很相似,只是所讲的道理不同而已。可以设想,当初佛陀为了教化群众,尽可能利用故事、传说等材料,用形象和譬喻使说教更生动,更易于被人接受。当时的佛陀不会是一副严厉的尊长面貌,当是一位口舌便捷、巧譬善喻的宣传家。

在说法的形式上,佛陀也利用了当时流行的一些文艺形式。由于说教是口耳相传的,为了便于记忆和传诵就要使用韵文,也就是诗歌形式。当初说法时大体是先说出几句韵文,然后再做些解释。这些韵文就是所谓"偈",或译作"伽陀"。有些偈是很有意味的哲理诗。例如在不同佛典中一再引述的三个偈是反映原始佛教教义的,当接近佛陀说法的原貌。第一"法身偈"亦称"缘起偈":

> 诸法从缘起,如来说是因。彼法因缘尽,是大沙门说。①

第二"无常偈"亦称"雪山偈":

> 诸行无常,是生灭法。生灭灭已,寂灭为乐。②

第三"七佛通戒偈":

> 诸恶莫作,诸善奉行。自净其意,是诸佛教。③

这些偈语,配以一定的故事。这就成了韵散结合的形式。现存佛典中有《法句经》一类经典,有的先出"法句"即说法的警句,然后用比喻故事解释,大概保存了佛经的原始面貌。后来偈即伽陀成了佛经中的一体,以各种形式把偈颂组织到佛典中,成为佛典行文的特征。韵散结合的表现形式给中国文学以很大影响,这点后文再叙。总之,佛典在形式上也是借鉴了文学艺术的。

从现有的资料推测,佛陀很有文学才能,他的说法很有文学意

---

① 《根本说一切有部毗奈耶出家事》卷二,《大正藏》第23卷,第1027页中。
② 《大般涅槃经》卷下,《大正藏》第1卷,第204页下。
③ 《增一阿含经》卷一,《大正藏》第2卷,第551页上。

味,他所领导的教团文学气氛也很浓厚。他开创了利用文学形式来传教说法的传统。这个传统又被后代的佛典创作者们所发扬了。特别是到了大乘佛教阶段,它本身更富于玄想色彩,其教义包含着利用幻想与形象的要求,还提出了不少关系到文学形象性的理论。例如佛有法身、报身、化身的"三身"说:认为佛的教法是永恒的真理,不生不灭的存在,这是法身;释迦牟尼作为现实的人只是它的随机"示现"的色身即化身而已[①]。"报身"则指以法身为因,积累善行而成就佛果。这也为佛教利用形象来宣扬佛陀提供了根据。后来中国的慧皎说,佛教是"借微言以津道,托形传真"[②]的。这里的"形象"指佛像、塔寺、图形等,但肯定了佛教利用这些,也相通于文艺创造形象的道理。大乘佛教又讲"六度",或称"六波罗蜜",即通过布施、持戒、忍辱、精进、禅定、智慧等六种手段以达到正觉彼岸,其中最重要的是禅定(或简称"定")和智慧(或简称"慧")。佛教要表现绝对、无限、永恒的真理,让人超越现实而体悟"绝对真实"。它要依靠神秘的内心体验——"定",也要通过理智的认识——"慧"。这个慧既有义理的说教,也有形象的感染。《楞枷经》卷三讲领会佛理的途径分"宗通"和"说通"。宗通就是悟,说通则利用契经、应颂、偈、本生等"九分教"[③]。南传佛教的九分教与北传佛教的"十二分教"中有不少是文学形式。再则大乘佛教不仅要求自利,还要利他,因而不应只关心个人生死大事,还要心怀众生,深入实际,以"智巧"、"方便"运用种种形象普施教化。大乘经典中经常出现"智者以譬喻得解"之类的话。这样,大乘佛典对佛陀开创的善用文学

①关于"三身"在不同佛典中有不同说法,此略。
②《高僧传》卷八,汤用彤校注,中华书局,1992年,第343页。
③九分教是巴利文对教法的分类,即经、重颂、受记、偈、自说、如是语、本生、未曾有法、方广。汉译佛典一般是十二分教或称十二部经,即契经、应颂、授记、讽颂、无问自说,因缘、譬喻、本事、本生、方广、未曾有、论议。另有异译名称,避烦不录。

形象的传统更大大加以发扬并做出了更好的成绩。

　　古代印度没有编年史的传统,因此佛典形成的年代也就没有记录。早期佛教各部派以及大乘佛教的发展状况也没有翔实可靠的记载。这都给我们研究佛教史以及佛教的影响等问题造成了困难。现在我们知道巴利文佛典是公元 5 世纪写定的,梵文原典的出现和流传情况大抵不清楚。但汉译佛典往往是随原典传入随到随译的,且大都记载了译出年代。这可以作为研究佛教思想发展层次的一种根据。佛教不同的部派、教派、学派、宗派观点很不一致,就是同一经典的异译也有不少差异,这都给研究工作带来了不少困难。这里谈佛典的文学性,实际也牵涉到这些问题。不同时期、不同派别的佛典在文学性的表现上是不相同的。以下只能做一些概括的介绍,分几个侧面谈一下佛典中文学性较强的部分。

佛传文学

　　释迦牟尼作为一个现实人物,是个执着的求道者、成功的悟道者和热情勤奋的布道者;作为教团领袖,后来更被尊为教主,是信徒膜拜的对象和信仰的偶像;而作为历史上的真实人物,无疑也是不世出的伟人。他的人格、胸怀和意志,他的思想、学识和技艺,无论哪一方面都是十分杰出的。后世信仰者们追述、增饰并创造他的生平故事,逐渐形成了一批经典。这类描述教主佛陀生平的经典可以称为佛传文学。

　　可以设想,自他死后,他的弟子们就开始追忆他的事迹。第一次"结集"时,五百弟子一起回忆佛陀在何时何地、对什么人、针对什么情况制订了什么戒律或说了什么教法,这种说法因缘,实际就成为佛传的情节。最初出现的佛传应当就是这样记叙佛陀生活片断的。例如《转法轮经》是叙说佛陀在鹿野苑"初转法轮"即对最初的五个弟子说"四圣谛"的。汉译第一译出自后汉安世高,大约译成于公元 150 年左右，是早出的汉译经典①。《般泥洹经》则描述了佛陀生涯最后几个月的经历，初译者为支谦，竺法护有异译②。本经故事又见《长阿含经》，也是早期经典。这样的许许多多片断，逐渐地加工、补充，最后组织成完整的佛传，创造出佛的崇高完美的形象。佛传有许多种，情节大致相同，先后传译到中国的，有《修行本起经》（后汉昙果、竺大力共译）③、《中本起经》（后汉昙果、康孟祥译）、《普曜经》（西晋竺法护译）④、《十二游经》（东晋迦留陀伽译）、《佛所行赞》（北凉昙无谶译）⑤、《佛本行集经》（隋阇那崛多等译）等。

这些佛传的内容涵盖范围不同。有的从佛陀前生讲起，有的从释迦族祖先讲起，有的从佛陀降生讲起。从总体看，早期佛传中的佛陀还是现实的人。部派佛教比较谨守旧说，其经典中所述佛陀距离现实境界尚不太遥远。虽然对他的描述不无神秘和灵异成分，但他总还是现实的人物。他的说教是训喻式的现实说教，构成他的故事的总体结构也总是统一到现实的基础之上。例如写到佛的活动，地点一般是他曾行经的现实的某地，面对的是现实的人，多是他的弟子。但随着佛教的发展，佛陀的地位变得越来越崇高，他逐渐被神化。他的一生被归结为"八相示现"（又称"八相作佛"），即下天、入胎、住胎、出胎（降生）、出家、成道、转法轮、入灭（后期无"住胎"，代替以"降魔"）。这成为佛传的基本情节。特别是大乘佛教创造出超现实的、玄想的境界，佛传随之增添了更多的

---

①同样内容又见刘宋求那跋陀罗译《杂阿含经》、唐义净译《根本说一切有部毗奈耶》。

②此据僧祐《出三藏记集》卷二。

③异译《瑞应本起经》，吴支谦译；《过去现在因果经》，刘宋求那跋陀罗译。本书"勘同"即考查同经异译，主要据吕澂《新编汉文大藏经目录》（齐鲁书社，1980 年）。

④异译《方广大庄严经》，唐地婆诃罗译。

⑤异译《佛本行经》，刘宋宝云译。

幻想内容。佛陀逐渐成了神明,成了超人。他乃是永恒佛法的化身,活动完全不受时间、地点的限制。他说法可以在现世的某地,也可以在天上;听他说法的有他的弟子,也有菩萨、天神、龙王等;他具有"三身",活动在亘古来今,十方世界。他受到人、天感戴,有天神助威,声咳则大地震动,发语则天雨鲜花。总之这已经是一个出自艺术玄想的无限神奇的神的形象。

　　从文学角度看,佛传中最优秀的作品是马鸣(公元1—2世纪)所造、昙无谶译《佛所行赞》五卷(另有宝云异译《佛本行经》;本经有藏译本,近年在西藏发现梵本)马鸣是贵霜王朝迦腻色迦王时代著名的佛教思想家和文学家。他精于佛学,创作有戏剧、小说多种。《佛所行赞》采用的是当时流行的大宫廷诗体,内容从佛陀出生叙述到死后火化八分舍利,即完整地描写了主人公的一生。这部作品的"作者思想上是站在上座部说一切有部的立场,不是把释尊看作具有本体佛意义的应化佛,而是具有觉悟的人的肉体生身佛,只是在寂灭后才作为法身存在。换言之,是把释尊当作完善的人而不是当作绝对的神来描绘,或毋宁说是接近神的神人"①。印度古代文学宫廷诗主要描写战争和爱情,通过这些表现治国、做人的道理。马鸣则通过佛陀的经历讲了佛教出世之道,又细致地描绘了佛陀的在俗生活以及他修道期间的斗争。他充分汲取了古印度神话传说和婆罗门教圣书《吠陀》、《奥义书》、古代大史诗《摩诃婆罗多》、《摩罗衍那》的艺术技巧,借鉴了各部派经、律中有关佛陀的传说和以前结集的各种佛传的写法,从而创造了佛传艺术的一个新的高峰。昙无谶汉译本是九千三百行、四万六千多字的五言长篇叙事诗,比古乐府中最长的叙事诗《孔雀东南飞》要长六十倍。其叙述情节奥衍繁复、奇谲变怪,描写场面铺张扬厉、细致生动,人

①平等通昭:《印度佛教文学の研究》第一卷《梵文佛所行赞の研究》,第336页。

物个性鲜明、形神兼茂,特别是其中塑造的佛陀形象,堪称世界文学中的卓越人物典型。其书的前九品从主人公降生写到出家修道,表现了一个聪慧、敏感的青年人,感受到现实苦难和人生矛盾,力图摆脱俗世、家庭羁绊,终于离弃优裕富贵的生活,勇敢坚定地走上艰苦的求道路途的过程。其中描绘太子出游、街头巷尾观赏太子、宫中彩女以色相诱惑太子、车匿回宫报告太子出家合宫悲痛等段落都极尽夸饰、形容,并利用比喻、烘托、排比等手法,把人物和场面表现得淋漓尽致,典型地显示了佛传善于夸饰、形容的写作特征。饶宗颐曾举《佛所行赞》连用"或"字为例,与韩愈《南山》诗相比较,指出后者"用'或'字竟至五十一次之多,比马鸣原作,变本加厉"①,并进而论述了两者文体、写法的关涉,作为中国古代文人借鉴佛传写作技巧的一例。译者昙无谶(385—433)是中印人,天怀秀拔,内、外兼综,精大、小乘,经龟兹来到敦煌数年,于北凉玄始十年(421)被迎请到姑臧译经。除《佛所行赞》外,所出有《大涅槃经》(北本)、《大集经》、《金光明经》等重要大乘经,对中土佛教的发展做出了巨大贡献。他坚持严谨的译风,译笔富于文藻,表述婉转生动,代表了一代翻译水平。

　　佛经传入中国以后,特别以其"好大不经,奇谲无已"②、"深妙靡丽"③给人以震动。其中描写的佛陀的形象,其神奇、灵异绝非我国固有的三皇五帝传说可以比拟。例如早出的《四十二章经》④和《牟子理惑论》里,已有汉明帝感梦的记载。说他梦见"神人"、"身体有金色,项有日光,飞行殿前",等等。汉明帝求法并非实事,但从中可以知道佛教初传时佛陀形象已相当普及。《三国志·魏

---

①饶宗颐:《马鸣佛所行赞与韩愈南山诗》,《梵学集》,上海古籍出版社,1993年,第316页。
②《后汉书》卷八十八《西域传论》,中华书局,1965年,第2932页。
③《牟子理惑论》,《弘明集》卷一。
④吕澂先生考证此为经抄,出于晋代。

书·东夷传》裴注引鱼豢《魏略·西戎传》,说"昔汉哀帝元寿元年,
博士弟子景庐受大月氏王使伊存口受《浮屠经》"①。"浮屠"是"佛
陀"的早期音译,《浮屠经》当是《本起》、《本行》一类讲述佛传的经
典。这可以看出,佛传塑造的佛陀形象,在我国早期的佛教宣传中
已起着相当大的作用。

　　与佛陀的行事相关联,在佛典中还记述了不少佛弟子的传记。
如西晋竺法护译《佛五百弟子自说本起经》,就是写迦叶等佛弟子
皈依佛法经过的。它用的是富于文学意味的叙事诗体。佛弟子的
经历还被记载在许多其他经典中,组合成一个丰富多彩的人物画
廊,其中有相当有趣的情节和十分生动的人物形象。例如《杂宝藏
经》卷九《佛弟难陀为佛所逼出家得道缘》写到佛陀的弟弟难陀,因
为贪恋美妻,不肯出家,佛陀为教化他,施法把他带到忉利天宫,让
他看到天上有五百天女,正等待他升天。还有一部《摩登迦经》,前
后有四个异译本,写阿难的恋爱故事。情节大致是说阿难年轻貌
美,被摩登迦女所爱恋和迷惑,最后在佛陀的帮助下挣脱了恋情。
中心思想与难陀故事一样,都是讲佛教"离欲"观念的。写到青年
女子的热烈的爱情,很为生动真切。这个故事,被编入《首楞严经》
的序分,成为这部经主张破除分别计度、攀援外境的中心思想的缘
起。阿难作为佛弟子,随侍二十五年,聪明好学,"多闻第一",但在
佛涅槃前却未至"学地",就是没有取得阿罗汉的资格,大概与他的
这种感情纠葛有关。佛弟子是佛陀的信仰者、修道者,但这些出自
各个阶层的各种各样的人物的形象,却包含着相当广阔的生活
内容。

　　佛典中还有一些传记故事,显然来自民间传说,被附会到佛教
教义上去了。例如竺法护译《奈女耆域经》,写一个神医的故事,又
见《四分律》等经典。神医行医的情节,反映了古印度医学的成就。

————————

① 《三国志》卷三十《魏书·乌丸鲜卑东夷传》,中华书局,1982 年,第 859 页。

写到破颅手术、照见五脏,使我们联想起中国古代神医华佗和《三国演义》对他的描写。《奈女耆域经》很像一部以人物为中心的传奇小说①。

这样,主要是佛传,还有佛弟子传以及其他人物的传记,包括作为佛的反对者和敌人的传记,组成了佛典中的生动的故事情节与鲜明的人物性格。中国古代有发达的史传文学传统。发展到《史记》《汉书》,在塑造人物形象方面已达到相当高超的艺术水平。但佛传在结构的宏伟、描摹的细密、构思的新巧以及表现的恢奇诸方面,都具有十分突出的特点,创造出不同于中国史传的艺术风格。它们作为史传文学的独特成果,成为佛典中被广受欢迎的部分。

本生经

早在部派佛教时期就形成"七佛"之说。即是说在释迦牟尼之前有六位佛,释迦是第七佛。后来又发展出一种说法:释迦之前有燃灯佛,与前六佛组成"过去七佛",释迦从他受记,在此世作佛。另外又出现未来弥勒佛信仰,是说弥勒菩萨在兜率天待机,等到五十六亿七千万年之后降临,在龙华树下三会说法。而释迦也有他的过去世。赞美诸佛和佛的过去世,形成佛传之外另一大类赞佛文学。本生经就是其中艺术性很强、文学价值很高的部分。

《梵网经》上说佛陀"来此世界八千返"②。是说佛陀已经在此娑婆世界经过无数次轮回,他积累无数善行,最终得以成佛。根据这种观念,创造出许多描写佛陀前世历劫轮回的故事,这就是本生经。

---

① 参阅陈寅恪《三国志曹冲华佗传与佛教故事》,《寒柳堂集》,生活·读书·新知三联书店,2001年,第176—181页。
② 《梵网经》卷下,《大正藏》第24卷,第1003页下。

昙无谶译《大般涅槃经》上说:

> 何等名为阇陀伽经? 如佛世尊本为菩萨,修诸苦行,所谓
> 比丘当知,我于过去作鹿、作罴、作獐、作兔、作粟散王、转轮圣
> 王、龙、金翅鸟,诸如是等行菩萨道时所可受身,是名阇陀伽。[①]

这样,本生就是佛陀在久远的往世或为人、或为各种动物修行轮回
的故事。它们历来被信徒们所重视,在印度佛教对于佛典进行分
类的"九分教"或"十二分教"里,本生都被归纳为单独的一类。在
今南传巴利文佛典里,还完整地保存一部本生经,即五部《阿含》
(这也是唯一没有被译成汉语的一部)中"小泥迦耶"(小部)里的第
十部经,计有 547 个故事。据传我国南齐时期翻译过一部《五百本
生经》,后来佚失了,或许就是这部经[②]。不过本生经的主要故事大
体都有汉译,散见于各种经、律、论之中。集中收录本生故事的则
有吴支谦译《菩萨本缘集经》(计包含八经)、吴康僧会《六度集经》
(计包含八十二经)、西晋竺法护译《生经》(计包含三十九经)、失译
《大方便报恩经》(计包含八经)、《菩萨本行经》(计包含十二经)、宋
绍德等译《菩萨本生鬘经》(计包含七经)等。另外还有许多单经异
译。在《贤愚经》、《杂宝藏经》等佛教故事集里也有不少本生故事。

北传汉译本生故事思想内容上有其鲜明的特征,就是多表现
大乘慈悲为怀、自利利他、自我牺牲观念。当初本生经本来形成于
部派佛教时期,基本表现的是自我解脱观念。而如汉译《六度集
经》,从题目看就是宣扬大乘佛教修行的"六度"即"六波罗蜜"的,
全经也是按"六度"分门别类加以组织,突出表现佛陀前世的仁爱

①《大般涅槃经》卷十五,《大正藏》第 12 卷,第 452 页上。"阇陀伽"是"本生"
 的音译。
②僧祐:《出三藏记集》卷二《新集撰出经律论录第一》:"五百本生经,未详卷
 数,阙……齐武皇帝时,外国沙门大乘于广州译出,未至京都。"(苏晋仁、萧
 炼子点校,中华书局,1995 年,第 63 页。)

胸怀、利他精神。如萨埵太子舍身饲虎、尸毗王贸肉救鸽等,表扬他不惜牺牲自身来救助弱者;又如雪山童子施身闻偈、弱雉以羽带水灭火等,则表扬求道的精诚。像这样的故事,剔除其宗教宣传的含义,都具有相当深刻的教育意义。而且所写故事又是相当感人的。

本生经之所以具有相当高的思想价值和艺术价值,主要是因为它们多是在古印度民间文学的基础上改造、加工的。佛教信仰者从民间故事传说中取来材料,附会以佛教教义,牵合到佛陀前生行事上去,创作出本生。根据历史家的考查,本生经中的顶生王本生、大善见本生,来自古印度先王的传说;须大拏太子本生、睒仙人本生等,也是民间传说;《六度集经》里的《国王本生》和《杂宝藏经》里的《十奢王缘》,故事情节合起来就是印度大史诗《罗摩衍那》的提要;另一部大史诗《摩诃婆罗多》的故事,在本生经中也可以找到影子;至于本生经中的许多动物故事,更显然是来自民间的。因此从某种意义上来说,本生经是古印度民间文学的宝库。利用汉译本生经,可以从历史上对于比较民间文学和比较民俗学做有价值的考察。

本生经的体裁多种多样,有格言、诗歌、神话、传说、寓言、传奇故事等。据考,其形成约在公元前3世纪,先有了偈颂,然后补充、发展为一个个完整的故事。本生经有固定的结构,一部分是佛陀现世的情况,另一部分是他过去世的故事。后一部分是主体。过去世的佛陀可以是国王、贵族、婆罗门、商人、修道者、平民、穷人等,也可以是鹿、猴、兔、鸽等动物,写他(它)们精勤修道的善行。第三部分是联结语,指明过去世与现在世的关联,大抵指出过去行善的某某就是佛陀自身,为恶的某某则是现世佛的反对者等等。这些故事大都相当曲折生动、富于戏剧性。例如《六度集经》卷六第五十八经《修凡鹿王本生》①,其中说有一只"睹世希有"的九色鹿,不顾艰危,救了一个溺水人,当时摩因光国王的王后正寻求鹿角作装饰品,悬赏杀鹿。溺水人见利忘义,竟为国王指示鹿的去处。被捉住的九色鹿在国王面前揭露了溺水人"劫财杀主,其恶可原,受恩图逆,斯酷难陈",使得国王"喜而进德"。在这个故事里,鹿王就是佛陀的前世,溺水人则是调达②。其中表现的道德训喻意义直到今天仍给人以教益,表达方式也是相当动人的。

　　本生故事自然要涉及到其他人物。除了佛弟子,还有与他有关涉的人。例如提婆达多(或译"调达")的形象就很鲜明。他是白饭王子、阿难的哥哥,与佛陀是堂兄弟。他是教团的叛逆者,被表现为十足的恶人。

　　中国自先秦就形成了神话、传说和寓言文学的优良传统。但无论是思想内容,还是结构方式、表现方法,中土这类作品与佛教的本生故事相比都具有重大差异。重要的一点是,虽然许多本生故事可以从民间文学里寻到来源,但从根本性质上来说它们是宗教文献,其主旨是塑造佛陀的崇高形象、宣扬佛陀的教导的,具有玄想和现实相交织的特色,从而形成一种兼有神话、传说、寓言诸文体特征的新的经典体裁。这种体裁在相当程度上保持了民间文学生动鲜明、清新泼辣的风格,但受到宗教观念和宣教目的的限制,又造成一定的程式化和概念化的弊病。这从其固定的主题、结构以及表现方式等方面可以明显地看出来。

　　许多本生故事无论是内容还是表现方法都对中国文学特别是民间文学造成了直接的影响。而就本生故事这种体裁的总体而言,由于这是生动、形象的经典,雅俗共赏,易于流通,对佛教在中土的发展也就起到独特的作用。就思想观念层面而言,本生故事

①异译有失译《九色鹿经》。故事又见义净译《根本说一切有部毗奈耶破僧事》等经典。
②见《大正藏》第三卷,第33页上—33页中。

所表现的积极入世、"自利利他"的菩萨观念和舍己救人、舍身求法
的菩萨行,集中体现了积极入世、普度众生的大乘精神,和中土传
统的儒家世界观和人生理想有相一致之处。这就不只对于佛教在
中土的传播起到积极的推动作用,而且也促进了佛教与中土传统
意识的融和。本生故事从而典型地代表了佛教的优秀的高水平的
文学传统,对中土佛教继承和发扬这一传统也提供了一种样板。

譬喻经

　　佛典里一再记载佛陀的话:过、未、现诸佛"以无量无数方便,
种种因缘譬喻言辞,而为众生演说佛法"①。《大智度论》则说明譬
喻的作用:

　　　　譬喻为庄严议论,令人信著故……譬如登楼,得梯则易
　　上;复次,一切众生著世间乐,闻道德、涅槃则不信不乐,以是
　　故,眼见事喻所不见。譬如苦药,服之甚难,假之以蜜,服之
　　则易。②

这也反映了经典的实际:各类经典广泛利用譬喻进行说法,包含众
多的譬喻故事。利用譬喻可以说是佛典表现上的一大特色。就实
际形态而言,许多经典即可视为广义的譬喻经。

　　前述本生经中有许多寓言,其中包含有譬喻成分。佛典中还
有不少是专用或兼用譬喻、寓言说法的。在"十二分教"里,"譬喻"
即"阿波陀那"也是单独的一部。不过,阿波陀那即譬喻经本来是
指专门的表现"英雄行为故事"一类的经典。而汉译"譬喻"一语义
界十分广泛,从修辞上的比喻到利用比喻的寓言故事都包括在内。
佛陀当初说法时即善于用譬喻,这从前述四《阿含》可以看出。例

①《法华经》卷一《譬喻品第二》,《大正藏》第9卷,第21页中。
②《大智度论》卷三十五,《大正藏》第25卷,第320页。

如《中阿含》卷六十《例品》中有一篇《箭喻经》，是反映原始佛教观念的。其中说佛在舍卫城祇园精舍时，弟子中有鬘童子，聪慧异常，他经过思考，提出了一些形而上学的问题：世界在时间上是常住的还是无常的？是在空间上有限的还是无限的？灵魂与肉体是同一的还是分离的？如来是否是永生的？……佛陀针对这些问题，作譬喻说：如果有一个人中了毒箭，那么他的亲人应赶快叫来医生把箭拔出来；假如不是这样做，而是先研究：箭是谁射的？是什么样的人？从哪儿射的？射箭的弓是木制的还是角制的？箭头、箭杆、弓身、弓弦又怎么样？……如果不先解决这些问题就不去拔箭，那么中箭的人就会死掉①。佛陀用这个故事告诉弟子们，不要耽迷于那些形而上学的问题。这些问题共有十四个，佛陀对它们不给予肯定或否定的回答，后来称为"十四无记"。这反映了原始佛教思想重视实践、重视解决人生实际问题的品格。像这种譬喻就很生动，对人很有启发。这大体表现了佛陀本人的教化方法。他的这种方法，被他后世的信仰者们所继承。又例如早期佛典中有一部《弥兰陀王问经》，汉译叫《那先比丘经》。弥兰陀王是孔雀王朝灭亡后西北印一个希腊人统治的国家的国王，那先比丘（又译为龙军）向他说法，实际上这是希腊思想与佛教思想的论战。其中讲到"轮回"，就用了以薪传火的比喻，讲"业力"，又用了如种得果的比喻。前一个薪火之喻，在中国以后的形神论争中曾被一再使用。

部派佛教中有专门的譬喻师。窥基说：

> 佛去世后一百年中，北天竺怛义翅罗国有鸠摩逻多，此言童受，造九百论。时五天竺有五大论师，喻如日出，明导世间。名日出者，以似于日，亦名譬喻师。或为此师造《喻鬘论》，集诸奇事，名譬喻师。②

---

①《大正藏》第 1 卷，第 804 页上—805 页下。
②《成唯识论述记》八，《大正藏》第 34 卷，第 274 页上。

这里讲的《喻鬘论》,20世纪初在新疆发现过一部梵文残卷,作者亦题鸠摩逻多。据陈寅恪先生和德国梵文学者刘德士勘同,就是旧题马鸣所造、属于法句譬喻经类的《大庄严论经》①。譬喻师属于部派中的有部,因此在有部律《根本说一切有部毗奈耶》中寓言故事很多。后来北朝时慧觉等译《贤愚经》,僧祐说:"此经所记,源在譬喻;譬喻所明,兼载善恶。"又说:"旷劫因缘,既事照于本生;智者得解,亦理资于譬喻。《贤愚经》者,可谓兼此二义矣。"②根据僧祐所记,陈寅恪先生认为此经是慧皎等人游学西域的笔记,那么譬喻师的传统不仅传播地域广阔,时间也很久远。

这样,撰集"三藏"广泛利用譬喻故事,而在中国影响广泛的是现存的五部以"譬喻"立名的经典。其中题为吴康僧会所出《旧杂譬喻经》、题为支娄迦谶所出《杂譬喻经》,在《祐录》(《出三藏记集》)均著录为"失译"。从译风和译语看都不应出于康僧会或支娄迦谶之手。另一种失译《杂譬喻经》,被附于《后汉录》。这三部经虽然译者不明,但根据内容和表现形式可以确定是魏、晋以前的早期译品。其中的故事均从流行经典录出,是中土僧人辑录还是从外语翻译已不可确考。鸠摩罗什译《杂譬喻经》(有异本《众经撰杂譬喻经》)是比丘道略所集,应较前三部后出。而僧迦斯那撰·南齐求那毗地所出《百句譬喻经》即《百喻经》四卷也是一部经集,从众经辑录了九十九个故事。辑录者伽斯那是印度僧人,译者求那毗地是他的弟子,《百喻经》是于永明十年(492)译出的。这部经里的故事寓教于乐,寓意深刻,表达上尖锐犀利,妙趣横生,富有生活气息;译文流畅自然,朴实生动,堪称世界寓言文学的经典之作。1914年鲁迅曾加以标点,出资刻印;以后今人冯雪峰、倪海曙和周绍良都有现代汉语的改编或翻译,在民众间广为流通。

---

①参阅陈寅恪《童受喻鬘论梵文残本跋》,《金明馆丛稿二编》,第207—211页。
②《贤愚经记》,《出三藏记集》卷九,第351页。

康法邃编辑的《譬喻经》有序记说：

> 《譬喻经》者，皆是如来随时方便四说之辞，敷演弘教训诱
> 之要。牵物引类，转相证据，互明善恶罪福报应，皆可寤心，免
> 彼三涂。如今所闻，亿未载一，而前后所写，互多复重。今复
> 撰集，事取一篇，以为十卷。比次首尾，皆令条别，趣使易了，
> 于心无疑。愿率土之贤，有所遵承，永升福堂，为将来基。①

这表明康法邃这部今已佚失的《譬喻经》是考虑到同类经典记载混
乱而编辑的。这既反映了《譬喻经》广泛流行的状况，也表明这类
经典作为经抄的形成过程。

《譬喻经》把故事附会到教义说明上，其贴切程度大不相同。
有些故事，特别是那些为宣传教义专门制作的，往往成为教义的图
解。例如用情节简单的故事来说明施舍则得到财宝、慈心则得到
善报等等。这类故事多数是程式化的。在思想和艺术上有价值
的，是那些在宗教寓意之外，另有更普遍、更深刻的训喻意义的作
品。例如失译《杂譬喻经》卷下第二十九"瓮中见影"故事，说新婚
夫妇二人见瓮里自己的影子，怀疑对方藏有情人；《旧杂譬喻经》两
道人从象迹判断是怀嗣母象；《百喻经》第十《三重楼喻》写不想造
下两层屋而直接造第三层的愚人。经文对于寓意都有直接说明：
第一个故事是讽刺"世人愚惑，以虚为实"；第二个故事说明"夫学
当以意思维"的道理；第三个故事是教育四辈弟子"精勤修敬三
宝"，不要"懒惰懈怠"。这些解说固然有明显的宗教意味，但后来
人从故事中却能够体会到具有普遍意义的更深一层哲理。

再有一部分故事具有伦理训喻内容。这类故事原本多是指示
修道方式和态度的。如《旧杂譬喻经》写鹦鹉以翅羽取水，欲扑灭
山中大火，表现了一种"知其不可而为之"的不屈意志；《杂宝藏经》

① 《譬喻经序》，《出三藏记集》卷九，第 354—355 页。

卷一《弃老国缘》，说过去有一弃老国，国法驱弃老人，有一大臣孝顺，在地下掘一密室孝养老父，借老父的智慧替国王解答了天神的问题，终于使国王改变了弃老法令。这是在宣扬仁孝敬老意识，十分符合中土伦理观念。譬喻故事里宣扬戒绝贪、瞋、痴，提倡施舍、忍辱、精进努力的篇章很多。如《贤喻经》卷三《贫女难陀品》，讲佛经里常常提到的"贫女一灯"故事，本来是宣扬施舍的，但那种为了达到一定目标而精诚努力的精神，体现出普遍的教育意义。

　　譬喻故事形成于一定社会环境中，背景或内容往往反映了当时的社会矛盾，体现出积极的社会意义。《旧杂譬喻经·祸母》故事，讲过去有个国家，富足安乐，但国王贪心不足，忽发奇想，派人到邻国买"祸"，结果祸害了民众，闹得饥荒遍地，故事结尾说："坐厌乐，买祸所致。"寓意是戒"贪"的，但客观上也是对统治者残暴荒唐的揭露和讽刺。在一些有关国王的譬喻故事里，常常带着鲜明爱憎拿贤明国王与残暴国王作对比，揭露暴君滥杀无辜、贪得无厌、盘剥百姓、侵略别国的罪行；而对仁政爱民的国君加以赞扬。《杂宝藏经》里一个故事揭露国王"七事非法"："一者耽荒女色，不务贞正；二者嗜酒醉乱，不恤国事；三者贪著棋博，不修礼教；四者游猎杀生，都无慈心；五者好出恶言，初无善言；六者赋役谪罚，倍加常则；七者不以义理，劫夺民财。由此七事，能危王身。"又指出"倾败王国"的"三事"："一者亲近邪佞谄恶之人，二者不附贤圣不受忠言，三者酷伐他国不养人民。"①这是对残暴统治者十分深刻而尖锐的揭露和批判。《贤愚经》卷八《盖事因缘品》描写国王出游，借鉴佛陀为太子时出游四门的情节，他"见诸人民耕种劳苦"，问大臣人民何以如此，大臣回答说："国以民为本，民以谷为命。若其不尔，民命不存；民命不存，国则灭矣。"这就明确阐发了仁政爱民的政治理想。又如《贤愚经》卷六《尼提度缘品》，表现"极贱"的除粪

①《杂宝藏经》卷八《拘尸弥国辅相夫妇恶心于佛佛即化导得须陀洹果》。

人尼提度受度出家,成阿罗汉,佛陀对波斯匿王解释说:"凡人处世,尊卑贵贱,贫富苦乐,皆由宿行,而至斯果。仁慈谦顺,敬长爱小,则为贵人;凶恶强梁,骄恣自大,则为贱人。"而卷五《散檀宁品》写五百乞儿出家,佛陀说:"我法清净,无有贵贱。譬如净水,洗诸不净,若贵若贱,若好若丑,若男若女,水之所洗,无不净者……。"这些故事有其特定的教理内容,但其中所表现的人性平等观念是十分宝贵的。

譬喻故事里有些短小精悍的笑话,出于奇思异想,表达极其风趣,对世态人情的揭露和讽刺更极其尖锐、深刻,独具艺术特色。《百喻经》里集中搜集了一批这样的故事,日本佛教学者岩本裕指出这类故事从古印度民间流行的愚人故事脱胎而来①,明显体现了民间文学特有的幽默特色。例如《旧杂譬喻经》卷上第二十写妇人富有,金银为男子骗取,被狐狸嘲笑;什译《杂譬喻经》第二十三写田舍人至都下见人以热马屎涂背疗鞭伤,回家命家人鞭背;第二十五写一蛇头尾争大,尾在前行,堕火坑而死;《百喻经》第六十九"效其祖先急速食喻"等等,都用极其简短的篇幅,叙说一个个风趣的小故事,充满了机智、幽默。这类故事大都附带有教理的说明,但其客观训喻意义是更为感发人心的。

譬喻经作为文学作品,艺术特征相当明显:素材大都取自日常现实生活,包括那些以动物为主人公的,或是拟人化的,实际也有现实生活的依据;表现的是真实的世态人情,情节生动活泼,富有情趣,而又比较单纯;内中寓意一般都相当显豁,作者或讲故事的人有时直接出面评论,有时寓意隐含在故事当中;表达善恶分明,爱憎、褒贬态度鲜明;多用象征、夸张、对比等手法,造成强烈的效果;语言通俗易懂,即使翻译为汉语,也相当平易生动,和六朝时期书面语言的雕琢华丽

①岩本裕:《佛教説話研究》第二卷《佛教説話の源流と展開》,开明书院,1978年,第118页。

不同。这些特色构成这类经典特殊的艺术价值。

除这五部譬喻经之外，见于资料记载的以"譬喻"为名目的经典还有很多。僧祐指出，这类经典一卷已还者五百余部，"率抄众经，全典盖寡。观其所抄，多出《四含》、《六度》、《道地》、《大集》、《出曜》、《贤愚》及《譬喻》、《生经》，并割品截偈，撮略取义，强制名号，仍成卷轴"①。另外别有标题的譬喻故事集，如题为支谦译《撰集百缘经》，姚秦竺佛念译《出曜经》，马鸣撰、鸠摩罗什译《大庄严论经》，北魏慧觉等译《贤愚经》，北魏吉迦夜共昙曜译《杂宝藏经》等经典里也包含不少譬喻故事。由于多数譬喻经乃是经抄②，不同经典收录的故事也就多有相互重复的。

譬喻经对当时和以后文坛的直接或间接的影响是非常显著的。六朝志怪小说里有许多故事借鉴了譬喻经。后来不少譬喻故事的情节被文人创作所直接借用。又像苏轼写作《日喻》显然得自《六度集经》里的《镜面王经》的启发。柳宗元的寓言文在故事后对寓意加以说明，则与譬喻经故事后再加说法的结构方式相同。

因缘经

另有一类富于文学性的经典是讲业报因缘的故事，可以看做是广义的譬喻经一类。不同于专门的譬喻经由"喻"和"法"两部分构成的固定形式，这类修道因缘果报的故事篇幅一般较长，情节也较为曲折复杂，更接近一般的叙事文学作品。它们在结构上多数

---

① 《新集续撰失译杂经录》，《出三藏记集》卷四，第123页。
② 现存的"譬喻经"除《百喻经》有梵文原本外，其他均不见外语原典，所以有人认为它们都是"在中国结集成书的抄译经"。参阅丁敏《佛教譬喻文学研究》第六章《譬喻佛典研究之三——六部以"譬喻"为名的佛典》，东初出版社，1996年，第275—388页。

在结尾处也有对主旨的说明,有的还采取本生故事点明前世因缘的形式。印度佛典分类"十二部经"里有"因缘"(Nidāna)一类,本是记述佛陀教化说法的因缘的,有些大乘经的序分即是。这里所说的因缘经范围更宽泛些。

因缘经的结构在形式上与本生经类似,实际有所不同。这主要是由二者内容不同决定的。本生讲佛陀的前世轮回,因缘则讲果报。后者的内容也往往有前世和现世两个段落,然后加以联结。从总体看,这类主要是宣扬因果报应的故事没有本生经那样丰富深刻的思想意义。有些故事如《百缘经》里的《长者若达多悭贪坠饿鬼缘》《采花供养佛得升天缘》等,一看标题就知道立意,而且情节也很简单,谈不到有什么艺术技巧。但由于因缘经以人生世相为中心,尽管充满了臆造与迷信,有些作品仍包含着社会现实的某些方面的概括。例如《贤愚经》卷十一第五十二经《无恼指鬘品》[①],联结了几个因缘故事。其中写到杀千人取指为装饰头发的鬘的太子,食幼儿肉的国王,淫乱无度、强占新婚少女的太子,都反映了当时印度社会的现实,其叙述也相当生动而富戏剧性。据国外学者考证,本经中表现的"初夜权"观念是欧洲思想,情节则与阿拉伯传说《一千零一夜》的开端相似;而善恶之间的转变,又与《新约·马可福音》的主题相同。又《檀腻羁品》里有一个国王断二母争子案故事,则又与西方所罗门王断案故事类似。这些因缘故事,都清楚地反映了中东、西亚文化的影响,可以作为研究比较文化、比较文学的好材料。

以上,佛传文学、本生经、譬喻经、因缘经,是佛典中文学性强的部分。可以说是宗教利用文学,也可以说是文学表现宗教。它们起源较早,流传较广,在宗教宣传上曾起过一般教义宣传所起不

---

① 基本情节又出《杂阿含经》卷三十八、《增一阿含经》卷三十一;单经异译有法护译《鸯掘摩经》、法矩译《鸯崛髻经》。

到的作用;而由于它们特有的文学性质,更与一般的文学艺术相互交流并产生影响。

大乘经的文学性质

还应当指出,一些大部大乘经典,其特点之一就是富于幻想和形象。不仅有某些文学成分,在整个组织表现上也与文学作品有相似之处。而其规模之宏阔,意想之超拔,表达方式之奇诡以及用语的靡丽,更是中国文学作品中所少见的。

大乘佛教也很注意使用譬喻。大部经典中都巧妙地组织了许多譬喻故事。我们可以举著名的《妙法莲华经》(《法华经》)为例。该经中一再说到:

> 我以无数方便,种种因缘,譬喻言辞,演说佛法。(《方便品》)

> 以诸因缘,无量譬喻,开示众生,咸令欢喜。(《安乐行品》)

善于运用譬喻造成了这部经典的强烈的文学性,成为它能广为传布、发挥影响的原因之一,也是它对中国文人和文学产生巨大影响的原因之一。本经按鸠摩罗什译本为八卷二十八品(其中一品是后加的)。按传统解释,前十四品是所谓"迹门",是演说佛陀救世的形迹的,主要阐发"三乘归一"观念,其中论述被指为小乘的"声闻"、"缘觉"和"菩萨"三乘①都是佛的方便说法,是导入大乘的阶梯。这是试图用大乘的观点把佛教各派矛盾歧出的教理调和、统一起来。后十四品是所谓"本门",即明佛陀救世本意,中心思想是"诸法实相"的"空"观。"空"不是无,而是超时空的绝对,是诸法的

----

① 关于《法华经》所说"三乘",有不同解释,还有认为菩萨乘即大乘,统合为三的。

实相，也就是法身、佛性。包括现实中的佛陀本身，他的四十五年说法教化，也只是永存的本佛即诸法实相的"方便"而已。本经阐发这套理论，不是靠枯燥的思辨，而大量地利用比喻。道宣曾指出：

> 朽宅通入大之文轨，化城引昔缘之不坠，系珠明理性之常在，凿井显示悟之多方，词义宛然，喻陈惟远。①

这里所说的"朽宅"（即"火宅"）、"化城"、"系珠"、"凿井"加上"穷子"、"药草"、"医师"等故事，就构成有名的"法华七喻"。《般若经》讲"空"观，曾用了"般若十喻"，说一切"色"（事相）不过如梦、如幻、如水泡光影一样等等。这还是简单的修辞上的比喻。而《法华经》这七喻，是七个完整生动的故事。如"朽宅"、"化城"二喻，成为后来中国诗文中常用的事典；"三世火宅"、"导师化城"的观念在中国深入人心。又如穷子喻，说有人自幼舍离家庭外逃五十年，行乞而归，其父已变为巨富。其父欲认子，他却惊逃而去。只好雇其除粪，渐渐导之，使其志意通泰。最后富人临死前讲明真相，传其家业。这个比喻，是说小乘说法不过是为了适应一般人接受能力的一种权宜之计。但这里把贫富悬殊情况下的人情世态刻画得入木三分。《法华经》用这些譬喻，塑造了佛陀聪明、睿智、谆谆善诱的形象，描写中充满了机智与意趣。《法华经》里这样的引人入胜的故事在其他大部经典中也有，如《涅槃经·高贵德王菩萨品第二十》，讲到菩萨生死中不失慧念，不存放逸心，用了国王敕一臣持一钵油行经二十五里大城不失一滴的譬喻。这个故事表现的意志专精的主题，很有教育意义。故事又见于竺法护译《修行道地经》。

　　《维摩经》全称《维摩诘所说经》等是对中国文人与文学影响十分深远的又一部著名经典。佛经一般是以佛为主角的，但这部

---

① 《妙法莲华经弘传序》，金陵刻经处本，本经卷首。

经却很特殊,以一个居士维摩诘为说法的主角。这是大乘佛教发
达以后代表居士阶层观点的经典。本经现存三种汉译,而以鸠摩
罗什译本(简称"什译")最为流行①。什译本分三卷,按人物活动
地点可划分为三场,就像一部三幕戏剧。第一场佛在毗耶离庵罗
树园僧院说法,弟子八千人,菩萨三万二千人、万梵天王、万二千
天帝、宝积长者子等五百年轻人礼拜听法,立志建设佛国土。这
时听说维摩长者患病,佛陀拟派遣弟子前去探问,但包括舍利弗、
须菩提的十大弟子和弥勒菩萨等十四人都自认为没有资格。他
们回忆自己与维摩交往中被讥弹的经历,加以推托。在这一场
里,借众弟子之口表达了弹呵小乘的思想。例如舍利弗在山中闲
静处坐禅,维摩诘就批评他说,真正的坐禅是"不舍道法而现凡夫
事"、"不断烦恼而入涅槃",意思是说内心没有差别执着就无需论
闲静,安住在万法如一、四大皆空的境地就不必坐禅。大乘佛教
主张自利利他、深入生活,是反对坐守枯禅求个人解脱的。第二场
转移到维摩方丈,佛派弟子中"智解第一"的文殊师利前往问疾。
维摩显示神通,与之论辩。维摩示疾说法,论证了真空妙有、空有
不二的诸法实相。在讨论到"不二法门"时,随行的三十一个菩萨
各自谈了自己的见解,都举出了"不二"的具体事相;文殊则说"不
二"是无念无相的绝对境界,非常识的语言所可表达;而维摩却只
是"默然无言"。菩萨们是以相对的语言解释相对的事项;文殊乃
是以相对解释绝对;只有维摩是以绝对对待绝对。维摩之默展示
的是无言无说的绝对境界,对后来形成的禅宗有很大的启示。在
这一场里,维摩还做了须弥纳入芥子、大海入一毛孔的有名的说
教,显示悟入佛法则得到人的主观的绝对自由。维摩表现出深邃
的睿智和机敏的妙趣,他的示疾成为以后中国文学和美术作品的
著名题材。第三场又回到庵罗树园,佛陀向大众说法,肯定了维

---

① 另外两种是支谦和玄奘译本。

摩,并嘱咐弥勒和阿难弘通教义。这部经掐头去尾,主体是写维摩诘,又以对话为主,所以好像是一出由他做主角的戏剧。经中宣扬大乘中道空观,主张过一种不离迷界的现实生活,在其中求得绝对的理想境界,这正适应社会上层及其知识分子中在家信徒的要求。经文对话生动,形象鲜明,什译的译文水平又高,请看《方便品》维摩出场的一段:

> 尔时毗耶离大城中有长者名维摩诘,已曾供养无量诸佛,深植善本,得无生忍。辩才无碍,游戏神通,逮诸总持,获无所畏,降魔劳怨,入深法门,善于智度,通达方便。大愿成就,明了众生心之所趣,又能分别诸根利钝,久于佛道,心已纯淑,决定大乘。诸有所作能善思量,住佛威仪心大如海。诸佛咨嗟,弟子、释、梵、世主所敬。欲度人故,以善方便居毗耶离。资财无量摄诸贫民,奉戒清净摄诸毁禁,以忍调行摄诸恚怒,以大精进摄诸懈怠,一心禅寂摄诸乱意,以决定慧摄诸无智。虽为白衣,奉持沙门清净律行,虽处居家不著三界,示有妻子常修梵行,现有眷属常乐远离,虽服宝饰而以相好严身,虽复饮食而以禅悦为味。若至博弈戏处辄以度人,受诸异道不毁正信。虽明世典常乐佛法,一切见敬为供养中最。执持正法摄诸长幼,一切治生谐偶,虽获俗利不以喜悦,游诸四衢饶益众生,入治政法救护一切,入讲论处导以大乘,入诸学堂诱开童蒙,入诸淫舍示欲之过,入诸酒肆能立其志……①

这样,细致地描写了有闲阶级中一个在家信徒的形象,世俗生活与超凡的精神境界在他身上合而为一。这种性格在中国文学中是没有过的;这种描写方法也是很新鲜的。

如果说《维摩经》像戏剧,《华严经》则更像小说。《华严经》有

---

① 《大正藏》第14卷,第539页上。

两个全译本，其《十地品》和《十法界品》有多种单行异译，其他单品也有一部分有异译。通行的是东晋佛陀跋陀罗所译六十卷本《大方广佛华严经》，俗称《六十华严》①。"华严"，意为莲花严饰，是指真如妙法的完美，也暗示法界缘起如重重莲花花瓣组合成一个整体。《华严经》的主题是阐扬事事无碍的法界缘起思想。就是说，从究极的绝对真理看，一切事相都是法界的具体体现，都是在相互关联之中存在的。本经又从体认这个"真实"的角度，论述了自利利他的菩萨行，即修证的各个阶段。全经按说法地点分七处，按场面是八会，即寂灭道场会、普光法堂会、忉利天会、夜摩天宫会、兜率天宫会、他化自在天宫会、普光法堂会（同第二会地点）、逝多林会。按戏剧说，就是七幕八场。这是一部发挥了宗教玄想的典型的大乘作品。在这里，说法的佛陀已不是作为修道沙门的释迦，而是十身具足的毗卢舍那法身佛。他是遍满十方、常住三世、总该万有的真理的化身，是绝对的境界。说法的地点不仅在地上，从第三会起就转移到了天上；说法的对象不仅有普贤、文殊等佛弟子，还有无数菩萨。全经内容的前七会，是从无明缘起逆观，开显光明世界，中心是《十地品》，即修证的十个阶段；最后一会《入法界品》，是从贪爱逆观达到法界。"入法界"即住入毗卢舍那法身的境界，这是佛弟子普贤的行愿。这最后一品很重要，占十七卷，有单行唐般若译《四十华严》。其中写一个饶有家财的善财童子，虽有世间财宝，却没有真实的法宝，后来在觉城东庄严幢沙罗林中大塔庙与求道者听文殊菩萨讲《普照一切法界经》，并在文殊指点下到各地巡访问菩萨道。他寻访了五十三位"善知识"，有国王、长者、医师、船夫、外道、菩萨，甚至有淫女。最后回到金刚藏道场听普贤行愿，信受阿弥陀佛国极乐往生大法。善财童子的寻访，情节生动，形象鲜

---

① 另有唐实叉难陀译八十卷本，称"八十华严"。

明,有人比它作英国宗教小说《天路历程》①,也有人说它就是教养小说②。其中宣扬了治世业者皆顺正法、迷界统于法界的大乘思想。例如善财童子访问的第二十六位"善知识"是个淫女,居处华贵,相好庄严,"善知字轮技艺诸论","一切欲界无与等者"。有人看到善财童子访问她,很为奇怪,但实际此人"已成就离欲实际清净法门"。她说,若有人"诣我"、"见我"、"与我语"、"执我手"、"共我宿"、"目视我"、"见我频申"、"观察我"、"阿梨宜我"、"阿众鞞我"等,都可得佛三昧。这个故事颇表现了大乘思想宏通开阔、肯定生活的方面。这里的"阿梨宜"、"阿众鞞",意为"拥抱"、"接吻",翻译时用了音译,是为了照顾中国人的接受习惯。《华严经》恢宏开阔、汪洋恣肆、富于大胆想象。它所创造的境界与文字,都给人以强烈的印象。

　　另一类在大乘佛教中占有重要地位、且在文学艺术上影响广泛的是净土类经典。净土信仰、净土思想是早期大乘的重要内容。既然三世十方都有佛,也就有他们的佛国土。这理想的佛国土必然是清净无染的。这些净土中最重要的有西方阿弥陀佛净土和弥勒菩萨在上天待机的弥勒净土。宣扬前者的有《阿弥陀经》、《无量寿经》和《观无量寿经》即所谓"净土三部经",宣扬后者的则有《弥勒上生经》和《弥勒下生经》等"弥勒五部经"。这些经典的重点都放在描写净土的美好景象上。净土被表现为理想的乐园:金碧楼台,珍禽异兽,天上是祥云,地上是七宝池,八功德水,池里的青黄赤白诸色莲花像车轮一样大,那里的人都远离三恶道(地狱、饿鬼、畜牲),寿考无限,皆得成佛。值得注意的是,佛经原典里只有"清净佛土"之类说法,概括为"净土"一词是中土的创造。中土信众把净土特别是西方净土当作死后永生的去处,显然融入了道教神仙观念,因此影响也特别强大和深远。敦煌壁画里净土是主要题材

---

① 见深浦正文《仏教文学物語》,东林书房,1929 年,第 461 页。
② 见渡边照宏《お經の話》,岩波书店,1967 年,第 159 页。

之一。自从东晋慧远主持僧俗净土结社,其后许多文人也热衷于净土信仰,例如柳宗元、白居易等都宣扬此境不虚。民众中净土信仰更为流行。

《观无量寿经》宣扬观想念佛的禅观,特别是其中所鼓吹的"净土三身佛"(阿弥陀佛、观世音和大势至)信仰影响更为深远。此经的缘起是一个凄婉动人的故事,说的是佛陀在世时的阿阇世王,原本是摩竭陀国太子,听信提婆达多挑唆,把父王频婆娑罗幽禁在七重室内;其母韦提希夫人以苏蜜揽和麦麨(炒面)涂在身上,又用璎珞盛葡萄浆蜜,趁探访时送给国王吃,使国王得以存活;后来被阿阇世发现,囚禁了夫人;夫人忧愁憔悴,生厌离心,遥礼耆阇崛山,向佛祈祷;佛陀与目犍连、阿难从而现身王宫,韦提希表示志愿往生阿弥陀佛极乐世界;佛陀在宫里为她宣说三福、十六观往生法门;韦提希夫人闻佛说法,欢喜悟解,得无生法忍。本经后半部分的三福、十六观法门,是净土禅观的主要修习方法。文学性更强的是前面韦提希夫人拯救丈夫部分的描写。这段动人描述中几个人物性格都很鲜明,特别是对韦提希夫人的刻画,不但写出了她的忠贞、智慧、坚强、刚烈,更凸显出她求道的热心和执着。这就在宗教意义上树立了一个女子求道的典范。

净土经典对于净土景象的描写,提供了理想化的美好生活图景,令人无限憧憬。这种景象引发起无数人的信心,成为一种理想境界的典型表现。从写作技巧看,则为文学中的场面描写提供了一种典范。雷奈·格鲁塞指出:

　　(弥勒、弥陀等菩萨)经过一个长时期以后,这历史人物的佛陀几乎已被这一群菩萨尊者们抛到九霄云外去了。一部完整的神话则被建立起来,这大概是那位教主始料所不及的。但是不应低估这神话的价值,因为它向东方的天才提供了喜爱的题材——爱与慰抚的精神、具有意想不到的美学价值的整个梦幻世界、内心生活的崭新源泉以及对最神秘的心灵的神秘营养。遍及于远东人们心中的一大希望,已不再寄托在释迦牟尼的那种近于苏格拉底式的智慧上,而是寄托于对光辉的来世的肯定,寄托在那"西方极乐世界"或"净土";那儿,清白的灵魂死后将托生于神妙的莲花内。这些温柔奇妙的想象,超出现实束缚之外,呈现于金光灿烂的气氛中。当我们想到一切人类的梦想,和为它们所支持的不屈不挠的希望时,这些想象仍然是使我们感动的。①

充满夸饰形容的对净土世界的描绘体现了一种宗教理想,其恢宏壮丽的场面描写,其大胆幻想的构思方式,其浓墨重彩、极度夸张的表现技巧,都是中土文学艺术前所未见的。

在学术界,"佛教文学"这个概念内涵本来十分模糊。从广义说,可以指所有受到佛教影响、包含佛教内容的文学作品,狭义则专指那些富于文学性的佛典。严格地讲起来,宗教经典与文学作品是有明确界限的。前者不论用什么方式表现,从根本上是为了阐明宗教教义,是为宗教宣传服务的;后者则是另一种独立的意识形态。但具体到佛典上,确实表现出宗教与文学的某种融合与交叉。对于宗教宣传来说,这是加强它的影响的因素;而其实际作用则远在此以外。那些具有丰富文学性的佛典,不仅在文学上有了一定价值,而且对整个文化的发展起了非常深远的作用。

二、佛典翻译与译经文体

中国文人接受佛教,主要是通过阅读汉译佛典。而读汉译佛

---

① 雷奈·格鲁塞:《东方的文明》,常任侠、袁音译,中华书局,1999年,上册,第237页。

典，又首先接触到在译经过程中创造出的译经文体。翻译佛经的译师们还总结出一套有独特内容的译经理论。这些都直接涉及到汉语文本身的表现问题。现在先从文体发展史的角度谈一谈译经、译经文体、译经理论的成就及其意义。

　　佛典汉译，可以说是人类文化史上的壮举。如果按照确切可考的第一部汉译佛典的出现——安世高于东汉桓帝元嘉元年(151)译出《明度五十校计经》算起，到北宋仁宗庆历元年(1041)惟净和孔道辅先后奏请北宋朝廷解散翻经院①，大规模的译经工作延续了近九百年②。在这漫长岁月里，无数中外僧俗，泛海涉陆，历尽艰辛，从印度、中亚、斯里兰卡等地，把佛教原典传入中国。起初靠口传，以后才有经本。多少人在漫漫长途上默默牺牲了；又有多少人以对宗教的虔诚，穷年累月，呕心沥血，进行翻译传写，终于留下了文化史、宗教史上的这一笔财富。当然这是一种宗教活动，但由于佛典具有文化上、思想上的巨大价值，又是文化史上的劳迹。那些译师们既是宗教家，又是给中国文化做出贡献的、在历史上有功绩的人物。

　　如前所述，汉译佛典不但数量庞大，而且质量很高。从内容上看，它比起巴利文和藏译佛典来，更完整地保存了佛教发展不同时期、不同部派、学派的材料；并在翻译过程中一般都记录了原典传入和译写情况，从中可以推测原典出现的层次。这不仅对研究佛教史有重大价值，而且对研究没有确切编年的古代南亚、中亚历史也是很重要的。从译文质量看，由于汉语文本身早已有很高的水平，译师们以它为工具，再吸取原典的语汇和表达方式，使译经文

---

①据《佛祖统纪》卷四十五。
②《佛祖统纪》卷四十六徽宗政和三年(1113)条："译经三藏明因妙善普济大师金总持，同译语仁义、笔受宗正，南游江浙至秀州车溪。"(《大正藏》第49卷，第420页上)可见当时仍有专门译经僧。宣和二年(1120)，作为翻经院的太平兴国寺正式废止。而佛典的零散翻译一直延续到以后。

字的水平相当高超。这里值得提及的，从译经对汉语文的影响来说，至关重要的一点是词语和表现手法的大量输入，第二点是译经文体的形成。从词语输入来看，按著名的日本望月《佛教大辞典》计算，共有条目三万五千多条，就是说有三万五千多个汉字的佛教概念。这些词语在汉语文中并没有同等地普及。但即使普及了十分之一，就意味着随着译经输入了三千五百个新词语。如现代汉语中常用的"思想"、"智慧"、"贡献"、"实际"、"成就"、"习惯"、"根本"等词，都是从佛典上来的。此外还传来了许多外来的语法和表达方式。佛典翻译对中国语文发展的影响，是一个应缜密研究的课题。而译经文体又是一种华梵（胡）结合、韵散兼行、雅俗共赏的新文体。这种文体的出现在中国文坛上造成了巨大影响。总之佛典的汉译，是把一种外来宗教文献介绍给一个文化高度发达的国家，中国人在对这种外来宗教文献加以理解、消化的基础上，于思想上和表述形式上都进行了创新。

　　佛典汉译的高水平，与翻译方式有关。在中国，译经基本上是一种集体的事业。译师们怀抱着虔诚的信仰心，又坚持了十分严肃认真的态度从事这项事业。历史上记载译经开始于东汉永平十年（67），迦叶摩腾和竺法兰在洛阳白马寺译出《四十二章经》和《十地断结经》。但这作为史实已难以考信。学术界一般认为今本《四十二章经》是后出的经抄，最初的文本应出于东汉末年。有确切历史根据的、真正显示了译经实绩的是安世高的活动。他于东汉桓帝建和初（147）来到中国。按道安的《众经目录》，安世高译经三十五部四十一卷①，现存二十二部二十六卷。此后，支娄迦谶（约二世纪）、支谦（约三世纪）、康僧会（约三世纪）、竺法护（约三、四世纪）等继起，大量传译佛典。当初译师都是西域人或印度人。他们不

---

①这是按苏晋仁、萧炼子的校订，见《出三藏记集》卷二，第 84 页《校勘记〔六〕》。

娴汉语,有些人对于佛教义理的了解也有限。由他们"口解",请中国人担任"笔受",实际上是他们根据记诵,口述大意,然后由中国人写成文字。这样必然带来问题。一则如后来赞宁所说:

> 初则梵客华僧①,听言揣意,方圆共凿,金石难和,碗配世间,摆名三昧,咫尺千里,觌面难通。②

这种听言揣意的办法,表达上难以准确,翻译上的艰难是可想而知的。再如僧叡说:

> 自慧风东扇,法言流咏已来,虽曰讲肆,格义迂而乖本……③

所谓"格义",就是用中国固有概念来比附、翻译佛典名相,例如安世高以"无"译"空"、以"无为"译"涅槃"、以"生死"译"轮回"等。再加上初期参与译经的汉人文化水平大都不高,译文难免生涩难通。但这是筚路蓝缕之功,其成就是不可抹煞的。当时的译师们是在没有外来借鉴与经验的情况下探讨、创造的;当然,"格义"的方法尽管在传达原典本义上不准确、有欠缺,却给中国人理解与接受佛教开辟了一条路子,为以后的佛典传译打下了良好基础。

中国的东晋十六国和南北朝时期,正是印度大乘佛教成熟期。大部分大乘经原典是在这个时期写定的。原典写定后即陆续输入中土。这一时期的翻译不再单靠口诵,有更多的梵(胡)僧来华和华人西行求法,佛教在知识阶层中也已相当普及。在这种条件下,也就可能选择出更称职的译人。在译经方式上,则是大规模译场的建立。例如姚秦长安逍遥园、河西凉州闲豫宫、东晋庐山般若台以及刘宋建业道场寺等,都是得到统治者支持的著名译场。译场

①初期译人多西域人。又历史记载汉人第一个出家的朱士行,是3世纪人。
②《宋高僧传》卷三,范祥雍点校,中华书局,1987年,第52—53页。
③《毗摩罗诘提经义疏序》,《出三藏记集》卷八,第311页。

动辄数百人,多则两三千人,并有了较严密的分工。这时的主译人水平也提高了,多是精通华、梵的义学大师。译场同时是教学机构,译主就是导师。他随讲随译,讲解记录就成了经论义疏。如鸠摩罗什"于常(长)安大寺讲说新经……并畅显神源,发挥幽致"[①];菩提流支"善会地情,妙尽论旨,皆手执梵文,口自敷唱,片辞支说,辩诣蔑遗"[②];真谛"彼此相发,绮缋铺显,故随处翻传,亲流疏解"[③]。译场又是研究机构,参加者可以往复辩难,对译文和义理深入探讨。如罗什译《大品般若》是"两释异音,交辩文质"[④];昙无谶译经时"道俗数百人疑难纵横,谶临机释滞,未常留碍"[⑤];昙影译《成实论》"凡诤论问答,皆次第往反"[⑥]。这样,依靠集体的力量,每一译文,往往都详其意旨,审其文义,一言三复,然后写出,再加润色。译文的水平自然大大提高了。

这一时期对译经贡献最大的,当推道安(312? —385)和鸠摩罗什(343—413)。道安本人不懂外语,但他是优秀的文学家,也是译经的卓越组织者。前秦时他在长安,译师僧伽提婆等人译经时,他尝与法常诠定音字,详核文旨。梁启超曾指出:

> 安为中国佛教界第一建设者,虽未尝自有所译述,但苻秦时代之译业,实由彼主持;苻坚之迎鸠摩罗什,由安建议;四《阿含》、《阿毗昙》之创译,由安组织;翻译文体,由安厘正。故安实译界之大恩人也。[⑦]

---

①《开元释教录》卷四,《大正藏》第55卷,第514页下。
②崔光:《十地经论序》,《大正藏》第26卷,第123页中。
③《开元释教录》卷七,《大正藏》第55卷,第546页中。
④僧叡:《大品经序》,《出三藏记集》卷八,第292页。
⑤《昙无谶传》,《出三藏记集》卷十四,第539页。
⑥《高僧传》卷六,第243页。
⑦梁启超:《佛学研究十八篇·翻译文学与佛典》,台湾中华书局,1976年,第5页。

这个评价并不过高。至于罗什,在译业实践上贡献尤巨。他本是西域学僧,后秦弘始三年(401)入长安,到去世的十年左右时间,译出或重译了《般若》、《法华》、《维摩》、《阿弥陀》等重要大乘经,系统翻译了龙树中观学派的代表著作《中论》、《百论》、《十二门论》、《大智度论》等论书,还翻译了小乘的《成实论》。他本人"深通梵语,兼娴汉言",对翻译理论又进行过认真探讨。加上他的译场人数众多,高足辈出,如在佛教史上著名的僧肇、僧叡、道标、道恒等,都出自他的门下。他虚心好学,刚到中国时汉语水平并不高,但经过一段实践,创造出了精美流畅的译文。后来有人批评他的译文不太忠实,一是常常删减原文,二是多用意译。所以如《法华》、《维摩》等,在他以后都另有异译,《维摩经》的另一译本《佛说无垢称经》还出于大译师玄奘之手。传译的准确与否,这属于宗教史上教义理解和表达的问题,罗什的得失可以另议;如从译文的质量看,他所达到的水平是很高的,所以对后代的影响也大。因此有的经典后来又出了更准确的异译本,但在社会上最流行的却是什译。另外,我们从文学史的角度探讨一部译籍的价值,不仅要看它是否与原典契合,更要兼顾其表达的艺术;另外,不同译本流传情况各不相同,某种译法被中国人所接受,又正反映了中国人的思想意识。谈佛典翻译的成败得失与影响,这也是值得考虑的。

罗什以后,又出现了佛驮跋陀罗(359—429,译有《六十华严》等)、昙无谶(385—433,译有《大般涅槃经》等)、求那跋陀罗(394—468,译有《楞伽经》等)、真谛(499—569,译有《金光明经》、《摄大乘论》等)等著名译师。其中真谛主要传译了大乘瑜伽行派即唯识学论著,对中国佛教史影响尤大。他与罗什和后来的玄奘、不空并称为中国译经史上的"四大译师"。

学者们把罗什以前的译籍叫"古译",把罗什及其以后的译籍叫"旧译",而称玄奘译文为"新译"。玄奘(600—664)开创了中国译经史的新局面、新风格。他无论在佛教史上,还是在整个文化史上,都是极为杰出的人物。他西行求法的精神和业绩,生动感人,永远辉耀史册。从译经史看,在他以前,主要译师都是天竺人或西域人。他是第一位精通五天竺各种方言的著名中国译师。他自贞观十九年(645)回国,不间断地从事翻译工作,到逝世的十九年间,译出经典七十五部一千三百三十五卷。就是说,他每年平均译经七十卷。他还写了一部十卷的《大唐西域记》(由弟子辩机笔记)。如果按《至元录》计算,他的译业占近千年译经全部成果的约四分之一。他的佛学造诣既全面又深厚,翻译内容总括一切,而以传译唯识学著作与编译六百卷《大般若经》贡献最著。唯识学是大乘佛学思想的高峰,理论价值甚高。玄奘译出了弥勒所著《瑜伽师地论》,"糅译"了护法等著名唯识家著作为《成唯识论》,译了世亲著《唯识二十论》、《唯识三十颂》等,构成了后来中国唯识学的"一本十支",深刻影响了中国佛学以至中国思想界,一直到晚近时期。《般若》体现了大乘佛学的基本精神,在我国传译较早。玄奘编辑或重译了大小不同文本的《般若经》,组成一部六百卷的大丛书。他在翻译方式上也有所改变。在他之前,隋王朝曾在洛阳上林园设翻经馆。这种译场不仅受到帝王和有权势的人的支持,而且由朝廷直接管理。对参加译场的人有了严格限制,人数少而精,并有了固定分工。玄奘也采用了这种办法。他先后在长安弘福寺、慈恩寺等处组织了更为完备的译场。朝廷直接监督管理,设有监护大使。有译主、证义、证文、书手、笔受、缀文、参详、勘定、润文、梵呗等较固定的分工。他的译场不再是教学和自由讨论的机构,而是一个精干的专业班子,总共二十人左右,都是学有根底的专家。如窥基、神昉、嘉尚、普光等人,都是有独特建树的义学大师。玄奘在翻译实践中又汲取了前人经验,参照了以前的不同译本。名相的确立、义理的表达、行文的组织都有严格标准,力求精严准确。因此他的译文与罗什的流畅华美不同,表现出确切精赅的风格。这种译文本身,也是译经史上的新成就。玄奘晚年,由于积年劳顿,已疾病缠身,虽体力衰惫,仍勤奋不辍,从而完成了世界历史上难以比拟的巨大译业,给我国文化史宝库留下了光辉的瑰宝。他本人也成为一代文化伟人。

玄奘以后,又有义净(635—713)、不空(705—774)等人的译业。义净主要翻译了有部律《根本说一切有部毗奈耶》等,从而保存了有部文献。他还译出了一些唯识著作。不空则主要翻译密教经典。密教是佛教发展的最后阶段。宋代朝廷曾设翻经院,有天息灾等为译师,但无重要成绩。其时印度佛教发展已近尾声,也没有什么新的重要原典可译。此后到宋徽宗时翻经院工作最后废止,陆续出现的译籍只是零星散篇。以后虽还有满、蒙文等各种语言的译经,但与汉语文学史没有什么关系。

译经质量的提高过程中,人们不断总结经验。不少译师把前人的或自己的实践形成为理论,对翻译实践起到了积极作用,对当时和以后的文坛也产生了深远影响。

对于宗教信徒来说,经典是神圣的。因此传译佛典力求忠实、准确,是译师们的根本原则,是他们孜孜以求的目标。这也就决定了译经严肃认真的态度。

首先较系统地提出翻译理论的是译经成熟初期的道安。他领导过长安达千人的大译场,又参与过竺佛念等人的译业。特别由于他有高度文化素养,对佛教教理又有独到的理解,因而能在翻译理论上提出一系列中肯、有价值的见解。正如前面指出的,初期译经,不仅有表达上的困难,义理的领会也难以准确。这二者往往是联系在一起的。前引赞宁《宋高僧传》卷三所谓"盌配世间"就是一例。勒那摩提初译《十地经论》时,把"器世间"译为"盏子世间",后来他在庙里看到老僧向弟子要"器",得到了钵、盂等物,才知道"器"是总名,是大概念,用"盏子"来译是错误的。像这样的问题,就是后来译经成熟期也不可免。道安讲到自己初到长安,竺佛念主持译《阿毗昙》,对照前代戒律,"或殊文旨,或粗举意","前出戒十三事中起室与檀越议,三十事中至大姓家,及绮红锦绣衣及七因缘法,如斯之比,失旨多矣。将来学者,审欲求先圣雅言者,宜详览焉。诸出为秦言,便约不烦者,皆蒲萄酒之被水者也"①。这是指出以前所译戒律的文字有许多"失旨"之处。他用往葡萄酒里掺水来比喻翻译的效果。有人说他的这种看法是"翻译不可能"论,实际上这也是认识到传信之难对译文提出的高要求。僧叡也说:"苟言不相喻,则情无由比。不比之情,则不可以托悟怀于文表;不喻之言,亦何得委殊涂于一致,理固然矣。进欲停笔争是,则校竞终日,卒无所成。退欲简而便之,则负伤手穿凿之讥。"②这是与道安相似的看法。

面对着这种情况,要处理好原典与译文表达上的矛盾,在传信的原则之下,又必须照顾到中国人的行文习惯。道安总结了这方面的经验,提出了"五失本三不易"之说:

> 译胡为秦,有五失本也:一者胡语尽倒,而使从秦,一失本也;二者胡经尚质,秦人好文,传可众心,非文不合,斯二失本也;三者胡经委悉,至于叹咏,叮咛反复,或三或四,不嫌其烦,而今裁斥,三失本也;四者胡有义说,正似乱辞,寻说向语,文无以异,或千五百,刈而不存,四失本也;五者事已全成,将更傍及,反腾前辞,已乃后说,而悉除此,五失本也。然《般若经》三达之心,覆面所演,圣必因时,时俗有易,而删雅古以适今时,一不易也;愚智天隔,圣人叵阶,乃欲以千岁之上微言,传使合百王之下末俗,二不易也;阿难出经,去佛未久,尊者大迦叶令五百六通迭察迭书,今离千年,而以近意量裁,彼阿罗汉乃兢兢若此,此生死人而平平若此,岂将不知法者勇乎? 斯三

---

①《比丘大戒序》,《出三藏记集》卷十一,第413页。
②《大智释论序》,《出三藏记集》卷十,第387页。

不易也。涉兹五失经，三不易，译胡为秦，讵可不慎乎？①

这里所谓"失本"，是指翻译中由于语言与表达习惯的不同而改动了原典。这指的也是意译的最大限度。竺佛念译经时，以为中土行文喜好文饰，每加华藻，就要求"五失本"之外，务存典实，毫不可差。所谓"不易"，是说翻译的困难。这些道理，实际是对翻译实践的一种规律性的认识，也正是罗什等人所实际遵循的原则。罗什与僧叡论西方辞体，说：

> 天竺国俗，甚重文制……但改梵为秦，失其藻蔚，虽得大意，殊隔文体。有似嚼饭与人，非徒失味，乃令呕哕也。②

这也是有感于译文表达难于与原典相契合而发。他本人在翻译时，有删繁从简处，有改动语序处，即都在"五失本"所允许的范围之内。同时又尽最大可能忠于原文。其译《法华经》，是"曲从方言，而趣不乖本"③；其译《百论》，则"陶练覆疏，务存论旨，使质而不野，简而必诣"④；其译《维摩》，则"道俗虔虔，一言三复，陶冶精求，务存圣意。其文约而诣，其旨婉而彰，微远之言，于兹显然"⑤。支持并参与翻译《鞞婆沙》的赵政也说：

> 《尔雅》有《释古》、《释言》者，明古今不同也。昔来出经者，多嫌胡言方质，而改适今俗，此政所不取也。何者？传胡为秦，以不闲方言，求知辞趣耳，何嫌文质？文质是时，幸勿易之。经之巧质，有自来矣。唯传事不尽，乃译人之咎耳。⑥

---

①《摩诃钵罗若波罗蜜经抄序》，《出三藏记集》卷八，第 290 页。
②《晋长安鸠摩罗什传》，《高僧传》卷二，第 53 页。
③慧观：《法华宗要序》，《出三藏记集》卷八，第 306 页。
④僧肇：《百论序》，《出三藏记集》卷十一，第 403 页。
⑤僧肇：《维摩诘经序》，《出三藏记集》卷八，第 310 页。
⑥道安：《鞞婆沙序》，《出三藏记集》卷十，第 382 页。

这也可见当时译场上在翻译时要求忠实原典、重视传信的一般风气。

　　与译文的忠实性相联系的，还有一个文质问题。在这个方面译师们的经验也是值得重视的。译经从总的倾向看，是要求重质轻文或文质相应的。这是总结长期译经经验得出的结论。本来，早期译经存在着"直译"与"意译"两种倾向，借用鲁迅先生的话说，就是有的"信而不顺"，有的"顺而不信"。前者以安世高为代表，后者以支谦为代表。后来人们对安世高常有推许。这一方面是看到他的开创之功，另一方面则是重视他译文的质直。如道安评《人本欲生经》："似安世高译为晋言也。言古文悉，义妙理婉。睹其幽堂之美，阙庭之富者或寡矣。安每览其文，欲疲不能。"①慧皎则说，高所出经，"义理明析，文字允正，辩而不华，质而不野，凡在读者，皆亹亹而不倦焉"②。但对支谦的意译倾向，则多有人提出批评。如道安说："前人出经，支谶、世高，审得胡本难系者也；又罗、支越（支谦名越号恭明——作者），斫凿之巧者也。巧则巧矣，惧窍成而混沌终矣。若夫以《诗》为烦重，以《尚书》为质朴，而删令合今，则马、郑所深恨者也。"所以他"推经言旨，唯惧失实"③。僧叡说："恭明前译，颇丽其辞，仍迷其旨。是使宏标乖于谬文，至味淡于华艳。虽复研寻弥稔，而幽旨莫启。"④而支愍度说："（支）越才学深彻，内外备通，以季世尚文，时好简略，故其出经，颇从文丽。"⑤参与竺佛念译经的慧常讲到必须重质的道理：

　　　　《戒》犹《礼》也。《礼》执而不诵，重先制也，慎举止也。
　　《戒》乃径广长舌相三达心制，八辈圣士珍之宝之，师师相付，

---

①《人本欲生经序》，《出三藏记集》卷六，第 250 页。

②《汉洛阳安清传》，《高僧传》卷一，第 5 页。

③《摩诃钵罗若波罗蜜经抄序》，《出三藏记集》卷八，第 290、291 页。

④《思益经序》，《出三藏记集》卷八，第 308 页。

⑤《合首楞严经记》，《出三藏记集》卷七，第 270 页。

一言乖本,有逐无赦。外国持律,其事实尔。此土《尚书》及与
《河》《洛》,其文朴质,无敢措手,明祇先王之法言而慎神命也。
何至佛戒,圣贤所贵,而可改之以从方言乎? 恐失四依不严①
之教也。与其巧便,宁守雅正。译胡为秦,东教之士犹或非
之,愿不刊削以从饰耳。②

另有慧远的观点与这种看法微有不同。慧远本身是个文士,又长
期活动在重文辞的南方,因此他也不忽视文采,可以说是文质兼重
的。例如他说:

> 譬大羹不和,虽味非珍;神珠内映,虽宝非用。信言不美,
> 固有自来矣。若遂令正典隐于荣华,玄朴亏于小成,则百家竞
> 辩,九流争川,方将幽沦长夜,背日月而昏逝,不亦悲乎! 于是
> 静寻所由,以求其本,则知圣人依方设训,文质殊体。若以文
> 应质,则疑者众;以质应文,则悦者寡……于是简繁理秽,以详
> 其中,令质文有体,义无所越。③

他又讲到提婆译经,说:

> 虽音不曲尽,而文不害意,依实去华,务存其本。自昔汉
> 兴,逮及有晋,道俗名贤,并参怀圣典,其中弘通佛教者,传译
> 甚众。或文过其意,或理胜其辞。以此考彼,殆兼先典。后来
> 贤哲,若能参通晋、胡,善译方言,幸复详其大归,以裁厥
> 中焉。④

这表面上看是一种折衷论,但其出发点仍在传信,从根本上说,是

---

①四依:依法不依人,依义不依语,依智不依识,依了义经不依未了义,见《大智
　度论》卷九;不严,不庄严,庄严是华饰之意。
②道安:《比丘大戒序》,《出三藏记集》卷十一,第413页。
③《大智论抄序》,《出三藏记集》卷十,第391页。
④《三法度经序》,《出三藏记集》卷十,第380页。

把质的要求放在文之上的。

还有一点值得注意的是，有些人把佛典文体比拟为先儒经典。在这些人的观念里，除了看到华夷语言的不同，还认识到古今文体差别。例如道安说："世高出经，贵本不饰，天竺古文，文通尚质。"[1]联系到前引他评价安世高译《人本欲生经》"言古文悉，义妙理婉"的说法，这是在论佛典翻译中，首次使用了表明文体不同的"古文"一语，并又论及古今文体的差异以及"古文"文体的优越性。这对研究中国文体发展史是个很有趣的材料。

后来，我国在佛典翻译理论上较重要的成就又有隋彦琮的"八备"，主要讨论译者的修养与条件；玄奘的"五种不翻"，主要讨论音译的原则，都不涉及译文的标准与翻译实践的总体原则，似没有前述理论那样重要。道安、罗什等人总结前人译经经验，又结合自己实践的体会，总结出有关翻译的这些原则意见，这对译经起到了一定的指导作用，在中国文学思想史和文体发展史上都是有价值的。

汉译佛典的高质量，还由于重视重译和文人们参与译经工作。许多重要佛典在汉译中都有重译本。例如《维摩》前后传有七译（今存三种译本，分别出自支谦、鸠摩罗什、玄奘这译经史的三个不同时期的重要译家），《法华》、《华严》、《涅槃》等重要大乘经典也都有重译。需要重译的原因，一方面是由于原典异本的传入。佛典原典本来靠口耳相传，在流传中不断补充、修订；记录成文字也是如此。因此异本不断出现。新的原本传来，就需要译出；另一方面就是译文水平需要不断提高。从译本实际看，当然不是后出的就绝对地好。但总的来看，经过重译，译文的准确程度和精美程度是不断提高的。再有一点就是中国文人参与译经。早期任"笔受"的人文化水平一般是不高的，但随着佛教深入到中国知识阶层，许多学有根底的文化人参与译经。像罗什门下的僧肇、僧叡等就都精

---

[1]《大十二门经序》，《出三藏记集》卷六，第254页。

通世典,有很高的文学修养。罗什译《法华》,卷三《五百弟子受记品》中有一段古译为"天上视人间,人间得见天上,天上世人,交相往来",他觉得太质直,就与僧叡商量,结果译为"人天相接,两得相见"①,就是一个例子。昙无谶在姑臧译出《大般涅槃经》,译语质直,不够流畅,前宋慧严、慧观加以修订,谢灵运也参加了。唐代的译场是官办的,译经时朝廷派监护大使和润文官。玄奘译经,有于志宁、来济、许敬宗、薛元超、李义府等润文②;义净译经,润文者有李峤、韦嗣立、赵彦昭、卢藏用、张说、李乂等人③;菩提流志译经,参加的有卢粲、许坚、苏缙、薛璩、陆象先、郭元振、张说、魏知古等,被评论为"儒释二家,构成全美"④。这些大多是当时文坛上有名的人物。中国文人参与译经,反过来对他们自身吸收和学习、接受佛教也起了一定作用。

这样,基于上述条件,经过无数译师的努力,不仅译业成绩斐然,而且创造出独具一格的译经文体。

译经文体是华梵(胡)结合的。就是说,译本中保留了相当大一部分原典的词语、文法和风格。这是外国语言向汉语的一次大规模的输入,也是对汉语的丰富。慧观评论罗什译《法华》,是"曲从方言,而趣不乖本"⑤;赞宁则说"如童受(鸠摩罗什的意译——笔者)译《法华》,可谓折中,有天然西域之语趣"矣⑥。《法华经》的什译以语言优美精粹著称,而它又保存了原典的语汇和格调。在语法上,如原典的反复叮咛、高度夸张的表现、倒装句、提缀语的大量

---

① 参阅《僧叡传》,《高僧传》卷七,第 245 页。
② 《京大慈恩寺释玄奘传》,《续高僧传》卷四,《大正藏》第 50 卷,第 446 页下—459 页上。
③ 参阅《唐京兆大荐福寺义净传》,《宋高僧传》卷一,第 1—3 页。
④ 《唐洛京长寿寺菩提流志传》,《宋高僧传》卷三,第 43 页。
⑤ 《法华宗要序》,《出三藏记集》卷八,第 306 页。
⑥ 《译经论》,《宋高僧传》卷三,第 56 页。

运用等等,都是丰富了汉语的新因素。这也是译经成熟期许多优秀译籍的共同特点。

译经文体又是雅俗共赏的。一般来说佛典译文比较质直与通俗,便于被群众所接受。这除了保存原典风格的需要外,还有普及教义的需要。宗教典籍一般是要面向群众的。不过佛典的经藏与论藏有所不同。大多经藏有故事情节,文字较浅俗;论藏则注重论理,比较艰深。但即使是比较浅俗的经文有许多也是经过提炼加工的(当然有不少较芜杂),所以又往往为知识阶层所接受与喜爱。

译经文体是韵散兼行的。前已指出,早期佛典口耳相传,应是先有韵文,然后加散体的说明。后来发展成韵散兼用的形式。有的是韵文在前,如《法句譬喻经》一类,先出"法句",然后解释,举事例则成个故事;有的散文在前,如《法华经》,散文记叙以后,再用韵文重复描述。有的韵散是内容互相重复的;有的两者相互配合。在"十二部经"里,单独传说教义的韵文(如"法句")叫伽陀,汉译为"偈"、"讽颂"、"孤起颂";在经文后重宣教义的叫祇夜,汉译为"重颂"、"应颂"。这在中国汉语文中是一种新形式。汉语文中韵散结合形式也有,如汉赋;又如陶潜写了《桃花源诗》又写《桃花源记》,但韵散配合较简单,不像佛经那样形式多样。另外,汉译佛典多用四字一顿的形式,少用虚词,这主要是为了朗诵方便,特别是齐诵时音节合谐整齐。这也就使散文带上了某种格律。但这样以四字句构成文章,难免割裂文义,表达生涩,则是一种缺点。

还应着重指出,这种译经体在当时整个文坛上别具一格,是个新创造。两晋南北朝译经繁荣时期,正是中国文坛上骈俪化日趋严重、文风日渐华靡的时期。从文学发展看,魏晋之际已出现了尚辞崇文的倾向。曹丕说"诗赋欲丽"①;陆机论文,以为"其为物也多姿,其为

①《典论·论文》,《文选》卷五十二。

体也屡迁,其会意也尚巧,其遣言也贵妍"①。对于这些看法,不能否定它们在提高文学自觉、认识艺术形式等方面的价值,但也应看到其开启以后轻内容、重形式的华靡文风的端倪。骈文流行,文字被纳入声韵、格律、事典的僵化的框子里。而与这种倾向相反,在佛典译师们中间,却创造出一种与当时文坛上流行的骈文文体与风格全然不同的译经体。这是中国文化史、文体史上的重要现象。它对当时和以后文坛都产生了潜移默化的影响。文学史上比较质直的文风,正形成于译经事业比较发达的时代和地区。例如《洛阳伽蓝记》和《水经注》著成于北魏,也正是佛教比较繁荣、译经有成就的地方。至于后来译经体广泛影响于中国散文以至文学创作,情况更值得探讨。

　　佛典传译主要是传教的手段。作为宗教宣传,有其消极作用。但它促成了文化的交流,丰富了中国语文,中国人由此获益不少。从文化史的角度讲,译经无疑是伟大的事业;从文学史角度讲,无论是直接还是间接,译经都给中国文学以滋养和借鉴。

三、佛典的文学表现

　　讲佛典的独特的表现方法,重要的是其多用、善用形象的、想象的方法,也可以说是文学的方法。佛典初传即震慑了中国人,就是靠了这种方法。《牟子理惑论》一般认为是东汉末年佛典翻译初期的作品,其中记录护法与反佛的争论,焦点之一就集中在"佛经说不指其事,徒广取譬喻","辞多语博","深妙靡丽","文炽而说美"②等等。佛典一方面多思辨,另一方面多形象,这二者都潜移默

---

① 《文赋》,《文选》卷十七。
② 周叔迦辑撰、周绍良新编:《牟子丛残新编》,中国书店,2001年,第13—14、15、18页。

化地影响了中国文学。从文学本身特质看，佛典富于形象性，对中国文学的发展更有意义，影响也更为巨大。

古印度人是富于玄想的。这与这个地区的自然条件与社会条件有关。印度地处热带，人的衣食所需不多，生存较易。这就容易滋长起人们的非现实的性格。例如古印度有许多"苦行者"，佛陀悟道前也曾修六年苦行。修道的人到森林中独坐冥想，有野果之类就足可充饥。这在中国这样的温带地区是不可想象的。温带地区夏暑冬寒，气候严峻。拿中国的自然条件来说，除气候之外，黄河、长江自西部高原跌入中原，连年泛滥，人们又要与洪水斗争。在这种自然条件下产生的先民的文明，必然是重现实、重人生的。又早自公元前2000年的古印度形成的吠陀文明，就确立起对于宇宙与自然的多神信仰，形成了等级森严的种姓制度。婆罗门和刹帝利作为统治阶层建立起神权政治体制，竭力宣扬宗教迷信，为自己的统治辩护。佛教以前的婆罗门教以吠陀天启、祭祀万能与婆罗门至上为三大纲领，把先民的信仰提高到对湿婆等主神的迷信崇拜。释迦初创佛教，是以反婆罗门的姿态出现的。前面说过，初期教团着重于个人的解脱，批判对主宰世界的万能的神的迷信，具有泛神论和无神论的色彩。但随着佛教的发展，神秘信仰的内容日渐凸显，特别是由于被统治阶级所接受和利用，有神论逐步成为教义的核心内容。大乘佛教的有神论倾向得到充分发扬（后来中国禅宗的呵佛骂祖是另一回事）。它玄想出一个包容无限的三世十方佛的世界，把人们认识的世界与每个人的人生都纳入其中。

中国的历史传统与印度情况不同。中国古代思想通过百家争鸣，儒家逐渐占领了统治地位。从孔子"不语怪、力、乱、神"到荀子的非天无神，在中国人的意识中打下了牢固的理性主义和人本精神的烙印。本来中国上古时期的殷商时代也已确立起"对祖先极度崇拜的神权政治"①。"周因于殷礼。"周代因袭了殷商"敬天法祖"的基本观念。在周初的可靠文献里,一再强调对于"天"、"帝"的信仰。例如在周初周公以王命告殷顽民的《多士》和周公以王命告诸国的《多方》里,都一再提到"帝"、"上帝"。"上帝和天命的思想是周人的建国思想。"②这显然是沿袭了殷人的"帝"的观念。由此才进一步发展出"天命"观,"天人之际"从而成为直到秦汉时期思想意识领域的核心课题。但是,这种人格性的"天帝"信仰已大不同于殷人对于鬼神、卜筮的迷信。秦家懿指出:"古代宗教中神灵与人之间的神秘的契合演化成'天人合一'的哲学思想,成为儒、道两家思想的重要组成部分。"③这样在周代,如王国维所说:

> 殷周间之大变革,自其表言之,不过一姓一家之兴亡与都邑之移转,自其里言之,则旧制度废而新制度兴,旧文化废而新文化兴。④

这里所谓"新文化"就是凸显人文思想的文化。到孔子的儒家学派出现,更对这种文化作了系统总结。钱穆对这一点作了相当精辟的阐发,他说:

> 孔子根据礼意,把古代贵族礼直推演到平民社会上来,完成了中国古代文化趋向人生伦理化的最后一步骤……因此我们若说中国古代文化进展,是政治化了宗教,伦理化了政治,则又可说他艺术化或文学化了伦理,又人生化了艺术或文学。

---

① 李济:《中国文明的开始》,江苏教育出版社,2005年,第19页。
② 侯外庐、赵纪彬、杜国庠:《中国思想通史》第1卷《古代思想》,人民出版社,1957年,第76页。
③ 秦家懿、孔汉思:《中国宗教与基督教》(Hans Küng, *Christianity and Chinese Religions*, Doubleday, 1989),吴华中译,生活·读书·新知三联书店,1997年,第25页。
④ 《殷周制度论》,《观堂集林》卷十《士林二》,中华书局,1959年,第453页。

　　这许多全要在古人讲的礼上面去寻求。①

历史上任何卓越思想家提出的理论主张,不过是时代先进思想潮流的集中体现。孔子在思想理论上做出贡献,也正在于他积极地反映了当时社会上进步的思想潮流。而后来儒家学说被确立为社会统治意识形态,固然是由于它能够适应统治制度的实际需要,更主要的在于其本身具有的思想价值。这样中国先民的神话传说已消融到历史叙事和伦理训喻之中。圣人代替了"神"。圣人先知先觉,有的也带有某些神性,但他们是人,而不是教主。中国的三皇五帝传说朦胧不清,他们也都是圣人。像希腊、印度那样的有系统的创世神话没有留传下来。《山海经》的记载是够离奇荒诞的了,但近人的考证却从中发现了古代地理学的影子。在这样的思维方式之中形成的中国的文学,也必然是重现实、重伦理、重人生的。在古代文学中,以屈原为代表的《楚辞》的传统是充满玄想和浪漫情怀的。但其幻想与神话却又牢牢扎根于现实的土壤上。汉代以后,中国的文学批评也是主要从讽喻的角度认识屈原的。自魏、晋时期起,文坛上滋生了唯美的要求,但人们所注意的主要在语言和表达形式的华饰,想象与幻想的翅膀却仍然被束缚着。这显然体现了与印度不同的思维方式。

　　第一节中已经说明,佛典中有浓厚的文学因素。这也与佛教本身的性质有关。佛教一语,可以解释为佛的教法,也可以解释为成佛之教。不论怎样解释,佛教所要求悟解的"道",都是一种理念,是超现实的绝对,是彼岸世界。所谓"波罗蜜",本义就是"到彼岸"。这彼岸世界只能在想象与幻想中存在。本来,对这种境界的体悟只能是个人的事。所以佛以一音说一切法,维摩诘则只以沉默说法。但宗教又要宣传,所以佛教徒就重视"形象"。在古印度思想传统上创造的形象,必然是幻想的、超现实的。南本《大般涅

———————————

① 钱穆:《中国文化史导论(修订本)》,商务印书馆,1995 年,第 73—74 页。

槃经》卷九说：

> 诸佛如来亦复如是,随诸众生种种音声而为说法。为令
> 安住佛正法故,随所应见而为示现种种形象。①

此外,宗教以信仰为核心,也必然要制造偶像。而且它们应有引诱
力和威慑力,所谓"惑以茫昧之言,惧以阿鼻之苦,诱以虚诞之词,
欣以兜率之乐"②。这偶像的世界又必然是神异的、法力无边的。
这样佛教使用一些表现方法也是独特的,与中国传统文学的表现
有很大不同。下面只介绍几点,都是与中国文学的固有表现差距
较大,而又对中国文学的发展产生重大影响的。

第一点,夸诞。

读佛典,人们得到的第一个印象是夸诞。这主要指经,特别是
大乘经。其中充满了极度的、反复的夸张。清末小说批评家狄平
子谈小说写法,论及佛经说:

> 佛经说法,每一陈设,每一结集,动辄瑰玮连犿,绵亘数
> 卷。言大,则必极之须弥、铁围、五大部洲、三千小千中千大千
> 世界。言小,必极之芥子、牛尘、羊尘、兔尘、微尘。言数,必极
> 之恒河沙数、阿僧祇、无量数、不可思议、不可识、不可极。既
> 畅以正文,复伸以颂偈,此衍十语为千百语之说也。二者皆文
> 章之极轨也。然在传世之文,则与其繁也,毋宁其简;在觉世
> 之文,则与其简也,毋宁其繁。同一义也,而纵说之,横说之,
> 推波而助澜之,穷其形焉,尽其神焉,则有令读者目骇神夺,魂
> 醉魄迷,历历然,沉沉然,与文相引,与之相移者矣,是则小说
> 之能事也。③

---

① 《大正藏》第 12 卷,第 665 页上。
② 萧琛:《难神灭论》,《弘明集》卷九,《大正藏》第 52 卷,第 57 页中。
③ 《论文学上小说之位置》,舒芜等编:《中国近代文论选》,人民文学出版社,
  1981 年,上册,第 235 页。

这里联系小说写法谈佛典的夸张，从中可以看出二者间的继承、借鉴关系。《牟子理惑论》里已经提到佛经"好大不经"，即多用极度的夸张。佛法神通自在，超越时空界限，因而超出一切现实限制。

　　夸张本是文学描写的基本手法，中国典籍中本来有夸张的描写，所以孟子要求"以意逆志"。翻开《庄子》第一篇《逍遥游》，开头鲲鹏的故事就是离奇的夸张。但就其限度来说，《庄子》以至屈赋的夸张比起佛典来真是小巫见大巫。《庄子》里的大鹏"抟扶摇羊角而上者九万里"，这还全是具体的高度；从北溟到南溟只是我们这个世界的想象中最边远的地点。但在佛典里，数量单位是俱胝（十万）、亿、那由他（兆）、阿僧祇（无数）；时间单位是从刹那（瞬间）到劫（世界生灭一次，无量的时间）；距离的概念我们可以"世界"这个词为例。《法华经·如来寿量品》中写道：

　　　　譬如五百千万亿那由它阿僧祇三千大千世界，假使有人末为微尘（无限小的量——作者），过于东方五百千万亿那由他阿僧祇国乃下一尘，如是东行，尽是微尘，诸善男子，于意云何？是诸世界可得思维校计知其数不。①

这是只能用譬喻说明的遥远的距离，在现实中是不可思议的。又如《化城喻品》写佛对比丘说：

　　　　"彼佛（大通智胜如来）灭度已来，甚大久远。譬如三千大千世界所有地种，假使有人磨以为墨，过于东方千国土，乃下一点，大如微尘，又过千国土，复下一点。如是展转，尽地种墨，于汝等意云何？是诸国土，若算师，若算师弟子，能得边际，知其数不？""不也，世尊。""诸比丘，是人所经国土，若点不点，尽抹为尘，一尘一劫，彼佛灭度以来，复过是数，无量无边

<hr />

①《大正藏》第 9 卷，第 42 页中。

千万亿阿僧祇劫……"①

这样的时间同样是难以设想的。再如《华严经·卢舍那佛品》描写莲花藏庄严世界海之外诸世界：

> 此世界海上方，次有世界海，名杂宝光海庄严，中有佛刹名乐行清净，佛号无碍功德称离闇光王……在于上方妙音胜莲花藏师子座上结跏趺坐，如是等十亿佛刹尘数世界海中，有十亿佛刹微尘数等大菩萨来，一一菩萨各将一佛世界尘数菩萨以为眷属，一一菩萨各兴一佛世界微尘数等妙庄严云，悉皆弥覆充满虚空，随所来方结跏趺坐。彼诸菩萨次第坐已，一切毛孔各出十佛世界微尘数等一切妙宝净光明云，一一光中各出十佛世界微尘数菩萨，一一菩萨一切法界方便海充满一切微尘数道，一一尘中有十佛世界尘数佛刹，一一佛刹中三世诸佛皆悉显现，念念中于一一世界各化一佛刹尘数众生，以梦自在示现法门教化，一切诸天化生法门教化，一切菩萨行处音声法门教化……②

像这样夸诞的描写在佛典中比比皆是。佛经以此创造出离奇的玄想境界。

这种夸诞的表现又是形象的。就是说，佛典善于利用夸饰来描绘出完整的场面。这又与中国古代传统的夸饰方法，如汉赋的写法有所不同。赋讲究铺陈，"写物图貌，蔚似雕画"，但多是排比形容，"言务纤密"③。所以写宫室园林、鸟兽虫鱼，常是组织奇字，殆同书抄。中国人没有印度人那样离奇的玄想，夸张往往是对现实某一方面的凸显，主要表现为修辞手段。而佛典在夸张中却创

①《大正藏》第9卷，第22页上—22页中。
②《大正藏》第9卷，第407页上—407页中。
③刘勰：《文心雕龙》卷二《诠赋》。

造出另一个世界，因此要努力保持场面的完整，给人以离奇却很清晰的印象。《华严经》写的诸佛菩萨境界，从道理上是难以设想的，但那遍满十方的诸佛菩萨众的庄严神奇的国土却是可以想象的。再举一个比较接近现实的例子。《法华经·譬喻品》的"火宅"喻，在散文的叙述后，又有一段韵文，对宅屋的朽坏、火发、诸子游戏、长者诱出进行了细腻的、高度夸饰的刻画，这里仅引用一段：

　　　　譬如长者，有一大宅，其宅久故，而复顿弊。堂舍高危，柱根摧朽，梁栋倾斜，基陛隤毁。墙壁圮坼，泥涂褫落，覆苫乱坠，椽栶差脱。周障屈曲，杂秽充遍，有五百人，止住其中。鸱枭雕鹫，乌鹊鸠鸽，蚖蛇蝮蝎，蜈蚣蚰蜒。守宫百足，狖狸鼷鼠，诸恶虫辈，交横驰走。屎尿臭处，不净流溢，蜣螂诸虫，而集其上。狐狼野干，咀嚼践蹋，嚌啮死尸，骨肉狼藉。由是群狗，竞来搏撮，饥羸慞惶，处处求食。斗诤齧掣，啀喍嗥吠，其舍恐怖，变状如是。处处皆有，魑魅魍魉，夜叉恶鬼，食啖人肉……（以下略四十六句——作者）于后宅舍，忽然火起，四面一时，其炎俱炽，栋梁椽柱，爆声震裂，摧折堕落，墙壁崩倒，诸鬼神等，扬声大叫。雕鹫诸鸟，鸠槃茶等，周章惶怖，不能自出。恶兽毒虫，藏窜孔穴，毗舍暗鬼，亦住其中。薄福德故，为火所逼，共相残害，饮血啖肉。野干之属，并已前死，诸大恶兽，竞来食啖。臭烟熢㶿，四面充塞，蜈蚣蚰蜒，毒蛇之类，为火所烧，争走出穴，鸠槃茶鬼，随取而食。又诸饿鬼，头上火燃，饥渴热恼，周章闷走。其宅如是，甚可怖畏，毒害火灾，众难非一。

　　　　是时宅主，在门外立，闻有人言：汝诸子等，先因游戏，来入此宅，稚小无知，欢娱乐著……①

————————

①《大正藏》第9卷，第14页上—14页中。

像这样的描写,也利用了幻设与铺排,但整个场景又是完整、生动的。这种宗教幻想的境界的创造,与中国固有的"夸而有节,饰而不诬"的理性精神全然不同。《华严经》卷一《世间净眼品》有偈说:

> 诸法真实相,寂灭无所依,如来方便力,能为众生现。如来于诸法,无性无所依,而能现众像,显相犹明灯。以诸缘譬喻,方便随所乐,为现诸如来,智慧神通力。①

这就是说,绝对真实的如来法界(或称诸法实相、如来藏、真如、佛性等)是无言说相、无文字相的,但佛法方便要用譬喻来显现。《华严经》卷四十五《入法界品》说到菩萨教化:

> 或以名号教化,或以忆念教化,或以音声教化,或以圆满光明教化,或以光明网教化,随其所应,悉现其前。现处处庄严,不离佛所,不离楼阁座而普现十方。或放化身云,或现无二身,游行十方,教化众生。或现声闻色像,或现梵天色像,或现一切苦行色像,或现良医色像,或现商人色像,或现正命色像,或现伎人色像,或现天色像,或现一切技术色像,或现一切城邑聚落京都色相,随其所应往诣其所。或现种种色身音声教化众生,或现诸语言法,种种威仪,种种菩萨行,种种巧术,一切智明为世间灯,普照众生业报庄严,分别诸方悉行圆满菩萨诸行。②

这就明确指出了利用形象的依据,也表明了幻想在宗教宣传中的重要性。正因此,佛典制作者们概括、提炼了世相,把古印度奴隶制下的苦难世界夸张、典型化为各种地狱,又把统治阶级享乐生活想象为天堂、净土。而地狱与天堂的描绘都有相当大的迷惑力。中国古代有有神论、有鬼论,但佛教中那种夸诞的地狱与天堂的描绘是没有的。

---

①《大正藏》第 9 卷,第 398 页上。
②《大正藏》第 9 卷,第 686 页中—686 页下。

佛典的夸诞表现往往又利用反复陈说。佛教的基本教义本来不太复杂，但说教中却不断重复，造成一种咒语的效果，使人在诵读中不知不觉耽迷于其中。例如般若性空的道理，《金刚般若经》加以演说，什译不过用了近万言，但它只是个提纲。异本有的达二万五千颂①、十万颂，短的也有八千颂。这些长篇的不同异本《般若经》，就是对基本的原理不断进行重复宣说。佛典中的形象描绘也同样。例如佛传中太子游行四门，见生、老、病、死四苦，四种情况是反复的。大乘经典《维摩经》中佛命十大弟子等人问疾，《华严经》中善财童子到五十三位"善知识"处求菩萨道，情节也都是相似、重叠的。重复的夸饰造成一种特殊的宣传效果。

佛典叙事的一些具体构想更多夸饰，例如讲施舍，就不但施舍钱财，而且施舍家人妻子，以至舍身跳崖、割肉、剜眼等等；形容恶人，则不但毁佛、骂僧、悭吝、骄恣等，而且弑父、杀母，罪贯满盈。有些夸张虽然有悖情理，如鹦鹉用羽毛沾水灭火，试图用龟甲舀干海水，在艺术表现上又确实是动人的；还有的夸张，如恶人一旦反悔立即成为罗汉，一旦皈依佛陀就剔除须发、袈裟在身，则凸显佛法的威力，这乃是宣教的需要。但有些极度的夸张有伤美感，在情理上也难以让人信服，则不足取了。

第二点，玄想。

佛典描写的另一个特点，就是常用高度的想象。文学离不开想象。要进行艺术概括就得利用想象。佛典创造一个冥想的世界，在利用想象一点上与文学相通。但佛典的宗教想象与中国文学的艺术概括中的想象同样很不相同。中国文学想象不论如何夸张离奇，却总是在现实的基础上进行，是现实的一种概括方式。屈原所设想的天关，不过是现实的楚国宫廷的幻设。《离骚》的作者终于依恋着故土，其中的现实精神表现得很明显。但佛典的想象

_____

① "颂"即"偈"，这里指"偈"的单位，相当于一节韵文。

却全然不同。它把现实世界消融到想象之中，把宗教冥想的境界当作真实，而现实不过是这个冥想世界的一种幻影、它的一个部分。幻想与真实完全是颠倒的。在这里也表现出宗教幻想与艺术概括中的想象的原则区别。这样，在佛典中，幻想与现实、精神与物质的界限被打通了。佛、菩萨与人、出世与入世的世界是浑然一体的。这就构成了佛典中的想象的特殊性。

我们看屈原《天问》中反映的我国上古先民的宇宙观，还是一个有限的世界。中国古代认识宇宙的浑天说、盖天说，其中包括了幻想，却又是一种幼稚的、原始的天文科学理论。但佛典中设想的宇宙却全然不同了。早在部派佛教里，已幻想出六道（天、人、阿修罗、畜生、饿鬼、地狱）和二十七天的宏伟的世界。大乘佛教所幻想的宇宙更是广大无边。一种说法认为：世界的中央是须弥山，高八万由旬，这是帝释天等众神居住的地方。日、月、星辰围绕着须弥山运行。须弥山四周是九山八海，最外侧的咸海中有四大洲。人类就居住在四大洲之一的南瞻部洲上。咸海之外有铁围山，下面有地轮、水轮、风轮支撑着，再下面是虚空轮。而以上只构成一小世界。同样的世界有三千大千世界，即一千的三次方那样多的世界。而这仍是有限的世界。前面已讲过，还有无限的世界。那就是如《华严经》中描述的那种广大无边的佛国土。

在这个想象的世界里，除了有佛、菩萨与人之外，还有"天龙八部众"或"鬼神八部"。仅就前者说，八部为：天，这是神，但仍属有情，或者说是具有神格的人，如帝释天、韦纽天、弁才天等；龙，也是神，住在湖海河川之中；夜叉，一种能给人以危害的精灵，据考其起源与民俗中丰饶神有关；乾闼婆，伎乐天；阿修罗，恶神，经常与帝释天作战；迦楼罗，金翅鸟；紧那罗，人非人；摩睺罗伽，也是伎乐天。在中国影响比较大的还有毗沙门（护法天神，在中国民间又被当作财宝神）、诃梨帝母（鬼子母神）等。这众多的神灵，有不少是来自古印度神话的。他们各有各的生活，甚至构成一个个家族。这众多的佛、菩萨、天龙八部以及饿鬼等,组成一个庞大的、出自幻想的形象体系。它们注入到中国人的意识当中,在中国文学中也形成了一批新"人物"。例如龙,本来在中国古代传说中就有,但中国原来的龙虽有灵性,却仍是动物的形象。这种龙的形象虽出自幻想,却又有先民图腾崇拜的依据。然而在佛典中,龙却有了人格。在《阿含经》中,已有龙女听受正法的故事。大乘佛教有一种说法,说大乘经是从雪山龙宫中传出来的。佛典中有不少关于龙宫、龙王的传说。龙的家族的居处言动、思想感情,已酷肖于人类。例如《贤愚经》卷八《大施抒海品》中有一个大施为得龙王宝珠用龟甲抒大海水的故事,后来唐传奇《柳毅传》、元李好古杂剧《张生煮海》在构成情节上都有所借鉴。中国古典小说戏曲中的龙、龙女等等,直到民间传说中的龙王的形象,都是在佛典的幻想的影响下形成的。

佛典对于人的认识也与中国传统的看法绝不相同。中国古代有人死为鬼的观念,有灵魂的观念,有"积善之家必有余庆、积不善之家必有余殃"的报应观念,但没有把因果报应落实到一身的轮回观念。贾谊《鵩鸟赋》说"万物变化,固无休息",这指的是阴阳之化,与果报无关。孔子所谓"未知生,焉知死",典型地代表了中国人执着现世的人生态度。而佛教却讲"六道轮回",主张因果报应集中到一个人格主体,它通三世而恒存。这就把"人生"无限地延续下去了。本来,佛教的基本教义讲"五蕴"、讲"无我",是不容许有灵魂之类的常存的轮回主体存在的。但佛教要教化人,要人改恶从善,就得幻想出过、现、未三世,就得承认接受果报的主体,即"补特伽罗";或者主张在方死方生间有个"中阴"或叫作"中有"来承续果报。但无论是"补特伽罗"或"中阴"、"中有"都与"人我空"的基本教理相矛盾,更和大乘空观不相容。一代代论师们就此纷争不绝。一个解决的办法是不承认有永恒的人我实体,却承认存在担负善恶果报的具有人格的精神主体。后来到了瑜伽行派，把这个主体变成了"种子"、"习气"即潜能。一个人死了，但他所做的"业"作为"种子"、"习气"却仍存在下去，并承受报应。中国人接受这些观念时，干脆去掉了其中的思辨部分，把三世果报、六道轮回与固有的有鬼论结合起来，创造出一个死灵的世界。在文学作品和民间传说中，死灵构成许多情节和故事。这是与生人相似而又相互交通的另一个世界。例如中国民间文学中的目连故事。佛弟子目连的母亲因悭吝不施而堕地狱成饿鬼，目连显示神通救母亲出苦海，这是把中国传统的孝道与佛教的轮回观念结合在一起进行宗教宣传的典型例子。它的伦理观是中国的，而构思的逻辑和题材都是佛教的。

袁宏《后汉纪》卷十说：

> （佛教）又以为人死精神不灭，随复受形，生时所行善恶，皆有报应。故所贵行善修道，以练精神而不已，以至无为而得为佛也……故王公大人，观死生报应之际，莫不矍然自失。

这是佛教初传时的情形。可见轮回报应之说给人们以多么大的震动。这些说法作为宗教宣传本是无稽之谈，但却打开了艺术想象的一个广阔天地，扩大了文学的表现手段和内容。在当初，信仰借助了艺术想象；但在发展中，宗教的幻想又可能升华为艺术，并造成奇特不凡的艺术表现。

第三点，神变。

神变是佛典构思上的又一个特点。在中国古代典籍中，有女娲那样的蛇身人面的怪物，有鲧变化为熊的传说，还有如《国语》中记载的死后幻化的故事，但没有佛典中写的那种奇异的神变。《牟子理惑论》是中国佛教早期作品，虽确切年代不可考，但可断定为汉魏时代旧籍，其中说：

> 佛者谥号也，犹名三皇神、五帝圣也。佛乃道德之元祖，神明之宗绪。佛之言觉也，恍惚变化，分身散体，或存或亡，能

小能大，能圆能方，能老能少，能隐能彰，蹈火不烧，履刃不伤，在污不染，在祸无殃，欲行则飞，坐则扬光，故号为佛也。①

这样，佛的存在就充满了神变，其神通威力是远远超过了中国的圣人的。

前面说过，大乘佛教讲佛有三身。现实的释迦，从出生、修道直到涅槃，不过是真实的法身佛的一种"示现"。《大般涅槃经》讲到佛陀临涅槃时，弟子们非常悲痛，因为将失去大导师，无所依怙，佛向他们说了法身长存的道理，并且指出佛性就存在于遍满世界的凡人身上。所以释迦虽然死了，但佛的法力是变化无边的，它以"种种变化施作佛事，一切悉睹无所罣碍，于一念顷一切现化，充满法界"②。所以佛的境界是"不可思议"的。袁宏《后汉纪》也说到佛"变化无方，无所不入"，因而慨叹其"玄微深远，难得而测"。

不但佛有无数化身、应身③，其弟子、菩萨以至外道，都能变化。为什么能发生神变，这从佛教的基本教义上可以得到解释。印度著名论师龙树说：

> 菩萨离五欲，得诸禅，有慈悲故，为众生取神通，现诸希有奇特之事，令众生心清净。何以故？若无希有事，不能令多众生得度。菩萨摩诃萨作是念已，系心身中空虚，灭粗重色相，常取空轻相，发大欲精进心，智慧筹量心，力能举身。未筹量已，自知心力大，能举其身。譬如学趚，常坏色粗重相，常修轻空相，是时便能飞。二者亦能变化诸物，令地作水，水作地，风作火，火作风，如是诸大，皆令轻易；令金作瓦砾，瓦砾作金，如

---

① 《牟子丛残新编》，第3页。
② 《华严经》卷一《世间净眼品》，《大正藏》第9卷，第395页上。
③ 概括起来讲，应身包括化身，或称应化身。区别开来讲，应身指在特定时期、地点、带着相好庄严示现的佛；化身则指取种种形象化导众生的佛。

是诸物,各能令化。变地为水相,常修念水令多,不复忆念地相,是时地相如念即作水。如是等诸物皆能变化……①

就是说,发生神变,一是出于需要,要用不可思议的稀有事来感化群众,树立佛法无边的权威;二是根据我法两空的道理,一切"粗重色"即具体事物都是无自性的,都没有质的规定性,因此就有可能互相转化。修菩萨道就会把握事物的这种"本质",使事物自由变化。

这样,神变成为佛典中经常表现的内容,有些想象的情节更是离奇。如天雨花、机关木人行酒、生子而手中握有金钱或头顶上罩有宝盖、美女变成罗刹或死尸、大海里盲龟钻木孔,等等。佛典中更多有奇异的构想模式,如变形、分身、幻化(化人、化物、化现境界)、魔法、异变(地动、地裂、大火等)、离魂、梦游、入冥(地狱)、升天、游历它界(龙宫、大海等)等等,都是超出常识的神变。这类超出常情的构想具有相当强烈的表现力。这类表现对中国人的意识影响也很巨大。例如在中国民间和文学创作中造成巨大影响的观世音,其特征就是有三十多个化身和无数应身。当人们遇到危难时呼唤法号诚心祈请,其应化身就会前来救苦救难。《维摩诘经》卷上《问疾品》讲维摩以神通接待佛弟子问疾故事,这里是支谦译文:

> 文殊师利与诸菩萨大弟子及诸天人眷属围绕,俱入维耶离大城。长者维摩诘心念:今文殊师利与大众俱来,吾将立空室,合座为一座,以疾而卧。文殊师利既入其舍,见其室空,除去所有,更寝一床。维摩诘言:"劳乎文殊师利,不面在昔,辱来相见。"文殊师利言:"如何,居士,忍斯种作疾,宁有损、不至增乎?世尊殷勤致问无量,兴起轻利、游步强耶?居士,是病何所正立?其生久如,当何时灭?"维摩诘言:"是生久矣。从痴有爱则我病生,用一切人病是故我病,若一切人得不病者,

————————
① 《大智度论》卷二八,《大正藏》第 25 卷,第 264 页中。

则我病灭。所以者何？欲建立众人故……"

　　贤者舍利弗心念无床座，是菩萨大弟子当于何坐。维摩诘知其意，即谓言："云何贤者，为法来耶？求床座也？"舍利弗言："居士，我为法来，非利所安。"维摩诘言："唯，贤者，其利法者，不贪躯命，何况床座？唯，舍利弗，夫利法者非有色、痛、想、行、识求，非有阴、种、诸入之求，非有欲、色、无色之求。唯，舍利弗，夫求法者，不著佛求，不著法求，不著众求……"①

这是有名的维摩诘示疾说法的开头。听说文殊师利前来问疾，维摩诘就以神通力把住室变成一方丈，只留一床，横卧其上，引发出一大段对话，说明诸法性空的道理。维摩的神变成了中国文学和美术中常用的题材。又如《贤愚经》中《须达长者起精舍品》中写到舍利弗与六师外道斗法，忽现神通变化，陈寅恪先生曾指出是《西游记》中唐三藏车迟国斗法故事所从出。在西方文学史上，奥地利作家卡夫卡的名作《变形记》明显受到佛典神变表现的影响。这可以作为神变在文学上的价值的很好的例子。

　　以上，是佛典描写上的几个最重要的特征。佛典的议论文字也很有特点，这里不赘述。佛典充满了夸诞、玄想、神变，造成一种超现实的奇异的境界，给人以强烈的印象。《牟子理惑论》讲到佛经深妙靡丽，说：

　　佛经前说亿载之事，却道万世之要，太素未起，太始未生，乾坤肇兴，其微不可握，其纤不可入，佛悉弥纶其广大之外，剖析其窈妙之内，靡不纪之……②

范晔说：

　　然好大不经，奇谲无已，虽邹衍谈天之辩，庄周蜗角之论，

―――――――――

① 《大正藏》第 14 卷，第 525 页中―第 526 页下。
② 《牟子丛残新编》，第 5 页。

　　尚未足以概其万一。又精灵起灭，因报相寻，若晓而昧者，故
　　通人多惑焉。①

像这样，佛典的好大不经、不可思议的形象，作为宗教宣传，是迷
信，是谬说，是无稽之谈。但在认识上，却是对思维领域的开拓；在
哲学上，提出了不少新观念、新问题；在文学上，更开辟了艺术构思
与艺术表现的新领域。就这个意义而论，佛典那些充满夸饰、玄想
的奇异荒诞的表现，不只是一种特殊写作手法和艺术风格，也体现
一种独特的思维方式，对宇宙和人生的一种独特认识和理解。地
狱的极端恐怖，净土的无限美好，都含蕴着信仰者的理想、愿望、激
情、梦幻，成为振奋人心、鼓舞信众的现实力量。佛典表现这后一
方面的价值是不可忽视的。

_____

① 《后汉书》卷八十八《西域传论》，第 2932 页。

第二章　佛教与中国文人

　　佛教自东汉在中国流传,到两晋时期,已被中国知识阶层较广泛地接受。这标识着佛教已逐渐融汇到中国的思想文化之中,在中国人的意识中逐渐扎根。研究佛教对中国文学的影响,也应从这一时期开始。

　　如前所述,佛教传入中国,是一种外来宗教传入一个文化高度发达的国家。比起佛教来,中国人固有的意识,无论是内容还是形式,都有许多明显的优越处。这就决定了佛教思想对中国人的意识不是"征服",而只能是"融汇";即把它自身独特的思想内容补充到中国人的思想、文化之中。这样,中国文人接受佛教,就有两个显著特点:一个是义解重于信仰,即就一般情况而言,文人们更关心的是佛教教理即其思想理论层面,他们热衷于从中寻求中国传统思想学术没有解决的对于宇宙和人生问题的解释;另一个是儒释调和,就是把佛教思想与自西汉起在思想领域中占统治地位的儒家思想统一起来,儒释相为表里,取多种多样的表现形态。在这样的条件下,文人在创作中,在主题、题材与艺术表现上对佛教多有借鉴。

　　文人们接受佛教又有一个过程,情况大体与中国佛教的发展进程相适应,可分为三个阶段。第一阶段是两晋到南北朝,这是佛教在中国广泛流传并逐渐"中国化"的时期。这一时期佛教信仰和佛教思想开始被知识阶层普遍地接受和弘扬。通过知识阶层,外

来的佛教影响到中土广泛的思想、文化领域。这也是佛教在中国
深入传播并逐步扎根的体现。而文人们的活动对于佛教的传播又
起着重要的推动作用。第二阶段自隋王朝统一南北到五代十国，
这是佛教在中国发展到鼎盛的时期。这一时期中国的佛教宗派并
兴，各宗派都确立宗义，如天台、华严、禅等诸宗都建立起具有中国
特色的、内容丰富的理论体系，同样具有本土特色的净土信仰则普
及到社会各个阶层。佛教在这一时期更普遍、更深入地影响到文
人们的思想和生活。这种影响在文学创作的内容和形式上都得到
充分、鲜明的体现，佛教从而成为推动文学发展的重要力量。第三
阶段是宋代以后到晚清，这是中国佛教的蜕变时期。在这一时期
虽然从总体上看中国佛教的发展在走下坡路，但在思想、文化领域
仍发挥着相当大的影响。特别是这一时期居士阶层成为维持佛教
生机的主要力量，有相当多的文人包括一些文人居士基于各种原
因热衷于佛说以至逃禅，各文学艺术领域也仍然从佛教汲取思想
和艺术的资源，在创作上不断取得新的创获。

　　下面就按这样的层次，选择一些具有代表性的作家，介绍、分
析他们与佛教的关系，说明佛教对中国文学发展的作用与意义。
这一章重点在介绍佛教对文人思想、生活和创作的影响。关于佛
教推动各体文学创作的情形，下面另有叙说。

一、两晋南北朝的佛教与文人

　　佛教在中国初传，主要是外来僧侣和信徒的活动，一方面向中
国统治阶层和一般民众传播信仰，建立僧团，另一方面则是翻译经
典。当时社会上一般把佛教看做是外来方术，僧侣也被看做是方
士类型人物，因此在思想文化领域也没有大的影响。《牟子理惑

论》上说当时"世人学士，多击毁之"，"视俊士之所规，听儒士之所论，未闻修佛道以为贵，自损容以为上"①的。就是说，当时接触佛教的文人们大多持轻蔑或否定态度。东汉时期只有襄楷、张衡等个别文人在文章里提到佛教，大体是将它当作方术对待的。这种状况延续了几百年。在中国这样已经确立起相当发达、优秀的文化传统的国度里，传播一种新的宗教，特别是要被高层次的知识阶层所接受，确实是相当困难的。十六国时期后赵的中书令、著作郎王度上疏中说：

> 夫王者郊祀天地，祭奉百神，载在祀典，礼有尝飨。佛出西域，外国之神，功不施民，非天子诸华所应祠奉。往汉明感梦，初传其道，唯听西域人得立寺都邑，以奉其神。其汉人皆不得出家。魏承汉制，亦修前轨。②

东晋王谧《答桓玄难》亦云：

> 曩者晋人略无奉佛，沙门徒众，皆是诸胡，且王者与之不接。③

这样直到东晋十六国时期，汉人信佛仍受到种种限制，佛教在知识阶层的传播是有限的。

作为文人接受佛教契机的，是魏晋玄学的兴起与流行。玄学是儒学的老庄化，其理论与人生观都与佛教般若学有相通之处。而中国传译佛典的初期，主要是小乘禅数之学和大乘般若两大派。释道安在《鼻奈耶序》中说：

> 经流秦地，有自来矣。随天竺沙门所持来经，遇而便出。

---

① 《牟子丛残新编》，第 17、19 页。
② 《晋邺中竺佛图澄传》，《高僧传》卷九，第 352 页。
③ 《全上古三代秦汉三国六朝文·全晋文》卷二十，中华书局，1958 年，第 1569 页。

于十二部,毗曰罗(即方等——笔者)部最多。以斯邦人老、庄教行,与方等经兼忘相似,故因风易行也。①

方等,即方广平等,指佛说方正广大的经文,即指大乘经典。魏晋时期,般若类经典大量译出,道安文中所指即此。"老、庄教行"则指玄学。这里是说玄学与佛说有相似处,因而后者"因风易行"。当时解释佛教义理,又采取"格义"的办法。晋竺法雅"少善外学,长通佛义,衣冠士子,或附谘禀";他"以经中事数,拟配外书,为生解之例,谓之格义"②。事数即指名相。"格义"并非法雅的发明,实际从安世高译经就用了这个办法。《高僧传》卷五《僧先传》引道安语,批评"先旧格义,于理多违",这是佛教义学在中国有了相当发展以后的看法。而道安本人在文章中也常常利用玄学的语言与观念。据《慧远传》,慧远讲经"引《庄子》义为连类,于惑者晓然。是后安公特听慧远不废俗书"③。"格义"的办法实际是佛教义理融合于中国学术的一个方式,因此流行很久。这样,谈玄与悟空合一,名士与高僧合流,对佛教在文人中普及起了很大作用。这对中国知识界接受佛教的方式也产生了深刻影响,即第一,从佛教初传,其义理即已按中国人的固有意识而有所改变;第二,知识阶层接受佛教,从一开始就是重理性、重思辨的。

这样,到晋代,知识阶层与佛教已有密切关系。西晋时竺法护译经,译文水平较高,其原因之一,就是由于得到了中国文人聂承远聂道真父子、陈士伦、孙伯虎、虞世雅等人的帮助。这都是开文人与名僧交往之风气的人。后来竺叔兰结交乐广④,支孝隆结交庾敳、阮瞻、谢鲲⑤,都表明了佛教在士大夫之间影响的增长。到了东

---

①《大正藏》第 24 卷,第 851 页上。
②《晋高邑竺法雅传》,《高僧传》卷四,第 152 页。
③《晋庐山释慧远传》,《高僧传》卷六,第 212 页。
④《竺叔兰传》,《出三藏记集》卷十三,第 520 页。
⑤见署名陶潜《圣贤群辅录》。

晋，如刘宋时何尚之谈到当时信佛诸人：

> 渡江以来，则王导、周颢，宰辅之冠盖；王濛、谢尚，人伦之羽仪；郗超、王坦、王恭、王谧，或号绝伦，或称独步，韶气贞情，又为物表。郭文、谢敷、戴逵等，皆置心天人之际，抗身烟霞之间。亡高祖兄弟，以清识轨世；王元琳昆季，以才华冠朝。其余范汪、孙绰、张玄、殷觊略数十人，靡非时俊。①

这里指出士大夫崇佛已相当普遍。其中王、谢等都是大族。又如《晋书·谢安传》谓安未出仕前"寓居会稽，与王羲之及高阳许询、桑门支遁游处，出则渔弋山水，入则言咏属文"②。又据《世说新语》记述，像支遁这样的僧侣，与名士们已交契无间，如鱼得水。名僧道安更多与文人结交。在襄阳，曾会见习凿齿，二人互相介绍时有"四海习凿齿"、"弥天释道安"的机锋对答。后来他到苻秦长安，衣冠子弟为诗赋者，皆依附致誉。而这个时期社会上看待僧人，也不完全视为化外之徒。如孙绰著《喻道论》，就比竺法护等七位名僧为"竹林七贤"。

汤用彤先生说过，"溯自两晋佛教隆盛以后，士大夫与佛教之关系约有三事：一为玄理之契合，一为文字之因缘，一为生死之恐惧"③。这三者中，"生死之恐惧"主要体现为信仰层面，而前二者即玄理与文字方面的影响，体现在思想文化领域则更为重要。如前所述，玄理的契合就是以中国传统思想观念来理解佛教，言体则佛教空有之辨与玄学有无之旨相通，言用则佛以治心而儒以济俗，二者殊途而同归。这样来认识佛教实际并不完全符合印度佛教本旨。例如《世说新语》中写的支遁，其遵行者似为庄周的齐物逍遥，老子之忘怀身外，其作风则如清谈名士，显然与佛教所主般若"空"

①《答宋文帝赞扬佛教事》，《弘明集》卷十一，《大正藏》第52卷，第69页中。
②《晋书》卷七十九《谢安传》，中华书局，1974年，第2072页。
③汤用彤：《隋唐佛教史稿》，中华书局，1982年，第193页。

观大不相同;郗超《奉法要》讲神存体灭,这是中国的神不灭论,而不是佛教的"无我"说。到后来,译典既渐完备,佛说传习已久,独立的佛教理论体系才渐趋明晰。但"儒释调和"又始终是占有相当地位的思想潮流。从文字的表现说,从道安开始,中土渐多长于文学的僧人。这是由于一些精通外典的文化人加入了僧侣队伍,另一方面文人也受到佛教所浸染。佛教本身又很有艺术气氛,其音乐、美术以及佛典中的文学表现,对中国文人都很有吸引力;其义理也给久困儒家章句的文人开辟了新境界。这种文字的表现具体到文坛上,则有许多作家写出一些宣扬佛教的作品。

但总观两晋南北朝时期,中国文人对于佛教还是处在理解、消化阶段。在文人创作中,佛教义理的表现还比较简单、肤浅。既缺少对教义的独特发挥,又不能利用佛教观念在艺术表现上有突出建树。南北朝佛教北朝重禅法,南朝重义理;北朝重修持,南朝重文字。因而其对文学的影响也主要是在南朝。比较集中的表现,在东晋初,以支遁为中心;在东晋末,以慧远为中心;晋宋之际,以谢灵运为代表;至南齐,竟陵王萧子良开西邸召文学之士,有沈约、谢朓等"八友";以后梁、陈时期则有徐陵、江总等人。以下,择其要者简单加以论述。

支道林(314—366),名遁,俗姓关,陈留(今河南省开封市南)人,或云林虑(今河南林县)人。幼年时聪明秀彻。初至京师,王濛即评价他"造微之功,不减辅嗣",把他比拟为玄学家王弼,可见他深沐玄风。二十五岁出家,活动在江、浙一带。先在吴(今江苏省苏州市)立支山寺;后入剡,住在仰山;晚年又到石城山(今浙江省绍兴东北),立栖光寺。在佛学上,他是著名的般若学者,"即色论"一派的代表。《世说新语·文学篇》刘注引他的《观妙章》,主要观点是"色即为空,色复异空"①,就是说,现象是无自性的,是性空

————————

① 余嘉锡:《世说新语笺疏》上卷下《文学》,中华书局,1983年,第223页。

的,但又不等于空。他虽然仍然没有理解大乘佛教"缘起性空"的真谛,但已认识到色、空不一不异的道理,比起当时般若学中流行的"本无"、"心无"观点显然前进一大步。他的人生观主张超越物质世界的绝对自由,表现出浓厚的玄学色彩。他好谈玄理,与当代名士结交,如王洽、刘恢、殷浩、许询、郗超、孙绰、桓彦表、王敬仁、何次道、王文度、谢长遐、袁彦伯等都过从甚密,谢安、王羲之也很推崇他。《世说新语》屡屡提到他,把他描绘成名僧而兼名士的典型。

支道林善文学,有诗才,余嘉锡说:"支遁始有赞佛咏怀诸诗,慧远遂撰念佛三昧之句。"①在支遁以前,有佛教文字,但把佛理引入文学、用文学形式来表现,他有开创之功。现存诗十七首、文二十四篇(包括残篇)。其诗以表现佛理为主,亦杂以玄言,间有描述山水者。其中比较可读的如《八关斋诗三首》中的第三首:

> 靖一潜蓬庐,愔愔咏初九。广漠排林筱,流飚洒隙牖。从容遐想逸,采药登崇阜。崎岖升千寻,萧条临万亩。望山乐荣松,瞻泽哀素柳。解带长陵陂,婆娑清川右。泠风解烦怀,寒泉濯温手。寥寥神气畅,钦若盘春薮。达度冥三才,恍惚丧神偶。游观同隐丘,愧无连化肘。②

又《咏怀诗五首》的第三首:

> 晞阳熙春圃,悠缅叹时往。感物思所托,萧条逸韵上。尚想天台峻,仿佛岩阶仰。泠风洒兰林,管濑奏清响。霄崖育灵蔼,神蔬含润长。丹沙映翠濑,芳芝曜五爽。苕苕重岫深,寥寥石室朗。中有寻化士,外身解世网。抱朴镇有心,挥玄拂无想。隗隗形崖颓,冏冏神宇敞。宛转元造化,缥瞥邻大象。愿

---

①《世说新语笺疏》上卷下《文学》,第265页。
②《先秦汉魏晋南北朝诗·晋诗》卷二十,中华书局,1983年,第1080页。

投若人踪,高步振策杖。①

沈曾植评论说:"'老庄告退,山水方滋',此亦目一时承流接响之士耳。支公模山范水,固已华妙绝伦;谢公卒章,多托玄思,风流祖述,正自一家。挹其铿谐,则皆平原之雅奏也。"②支遁诗多说理,往往铺排玄佛,枯燥无味,写景也多堆砌雕饰之语,不能与谢灵运等人的山水诗相比。但他融玄言佛理于山水之中,开模山范水之风,功绩是不可灭的。特别应当指出,佛家托身玄远,遗弃世务,所以多雅好山水之徒。晋宋之际山水文学的勃兴,是与佛教有关系的。

支遁写过十六篇赞佛文字,用的是铭赞体,这是散文中一种新体裁,对后代有一定影响。特别值得一提的是《维摩诘赞》:

> 维摩体神性,陵化昭机庭。无可无不可,流浪入形名。民动则我疾,人恬我气平。恬动岂形影,形影应机情。玄韵乘十哲,颉颃傲四英。忘期遇濡首,亹亹赞死生。③

这是用玄言形式写出的一个玄学化的在家居士的形象,开创了后代中国文人推崇和描写维摩诘的先河。

与支遁有密切交往的佛教信徒孙绰、许询,是玄言诗的代表人物。这个事实也表明了佛教与玄学的关系。其中以孙绰创作成绩为高。据记载支遁曾问他与许询相较若何?他答称:"高情远致,弟子蚤已服膺;一吟一咏,许将北面。"许在佛学上甚有修养,支遁在山阴讲《维摩经》,"支为法师,许为都讲。支通一义,四座莫不厌心;许送一难,众人莫不抃舞。但共嗟咏二家之美,不辩其理之所在"④。但在文学上,孙绰确实留下了更多成绩。

孙绰(314—371),字兴公,太原中都(今山西省平遥县)人。曾

①《先秦汉魏晋南北朝诗·晋诗》卷二十,第 1081 页。
②《八代诗选跋》,《海日楼题跋》卷一。
③《全上古三代秦汉三国六朝文·全晋文》卷一百五十七,第 2370 页。
④《世说新语笺疏》上卷下《文学》,第 227 页。

任太学博士,永嘉太守,迁散骑长侍,领著作郎,袭爵长乐侯。他自许"托怀玄胜,远咏老、庄,萧条高寄,不与时务经怀,自谓此心无所与让也"①。其《遂初赋序》,也说到"余少慕老、庄之道,仰其风流久矣"②。但他对佛说也很倾心,著有长篇《喻道论》,与郗超的《奉法要》同是中国文人所写的最早的论佛文字。其中提出"周、孔即佛,佛即周、孔,盖外内名之耳","周、孔救极弊,佛教明其本耳",是中国文人统合儒释的先驱。他在佛教中一方面看到了"死者报生之验",又看到了"以劝孝为事"③,从而又把佛道与中国的有鬼论相结合。他又作文以名道人竺法护等匹配"竹林七贤",更在名僧与儒士之间相沟通。这些对当时及后世影响都很大。他的《游天台山赋》,有盛名于一时,其虚拟游仙,为李白《梦游天姥吟留别》之祖;"赤城霞起而建标,瀑布飞流以界道",更是描绘奇峰飞瀑的名句。而末段也归于释氏:

> 于是游览既周,体静心闲,害马已去,世事都捐。投刃皆虚,目牛无全,凝思幽岩,朗咏长川。尔乃羲和亭午,游气高褰,法鼓琅以振响,众香馥以扬烟,肆觐天宗,爰集通仙,把以玄玉之膏,嗽以华池之泉,散以象外之说,畅以无生之篇。悟遣有之不尽,觉涉无之有间,泯色空以合迹,忽即有而得玄。释二名之同出,消一无于三幡,恣语乐以终日,等寂寞于不言,浑万象以冥观,兀同体于自然。④

在这里,玄谈与佛理结合在一起了。孙绰现存诗十三首,《全晋文》中收文二卷。佚文有《名德沙门论目》、《道贤论》等有关佛教的著作。其诗多说理平典之言,最著名的《秋日》一篇,也是玄远之词,

①《世说新语笺疏》中卷下《品藻》,第521页。
②《全上古三代秦汉三国六朝文·全晋文》卷六十一,第1807页。
③《大正藏》第52卷,第17页上、16页下、17页下。
④《全上古三代秦汉三国六朝文·全晋文》卷六十一,第1086页。

与佛关系不大。《世说新语·文学》刘注引《续晋阳秋》评论：

> 正始中，王弼、何晏好《庄》、《老》玄胜之谈，而世遂贵焉。至江左李充尤盛。故郭璞五言始会合道家之言而韵之。（许）询及太原孙绰转相祖尚，又加以三世之辞，而《诗》、《骚》之体尽矣。[1]

所谓"三世之辞"，指讲因果报应的佛说；所谓《诗》、《骚》体尽，是指由于玄学和佛教的影响，诗歌从《诗》、《骚》传统后退。但这后退的同时实际又在诗的表现形式及内容上进行了某些新探索。

东晋末年，慧远以佛教领袖身份活动于士大夫间。慧远（334—416），雁门楼烦（今山西省静乐县西南）人。弱而好书，颖特秀发，博综六经，尤好《老》、《庄》。后从道安出家，闻安讲《般若经》，豁然而悟。后致书刘遗民（程之）等自叙所学云：

> 每寻畴昔，游心世典，以为当年之华苑也。及见《老》、《庄》，便悟名教是应变之虚谈也。以今而观，则知沉冥之趣，岂得不以佛理为先？苟会之有宗，则百家同致。[2]

他早年对世典的素养，影响了其一生学问。后来在庐山讲经，引《庄子》为连类，即用"格义"办法。又陆德明《毛诗音义》记载"周续之与雷次宗同受慧远法师《诗》义"。[3] 这都可见他学问的广博。他晚年卜居庐阜三十余年，结交当世闻人，教养学徒。其弟子中名人甚多。他又持神不灭说，怵于生死报应，因之在元兴元年（402）与刘遗民等人在精舍无量寿像前建斋立誓，往生西方。他的山林生活与净土信仰，在宗教信徒中与文人间都很有影响。谢灵运《庐山

---

①《世说新语笺疏》上卷下《文学》，第 262 页。
②《与隐士刘遗民等书》，《广弘明集》卷二十七上，《大正藏》第 52 卷，第 304 页上。
③《经典释文》卷五《毛诗音义上》，中华书局，1983 年，第 53 页。

慧远法师诔》中说：

> 昔释安公振玄风于关右，法师嗣沫流于江左。闻风而说，
> 四海同归。尔乃怀仁山林，隐居求志。于是众僧云集，勤修净
> 行，同法餐风，栖迟道门。可谓五百之季，仰绍舍卫之风；庐山
> 之岷，俯传灵鹫之旨。洋洋乎未曾闻也。①

他的影响不仅在同时代人中间，中唐以后关于白莲社的传说成为
净土信仰的美谈②，他则成为了以文字广结法缘的典型。

　　慧远在佛教思想上，着重发挥三世报应说与神不灭论。他的
代表著作有已佚的《法性论》，其中提出"至极以不变为性，得性以
体极为宗"③，即认为法性是最高的精神实体，这种不变之极就指涅
槃。他以为神明不灭，愚智同禀，所以精神永存。由于精神不断，
所以有三世果报；而为超脱轮回之苦，就应确立弥陀净土信仰。印
度佛教讲涅槃，让人求得一种不生不死的、超离"六道轮回"的永恒
的境界，其精神是出世的；而慧远强调"三世果报"，追求以此世缘
结来世果，着眼于来世的幸福，而这来世不过是此世的延续，其精
神是入世的。这是他对佛教理论的发展。他的这套理论，不但成
为中国佛学的重要内容，在民俗信仰中也流传广远。

　　慧远著述宏富，亦有文学才能。他在《与隐士刘遗民等书》
中说：

> 若染翰缀文，可托兴于此。虽言生于不足，然非言无以畅
> 一诣之感。因骥之喻，亦何必远寄古人？④

他是比较自觉地提倡以文学形式宣传佛教的人。他又有《念佛三

---

①《全上古三代秦汉三国六朝文·全宋文》卷三十三，第2619页。
②据传慧远于庐山东林寺，与慧永、慧持、刘遗民等一百二十三人专修念佛法
　门，誓愿往生西方净土。到中唐后附会为十八高贤结白莲社传说。
③《晋庐山释慧远传》，《高僧传》卷六，第218页。
④《广弘明集》卷二十七上，《大正藏》第52卷，第304页中。

昧诗集序》,指出他所选的念佛"篇翰",非徒"文咏","鉴明则内照
交映而万象生焉,非耳目之所至而闻见行焉,于是睹夫渊凝虚镜之
体,则悟灵根湛一,清明自然"①。是把文章与悟解合一,在文论上
是个新见解。

慧远的文字,今存有与桓玄等人就沙门不敬王者和沙汰僧尼
事的论辩,在驳辩技巧上有较高水平。其住庐山时有《庐山记》,是
一篇写山水的优秀散文,是我国最早描绘庐山风光的作品之一。
他还写了一篇描写庐山的诗——《庐山东林杂诗》:

> 崇岩吐清气,幽岫栖神迹。希声奏群籁,响出山溜滴。有
> 客独冥游,径然忘所适。挥手抚云门,灵关安足辟。流心叩玄
> 扃,感至理弗隔。孰是腾九霄,不奋冲天翮。妙同趣自均,一
> 悟超三益。②

这是以写景寓超世之志的作品。又有《万佛影铭》等铭赞文字,在
《万佛影铭序》中对利用形象来阐发佛理作了发挥。

刘宋承东晋遗风,士大夫普遍崇信佛教。有两个客观原因更
促成统治阶级对佛教的提倡。一是东晋末孙恩、卢循领导的农民
起义利用了天师道,在佛、道较量中佛教更受统治阶级欢迎;二是
宋武帝刘裕称帝前镇压的桓玄是反佛的,而刘裕得到了佛教支持。
到宋文帝元嘉年间,朝政以文治见称。重儒术,立四学。雷次宗主
儒学,何尚之主玄学,何承天主史学,谢元主文学。佛学虽不入官
学,但承道安、慧远遗风,也有相当的地位。例如四学主持人的雷
次宗是慧远弟子,何尚之崇佛,谢元亦出身于奉佛家庭。在这样的
思想环境之下,许多文人在创作中表现出浓厚的佛教意识,其中以
诗坛重镇颜(延之)、谢(灵运)很有代表性。

谢灵运(385—433),祖籍陈郡阳夏(今河南省太康县),生于会

---

①《广弘明集》卷三十,《大正藏》第 52 卷,第 351 页中。
②《先秦汉魏晋南北朝诗·晋诗》卷二十,第 1085 页。

稽始宁(今浙江省上虞市)。他是东晋士族谢氏之后,著名的谢玄
之孙,袭封康乐公。他一生好佛,与佛教渊源颇深。晋安帝义熙元
年(405),琅玡王即后来的晋恭帝司马德文受命为大司马,他被辟
为参军。后刘毅为豫州刺史,爱才好士,又蒙延致。义熙七年,刘
为江州刺史,康乐得见在庐山的慧远(一说见慧远于后来从刘裕归
建康途中)。其所制慧远诔,说"志学之年,希为门人"①,表明自幼
即有皈依之志。《高僧传·慧远传》称"陈郡谢灵运负才傲俗,少所
推崇,及一相见,肃然心服"②。后慧远曾请他作《佛影铭序》。义熙
八年,刘裕讨刘毅,谢归裕门下为太尉参军。刘宋王朝建立后,他
降爵为侯,出守永嘉郡。此事名义上是由于他擅杀与爱妾交通者,
实为被当作异己而受排斥。在永嘉,他与诸道人游,并著《辩宗
论》。少帝景平元年(423)秋,沉疾去职,移居会稽,与昙隆道人游。
元嘉三年(426)到五年,征为秘书监,意有不平,多称疾不朝,再度
祈假东归,遂放山水。时北本《涅槃经》传至建业,有慧严、慧观等
都是当代佛学重镇,受文帝礼重。他们以为该经言语拙朴,进行修
饰"改治"。谢康乐也参加了这项工作,完成了更加精美的南本《涅
槃》。唐元康《肇论疏》说"谢灵运文章秀发,超迈古今"。如北本有
一句"手把脚蹈,得到彼岸",谢改为"运手动足,截流而度"③,可为
一例。元嘉八年,会稽太守孟顗表陈谢有异志,康乐诣阙上表自
陈,左迁临川内史;又以得罪徙广州。元嘉十年被杀。《高僧传·
慧叡传》说"陈郡谢灵运笃好佛理,殊俗之音,多所达解。乃咨叡以
经中诸字,并众音异旨。于是著《十四音训叙》,条列梵汉,昭然可
了,使文字有据焉"④。《十四音训叙》,日本平安朝僧安然曾在其

---

① 《庐山慧远法师诔》,《全上古三代秦汉三国六朝文·全宋文》卷三十三,第
　　2619页。
② 《晋庐山释慧远传》,《高僧传》卷六,第221页。
③ 《肇论疏》卷上,《大正藏》第45卷,第162页下。
④ 《宋京师乌衣寺释慧叡传》,《高僧传》卷七,第260页。

《悉昙藏》中转引。可知谢灵运亦习梵文。这也可证他在译经上的努力。

　　谢灵运之好佛，与他的处境有关。他身处两朝交替之际，心怀旧主而勉仕新朝，并一再受到排挤打击，不得不趋遗世之途，亦易于契合宗教观念。所以他在儒释之间，以为论心性当推佛教，他说："六经典文，本在济俗为治耳，必求性灵真奥，岂得不以佛经为指南耶？"①时值竺道生在佛教义理上提出新说，其一阐提②有性、顿悟成佛等主张均富创意。谢灵运迎合了这个新潮流。其所著《辩宗论》就是宣扬道生新说的。其中折中孔、释之言以论证顿悟成佛，见解极为新颖。其论旨大体曰：

　　　　释氏之论，圣道虽远，积学能至，累尽鉴生，方应渐悟。孔氏之论，圣道既妙，虽颜殆庶，体无鉴周，理归一极。有新论道士，以为寂鉴微妙，不容阶级，积学无限，何为自绝。今去释氏之渐悟而取其能至，去孔氏之殆庶而取其一极。一极异渐悟，能至非殆庶。故理之所去，虽合各取，然其离孔、释矣。余谓二谈，救物之言，道家之唱，得意之说，敢以折中自许，窃谓新论为然……③

这里所谓"新论道士"，即指竺道生。按传统佛家见解，圣道虽然遥远，但却是可以达到的，应经渐修而得；按传统儒家见解，圣人是"上智"，一般人是不可能达到的，只有先天的宗极之悟决定某人是圣人。新论去释氏的渐悟而取其能至，去儒家的不能至而取其宗极，从而论证了顿悟可以成佛。汤用彤先生在《魏晋玄学论稿》

①转引自何尚之《答宋文帝赞扬佛教事》，《弘明集》卷十一，《大正藏》第 52 卷，第 69 页中。

②一阐提，意为"不具信"、"断善根"。一阐提人能否成佛是佛教中长期争论的问题。

③《与诸道人辩宗论》，《广弘明集》卷十八，《大正藏》第 52 卷，第 224 页下—225 页上。

中说：

> 康乐承生公之说作《辩宗论》，提示当时学说二大传统之不同，而指明新论乃二说之调和。其作用不啻在宣告圣人之可至，而为伊川谓"学"乃以至圣人学说之先河。则此论在历史上有甚重要之意义盖可知矣。[①]

谢灵运的观点标志着魏晋思想的一大转变，而下开隋唐禅学和宋代理学先河。可见他在佛学史和思想史上的贡献与地位。

谢灵运是名诗人，在山水诗创作上成就巨大。其平生酷好山水，也与佛教有关。他在会稽，结交在上虞徐山住的昙隆道人，同游嵫山、嵊山。他在《昙隆法师诔》中写到当时情景：

> 缅念生平，同幽共深。相率经始，偕是登临。开石通涧，剔柯疏林。远眺重叠，近瞩岖嵚。事寡地闲，寻微探赜。何句不研？奚疑弗析？帙舒轴卷，藏拔纸襞。问来答往，俾日余夕。[②]

史称其守永嘉时，也开山伐木以事登临。其时正是他与诸道人研讨佛理的时候。这种实践，是他创作山水诗的生活基础。

谢灵运的山水诗往往渗入宗教感情，但其中写得好的并不滥用佛家语汇，也不揲扯佛教事典，而是在自然风光的生动描写中流露出世意识，例如《石壁精舍还湖中作诗》：

> 昏旦变气候，山水含清晖。清晖能娱人，游子憺忘归。出谷日尚早，入舟阳已微。林壑敛暝色，云霞收夕霏。芰荷迭映蔚，蒲稗相因依。披拂趋南径，愉悦偃东扉。虑澹物自轻，意惬理无违。寄言摄生客，试用此道推。[③]

---

①《汤用彤学术论文集》，中华书局，1983年，第294页。
②《全上古三代秦汉三国六朝文·全宋文》卷三十三，第2620页。
③《先秦汉魏晋南北朝诗·宋诗》卷二，第1165页。

这里黄昏湖中风光写得相当鲜明生动,而在时序流动的描写中已透露出世事无常的情绪,最后发出感慨。他的《登石门最高顶诗》、《从斤竹涧越岭溪行诗》等,都是把由自然美激发起的人生情趣与出世议论相糅合。其构思上,在清新可喜的清词丽句的后面往往加上几句说理,这是早期山水诗描写与议论还不能相谐和的特征。而如《石壁立招提精舍诗》,则完全是讲佛理的了。

谢灵运文章中讲佛理的也不少。除有名的议论文章《辩宗论》外,又如义熙八年,慧远造佛影窟,康乐为作《佛影铭》,其中不只表彰佛影功德,且有对自然风物的描绘;又有《山居赋》,铺写山居景物以言志,其中说:

> 顾弱龄而涉道,悟好生之咸宜。率所由以及物,谅不远之在斯。抚鸥鲦而悦豫,杜机心于林池。
>
> 敬承圣诰,恭窥前经。山野昭旷,聚落腌腥。故大慈之弘誓,拯群物之沦倾。岂寓地而空言,必有贷以善成。钦鹿野之华苑,羡灵鹫之名山。企坚固之贞林,希庵罗之芳园。虽粹容之缅邈,谓哀音之恒存。建招提于幽峰,冀振锡之息肩。庶镫王之赠席,想香积之惠餐。事在微而思通,理匪绝而可温……①

下面写到山居的宗教生活,如何"面南岭建经台,倚北阜筑讲堂,傍危峰立禅室,临浚流列僧房";如何"远僧有来,近众无阙,法鼓即响,颂偈清发";我们甚至可以从其"启善趣于南倡,归清畅于北机"的描写中,考订当时的讲经制度。这篇赋也是山水描写与佛理相结合的作品。至如《维摩经十譬赞》、《祇洹像赞》等,则完全是明佛文字。其《庐山慧远法师诔》,当称力作,其中对慧远极力推扬,写其为人风采与后学哀恸两段,特别感人。

---

①《全上古三代秦汉三国六朝文·全宋文》卷三十一,第 2606 页。

　　《景德传灯录》卷四记载乌窠禅师对白居易说："汝若了净智妙圆，体自空寂，即真出家，何假外相。汝当为在家菩萨，戒施俱修如谢灵运之俦也。"①从这段记载可见谢灵运的佛教信仰给后人的印象深远。

　　颜延之（384—456），字延年，琅玡临沂（今山东省临沂市）人。晋光禄勋颜含曾孙。义熙中，后将军吴国内史刘柳辟为行参军，转主簿。后刘裕辟为世子参军。入宋，补太子舍人。少帝即位，以正员郎兼中书郎，出官始安太守，又为永嘉太守，入朝任金紫光禄大夫领湘东王师等职。历来"颜、谢"并称，是前宋文坛代表人物。他也倾心佛教，与名僧慧静、慧彦等结交。

　　颜诗主题以颂赞、纪游、赠答等居多，喜铺陈排比，没有谢诗的清新秀美，所以鲍照批评其"若铺锦列绣，亦雕缋满眼"②。这些诗中看不出深切的感情体验，就是宗教色彩也不如谢灵运明显。他的佛教文字，主要在文章中。

　　今存颜延之主要论佛文字有《释何衡阳达性论》与《重释》、《又释》三篇。当时有僧人慧琳受到宋孝武帝信重，作《白黑论》，对佛教进行批判，被视为异端。他得到著名学者何承天的支持。何著《达性论》、《报应问》等，提出"生必有死，形弊神散"、"施而望报，在昔先师或未之言"③等论断，批评神不灭论和果报说。颜氏三文就是对之进行批驳的。他维护佛教观点，主张"精灵必在"，宣扬"施报之道"④。特别是第三文，罗列何的论点，逐条加以辩驳，何尚之《答宋文帝赞扬佛教事》引宋文帝的话说：

　　　　颜延年之折《达性》，宗少文（炳）之难《白黑》，明佛法汪

---

①《大正藏》第51卷，第230页下。

②《南史》卷三十四《颜延之传》，中华书局，1975年，第881页。

③《达性论》，《弘明集》卷四，《大正藏》第52卷，第22页上。

④《释何衡阳达性论》，《弘明集》卷四，《大正藏》第52卷，第22页中。

汪,尤为名理并足,开奖人意。①

可见其议论水平是较高的。据陆澄《法论目录》,颜还曾著有《通佛影迹》、《通佛顶齿爪》、《通佛衣钵》、《通佛二叠不燃》、《妄书禅慧宣诸弘信》、《与何彦德论感果生灭》、《广何彦德断家养论》、《离识观》、《论检》等,均佚。《高僧传》卷七《慧严传》曰:

> 时颜延之著《离识观》及《论检》。帝命严辩其同异,往复终日。帝笑曰:"公等今日,无愧支、许。"②

支、许指支遁与许询。如前所述,二人讲经辩难是流传后世的佳话。又《宋书》本传记载他在武帝面前问周续之三义,既连挫之,还自敷释,言约理畅,莫不称善。这些都可见其佛学素养及与僧徒交游情形。

但他的名作《陶征士诔》、《赭白马赋》等,却没有佛教影响痕迹。他的《庭诰》基本上是儒家和道家处士之旨,其中有一段把佛与道加以对比,说:

> 达见同善,通辩异科。一曰言道,二曰论心,三曰校理。言道者本之于天,论心者议之于人,校理者取之于物。从而别之,縣途参陈;要而会之,终致可一。若夫玄神之经,穷明之说,义兼三端,至无二极。但语出梵方,故见猜世学;事起殊伦,故获非恒情。天之赋道,非差胡华;人之禀灵,岂限外内。一以此思,可无臆裁。为道者盖流出于仙法,故以炼形为上;崇佛者本在于神教,故以治心为先。炼形之家,必就深旷,反飞灵,糇丹石,粒芝精,所以还年却老,延华驻彩,欲使体合缥霞,轨遍天海,此其所长。及伪者为之,则忌灾祟,课粗愿,混士女,乱妖正,此其巨蠹也。治心之术,必辞亲偶,闭身性,师

①《弘明集》卷十一,《大正藏》第 52 卷,第 69 页中。
②《宋京师东安寺释慧严传》,《高僧传》卷七,第 262 页。

净觉，信缘命。所以反壹为生，克成圣业，智邈大明，志狭恒劫，此其所贵。及诡者为之，则藉发落，狎菁华，傍荣声，谋利论，此其甚诬……①

这里他是佛、道并列，论其短长，对佛也有批判之词。但这还是三教各适其用的观点，仍露出中国文人的本色。

齐竟陵文宣王萧子良在宋、齐禅让之际，颇受齐高祖萧道成、齐武帝萧赜倚重。武帝时进位司徒，才隽之士皆游集其门。在鸡笼山开西邸，范云、萧琛、任昉、王融、萧衍、谢朓、沈约、陆倕尤以文学见待，号为"八友"。同时如柳恽、王僧孺、江华、范缜、孔休源等亦被接遇。他礼接僧徒，屡开讲席，于教理颇有领会，亦多有著述。《广弘明集》卷十九庚杲之《为竟陵王致书刘隐士》中叙述其讲学情况说：

　　君王卜居郊郭，蒙带川阜，显不徇功，晦不标迹。从容人野之间，以穷二者之致。且弘护为心，广敷真俗，思闻系表，共剖众妙。②

范缜著《神灭论》即始于此时期。后来梁武帝萧衍更曾集僧俗与之论难，西邸学士沈约等人均曾著文反驳。西邸亦集中不少名僧。《南齐书》卷四十记载萧子良"招致名僧，讲语佛法，造经呗新声，道俗之盛，江左未有也"③。他集名僧于法云精舍，开讲席，是一时盛事；更集善声沙门于京邸，造新声经呗，与四声的成立有直接关系。在他的倡导下，这一时期文人崇佛出现有一个高潮，其中沈约可作为代表。

沈约（441—513），字休文，吴兴武康（今浙江省湖州市）人。历仕宋、齐、梁三朝。齐末，为竟陵王萧子良"西邸学士"之一。梁武

①《全上古三代秦汉三国六朝文·全宋文》卷三十六，第2637页。
②《大正藏》第52卷，第233页下。
③《南齐书》卷四十《武十七王传》，中华书局，1972年，第698页。

受禅,除尚书仆射,封建昌县侯。他著述遍及四部,更以著《晋书》
一百一十卷、《宋书》百卷著称,是一代文坛领袖。

　　沈约乃是古代士大夫兼容三教的典型。他以儒术立身,一生
积极进取,有经世之志,而对佛、道两教又都十分热衷和虔诚。在
佛教信仰与儒学关系上,他主张"内圣、外圣,义均理一,而蔽理之
徒,封著外教"①。范缜作《神灭论》批判佛教,包括沈约在内的许多
人著论加以反驳。沈约认为这不只是为了护法,而是"孔、释兼弘,
于是乎在"②的。即是说,在他看来,弘扬佛法和发扬儒道是一致
的。在具体论述里,他更突出阐述了佛教戒律与儒家伦理的共同
性。而吴兴沈氏作为源远流长的江东士族本来有信仰道教的悠久
传统。陈寅恪论东南滨海地区天师道,也曾举出吴兴沈氏一例,指
出"休文受其家传统信仰之薰习"③。沈约本人与当时正在盛行的
上清派道教有密切关系。永明二年(484)上清派茅山道教代表人
物陶弘景为兴世馆主,"一时名士沈约、陆景真、陈宝识等咸学焉,
弟子百余人"④。梁台建,沈约和他同为秉策佐命者。他有不少与
陶弘景酬赠的作品。

　　加深沈约佛教信仰的重大机缘是他进入文惠太子萧长懋和竟
陵王萧子良门下。建元四年(482)长懋立为太子,引接朝士,沈约
时为东宫步兵校尉掌书记,备受亲重;竟陵王萧子良结纳文士,讲
论经教,他也积极参与。道宣赞扬他们是"崇仰释宗,深达至教,注
释经论,钞略词理,掩邪道而辟正津,弘一乘而扬士众"⑤。梁武帝

---

①《均圣论》,《广弘明集》卷五。
②《尚书令沈约答释法云难范缜〈神灭论〉》,《弘明集》卷十。
③《天师道与东海地域之关系》,《金明馆丛稿初编》,上海古籍出版社,1980
　年,第33页。
④《茅山志》卷十《上清品》,《道藏》第5册,599页。
⑤《统略净住子净行法门序》,《广弘明集》卷二十七上。

萧衍曾说"江左以来，代谢之际，必相屠灭"①。沈约历经王朝频繁更替和统治集团内部残酷斗争。在统治集团纷争劫夺中，罹害的许多是他的亲朋好友，如王融、谢朓等，内心的危惧更使他寻求宗教的安慰。

今存沈约诗作里直接以佛教为题材的不多。一篇是《八关斋诗》：

> 因戒倦轮飘，习障从尘染。四衢道难辟，八正扉犹掩。得理未易期，失路方知险。迷途既已复，豁悟非无渐。②

还有《和王卫军解讲诗》，同样是玄言说理，谈不到什么艺术性。倒是那几首感伤友人王融、谢朓遇害的诗称扬友人的才具，痛悼他们无辜被害，流露出人命危浅、世事飘忽的无常感，如悼谢朓的一首：

> 吏部信才杰，文锋振奇响。调与金石谐，思逐风云上。岂言陵霜质，忽随人事往。尺璧尔何冤，一旦同丘壤。③

沈约写了不少护法文字，包括论、记、序、铭各种体裁。其中一方面阐述他儒、释调和的立场，另一方面着重张扬佛理。在他的内圣、外圣均一的理解中，佛教被认为是终极之道。在《内典序》里他宣扬"教有殊门，而理无异趣，故真俗两书，递相扶奖"④；在《究竟慈悲论》里，他又竭力调和孟子七十食肉主张与佛教断膻之忌的矛盾，以为"两说参差，各随教立"⑤。他参与批判"神不灭"的论战，著论批驳范缜。按他的看法，"养形可至不朽，养神安得有穷？养神不穷，不生不灭"⑥。他又主张因果报应，以为众缘随念而起，"先有情

---

①《资治通鉴》卷一百四十五《梁纪一》，第 4519 页。
②《先秦汉魏晋南北朝诗·梁诗》卷六，第 1639 页。
③《怀旧诗九首》之二，《先秦汉魏晋南北朝诗·梁诗》卷七，第 1653 页。
④《大正藏》第 52 卷，第 232 页上。
⑤《大正藏》第 52 卷，第 293 页上。
⑥《神不灭论》，《广弘明集》卷二十二，《大正藏》第 52 卷，第 253 页下。

照,却有因果,情照既动,而因果随之"①。他的许多文章,都是进行这类说教的。但从文章技巧看,却有较高的议论水平。他的《郊居赋》,是一篇名作。他晚年退居钟山山麓东田,于天监八年(509)招僧俗百人为八关斋,并成此赋。其中述及自己的人生哲学,也用了佛教的"空"观:

> 敬惟空路邈远,神踪遐阔,念甚惊飙,生犹聚沫。归妙轸于一乘,启玄扉于三达。欲息心以遣累,必违人而后豁……因葺茨以结名,犹观空以表号。得忘己于兹日,岂期心于来报……②

他的铭赞文字也有较高的文字技巧,如《瑞石像铭》、《释迦文佛像铭》、《千佛颂》、《弥勒赞》等,锤字炼句,巧用事典。又如《栖霞精舍铭》:

> 岩灵旅逸,地远栖禅。兰房葺蕙,峤甍架烟。南瞻巫野,北望淮天。遥哉林泽,旷以江田。空心观寂,慧相淳荃。眷惟斯践,怆属遐年。游仁厕远,宅赏凭旐。颂创神苑,陪构灵椽。瞻禁拓圃,望鹜疏山。制石调响,栖理凝玄。旷移羽旆,眇别松泉。委组东国,化景西莲。恋隰夷改,蓬辇粗迁。重依汉远,复逐旌悬。往辞妙幄,今承梵筵。八翻海鹤,九噪岩蝉。珮华长掩,懋迹空传。式籍云拱,敢告祥缘。③

这也是一篇把佛理与写景相融合的作品。应当指出,沈约也好山水,在这一点上也与佛教信仰有关。齐武帝殁后他转东阳太守,结交隐居于金华山的草堂寺慧寂,作《游金华山诗》、《赤松涧诗》等。明帝即位后还朝,旋退官居于桐柏山,晚年居钟山。这也是延续了

---

①《形神论》,《广弘明集》卷二十二,《大正藏》第52卷,第253页中。
②《全上古三代秦汉三国六朝文·全梁文》卷二十五,第3099页。
③《全上古三代秦汉三国六朝文·全梁文》卷三十,第3128页。

谢灵运的传统。

与沈约同时有周颙(441?—491?),汝南安城(今河南省正阳县)人。刘宋时为郯令,入齐后曾官中书郎、国子博士等职。他尝著《四声切韵》,是与沈约一起总结四声规律的人。他泛滥百家,长于佛理。所著《三宗论》,著称一时。时有张融著《门论》,沟通佛与道,周因著《难张长史门论》及《重答》加以批驳。

南朝佛教至梁武帝时而极盛。梁武帝萧衍(464—549),南兰陵(今江苏省常州市)人。本为齐竟陵王"八友"之一,任齐雍州刺史,守襄阳。早受佛教熏陶,儒、玄、释皆通习,善文学、精音律,是南朝贵族文化的典型代表人物。后受齐禅,在治国上敦用儒术,又敬僧礼佛。即位三年有发愿文说:

> 愿使未来世中,童男出家,广弘经教,化度众生,共取成佛,入诸地狱,普济群萌。宁可在正法中,长沦恶道,不乐依老子教,暂得生天。[1]

他是宗教的实践家,修建塔寺,组织讲经与法会,亲自参与译经,而尤以四次舍身佛寺最为有名。梁代佛教的兴盛,受到他以帝王身份提倡的直接影响。其长子昭明太子萧统、第三子简文帝萧纲、第七子元帝萧绎以及一代名士姚察、傅𫟪均好佛。陈朝诸帝在这一点上也效法梁的旧习。著名文人如徐陵、江总相承活动于梁、陈间,文坛上表现出浓厚的佞佛气氛。

徐陵(507—583),字孝穆,东海郯(今山东郯城县)人。梁时曾官东宫学士,湘东王镇西记室参军。陈受禅,历太府卿、五兵尚书、御史中丞等职,封建昌县侯。后进中书监,迁左光禄大夫、太子少傅。他是骈文名家,创作风格轻靡绮艳,所编《玉台新咏》及所作序言,代表了他唯美的文学主张。据传四岁时家人领他去拜见"神

---

[1]《舍道事佛疏文》,《全上古三代秦汉三国六朝文·全梁文》卷六,第2986页。

僧"宝志,即被许为"天上石麒麟"。在陈代与智者大师交,有四首
与智者书状,其中《五愿上智者大师书》表现其奉法的虔诚。其《谏
仁山深法师罢道书》,是规劝想还俗的和尚的,写到为僧有十种大
利。以"利"说服人坚持信仰,可见其对佛教真义的理解是相当浅
薄的;但从客观上说,他所排比描写的十利又确能表现出当时僧侣
寄生生活的实态:

> 佛法不简细流,入者则尊,归依则贵,上不朝天子,下不让
> 诸侯,独玩世间,无为自在,其利一也;身无执作之劳,口餐香
> 积之饭,心不妻妾之务,身饰刍摩之衣,朝无践境之忧,夕不千
> 里之苦,俯仰优游,宁不乐哉,其利二也;躬无任重,居必方域,
> 白璧朱门,理然致敬,夜琴昼瑟,是自娱怀,晓笔暮诗,论情顿
> 足,其利三也;假使棘生王路,桥化长沟,巷吏门儿,何因仰唤,
> 寸绢不输官库,升米不进公仓,库部仓司,岂须求及,其利四
> 也;门前扰扰,我且安眠,巷里云云,余无惊色,家休小大之调,
> 门停强弱之丁,入出随心,往还自在,其利五也……①

如此等等,使我们想起佛陀用天上众多美女来劝说难陀割断世间
情缘的故事。这种贪婪的表白客观上成为一种揭露。他又有《东
阳双林寺傅大士碑》,碑主傅大士名弘,称双林大士、善慧大士,自
称国主救世菩萨,梁武时居建业钟山下定林寺,预知梁灭,恨怜灾
难,燃臂供养。文章开头说:

> 夫至人无己,屈体申教;圣人无名,显用藏迹。故维摩诘
> 降同长者之仪,文殊师利或现儒生之像,提河献供之旅,王城
> 迥众之端,抑号居士,时为善宿。大经所说,当转法轮,《大品》
> 之言,皆绍尊位。斯则神通应化,不可思议者乎!

这里提倡居士思想,对后代有一定影响。又歌颂傅大士说:

---

① 《全上古三代秦汉三国六朝文·全陈文》卷十,第 3455 页。

　　　尔其蒸蒸大孝,肃肃惟恭。厥行以礼教为宗,其言以忠信
为本。加以风神爽朗,气调清高,流化亲朋,善和纷诤,岂惟更
盈毁壁,宜傺下丸而已哉。①

这又是宣扬儒释调和观念。文中陈述灵迹,说傅大士"神现影响,
示现祯祥"、"天眼所照,预睹未来",把他看成是方术式人物。中国
文人所把握的佛教观念的驳杂,于此亦可见端倪。

　　江总(519—594),字总持,济阳考城(今河南省兰考县)人。梁
时任太子洗马等职。陈征为中书侍郎直侍中省,官至尚书令。入
隋,为上开府。在朝代更替之际,他稳做高官,可见其精于处世之
道。他与陈后主游宴后宫,是"狎客"之一。文学上以写作宫体诗
著名,代表了贵族文学的颓废倾向。他也好佛,弱年即寄心佛说。
二十余入钟山,从灵曜寺法则受菩萨戒。台城陷,入会稽,栖止龙
华寺,制《修心赋》。晚年仕陈,与摄山慧布上人游,悟人生苦空,谨
守戒律,菜食。他虽两度入山,终由于贪恋俗务不得不回京城。他
多制佛教碑文。有名的作品有《摄山栖霞寺碑》,历叙建寺经过以
及历代住寺僧侣,杂以宣传灵迹的荒唐之言,但叙述、写景都有一
定技巧。他也写了些佛教题材的诗,但多牵合佛典,雕琢文句,例
如《游摄山栖霞寺诗》:

　　　霡霂时雨霁,清和孟夏肇。栖宿绿野中,登顿丹霞杪。敬
仰高人德,抗志尘物表。三空豁已悟,万有一何小。始从情
所寄,冥期谅不少。荷衣步林泉,麦气凉昏晓。乘风面泠泠,
候月临皎皎。烟崖憩古石,云路排征鸟。披径怜森沉,攀条
惜杳袅。平生忘是非,朽谢岂矜矫。五净自此涉,六尘庶
无扰。②

---

①《全上古三代秦汉三国六朝文·全陈文》卷十一,第3463页。
②《先秦汉魏晋南北朝诗·陈诗》卷八,第2584页。

此诗是他入山见慧布时所作,有意效仿谢灵运,但谈空说有,义理比康乐更枯燥生涩,而没有康乐写山水的清新生动。所叙襟抱,更与其为人相差过于悬远。一个做官僚、为狎客、写艳诗的人又来作超世之词,必不能成功。集中比较生动的诗如《入摄山栖霞寺诗》、《静卧栖霞寺房望徐祭酒诗》等,亦有这种倾向。

总观魏晋六朝佛教在文人中的影响及其在文坛上的表现,可以看出以下几个特点。

第一,在这个时期,由于佛教的发展,统治者的大力推挹,文人们已广泛地接受并信仰佛教。当时文人也有反佛的,但只是少数,并且没有形成一个阵线,除个别人如范缜外,也没有找到有力的理论依据。这个时期文人们在研习佛教教义的同时,许多人还礼佛、斋僧、讲经,即参与佛教信仰的实践活动。这样,直接宣扬佛教迷信、表现宗教生活的作品就较多。

第二,由于当时佛教在中国还在接受、消化阶段,因此文人们对佛教的理解大多是机械的、肤浅的。例如支遁等人把佛学与玄学清谈相混淆,言体则性空与本无相通,言用则儒、佛殊途而同归。这是把中华学术与佛教思想视同一体。又有如徐陵、江总等人,一方面过贵族腐化生活,却又谈空说有,这就表现出一种伪善性质。而更多的作家所写谈佛文字,也都是简单敷说义理,缺少深刻体验,更谈不到以艺术形式作独特发挥了。

第三,在这一时期,儒释调合倾向已经很明显。谢灵运《辩宗论》,已把佛家心性学说与儒家正心诚意相沟通。沈约讲佛性,也把佛教神不灭论等同于性善论,主张真俗两书,递相扶奖,孔发其端,释穷其致。这种倾向,构成以后中国文人接受佛教的特色,也是佛教得到更大普及的条件。

二、隋唐五代的佛教与文人

隋唐五代是中国佛教发展的鼎盛期,也是佛教思想与中国传统思想文化进一步融合并创造出新的成果的时期,因此,佛教对于文人与文学也就有更巨大的影响。加上以下几个客观条件,这种影响更加深刻了。

一个是佛教义学的高度发展和各宗派的形成。中国人经过汉、魏、六朝五六百年对佛教的理解消化,在中国的思想土壤上,发展了具有中国特色的佛教。到唐初,在六朝大量传译经典的基础上,玄奘又整理、重译了般若类经典,系统传译了瑜伽行派经典,原典译介已经齐备。在这样的基础上,发展了佛教各个宗派。各宗派都有各自的立宗典据、传承系统和理论体系。宗派的确立及其相互斗争,以及佛学和其他宗教、学说的辩驳论争,进一步促进了佛教理论思想的发展。佛教义学本来是重思辨的。佛教各宗派,如天台、慈恩、华严、禅宗等,在理论上对宇宙、自然、社会、人生等问题提出不少新观点,而在论理的细密、逻辑的严谨以及表达方法等方面,又都提供了不少远超出中国固有学术的内容。净土宗理论色彩不浓厚,但其理想的天国及传播方法却很有吸引人的地方。而对比之下,自汉代以后,占据思想文化统治地位的正统儒家经学拘泥于章句,在理论上已经僵化,提不出什么重要的新课题。例如作为唐初儒学重要成就的孔颖达的《五经正义》,基本上不过是对前代成绩的总结而已。从这个意义上讲,说"唐不重经术"①是合乎实际的。这样,佛教各宗派的庞大的理论体系、精妙严密的义理,

————————

① 皮锡瑞:《经学历史》七《经学统一时代》。

就吸引了困于儒家章句而不得出路的文人。如果说在六朝时期文人们对佛教教义的理解多空疏肤末,在作品中多是浅薄地敷衍教义以至搬演鬼神灵异故事,那么到唐代,文人们研习佛学理论成为风气,与各宗派大师进行广泛的交流,佛学精深的义理已逐渐被他们所接受、掌握并融入意识之中。这样,他们身上所表现的佛教影响,就不只是掇拾故事、玩赏概念,而能在宇宙观、人生观、认识论等根本方面对佛教义理加以理解与发挥。如大诗人王维,对南宗禅做过深刻阐发;古文家梁肃,本身就是天台宗义大师;甚至像韩愈、李翱那样反佛的人,在思想上、理论上也受到佛教的影响。

　　二是唐代统治者大力提倡佛教,在社会上形成崇佛空气。唐代帝王继承陈、隋朝廷传统,礼僧敬佛,支持佛教。在对佛教的态度上又常常带有更明显的政治意图,即自觉地利用佛教为巩固自己的统治地位服务。这种自觉性的一个后果是使他们努力把佛教势力网罗到政治权势之下,容纳到世俗生活之中。例如唐太宗李世民并不迷信佛教,在他的统治下曾屡次检校佛法,沙汰僧尼。他批评过佞佛的萧瑀,手诏中有"至于佛教,非意所尊,虽有国之常经,固弊俗之虚术"①的话。但他在围攻王世充时,即得到过少林寺和尚的援助②。即位后颁发《佛遗教经》,其中说"如来灭后,以末代浇浮,付嘱国王、大臣,护持佛法"③,显然以护法国主自任。玄奘大师的译经事业就是在他的支持之下进行的。武则天篡唐称帝,沙门怀义、法明等撰《大云经疏》,盛言女主受命之事,结果"释教开革命之阶"④。武则天朝支持佛教是有政治目的的。中宗朝,华严宗的法藏曾参与镇压张易之之乱,以功授鸿胪卿,被赞扬为"内弘法

①《旧唐书》卷六十三《萧瑀传》,中华书局,1975年,第2403页。
②《告柏谷坞少林寺上座书》,《全唐文》卷十,中华书局,1983年,第115页。
③《佛遗教经施行敕》,《全唐文》卷九,第109页。
④《资治通鉴》卷二百四《唐纪》二十,中华书局,1956年,第6473页。

力,外赞皇猷,妖孽既歼,策勋斯及"①。"安史之乱"时一些佛教徒
也支持了朝廷。菏泽神会曾立坛度僧,以所获金帛支军用②。肃宗
在灵武,密宗大师不空奉表问起居,陈克服之策③。代宗时,大臣王
缙、元载等惑于佛说,盛陈果报,代宗则一心回向,僧侣得出入宫
禁,官为监卿,势倾王公。每当吐蕃内侵,则在内道场令僧诵《护国
仁王经》乞福佑。唐顺宗做太子时,结交华严宗名僧澄观,频加礼
接④;与沙门端甫"亲之若昆弟,相与卧起,恩礼特隆"⑤。在继位
后,"诏尸利禅师入内殿,咨问禅理"⑥。王叔文、柳宗元、刘禹锡在
顺宗李诵支持之下搞政治革新,柳、刘都信仰佛教,可知佛教在这
个政治斗争中起过作用。穆、敬、文三朝也循例礼佛做法事。唐文
帝时搞"甘露之变"的李训,结交华严五祖宗密,事败后去终南山往
投之,宗密欲剃其发而匿之,其徒不可,后宗密被大阉仇士良逮
捕⑦。唐帝王中只武宗反佛最力,这有其政治、经济以及宗教方面
的原因。以上事实,可见僧侣在当时社会上的权势,亦可见统治阶
级对他们的态度。在这样的情况下,不少所谓"名僧"、"高僧",不
自视为、别人也不把他们看做是"方外之人",他们也不以隐居山
林、礼佛诵经为高尚事,而是广泛参与到社会生活中来。文人们也
就得以广泛结交僧徒。不少僧侣出入文人圈子。有些知识分子则
出家为僧。中、晚唐的"诗僧"们,不过是披着袈裟的诗人。有些文
人外服儒风,内修梵行。又有如德宗朝的韦渠牟那样的人,初为道

①崔致远:《唐大荐福寺故寺主翻经大德法藏和尚传》,《大正藏》第50卷,第
　283页中。"张易之"原作"张柬之",与史实不符。此据《五祖略记》校改。
②《唐洛京菏泽寺神会传》,《宋高僧传》卷八,第179—180页。
③《唐京兆大兴善寺不空传》,《宋高僧传》卷一,第9页。
④《唐代州五台山清凉寺澄观传》,《宋高僧传》卷五,第106页。
⑤《唐京师大安国寺端甫传》,《宋高僧传》卷六,第123页。
⑥《佛祖统纪》卷四十一,《大正藏》第49卷,第380页中。
⑦《资治通鉴》卷二百四十五《唐纪》六十一,第7915—7916页;《宗密传》,《宋
　高僧传》卷六,第125—126页。

士,后为僧,又入仕,被权德舆称扬为"洞彻三教","周流三教"①,也是一个典型。在这样的环境熏习下,一般文人总会受到一些浸染。

三是儒、佛、道三教进一步调和,特别是儒、释调和的思想有了进一步的发展。这也与统治阶级的提倡有关。唐代统治阶级明白儒以治外、佛以治内的道理,又尊道教始祖老子为先祖,因此兼容三教,交互为用。朝廷上举行三教辩论,"初若矛盾相向,后类江海同归"②。中唐时名僧神清说:"释宗以因果,老氏以虚无,仲尼以礼乐,沿浅以洎深,籍微而为著,各适当时之器,相资为美。"③这都代表了当时的思想潮流。而唐代佛教已生根于中土并高度发展,所谓调和儒释也就不再用如以世典拟配佛理的"格义"那样的办法,也不是像有些六朝文人那样把二者勉强牵合,而是二者交融后的再创造。从佛教方面讲,初唐兴起到中晚唐全盛的禅宗,就可视为中国士大夫的佛教。它把佛教的心性论与中国知识分子的人生理想、处世态度结合起来,把般若空观向泛神论方面发展(这也有荀子以来非天无神的唯物主义思想影响),创造出全然不同于印度佛教面貌的宗义。从儒家方面看,佛教义学给儒家章句之学以巨大冲击,但也提供了不少可资借鉴的资料。中唐学术产生了一个重大转变,就是儒家在理论上由讲天人关系转变到讨论心性,方法上由章句笺疏到空言说经、一家独断,正是吸取了佛家的理论与方法。中唐儒学有两个大的成就,一个是啖助、赵匡、陆质的新"春秋学",一个是韩愈、李翱的讲"道统",倡"复性"。前者论生人之意,讲大中之道,受到天台宗"中道观"的启示;其空言说经、以经驳传的方法更是习染了佛家的学风。韩、李是标举反佛的,但他们离情而言性,讲求复人生本具的清明之性,是把儒家的"正心诚意"与禅

①《唐故太常卿赠刑部尚书韦公墓志铭》,《权载之文集》卷二十三;《左谏议大夫韦公诗集序》,《权载之文集》卷三十五。
②钱易:《南部新书》卷乙。
③《圣人生第二》,《北山录》卷一,《大正藏》第52页,第578页下。

宗"一念净心"相统一。宋代理学是在佛教特别是禅宗与华严宗影响下形成的,中唐人实为其先驱。特别是大乘佛教的居士思想发展为禅宗的通达自由、游戏三昧的人生态度,调和了世间与出世间的矛盾,给中国文人开创了一个理想的精神世界。中国文人本是重立德、立功的,"兼济"和"独善"在他们身上存在着矛盾,特别是当他们陷身社会纠纷中不能解脱或个人理想不得实现时更为痛苦。而禅宗把这个问题解决了,所以唐代许多文人习禅。如王维、白居易等都做了居士。这样,出入儒释之间成为社会风气。除了少数人之外,大多数文人不在儒、释间设畛域,而努力从思想上、人生观上和生活上把二者调合起来。

这样,唐代文人对佛教的受容就比前代大大进了一步。本书将择其有代表性的人物,重点介绍三个人。第一位是诗人王维,他是一位虔诚的信仰者,他善于把自己对佛教教义(主要是南宗禅)的理解融会到世界观与人生观之中,并在诗中以内心体验的形式表现出来,取得了杰出成就,在诗歌艺术上多有开拓。第二位是柳宗元,他是一位思想家和政治活动家,他研习佛教教理,主要是天台宗的理论,加以改造发挥,他的政治斗争与理论建树从中都有所借鉴。第三位是诗人白居易,他是一位文人官僚,处于矛盾交织的时代环境之中,企图从佛教中寻求解脱,但他对佛教教义理解得很浅薄,往往是按自己的理会进行解释,从而为他理想的人生方式找根据,做辩护。以上三个人,可视为唐代文人接受佛教的三个类型。

初唐的文坛,基本上延续着六朝风气。崇佛这一面也是如此。当时文人普遍习佛。就是开创文坛新风气的"四杰"中的王勃、杨炯,也都写过不少护法文字。陈子昂以后,文风在急剧转变中,但由于整个社会崇佛的思想潮流没有改变,佛教各宗派正在兴盛起来,文人习佛的倾向继续发展。可以举出几位文坛上有代表性的人物作例子:

陈子昂（661—702）是唐代诗文革新的先驱者。他的著名的《感遇》诗中有批评佛教的内容："吾观昆仑化"一首攻驳缘业之说，"圣人不利己"一首揭露建筑寺院的繁费。但他又说"吾闻西方化，清净道弥敦"①。他早年在蜀中，从晖上人游，过从甚密。入京后，还写过《为僧谢讲表》等释教文字。当时武则天佞佛正深，陈子昂论事书疏，言无忌讳，唯不触及佛教。

张说（667—730）作为朝廷重臣，也是一时文坛领袖。他在改革文体与文风上是有贡献的。朝廷文书多出其手，与苏颋并称为"燕、许大手笔"。他的碑状记序文字，典雅浑朴，成就较高。他也是佛教信徒，对禅宗神秀"问法执弟子礼"；神秀死后，亲服师丧，为撰《唐玉泉寺大通禅师碑》②。文集中还有《般若心经赞》、《唐陈州龙兴寺碑》等文章。他还参与过义净、菩提志流的译经工作。

大诗人李白与杜甫也与佛教有一定关系。李白（701—762）一生好道，但诗中对佛教也时有涉及。而杜甫（712—770）在青年时期即倾心禅宗。他在《秋日夔府咏怀奉寄郑监李宾客一百韵》长律中回忆说："身许双峰寺，门求七祖禅。落帆追宿昔，衣褐向真诠。"③这里双峰寺指黄梅双峰山寺，是五祖弘忍传法地；"七祖禅"指以"东山法门"标榜的神秀一系禅法（由于后来南、北宗有法统之争，关于"七祖"也有不同看法）。他早年在《夜听许十一诵诗爱而有作》中就说过："许生五台宾，业白出石壁。余亦师粲、可，身犹缚禅寂。何阶子方便，谬引为匹敌。离索晚相逢，包蒙欣有击。"④这里说许生从佛教圣地五台山来，又曾到净土宗祖庭石壁玄中寺清修，而自己本来修慧可、僧璨一系禅法，受到许生的启发转向净土。在《秋日夔府咏怀》诗里，他又写到"本自依迦叶"、"晚闻多妙教"的

①《感遇三十八首》之十八，《陈拾遗集》卷一。
②唐荆州当阳山度门寺神秀传》，《宋高僧传》卷八，第177—178页。
③《杜少陵集详注》卷十九。
④《杜少陵集详注》卷三。

话。他入蜀以后的诗中表现的心境，显然受佛教影响不小。

这一时期活跃在文坛上的李华、独孤及、贾至等人，也都不同程度地有倾心佛教的表现。

王维（701—761），字摩诘，原籍祁（今山西省太原市），其父迁居蒲州（今山西省永济市），遂为河东人。开元九年（721）进士。张九龄为相，擢为右拾遗，转监察御史。"安史之乱"时玄宗奔蜀，扈从不及，被迫受伪职。两京收复，责授太子中允。最后官尚书右丞。

王维早年即相信佛教。他的《大荐福寺大德道光禅师塔铭》说"十年座下，俯伏受教"，道光坐化于开元二十七年（739），那么他师事道光应在开元十七年前后。他的母亲崔氏是佛教徒，"师事大照禅师三十余岁，褐衣蔬食，持戒安禅，乐住山林，志求寂静"①，而大照禅师普寂于开元十三年定居长安②，崔氏天宝九载去世，则她师事普寂也在开元中。当时正是王维踏入仕途不久的时候。

王维信佛，除家庭环境影响外，与社会条件、个人经历也有直接关系。

开元、天宝年间，正是佛教禅宗大盛的时候。起初是北宗的活动占主导地位。神秀初到长安，"王公已下，京邑士庶竞至礼谒，望尘拜伏，日有万计"；圆寂以后，"歧王范、燕国公张说、征士卢鸿，各为碑诔。服师丧者，名士达官不可胜纪"③。神秀弟子义福于"开元十一年，从驾往东都，经蒲、虢二州，刺史及官吏、士女皆斋幡花迎之。所在途路充塞，礼拜纷纷，瞻望无厌"，他被"兵部侍郎张均、太尉房琯、礼部侍郎韦陟常所信重"④；神秀的另一个弟子普寂于都城

---

① 《请施庄为寺表》，《王右丞集笺注》卷十七。
② 此据《旧唐书》卷一百九十一《神秀传》和《释氏稽古略》卷三；《宋高僧传》谓在开元二十三年。
③ 《唐荆州当阳山度门寺神秀传》，《宋高僧传》卷八，第177—178页。
④ 《唐京兆慈恩寺义福传》，《宋高僧传》卷九，第197页。

居止,"王公大人,竞来礼谒"①。到开元十八年以后,六祖慧能弟子神会连续三年在滑台大云寺设无遮大会,立南宗顿教宗旨,攻击北宗,荡其渐修之道,"南、北二宗,时始判焉"②。开元二十七年普寂死;天宝四载,神会住洛阳。神会很有活动能力,在他的推动下,南宗取代北宗而占据禅宗的统治地位。王维一生习禅,与南、北宗和尚都有密切往还。例如前已说明,他的母亲师事普寂。他写有《为舜阇黎谢御题大通大照和尚塔额表》,大通是神秀谥号,大照是普寂谥号。他有《谒璇上人并序》,璇上人即瓦棺寺道璇,与著名天文历法学家一行同出于普寂门下。道璇的弟子元崇,在"安史之乱"以后,"于辋川得右丞王公维之别业。松生石上,水流松下,王公焚香静室,与崇相遇,神交中断"③。王维的《大唐大安国寺故大德净觉师碑铭》中的净觉,是中宗妃韦庶人之弟,曾就学于五祖弘忍弟子玄赜。他的《过福禅师兰若》中的福禅师,就是受神秀亲传、与普寂同门的义福或惠福。他与南宗神会有私交④,受后者之托,撰《能禅师碑》,这是最早传述这位南宗创始人思想的可靠文献。他的《同崔兴公送衡岳瑗公南归诗序》中写到"滇阳有曹溪学者,为我谢之"⑤。曹溪是慧能传法处,曹溪学者指南宗禅师。在王维结交的僧侣中,有些所出宗派不可确考,但他与禅宗关系深厚,无论从人事往还还是思想影响上都是如此,这与时代思想潮流有关。

王维以官僚贵族子弟,才华早著,艺能杰出。开元初到长安,即受到上层社会欢迎,"凡诸王、驸马、豪右、贵势之门,无不拂席迎

---

① 《唐京师兴唐寺普寂传》,《宋高僧传》卷九,第 198 页。
② 《唐洛京菏泽寺神会传》,《宋高僧传》卷八,第 179—180 页。
③ 《唐金陵钟山元崇传》,《宋高僧传》卷十七,第 418 页。
④ 据敦煌本《神会和尚问答杂征义》,神会与王维曾在南阳相会,应为王维自河西回朝知南选时事。
⑤ 《王右丞集笺注》卷十九。

之;宁王、薛王,待之如师友"①。当时的唐王朝,正处在繁盛期。但
盛极而衰,各种社会矛盾已在发展激化之中。其中包括唐玄宗李
隆基与诸王的矛盾。唐王朝自建国伊始,宫廷政变不断。唐玄宗
也是利用宫廷政变才获取帝位的。薛王李业、岐王李范都是颇有
活动能力的人,因此遭到唐玄宗猜忌。《集异记》记载王维受到岐
王赏识,为帮助其取得京兆解头而把他引见给贵主演奏《郁轮
袍》②,此虽出于小说,却也反映了他与诸王的关系。这又有他侍从
薛王游宴应教的诗可作旁证。他与在中宗、睿宗、玄宗三朝任宰相
的韦安石一家交谊甚厚,安石之子韦斌娶薛王女平恩公主为妻,对
王维也曾大力推挹。史称他为大乐丞,因伶人舞《黄狮子》受牵连
被谪官济州司仓参军。而"非一人不舞"的《黄狮子》正牵涉到敏感
的皇权问题。他身陷统治阶级内部矛盾中,这就成了他坎坷命运
的始因。

　　开元二十二年张九龄入朝为相,王维受其汲引任右拾遗。两
年后张被贬为荆州长史,从此李林甫权势渐张,一般认为这是唐王
朝走向中衰的起点。王维出朝到河西节度使崔希逸处做判官。这
是他受到的另一次打击。崔希逸也信仰佛教,王维称赞他"出为法
将,入拜台臣,身在百官之中,心超十地之上"③。他一家好佛,其夫
人为亡父祈福作《西方变》,王维为写《西方变画赞》;女儿落发出
家,又为写《赞佛文》。崔希逸于开元二十六年转河南尹,王维又入
朝为官。其时朝政日非,张九龄得罪后,王维的知交如韦陟、韦斌
兄弟、房琯等都受谪处。到"安史之乱"以前,王维曾官殿中侍御史
知南选、右补阙、库部郎中、吏部郎中等职。他宦途似乎很顺利,实
际上精神却很苦闷。在黑暗的政治环境下,他逐渐消磨了早年的

---

①《旧唐书》卷一百九十下《王维传》,第 5052 页。
②见《太平广记》卷一百七十九《贡举》二《王维》,中华书局,1961 年,第
　1331—1332 页。
③《赞佛文》,《王右丞集笺注》卷二十。

积极用世之志,以"亦官亦隐"的办法在官僚社会中求生存,到佛教中去寻求自我解脱。用他自己的话说是"一生几许伤心事,不向空门何处销"①。他隐居终南山,与"道友"裴迪等结交僧徒,读佛经,悟禅理,成为一个超凡脱俗的"法侣"与"高人"②。

"安史之乱"起,他被叛军所拘,系于洛阳,迫以伪职。两京收复后,又责授太子中允。经过这个大动乱,自身倍受屈辱,又看到朝廷纲纪紊乱,不思振作,使他更为消沉。他一再表示要"奉佛报恩"③,"苦行斋心"④,企图避开人世纷争,安荣固位。他"在京师日饭十数名僧,以玄谈为乐。斋中无所有,唯茶铛、药臼、经案、绳床而已。退朝之后,焚香独坐,以禅诵为事"⑤。又经营辋川别墅,优游度日,谈禅赋诗,以至终老。

王维信仰的是禅宗。禅宗的哲学基础,是主观唯心主义的心性学说。它认为体现佛性的法身遍一切境,人人具有的净心就是佛性,因而成佛不假外求。北宗渐教主张渐修,要人们看心、守净、不动、不起,如对明镜惹尘埃那样要勤勤拂拭;而南宗顿教主张人性本自清净,顿悟可以成佛,所谓"即得见性,直了成佛","一念愚即般若绝,一念智即般若生"⑥。这种主张一方面否定了佛教义学的繁琐教义和偶像迷信,同时又和中国传统儒学"正心诚意"理论相调合,加上由此派生出一种随缘任运的人生哲学,很容易被中国知识阶层所接受。王维始习北宗禅,后来则倾向南宗,道理就在

① 《叹白发》,《王右丞集笺注》卷十四。
② 见杜甫《解闷》,《杜少陵集详注》卷十七。
③ 《谢除太子中允表》,《王右丞集笺注》卷十六。
④ 《责躬荐弟表》,《王右丞集笺注》卷十七。
⑤ 《旧唐书》卷一百九十下《王维传》,第 5052 页。
⑥ 《南宗顿教最上大乘摩诃般若波罗蜜经六祖慧能大师于韶州大梵寺施法坛经》,郭朋《坛经对勘》本。《坛经》一书,胡适认为是慧能弟子神会所造;近人则有认为是神会弟子根据神会语录编纂的。详见柳田圣山《語録の歴史》,《东方学报》第五十七册。

这里。

　　王维的许多诗文,直接表现他对佛教的理解。例如佛教不少宗派宣扬对净土的迷信,特别是相信前面提到过的西方弥陀净土。唐代有专门倡导它的净土宗。但南宗禅主张心净土净,当前不异西方,所以《坛经》说:"三世诸佛,十二部经,亦在人性中,本自具有……若识本心,即是解脱。""随其心净,则佛土净……佛是自性作,莫向身外("外"字是笔者校补)求。"①王维也不迷信净土。他在《西方变画赞》中说:

　　　　法身无对,非东、西也;净土无所,离空、有也。若依佛慧,既洗涤于六尘;未舍法求,厌如幻于三有。故大雄以不思议力,开方便门。我心犹疑,未认宝藏,商人既倦,且息化城。究竟达于无生,因地从于有相。②

如前所述,此文本为崔希逸夫人《西方变》而作,但主旨却是否定西方净土的存在。他说,法身即佛性是遍一切境的,因而没有存在于东方、西方的问题;净土也没有固定处所,因为它本是超出空、有两边的。如果是皈依佛的净心,也就洗涤了色、声、香、味、触、法等"六尘"的干扰;如果热心求法,就会厌倦欲有、色有、无色有等各种存在。那么也就不会感受到、也不会追求什么净土了。所以净土不过是佛陀的一种"示现",就如《法华经》中所讲的以"化城"指引商人奋力走出沙漠一样,只是说法"方便"而已。他在《荐福寺光师房花药诗序》中说:"心舍于有、无,眼界于色、空,皆幻也;离,亦幻也。至人者,不舍幻而过于色空、有无之际。故目可尘也,而心未始同;心不世也,而身未尝物。"③他要求人们凝然守心,认识到有、

————————

①《南宗顿教最上大乘摩诃般若波罗蜜经六祖慧能大师于韶州大梵寺施法坛经》,郭朋:《坛经对勘》,第70、81页。
②《王右丞集笺注》卷二十。
③《王右丞集笺注》卷十九。

无皆幻,这样即使混迹于尘世之中,也可作个"至人"了。

认识到万法尽在自心,也就不应执着外境。这就是慧能的无相、无着、无住的无为无碍思想。王维的《与胡居士皆病寄此诗兼示学人二首》正宣扬这种思想。第一首说:

> 一兴微尘念,横有朝露身。如是睹阴、界,何方置我、人。碍有固为主,趣空宁舍宾。洗心诇悬解,悟道正迷津。因爱果生病,从贪始觉贫。色、声非彼妄,浮幻即吾真。四达竟何遣,万殊安可尘。胡生但高枕,寂寞与谁邻。战胜不谋食,理齐甘负薪。子若未始异,诇论疏与亲。①

全诗是慰病之作,构思显然受到《维摩经》维摩居士示疾、佛陀派文殊师利前去慰问的启发。大意是说:因为有了微尘一样细小的妄念,才有了如朝露一样的人身。如果用这样的观点来看"五阴"、"十八界"②,那又有什么人、我存在呢?这讲的是佛教基本教义的"人我空"的观念。诗人接着说:如果把万物执为实有,那就要承认存在着有自性的主体;但如偏于肯定一切"空"无,那么也会相对地承认"有"的存在。所以"洗心"(也即北宗的"净心")达不到如《庄子》说的"悬解"的目标,名为悟道实为迷失了方向。下面切合慰病的主题说:是因为有了贪爱才感受到病痛,实际上执为实有的声、色都是虚幻的。所以他希望胡生战胜自己的妄念,破除人我之见,也就不会为病痛所苦了。第二首里他提出一种人生哲学:要"距舍贪病域,不疲生死流","何津不鼓棹,何路不摧辀";也就是要混世同俗,任运随缘。他又说"灭想成无记,生心坐有求",就是说如果消除一切意识活动,则会堕入灰心灭智的"无记空";而只是由于有所贪求,才生起妄念。所以他不主张向佛求福佑,也不希望如孔夫子理想的那样"求仁得仁"。他这是企图用识心见性的顿悟来摆脱

①《王右丞集笺注》卷三。
②"六根"、"六识"、"六尘"统称十八界。

自身与现实社会的一切矛盾。他在《能禅师碑》中概括说：

> 五蕴本空，六尘非有。众生倒计，不知正受。莲花承足，
> 杨枝生肘。苟离身、心，孰为休咎？①

"莲花承足"，指做佛成正果；"杨枝生肘"，用《庄子》典，喻现世疾患，他认为这二者都是虚幻的。因为我、法两空，根本就没有休咎存在。

王维的佛教信仰与许多中国士大夫相似，有儒、释调和色彩，但他在人生观上比较消极。他晚年写《与魏居士书》，其中不满于许由洗耳，认为"此尚不能至于旷士，岂入道者之门欤？"又批判嵇康在《与山巨源绝交书》中所说入仕则如擒兽而羁，必"顿缨狂顾，逾思长林而忆丰草"，以为这是"异见起而正性隐，色事碍而慧用微"；还讥讽陶潜"不肯把板屈腰见督邮，解印绶弃官去，后贫，《乞食》诗云'叩门拙言辞'"，说他是"人我攻中，忘大守小，不恤其后之累也"。实际上这各种各样的对现实的不满和反抗他都反对。他的人生理想是：

> 孔宣父曰："我则异于是，无可无不可。"可者适意，不可者不适意也。君子以布仁施义、活国济仁为适意；纵其道不行，亦无意为不适意也。苟身、心相离，理、事俱如，则何往而不适？此近于不易。愿足下思可不可之旨，以种类俱生、无行作以为大依，无守默以为绝尘，以不动为出世也。②

这里用的是儒学语言，所标榜为孔子，实际上这种身心相离、理事俱如的观念是禅宗的，生性不染、去住自由的混世随俗的人生观，也根本不同于孔子的积极入世精神。

王维不仅对佛学理论有深厚素养，他还是一个虔诚的宗教实

---

①《王右丞集笺注》卷二十五。
②《王右丞集笺注》卷十八。

践家。他把生活体验与禅宗思想相印证,做出自己的理解。而他同时又是一位优秀的诗人。他写过不少阐扬佛理的诗文,更把宗教思想与宗教感情化为诗思,结合切身的亲切感受表现出来,从而在诗歌创作上做出了新的开拓,并在唐代诗坛上独创一家。就佛教思想影响于他的诗歌创作而言,其作用是积极还是消极不可一概而论。总的看来,在思想内容上的影响消极面较大,而艺术上的创获则积极因素较多。还应当指出,王维创作中表现出佛教影响的只是一部分。他一生经历丰富,创作内容也相当丰富多彩。特别是早年许多作品,情调积极昂扬,并不表现什么宗教感情。促成他诗歌的艺术成就的因素也很多,例如当时的文化环境和他个人高度的艺术素养,对他的山水诗艺术的形成就起相当大的作用。这里讨论佛教与中国文学的关系,所以只讲王维诗与佛教相关的一个侧面。

王维主张"自性内照",强调以内心的自我解脱来克服现世苦难。因为自性本自清净,一切苦难的感受也就不过是自寻烦恼。而做到明心见性,就得能"忍"。他正是从这个角度来接受和领会慧能的禅宗哲学的。他在《能禅师碑》中记述慧能的话说:

　　乃教人以忍,曰:忍者无生,方得无我,始成于初发心,以为教首。至于定无所入,慧无所依,大身过于十方,本觉超于三世。根、尘不灭,非色灭空,行愿无成,即凡成圣。举足下足,长在道场,是心是性,同归性海……①

就是说,只有做到了忍(这里所谓"忍"指"无生法忍",即内心坚住于无生无灭的绝对境界),才能由体认无生达到无我,也就空慧双修,成就超出十方、三世的觉悟了。这样六根不受六尘干扰,达到了"非色灭空"、"即凡成圣"的境地,个人的净心就能汇入佛法的性

────────────

①《王右丞集笺注》卷二十五。

海之中了。

　　王维早年胸怀济世大志，但仕途不顺利，屡受打击，心中自有怨怒不平。在诗歌中表现出来，对现实也就多有不满和牢骚。这种内心的抒发，客观上也是对黑暗社会的一种揭露。但他往往用容忍、逃避的态度来消弭内心的不平。诗中这种矛盾的心理，正表现出佛教观念的影响。例如《送綦毋校书弃官还江东》，开头慨叹"明时久不达，弃置与君同"，对朝廷遗弃贤才有所讽刺，但最后归结到"余亦从此去，归耕为老农"[①]，这样说虽然是为了安慰友人，也流露出自己的消极避世态度；《冬日游览》写都城繁华，揭露冠盖征逐的腐败，最后笔锋转到"相如方老病，独归茂陵宿"[②]，徒然伤叹自己老病无能；《送别》诗中说"既至君门远，孰云吾道非"，对自己的理想充满自信，但最后却说"吾谋适不用，勿谓知音稀"[③]。这种表现在王维诗中是很多的，内心矛盾写得相当真切曲折，也有一定的揭露批判之意，但结论却是比较消极的。

　　《坛经》说"自性不染着"，"心但无不净"。柳宗元解释南宗顿教宗旨："其道以无为为有，以空洞为实，以广大不荡为归。其教人，始以性善，终以性善，不假耘锄，本其静矣"[④]。以一念净心来对待外境，万法平等，自然一切都与我无涉，都是宁静的。王维善于在诗中表现一种"空"、"寂"、"闲"的境界，特别是描摹大自然的静态美，抒发出人们在观赏自然时物我两忘的感受，很为生动亲切。这是他抒情诗的一个成就。例如他写的田园诗，不同于陶潜诗的浑朴自然，另有一种宁谧闲适的格调。首先看《渭川田家》：

　　　　斜光照墟落，穷巷牛羊归。野老念牧童，倚杖候荆扉。雉

————————

①《王右丞集笺注》卷三。
②《王右丞集笺注》卷四。
③《王右丞集笺注》卷四。
④《曹溪第六祖赐谥大鉴禅师碑》，《柳河东集》卷六。

雉麦苗秀，蚕眠桑叶稀。田夫荷锄立，相见语依依。即此羡闲
逸，怅然吟《式微》。①

他描绘的是落日黄昏的小村，放牧归来的牛羊，在荆门前倚杖伫望
的老人，构成一幅安宁的画图。应当指出，王维诗中经常写到落
日，他赞赏那种万物趋寂的平和暗淡的美。又如《淇上即事田园》：

> 屏居淇水上，东野旷无山。日隐桑柘外，河明闾井间。牧
> 童望村去，猎犬随人还。静者亦何事，荆扉乘昼关。②

在这里，自然、人以及一切生物，都是和谐的，没有矛盾，没有痛苦，
只是一首田园的牧歌。从中根本见不到重赋酷役、民生凋敝、户口
流亡的农村真实情境，所写的是诗人所想象的农村景象，是他内心
理想世界的反映。玄觉禅师说过："若知物我冥一，彼此无非道场，
复何徇喧杂于人间，散寂寞于山谷?"③因此不论身处何地，只要"识
道"，内心都会是清净的。因而王维写出了自己内心向往的田园。
这种诗作为历史材料，是对现实的歪曲；但作为艺术创作，却是一
种新境界的创造。

由这种"空"、"寂"、"闲"的境界引发出"禅悦"，即由于悟得禅
趣而体验到那种内心怡悦的心情。王维诗对这种精神境界表现得
很生动细腻。如《终南别业》：

> 中岁颇好道，晚家南山陲。兴来每独往，胜事空自知。行
> 到水穷处，坐看云起时。偶然值林叟，谈笑无还期。④

这里写隐居终南山的安适心情，深得物我两忘的禅趣。"行到"、
"坐看"一联表现随遇而安的自然和谐，用"水穷"、"云起"两个意

---

① 《王右丞集笺注》卷三。
② 《王右丞集笺注》卷七。
③ 《禅宗永嘉集·劝友人书第九》，《大正藏》第48卷，第394页中。
④ 《王右丞集笺注》卷三。

象,自我融入到宇宙的流变之中了。又如《饭覆釜山僧》:

> 晚知清静理,日与人群疏。将候远山僧,先期扫敝庐。果
> 从云峰里,顾我蓬蒿居。藉草饭松屑,焚香看道书。燃灯昼欲
> 尽,鸣磬夜方初。已悟寂为乐,此生闲有余。思归何必深,身
> 世犹空虚。①

他渲染远离尘嚣的“道心”,体悟人世的“空虚”,在山林中保持内心的宁静,寻求一片安宁的乐土。这种诗思想是消极的,但其中物境、心境的刻画却很有动人处。因为心灵的安闲也是人的精神需要的一个方面,静态美也是美感的一种形态。

佛教思想对王维诗独特的艺术风格的形成也起了一定作用。王维诗的那种“澄澹精致”②、“浑厚闲雅”③的艺术特色一定程度上得力于他的禅学修养。黑格尔曾指出:“宗教的意识形式是观念,因为绝对离开艺术的客观性相而转到主体的内心生活,以主观方式呈现于观念,所以心胸和情绪,即内在的主观性相,就成为基本要素了。”④这个分析特别切合于佛教禅宗。禅宗修持的目标是悟解自性本自清净,即“明心见性”。达到这种悟解是无言无相的,在南宗禅是所谓“顿悟”,这是绝对主观的神秘的心理活动。从这个角度说,它与落入“言说相”的诗无关。但抒情诗正是一种主观内心的表白,抒情诗人的感情又表现了独特的内心领悟。这就与禅宗的认识逻辑有相通的地方了。像王维,本身是禅宗信徒,禅宗的意识在创作过程中渗入艺术表现之中,是很自然的事情。

禅宗影响于王维诗歌创作艺术,可分三个层次:以禅语入诗,以禅趣入诗,以禅法入诗。这三个方面往往互有关联,但又有

---

①《王右丞集笺注》卷三。
②司空图:《与李生论诗书》,《司空表圣文集》卷二。
③蔡绦:《西清诗话》,《王右丞集笺注·附录》。
④《美学(第一卷)》,朱光潜译,商务印书馆,1979年,第128页。

区别。

以禅语入诗。如前引《与胡居士皆病寄此诗兼示学人二首》，用诗来谈禅，诗中充满了禅学概念与说理，这就如晋人以诗谈玄和宋人以诗讲性理一样，落入了理障。观念与现实、与人生体验、与形象相割裂，就不能创造完整浑成的意境，也会破坏艺术的完美。有些好诗一入禅语也会影响整个情趣，正如古人所谓诗宜参禅味，不宜作禅语。例如著名的《过香积寺》：

> 不知香积寺，数里入云峰。古木无人径，深山何处钟。泉声咽危石，日色冷青松。薄暮空潭曲，安禅制毒龙。①

这里诗人作为结尾"警策"的"毒龙"典，出自《涅槃经》卷二十九"但我住处，有一毒龙，其性暴性"②，指内心妄念。诗的前半写古寺风光，专用烘托，钟声、泉声反衬山林的寂静，老树丛林洒下清冷日光，绘出了肃穆、苍郁的山色，但结尾的说理却寡然乏味了。这种写法，可能受到译经中偈颂的影响。后来有些诗人也用这种办法。例如有些诗僧的诗，免不了空谈佛理，宋人批评这种诗有"蔬笋气"。佛经的语言很有些生动鲜明的，不是绝对不可用，用得好的会丰富诗歌的表现。例如杜甫诗写慈恩寺塔，说"塔势如涌出"，"涌出"一词就出自佛典，《法华经》有《从地涌出品》。用它来形容塔，把它的突兀巍峨表现出来了。可是如果脱离诗的整个意境，玩弄佛家典故、词语，则是艺术上的缺点了。

以禅趣入诗。所谓"禅趣"，指进入禅定时那种轻安愉悦、闲淡自然的意味，又称作"禅悦"、"禅味"。王维的自然山水诗，经常表现出解脱尘嚣的怡悦安适心境。它们往往不用说理的语言，而是在生动的意境中自然地流露。例如《送别》诗：

---

① 《王右丞集笺注》卷七。
② 《大正藏》第 12 卷，第 540 页中。

　　　　下马饮君酒,问君何所之? 君言不得意,归卧南山陲。但
　　去莫复问,白云无尽时。①

诗中对令人"不得意"的现实流露出不满,表现出对那种超离世事
的隐逸生活的向往。最后结句中舒卷自由的白云,正是随遇而安、
自由自在的生活的象征,也是"禅心"的流露。《归辋川作》也写到
白云:

　　　　谷口疏钟动,渔樵稍欲稀。悠然远山暮,独向白云归。菱
　　蔓弱难定,杨花轻易飞。东皋春草色,惆怅掩柴扉。②

这是一首近体五律,但充满古意。整个意境是浑朴的,其中写白
云、远山、杨花、春草,都自由自在,各得其所,似乎这里处处都体现
了宇宙的至理。王维诗中写到"白云"的还有"羡君栖隐处,遥望白
云端"③、"湖上一回首,青山卷白云"④等,在那变动不居而又自由
舒卷的"白云"中,他看到了自己的生活理想。

　　王维的山水诗在意境的创造上有个很大的飞跃,与禅宗影响
下的认识观念的改变有关。六朝时期僧侣中早有乐住山林的传
统,文人们也往往以山林隐逸为高尚事。当时的山水文学多与避
世心理的表现相关。但禅宗任运随缘,并不在朝市与山林间强作
区别。它贯彻佛法平等的原则,认为法身遍一切境,因此可以在万
物色相、日月星辰、山河大地、泉源溪涧、草木丛林等各种自然现象
中悟解禅理。这样,自然山水不仅仅是超离现实的逋逃薮,它的存
在还包含着宇宙与人生的真谛。因而,自然与人世相贯通,它带上
了人的主观意念与感情,具有肯定人生的倾向,用诗来表现它就可
得到更深刻的意蕴。这种深微的意蕴就形成了诗的韵味。自然已

①《王右丞集笺注》卷三。
②《王右丞集笺注》卷七。
③《酬比部杨员外暮宿琴台朝跻书阁率尔见赠之作》,《王右丞集笺注》卷七。
④《辋川集·欹湖》,《王右丞集笺注》卷十三。

不只是自然本身,它还是包含着哲理与感受等别的东西。我们看王维的名句如"松风吹解带,山月照弹琴"①,"行到水穷处,坐看云起时"②等,在体会到物我无间的感情之外,还会感受到更深厚的意趣。黄宗羲说过:"……诗为至清之物,僧中之诗,人境俱夺,能得其至清者;故可与言诗,多在僧也。"③这是谈僧诗,我们从中可以体会佛教特别是南宗禅思想影响于诗歌的道理。

以禅法入诗。这是指在诗的构思过程中借鉴了禅的认识和表达方法。南宗禅自诩是"不立文字"、"教外别传"的"心法",讲单刀直入地"识心见性",主张"顿悟"可以成佛。因此特别强调直觉、暗示、感应、联想在体悟中的作用。王维参禅有得,自然对它的这种认识方法深有体会,把它们用之诗作之中,也就丰富了诗歌艺术,特别是在具有深厚韵味的意境的创造上取得了较大成绩。

禅宗讲的"顿悟"境界有以下几个特征:一、既然一机一境都是法身的具体体现,认识它(例如一山一水)也就是认识法身整体,因此一切境界必然是完整浑成的;二、禅表现在生活之中,体现禅趣的境界又必然是生机勃勃的,而不是僵死枯寂的;三、外境本空,人们观照外境不能执着,必须除去一切尘劳妄念,达到自净自定。在这些认识的指引下,诗的境界,也必然是浑然一体的、生动活泼的、情景交融的。这样,就不能满足于模山范水的雕凿刻画,也不应只追求表现一丘一壑的清词丽句。王维正是如此。请看他的《辋川集》和《皇甫岳云溪杂题五首》中的几首五言绝句。《鹿柴》:

空山不见人,但闻人语响。返景入深林,复照青苔上。

《辛夷坞》:

木末芙蓉花,山中发红萼。涧户寂无人,纷纷开且落。

---

①《酬张少府》,《王右丞集笺注》卷七。
②《终南别业》,《王右丞集笺注》卷七。
③《平阳铁夫诗题辞》,《南雷文定》三集卷一。

《鸟鸣涧》：

> 人闲桂花落，夜静春山空。月出惊山鸟，时鸣春涧中。①

这几首短短的五言绝句，在创造意境上都有相当的广度和深度。就广度说，虽然只写的是一机一境，但却给我们提供出一个完整的情景，人们得到的印象绝不限于所写的那一个片断；就深度讲，在这个境界中，除了可感知的风景描写之外，还引起人无限联想。这种意境的创造，实为盛唐诗的一大成绩。宋人严羽称赞盛唐诗"惟在兴趣，羚羊挂角，无迹可求。故其妙处，透彻玲珑，不可凑泊。如空中之音，相中之色，水中之月，镜中之像，言有尽而意无穷"②，指的主要是包括王维诗在内的唐代一些诗人的这种艺术特色。司空图指出王维诗"趣味澄复，若清沇之贯达"③，大体也是同样的意思。

禅宗主张"诸佛妙理，非关文字"，但又承认需要"假文言以明其旨"④。赞宁说过："'不立文字'者，经云：'不著文字，不离文字'，非无文字。能如是修，不见修相也。"⑤因为"至理无言"，那一片净心本非文字所可表达，所以禅宗否定人们的正常认识，更要否定作为思维外壳的语言。这对排斥佛教义学的繁琐义理是有作用的、必要的。但实际上传播它的宗义又离不开文字，提倡顿悟的慧能也说了一部《坛经》。所以文字说法又是一种不得已的"方便"。这样，对于语言就要从两个层次上看。在常识的层次上，语言传达思想；而从更高的教理层次上，语言又是无力的，"真理"在语言之外。正如希运禅师所说："亦莫离见闻觉知觅心，亦莫舍见闻觉知取法，不即不离，不住不著，纵横自在，无非道场。"⑥对语言也要不即不

---

①《王右丞集笺注》卷十三。
②郭绍虞：《沧浪诗话校释》，人民文学出版社，1961年，第24页。
③《与王驾评诗》，《司空表圣文集》卷一。
④《禅宗永嘉集·优毕叉颂第六》，《大正藏》第48卷，第391页下。
⑤《习禅论》，《宋高僧传》卷十三，第318页。
⑥《黄檗山断际禅师传法心要》，《大正藏》第48卷，第380页下。

离。不离则禅在文字中，不即则禅在文字外，王维的诗也正是如此。文字之外有更深远的意蕴，但这意蕴终究是文字所提示的，这是一种高超的写作艺术。

王维的诗歌受佛教影响是很显著的。因此早在生前，就得到"当代诗匠，又精禅理"①的赞誉。后来，更得到"诗佛"的称号。他不仅能把宗教观念与感情化为诗的语言来表现，而且能借用佛教的认识方法来丰富诗的表现方法，从而在诗歌艺术上开创了一个新局面。他创作的思想性远不及李、杜，但艺术上他在盛唐诗坛上确实可与李、杜鼎足而三。当然，佛教信仰给王维的艺术创作也带来很大消极影响，又通过王维影响于后来，也是不可低估的。

自盛唐到中唐时期，佛教中名僧辈出，各阐宗风。特别是禅、华严、天台各宗在理论上多有建树，在社会上得到更大的发展。禅宗方面，六祖慧能和菏泽神会以后，南宗禅大盛，发展到南岳怀让（677—744）弟子马祖道一（709—788）一派，自称直承慧能顿悟法门，发挥是心是道、"道不用修，但莫污染"之说，认为平常心即是本自具足的佛心。又有青原行思（？—740）弟子石头希迁（700—790），主张"即事而真"，"能自知之，即无所不备"。二家宗风不同，各自发展，又形成晚唐五代的五家七宗②。华严宗则有四祖澄观（737—838）、圭峰宗密（780—841），继续阐扬华严法界观。天台宗则有荆溪湛然（711—782）"中兴台教"，宏扬天台止观，提倡"无情有性"。他们都以其独特的理论建树和积极的宗教活动在社会上和文坛间造成了巨大影响。从理论上的发挥说，这些宗派的共同点都是努力寻求与中国传统学术契合之处。湛然与宗密的学说都出入儒释，与后来的宋代理学有直接关系；禅宗则调和方外与世俗的矛盾，把宗教修持变成见性工夫，更易于被广大士大夫阶层所接

---

① 苑咸：《酬王维序》，《全唐诗》卷一百二十九，中华书局，1979年，第1317页。
② 南岳系分为沩仰、临济两派，青原系分为曹洞、云门、法眼三派，称"五家"。宋初，临济又分出黄龙、杨岐二派，并称"七宗"。

受。而当时各派名僧,多通外学,好文章,出入文坛,与文人广泛交游,推动了文坛上的习佛风气。在中晚唐,曾出现辟佛与护法的激烈斗争,并演成唐武毁法的酷烈行动。这个斗争也反映到思想理论界并造成深远影响。但如果从理论方面看,辟佛本来是佛教浸染渐深的反动,但其所辟多在形迹,思想内容却多有取于佛说。例如韩愈的"道统"论和李翱的"复性"说,就吸收不少佛教学说。中唐学术思想开宋学的先河,儒释调和是一大表现与动因。

在文坛上,这个时期习佛的人还是比较多的。如梁肃(753—793)是重要的古文家。韩愈、李翱都曾及门受业,是"古文运动"承前启后的关键人物。他是湛然弟子元皓的门弟子,对天台宗义理解甚深。他著有《止观统例》等,是天台学的重要文献。又如权德舆(759—818),是韩、柳前辈,曾游于马祖道一门下,著《唐故洪州开元寺石门道一禅师塔铭》,对其倍加赞赏;他又结交道士吴善经,周流三教,是当时文人统合三教的典型。一代文坛代表人物柳宗元、刘禹锡、白居易等也都信仰佛教。"外服儒风、内宗梵行"在文坛上相当流行。这里先讲柳宗元。

柳宗元(773—819),字子厚,河东蒲(今山西省永济市)人。贞元九年(793)进士,中博学宏词科,授集贤殿正字,调蓝田尉,拜监察御史。在唐德宗、顺宗易朝之际,他参与了王叔文领导的革新政治活动,在革新派当政时晋升为礼部员外郎。革新失败,贬为永州(今湖南省永州市)司马,十年不调,备尝艰苦。元和十年(815),调为柳州(今广西壮族自治区柳州市)刺史,四年后终于任所。他与韩愈齐名,是著名的散文家和诗人,也是唐代古文运动的领导人之一。在哲学上有明显的唯物主义倾向,亦多所建树。但他信仰佛教,习天台宗,佛教史书《佛祖统纪》把他列到天台九祖荆溪湛然门下,为护法中坚。故他在思想倾向上与韩愈的坚持辟佛不同,本人观点中亦存在着明显矛盾。

柳宗元自幼好佛。他在《送巽上人赴中丞叔父召序》中说:"吾自幼好佛,求其道,积三十年。"①这里的"中丞叔父",指柳公绰,他以元和六年(811)为潭州刺史兼御史中丞充湖南观察使②,其时柳宗元三十九岁。此文作于其后,上推三十年,可知他十岁左右已习佛,所以他又说"余知释氏之道且久"③。他的信佛,与家庭环境有关。他少年时随父亲柳镇去父亲任职的洪州(今江西省南昌市),马祖道一正在那里传法,称"洪州禅",受到江西观察使李兼的礼重。李兼是柳镇的上司,也是后来他的夫人杨氏的外祖父。前面提到的梁肃、权德舆也都是他父亲的知交。后成为他的岳父的杨凭也信佛,曾对如海禅师执弟子礼④。柳宗元在长安做官时,正值朝野佞佛空气正浓。德宗李适崇信佛教,在朝堂上搞"三教讲论",对佛教势力的扩张推波助澜。柳宗元本人也与文畅、灵澈等出入官场、文坛的僧侣有密切往还。他很赞赏晋、宋以来谢安石、王羲之、习凿齿、谢灵运、鲍照等人与名僧支道林、释道安、慧远、汤惠休交游的故事,也称扬社会上那些"服勤圣人之教,尊礼浮屠之事"⑤的人物。

　　"永贞革新"失败,"八司马"被贬,柳宗元谪居"南荒"永州。他当时正值壮年,本以为可以靠自己的政能文才干一番大事业,却受处罚为实同"系囚"的"员外"官。刚到永州,他没有官舍,寄居在一座古庙龙兴寺。其时他已鳏居,老母卢氏年近七旬,随同赴永,仅半年即因水土不服病殁。他本人精神身体都受到严重摧残。龙兴寺有和尚重巽,是湛然的再传弟子,对他多有照应。二人建立起亲密的友谊。从柳宗元的《巽上人以竹间自采新茶见赠酬之以诗》、《巽公院五咏》等作品,可以看出重巽内外学素养甚好,以及他们俩

①《柳河东集》卷二十五。
②据《旧唐书》卷一百六十五《柳公绰传》。
③《永州龙兴寺西轩记》,《柳河东集》卷二十八。
④《龙安海禅师碑》,《柳河东集》卷六。
⑤《送文畅上人登五台遂游河朔序》,《柳河东集》卷二十五。

人关系密切。这里还常有一些僧侣往还，如游方僧文约，就与他
"联栋而居"①。现实的压迫，加上这样的环境，使他的佛教信仰更
加坚定了。这个时期他写了不少宣扬佛教的诗文，其中包括一些
释教碑。在唐人文集中，柳宗元集中碑传文字所占比重较小，写的
主要是释教碑。这是因为他成名不久就成了"流人"，已脱离上流
官场社会，又僻处南方，自然没有人请他写碑志；而他写释教碑，是
因为他结交的多为僧侣，在僧侣界中有很高的声望。这些碑文中
包括写慧能的《曹溪第六祖赐谥大鉴禅师碑》那样重要的佛学著
作。表明他受佛教浸染之深的还有一个例子。他有一个女儿和
娘，元和五年死于永州，年十岁。这大概是他的元配夫人杨氏死后
与另一位未正式结婚的配偶所生。他在永州，孑然一身，可以设想
与这个女儿的感情之深厚。和娘病后，更名佛婢；病重，又去发为
尼，号初心；死后，他又专门写了《下殇女子墓砖记》记述此事。

　　柳宗元是个进取心极强的革新政治家，又是进步思想家。他
写过《时令论》、《断刑论》、《贞符》、《非国语》、《天对》等一系列著
作，非天无神，对唯心主义天命观进行批判，驳斥对神怪的迷信，闪
耀着战斗唯物主义的光辉。他又著《封建论》，宣扬进步的社会发
展观，强调"生人之意"的历史作用。在这些方面，他的思想都处在
时代的先进水平上。因此像他这样一个人相信佛教，就不是如王
维那样佞佛，而是基于对佛教教义的独特领会与理解。他谈到自
己对佛教的认识说："世之言者罕能通其说，于零陵，吾独有得
焉。"②他这样自诩对佛说有独得，显然是注重在理论收获方面的。

　　柳宗元与韩愈之间就佛教问题进行过反复激烈的论争，从中
可以看出柳的原则与立场。韩愈是柳宗元的朋友，两人的文学观
是基本一致的，在"古文"创作上互相服膺推奖，共同成为"古文运

①刘禹锡：《赠别约师》，《刘宾客文集》卷二十九。
②《送巽上人赴中丞叔父召序》，《柳河东集》卷二十五。

动"的领袖,但他们在哲学观点上却很不相同。韩愈是儒学复古主
义者,认为佛、道横流是纪纲紊乱的根源,要挽救世运必先接续自
尧、舜、禹、汤、文、武、周、孔传递下来的先王圣人之道,而这圣人之
道与夷狄之道的佛教是不相容的,因而他以挽狂澜于既倒的精神
大力辟佛。贞元年间,有一个和尚文畅,是马祖道一的隔世弟子,
喜文章,广泛结交文人。约在贞元十五年前后,他北游河朔,柳宗
元为他写了《送文畅上人登五台遂游河朔序》,讲了一套"真乘法
印,与儒典并用","统合儒释,宣涤疑滞"①的道理。贞元十九年,文
畅又从长安去东南方,许多著名人物如权德舆、白居易等都作诗著
文送行。柳宗元也请韩愈写了一篇《送浮屠文畅师序》。韩愈是要
对僧侣"人其人,火其书"的,他借这个机会,以卫道的精神义正辞
严地宣扬儒道。他说给佛教徒写文章,"宜当告之以二帝三王之
道,日月星辰之行,天地之所以著,鬼神之所以幽,人物之所以蕃,
江河之所以流,而语之。不当又为浮屠之说,而渎告之也"②,这也
是对柳宗元的批评。后来柳宗元到永州,有一位法号元暠的和尚
经刘禹锡的介绍专程来拜访他。离去的时候,他写了《送元暠师
序》,其中说:

> 余观世之为释者,或不知其道,则去孝以为达,遗情以贵
> 虚。今元暠衣粗而食菲,病心而墨貌,以其先人之葬未返其
> 土,无族属以移其哀,行求仁者以冀终其心,勤而为逸,远而为
> 近,斯盖释之知道者钦? 释之书有《大报恩》十篇,咸言由孝而
> 极其业。世之荡诞慢诎者,虽为其道而好违其书,于元暠师,
> 吾见其不违且与儒合也。③

他通过一个例子,对佛教教义进行了发挥。他不满于"去孝以为

---

①《柳河东集》卷二十五。
②《韩昌黎全集》卷二十。
③《柳河东集》卷二十五。

达,遗情以贵虚"的"荡诞慢诖"的佛教徒,而认为在言孝这一点上,佛与儒在基本教义上是相通的。实际上按佛教的根本教义,人是五蕴合和而成,贪恋于亲情正是一种烦恼,出家就是要断结这种烦恼。中国的译经和佛家著作中往往谈孝道,这多是佛教徒为在中国传教需要而凭主观发挥的。所以柳宗元的说法,在对佛教的理解上是有偏颇的。当时在洛阳任都官员外郎守东都省的韩愈看到这篇文章,又专门著文反驳,并委托在湖南做官到东都省父的李础带给柳宗元。柳针对韩的意见,在《送僧浩初序》里,再一次为自己的观点辩护:

> 儒者韩退之与余善,尝病余嗜浮图言,訾余与浮图游。近陇西李生础自东都来,退之又寓书罪余,且曰:"见《送元生序》,不斥浮图。"浮图诚有不可斥者,往往与《易》、《论语》合,诚乐之,其于性情奭然不与孔子异道。退之好儒未能过扬子。扬子之书于《庄》、《墨》、《申》、《韩》皆有取焉。浮图者,反不及《庄》、《墨》、《申》、《韩》之怪僻险贼耶?曰:"以其夷也。"果不信道而斥焉以夷,则将友恶来、盗跖而贱季札、由余乎?非所谓去名求实者矣。吾之所取者与《易》、《论语》合,虽圣人复生不可得而斥也。退之所罪者其迹也。曰:"髡而缁,无夫妇父子,不为耕农蚕桑而活乎人?"若是,虽吾亦不乐也。退之恣其外而遗其中,是知石而不知韫玉也。吾之所以嗜浮屠之言以此。[①]

这样柳宗元再一次从"统合儒释"的角度谈了他为什么嗜佛的道理。他认为佛家的理论往往与《易》、《论语》相通,特别有益于性情,这显然是肯定它在心性方面的理论与修养。他还批判韩愈反佛只着眼于形迹。这也是有一定道理的。自六朝的荀济、郭祖深

———————
① 《柳河东集》卷二十五。

到唐初傅奕,直到韩愈,许多人辟佛的理由不外乎以夷乱华、蔑弃
忠孝、倾夺朝权、病民费财等方面,而不能从根本理论上驳倒佛教
的义理。结果韩愈言心性,在《原性》中离情以言性,也是有取于禅
宗,所以宋人讥讽他"犹以一杯水救一舆薪之火,其不胜也宜矣"①。
柳宗元具体分析了韩愈反佛的根据。在以夷乱华这一点上,他以
为应去名求实,不应存种族偏见;在僧侣蔑弃忠孝、不事生产这些
方面,他表示自己也并不赞同。这些批驳都是有理有据的,也说明
他并不盲目地肯定佛教的一切。但他虽批驳韩愈只看形迹,他本
人在对佛教的本质的认识上也犯了大错误。

　　失误的关键在于他没有认清宗教的本质,没有划清宗教与哲
学的界限。从一定意义上肯定佛教对社会有某种价值,这是可以
的;分析佛教的宗教哲学与中国某一家一派(例如儒家)的哲学有
相通处,这更是应该的。但宗教建立在信仰的基础上,迷信与理性
背道而驰;宗教要组织教团、制定戒律,限制人思想、行动的自由,
而这种自由是科学发展的必要条件。柳宗元没有看到这种区别。
所以他认为佛教比《庄》、《墨》、《申》、《韩》高明。他在《送元十八山
人南游序》中又说:

　　　　太史公尝言:世之学孔氏者,则黜老子;学老子者,则黜孔
　　氏;道不同不相为谋。余观老子亦孔氏之异流也,不得以相
　　抗,又况杨、墨、申、商、刑名、纵横之说,其迭相訾毁、抵牾而不
　　合者,可胜言耶?然皆有以佐世。太史公没,其后有释氏,固
　　学者之所怪骇舛逆其尤者也。今有河南元生者,其人闳旷而
　　质直,物无以挫其志;其为学恢博而贯统,数无以踬其道。悉
　　取向之所以异者,通而同之,搜择融液,与道大适,咸伸其所
　　长,而黜其奇衺,要之与孔子同道。②

————————————

①杨时:《与陆思仲》,《龟山集》卷十八。
②《柳河东集》卷二十五。

他称赞元生学问恢博,善于贯通百家。但他把佛教也看成一家,甚至是"与孔子同道"的一家,则是认识上的原则错误了。中国的诸子学说是建立在一定哲学理论基础上的学派,尽管某些唯心主义学派通于宗教,或某个宗教也要以一个学派理论为典据,但二者是有本质不同的,这正如老庄哲学与道教绝非一码事一样。柳宗元从纯理性的角度来认识佛教,出发点就错了。

柳宗元在哲学思想上也有一些重大失误,导致他对佛家理论的妥协。

如前所述,柳宗元是个站在时代思想前列的、具有鲜明唯物主义倾向的思想家。他反天命、反鬼神、反符瑞、反封禅、反对一切神异变怪之谈,立论明晰,战斗力很强。他又能把理论斗争与现实斗争结合起来,使理论为政治改革服务,有针对性地进行论战。但他的唯物主义观点的水平还较低,不足以应付佛家具有较高水平的宗教哲学的挑战。

柳宗元哲学思想的理论基础是"元气一元论"。这是自荀子、王充以来古代唯物主义学派的传统观点,但也还是唯物主义理论的朴素形态。柳宗元在回答宇宙生成问题时说:

> 本始之茫,诞者传焉。鸿灵幽纷,曷可言焉。智黑晰眇,往来屯屯。厐昧革化,惟元气存,而何为焉。①

他认为世界就是这样一团混沌无边的、自我运动的元气。柳宗元用这种观点来批判唯心主义"天命观"和形形色色的"天人感应"论,是坚强有力的。但他把物质理解为"元气",虽然维护了物质的统一性,却不能解释它又是如何转化为万物的,也就是解决不了物质存在的统一性和它的多样性的矛盾。另外,"元气一元论"也解决不了形神关系问题,就是说,它无法说明"元气"是怎样产生精神

---

①《天对》,《柳河东集》卷十四。

的。早在六朝时期,思想理论战线上就有神灭还是神不灭之争。
以范缜为代表的"神灭论"者对"神不灭论"即灵魂不死说进行了深
刻批判。灵魂不死说是中国佛教讲三世果报的依据。柳宗元没有
系统的神不灭的主张,在这一点上他从范缜的立场上倒退了。而
佛教发展到唐代,在理论上也在应付唯物主义的挑战,又多向泛神
论方向发展。如禅宗建立高度主观唯心主义宗教哲学,反对经教
偶像,把佛法普及到万有之中。天台宗荆溪湛然主张万法是真如,
等为一体,有情、无情都不在佛法之外。正如水波有清浊,但湿性
却彼此无别,因而"无情有性",即如砖甓瓦石等无情物也有佛性。
李华、梁肃都受学于他,出入儒释,无所隔碍。这样佛学本身的发
展也就给柳宗元接受它留下了余地。柳宗元的"元气",本来就有
神秘、模糊的色彩,有不可解的矛盾;他进一步解释这个"元气",也
不得不乞灵于物质之外的力量,即宗教的力量。他在《南岳弥陀和
尚碑》中说:

> 一气回薄茫无穷,其上无初下无终。离而为合蔽而通,始
> 末或异今焉同。虚无混冥道乃融,圣神无迹示教功。[1]

这里前四句,他形象地描绘了"元气":混混沌沌,空间上无穷无尽,
时间上无始无终;又处于不断的运动之中,离而为万物,合而为一
体。但后两句却又指出:在其间主宰这个变化的是虚无缥缈的
"道",它显示着神圣无迹的"教功"。这就肯定了"元气"之上还有
一个神秘的精神力量存在,他在佛教中看到了这种精神力量。

　　他对世界的认识,又显然受到天台宗调和空、有的"三谛圆融"
观念的影响。龙树的《中论》里有一个著名的《三是偈》说:"众因缘
生法,我说即是空。亦为是假名,亦是中道义。"[2]这里所谓法,指一
切事物,它们本为因缘所生;"中道",表面意义指中正不二的道理,

---

[1]《柳河东集》卷六。
[2]《中论·观四谛品第二十四》,《大正藏》第 30 卷,第 33 页中。

天台宗认为"诸法实相"是中道。北齐僧人慧文解释《三是偈》说："诸法无非因缘所生,而此因缘,有不定有,空不定空,空有不二,名为中道。"①后来天台宗创始人智颛举"俗谛"承认万物为实有,举"真谛"坚持万物为性空,宣扬世界是"真空"与"假有"相统一的"中道"。这就是"即空即假即中"的"一心三观"、"三谛圆融"观念。柳宗元在认识上也受到这种观念影响。他反对"言至虚之极,则荡而失守;辩群有之伙,则泥而皆存"②,也就是不同意执着于空、有一边,而寻求二者的统一。他赞同龙安海禅师的观点:

> 推一而适万,则事无非真;混万而归一,则真无非事。推而未尝推,故无适;混而未尝混,故无归。块然趣定,至于旬时,是之谓施用;茫然同俗,极乎流动,是之谓真常。③

这样,从"真谛"看,万物都是真如法性的体现;从"俗谛"看,真如法性又表现为具体事物。所以一切都是非有非空、无适无归的。在日常施用中,万物块然存在;但作为真常性空,又是不可捉摸的。这里的真如、真常就有点像他的"元气"了。这样,他利用天台空、有二谛的观点来认识世界,以此与"元气一元论"相调和,根源在于他的唯物主义理论本身是粗糙、原始的,因而与宗教唯心主义就妥协了。

另外,他对佛教的态度与他的立场和个人经历也有关。他热衷世事,一直努力做一个统治阶级的积极成员,因此有神道设教思想,把宗教与迷信看做是思想统治手段。他本来不承认有神明,更不承认什么先知先觉,但对于祭祀,他说:"圣人之于祭祀,非必神之也,盖亦附之教焉。"④关于占卜,他说:"卜者,世之余伎也,道之

①志磐:《佛祖统纪》卷六,《大正藏》第 49 卷,第 178 页下。
②《送巽上人赴中丞叔父召序》,《柳河东集》卷二十五。
③《龙安海禅师碑》,《柳河东集》卷六。
④《监察使壁记》,《柳河东集》卷二十六。

所无用也。圣人用之,吾未之敢非。然而圣人之用也,盖以殴陋民
也。"①他把这些迷信都当作"教化"手段。他本不相信"天命",但他
解释"天命"观的产生与流行时说:"且古之所以言天者,盖以愚蚩
蚩者耳,非为聪明睿智者设也。"②这显然把人分成两类:一类是"聪
明睿智"者,一类是"蚩蚩者"。对后一种人,是可以用迷信来"驱
使"的。这种观念阶级色彩非常明显。他晚年任柳州刺史,主持重
修大云寺,完工时写了《柳州复大云寺记》,其中说他看到当地百姓
"信祥而易杀,傲化而佃仁",迷信巫卜,造成户口锐减,田园荒芜,
而对他们"董之礼则顽,束之刑则逃,唯浮图事神而语大,可因而入
焉,有以佐教化"③。他认为佛教比巫卜机祥高明,又可以起儒家礼
教与刑罚起不到的作用。他这已是在提倡佛教中较低级的偶像迷
信了。这都是个人立场决定的"神道设教"观点。从他的经历看,
正当壮年就受到严重打击,久斥不复,精神上也需要安慰。早年就
已扎根在内心的佛教影响,到永州后迅速滋长、发展,也是很自
然的。

　　柳宗元是典型的中国官僚士大夫。他的政治伦理观点是儒家
的。经国济民的兼济之志一直是他的人生理想。所以晚年在长期
遭到斥逐后到南荒小州柳州做地方官,仍兢兢业业,尽心吏治。他
接受佛教时也努力以佛济儒,把佛家观念纳入儒家理论系统。

　　在伦理观方面,如前引《送僧浩初序》中所表明,他并不赞成佛
教徒的无夫妇父子,不事农桑。他又强调佛教是主孝敬的。他说:
"金仙氏之道,盖本于孝敬而后积以众德,归于空无。"④他还表扬
"孝僧"元暠,并提出佛经中有《大报恩》十篇等宣扬孝道的经典。
这样,在伦理上他把佛与儒统一起来了。

---

①《非国语·卜》,《柳河东集》卷四十四。
②《断刑论》下,《柳河东集》卷三。
③《柳河东集》卷二十八。
④《送濬上人归淮南觐省序》,《柳河东集》卷二十五。

在人性论方面,他把佛家的心性学说与儒家性善论相沟通。他在《曹溪第六祖赐谥大鉴禅师碑》中说:

> 自有生物,则好斗夺,相贼杀,丧其本实,诇乖淫流,莫克返于初。孔子无大位,没以余言持世,更杨、墨、黄老益杂,其术分裂。而吾浮图说后出,推离还源,合所谓"生而静"者……(大鉴禅师)其道以无为为有,以空洞为实,以广大不荡为归。其教人,始以性善,终以性善,不假耘锄,本其静矣。①

这里讲的是《坛经》所谓的"自性本自清净"的观念。慧能让人明心见性,除人我,去"邪心",破六欲,除三毒(贪、瞋、痴),从而体认人人具有的一片净心。孟子讲"性善",是说人人原来具有"恻隐之心"、"羞恶之心",这一念"诚"心就是符合礼义的。《礼记·乐记》则讲"人生而静,天之性也;感于物而动,性之欲也",是发挥儒家性善论的。柳宗元把二者牵合到一起。他称赞佛教徒"凡为其道者,不爱官,不争能,乐山水而嗜闲安者为多"②。这有鄙弃利禄奔竞、否定社会上的倾轧劫夺的意义,同时也美化了佛教的伦理。

在社会观方面,柳宗元把儒家的礼义与佛教的戒律等同起来。他在《南岳大明寺律和尚碑》中说:

> 儒以礼立仁义,无之则坏;佛以律持定慧,去之则丧。是故离礼于仁义者不可与言儒,异律于定慧者不可与言佛。③

他强调二者同样有规范人群的意义。涉及到这个方面,他对禅宗有所批评。南宗禅主顿悟,走到极端则毁弃经教,不礼佛,不坐禅,也不看经,打破了一切偶像,结果戒律荡然。柳宗元批评说:"……今之言禅者,有流荡舛误,迭相师用,妄取空语而脱略方便,颠倒真

---

①《柳河东集》卷六。
②《送僧浩初序》,《柳河东集》卷二十五。
③《柳河东集》卷七。

实以陷乎己而又陷乎人。又有能言体而不及用者,不知二者之不可斯须离也,离之外矣。是世之所大患也。"①他又指责禅宗谈"空"太过:"……言禅最病,拘则泥乎物,诞则离乎真,真离而诞益胜。故今之空愚失惑、纵傲自我者,皆诬禅以乱其教,冒于闒昏,放于淫荒。"②他更反对那些"假浮屠之形以为高"的"纵诞乱杂"③者流。他是想把"方外"的戒律与儒家礼义统合起来。

柳宗元的这种思想倾向,实际上是佛教思想进一步与中国学术融合的表现。

佛教思想在柳宗元的创作中留有相当大的影响。佛教碑文、记寺庙、赠僧侣的文章在他的文集中占有相当比重;一百四十多首诗中与僧侣赠答或宣扬禅理的就有近二十首。

他的文章有些是谈佛教理论问题的,涉及他的哲学思想、宗教思想等方面,表现了他对佛学的认识与理解。这些已有论述。他的一些释教碑多关涉到僧史、僧传,也有不少处谈佛理。另外还有不少诗文在叙写中流露出浓厚的佛教意识。

柳宗元初到永州,居住在龙兴寺,寺建在潇水东岸的山丘上。破旧的古屋内阴暗潮湿。他在住室加开西窗,眼界大开,可以远眺大江连山风光。为此,他写了《永州龙兴寺西轩记》记叙始末,其中发了这样一段感慨:

> 夫室,向者之室也;席与几,向者之处也。向也昧而今也显,岂异物耶?因悟夫佛之道,可以转惑见为真智,即群迷为正觉,舍大暗为光明。夫性岂异物耶?孰能为余凿大昏之墉,辟灵照之户,广应物之轩者,吾将与为徒。④

①《送琛上人南游序》,《柳河东集》卷二十五。
②《龙安海禅师碑》,《柳河东集》卷六。
③《送方及师序》,《柳河东集》卷二十五。
④《柳河东集》卷二十八。

这以开窗纳明做比喻,阐明他对佛道的理解。他认为人性本自清净,前后并非异物,只要悟得佛道,就会得到"真智"、"正觉"与"光明"。他希望有人与之同道,追求这一目标。

寺中的重巽和尚与他共同探讨佛理,因此为写《巽公院五首》。其中《净土堂》说:

> 结习自无始,沦溺穷苦源。流形及兹世,始悟三空门。华堂开净域,图像焕且繁。清泠焚众香,微妙歌法言。稽首愧导师,超遥谢尘昏。①

这里写重修净土院后佛堂修饰一新的情景,表示自己已领悟到三空——我空、法空、空空的"真理",而同时他又肯定了西方净土。本来那座净土堂年久失修,"廉隅毁顿,图像崩坠",后重巽主持重修,刺史冯叙捐资修了大门,柳宗元则助修了回廊。修复后,在墙上画了慧远和智颛的像,并书写了《净土十疑论》。慧远是大力宣传过弥陀净土的;智颛创天台宗,天台宗以《法华经》为典据,也相信净土。《净土十疑论》传为智颛所作。柳宗元写《永州龙兴寺修净土院记》说:

> 中州之西数万里,有国曰身毒,释迦牟尼如来示现之地。彼佛言曰:西方过十万亿佛土,有世界曰极乐,佛号无量寿如来。其国无有三恶八难,众宝以为饰;其人无有十缠九恼,群圣以为友。有能诚心大愿归心是土者,苟念力具足,则往生彼国。然后出三界之外,其于佛道无退转者——其言无所欺也……呜呼!有能求无生之生者,知舟筏之存乎是。②

在大乘佛教的某些宗派看来,净土不过是佛说法方便的譬喻。但柳宗元却认为西方净土的说教是"其言无所欺",这已坠入迷信了。

———————————

① 《柳河东集》卷四十三。
② 《柳河东集》卷二十八。

《巽公院五首》中的另一首《禅堂》写道:

> 发地结菁茆,团团抱虚白。山花落幽户,中有忘机客。涉有本非取,照空不待析。万籁俱缘生,窅然喧中寂。心境本同如,鸟飞无遗迹。

这是借诗谈禅,表现空有双亡,心境一如的境界。

元和四年,他又在法华寺构西亭以居。法华寺廊庑之下原有一片竹林,遮住了视野。他命仆人持刀斧斫除,开阔了眼界,增加了登眺之趣。法华寺有僧法号觉照。柳宗元在《永州法华寺新作西亭记》中发议论说:

> 余谓昔之上人者,不起宴坐,足以观于空、色之实,而游乎物之终始。其照也逾寂,其觉也逾有。然则向之碍之者为果碍耶? 今之辟之者为果辟耶? 彼所谓觉而照者,吾讵知其不由是道也? 岂若吾族之挈挈于通塞有无之方以自狭耶?①

这是根据觉照的名字作发挥。佛教教义所谓“觉”,指对佛理的觉悟;“照”即“观照”,是破除人、我二执的对外物的唯心主义认识。按法空观念,对事物不能“看”,因为“看”以肯定对象存在为前提;只能“照”,这是一种感受对象的内心反省。荆溪湛然发展“三谛圆融”理论,提出“双遮双照”。“遮”意为遮蔽,指否定的认识;“照”即照见,是肯定的认识。“双遮双照”即对空、假二者都有肯定、有否定。肯定、否定都决定于内心的反省。柳宗元的意思是说:如果认识到空、有统一的性质,那么在肯定地看到竹林时就会认识到它本质上是一片空寂,在否定地认识到性空时又会感受到万物的实有。竹林的存在与否,对人正确认识世界并没有什么干碍。天台宗讲“一念三千”,意思是凡、圣境界分为六道(天、人、阿修罗、畜牲、饿鬼、地狱)四圣(声闻、缘觉、菩萨、佛),三千大千世间在一念心,通

---

① 《柳河东集》卷二十八。

塞有无的计较都是自寻烦恼,只要一念觉悟就没有是非人我而得
到解脱了。柳宗元的认识就由此而来。他的《法华寺石门精室三
十韵》一诗说:

> 结构罩群崖,回环驱万象。小劫不逾瞬,大千若在掌。体
> 空得化元,观有遗细想。喧烦困蚁蠓,踢踏疲魕魅。寸进谅何
> 营,寻直非所枉。①

这里与前文意思一样,也宣扬"一其空有"的观念,进而领悟到退
避、消极的人生哲理。

柳宗元还有一些崇佛的相当愚妄的言动。上面举的《下殇女
子墓砖记》是例子之一。又如友人李幼清为亡妾马淑建佛幢祈福,
他写了《尊胜幢赞》,宣扬建幢拔济大苦,可以"尘飞而灾去,影及而
福至"。李幼清服气求长生,柳宗元以为愚妄加以批评;但对他佞
佛,却又加以支持、宣扬。他在柳州建大云寺,"崇佛庙,为学者居,
会其徒而委之食,使击磬鼓钟,以严其道而传其言"②,可见他热心
宣扬佛教的努力。后来佛教徒把他列到天台传法体系中,认为他
是重巽的俗弟子。他的一些文章也被列入"光教""名文",收入
佛典③。

对于柳宗元崇佛,后人多有批评。宋初柳开就说过:"吾祖多
释氏,于以不迨韩也。"④欧阳修坚持韩愈的儒学复古传统,不满于
柳宗元崇佛,说:"子厚与退之,皆以文章知名一时,而后世称为韩、
柳者,盖流俗之相传也,其为道不同,犹夷夏也。"⑤朱熹也指责柳宗
元"反助释氏之说"⑥。王应麟也曾比较"韩、柳并称而道不同……

---

①《柳河东集》卷四十三。

②《柳州复大云寺记》,《柳河东集》卷二十八。

③志磐:《佛祖统纪》卷三十四、四十九。

④《东郊野夫传》,《河东先生集》卷二。

⑤《集古录跋尾》卷八《唐柳宗元般舟和尚碑》。

⑥《朱子语类》,《晦庵先生朱文公文集》卷一百二十二。

韩辟佛,而柳谓佛与圣人合"①。后世作韩、柳优劣论,执扬韩抑柳意见者大抵以柳崇佛为话柄。虽往往是从儒家立场出发,但指陈柳的弊病却是不无理由的。

总的看来,柳宗元接受佛教的特点是重在义理,宣扬信仰处也不少,但那只是表面现象。柳宗元企图汲取佛教理论以济儒学的不足,他对佛教的理解对于形成他的思想体系不能说没有裨益。例如佛教特别是禅宗、天台宗的空观就有助于他形成反天命、反神异的观点;他又利用佛教超脱的人生观对当世现实进行批评。但从总体看,与佛教妥协,却是他理论上的重大失误;也给他的创作带来不少消极因素。

如果说柳宗元主要是从理论方面来认识与接受佛教教义,那么白居易则是按他自己对佛教的理解,来确立一种理想的人生态度和生活方式。他对佛教没有什么坚定的信仰,对佛教教义的理解也很肤浅。他礼佛、敬僧、读经、参禅,但又始终热衷世事,耽于生活享受。他在《刑部尚书致仕》一诗中说:"唯是名衔人不会,毗耶长者白尚书。"②《维摩诘经》中写的维摩诘居士成了他人生的典范。维摩诘游戏人间,享尽人间富贵,但他又精悉佛理,以世间为出世间,是中国大乘佛教在家信徒的理想形象。如前所述,自六朝以来,这部经在文人中广为流传,维摩诘居士被广大士大夫当成了思想、行为的榜样。白居易对这种居士思想加以实践,并用诗文宣扬。他本人成了文人居士的典型,对以后士大夫间居士佛教的发展起了推波助澜的作用。

柳宗元主要习天台,白居易则倾心禅宗。他对佛教的理解与运用和南宗禅的发展有关。当初慧能倡直彻心源、明心见性的顿悟成佛说,并不绝对地反对修持。但经过他的门徒们特别是马祖

①《困学纪闻》卷十七。
②《白氏长庆集》卷三十七。

道——系的发挥,认为"即事而真"、"平常心是道",因而此心即是佛心,行住坐卧,应机待物,只须护持不染,更不须别样修证。所以南宗和尚可以不礼佛、不读经、也不守什么戒律,只须做个任运随缘的富贵闲人。这种倾向,虽受到教团内外的不少批评,但在士大夫间影响却不小。按南宗禅的逻辑,也就可以混世随俗而口谈空有,身缠世务而为在家菩萨了。

白居易(772—846),字乐天,晚号香山居士,祖籍太原,后迁居下邽(今陕西省渭南县东北)。贞元十六年(800)进士,授秘书省校书郎。宪宗朝任左拾遗、左赞善大夫等职。他热心世务,志在兼济。元和十年(815)因上表请求缉拿刺杀宰相武元衡罪人事,被贬为江州(今江西九江市)司马,后移忠州刺史。长庆初年任中书舍人,出为杭州、苏州刺史。晚年以太子宾客及太子少傅分司东都,官终刑部尚书。在洛阳,居龙门香山,与僧如满等交游,作诗参禅,自称居士。他是一代诗坛宗主,以写讽喻诗和《新乐府》知名朝野,在"新乐府运动"的理论与实践上都显示了优秀业绩,成为中唐诗歌的代表人物。

他早年即习佛。贞元十五年二十八岁由宣城北归洛阳以后,即师事洛阳圣善寺凝公。贞元十九年,凝公圆寂,次年,白居易为纪念他而作《八渐偈》,其中说:

> 居易常求心要于师,师赐我八言焉,曰观、曰觉、曰定、曰慧、曰明、曰通、曰济、曰舍。由是入于耳,贯于心,达于性,于兹三、四年矣。[1]

从所写偈颂看,他对禅悟已有所领会。《答崔侍郎钱舍人书问因继以诗》中有"吾有二道友,蔼蔼崔与钱"[2]的句子。崔指崔群,钱指钱徽,二人都热心习佛。"道友"指求佛同道,所叙为元和初年事。据

---

①《白氏长庆集》卷三十九。
②《白氏长庆集》卷七。

白居易元和十一年写给崔群的《答户部崔侍郎书》：

> 顷与阁下在禁中日，每视草之暇，匡床接枕，言不及他，常以南宗心要互相诱导……①

崔群与他同在元和二年入翰林院，"在禁中"即指当时情事，"南宗心要"则指南宗禅。又据元和十五年所作《钱虢州以三堂绝句见寄因以本韵和之》诗：

> 同事空王岁月深，相思远寄定中吟。遥知清净中和化，只用金刚三昧心。②

下有自注："予早岁与钱君同习读《金刚三昧经》，故云。"钱虢州即钱徽，他在元和三年自祠部员外郎充翰林学士③；"空王"指佛陀；《出三藏记集》著录失译《金刚三昧本性清净不坏不灭经》④，从题目看应是宣扬心性本净思想的禅经。钱、白所读或许就是这部经。在任赞善大夫时，他还师事过马祖道一法嗣兴善寺传法堂惟宽。在《传法堂碑》里，他记述自己四次向惟宽问道，得无修无念之说。在贬江州以前，他已在诗中经常表示：

> 近岁将心地，回向南宗禅。⑤
> 身委《逍遥》篇，心付《头陀经》。⑥

据陈寅恪考证，这里的《头陀经》，即敦煌写本中的《佛为心王菩萨说投陀经》⑦，是当时禅门伪经。他早年栖心释梵，对他的一生影响

---

①《白氏长庆集》卷四十五。
②《白氏长庆集》卷十八。
③据丁居晦《重修承旨学士壁记》。
④《新集续撰失译杂经录》，《出三藏记集》卷四，第165页。
⑤《赠杓直》，《白氏长庆集》卷七。
⑥《和答诗十首·和思归乐》，《白氏长庆集》卷二。
⑦《敦煌本心王投陀经及法句经跋尾》，《金明馆丛稿二编》，第178—179页。

甚大。正如苏辙所说：

> 乐天少年知读佛书，习禅定，既涉世，履忧患，胸中了然，照诸幻之空也。故其还朝为从官，小不合，即舍去，分司东洛，优游终老。盖唐世士大夫达者如乐天寡矣。[1]

白居易习佛也是客观环境使然。中唐时期佛教发展，士大夫间普遍热心佛说，与社会形势有关。唐王朝自"安史"乱后，朝政混乱，政出多门，内有宦官弄权，外有强藩割据，统治者不思振作，党同伐异，倾害贤能，仕途抑塞，言路阻绝。士大夫阶层在这样的黑暗政治下，要谋身自保，又要寻求精神安慰，佛教就成了出路。白居易幼年即遭丧乱，骨肉流离。他本有兼济天下之志，自许甚高，但在衰败的时代中难以施展。他在出仕之前，写《哀二良文》，悼念在藩镇兵变中死难的陆长源等人，已发出过"吾知夫天难忱而命靡常"的慨叹。入仕以后，又屡遭挫抑。他入朝不久，就遇上了"永贞革新"。他对王叔文、柳宗元等人进行的政治改革是支持的。在革新派当政时，他曾写《为人上宰相书》，即是给革新派的执政者韦执谊的。据陈寅恪先生的考证，他的《新乐府》中的《太行路》、《园陵妾》等，都是有感于永贞朝臣被斥而作[2]。元和初年，有牛僧孺等科场对策指斥时政一案，其性质可视为"永贞革新"的继续。白居易作为复试官之一，站到了牛僧孺一边。后来，牛等被斥，"牛僧孺戒"[3]成了他的一个严重教训。以后，又有知交元稹因得罪宦官而贬官。以上事件，虽还没有直接危害到他个人，但他在朝中正直敢言，不避时忌，又著《秦中吟》、《新乐府》等以诗讽喻，已使得贵臣扼腕切齿，显然，自己实际上已受到排斥、敌视。他是深刻体验到宦海风波、世事艰难的。在服母丧退居下邽时所作《渭川退居寄礼部崔侍

①《书白乐天集后二首》,《栾城后集》卷二十一。
②陈寅恪:《元白诗笺证稿》,上海古籍出版社,1978年,第178、269页。
③《和答诗十首序》,《白氏长庆集》卷二。

郎翰林钱舍人诗一百韵》中就说：

> 朝野分伦序，贤愚定否臧。重文疏卜式，尚少弃冯唐。

西汉卜式以反对政府盐铁专卖政策被贬，冯唐年老时以朝廷尚少而不被重用，白居易用以自比，从中透露出他对当政者的态度。他有才难施，受到排斥，因而诗中又说：

> 渐闲亲道友，同病事医王。息乱归禅定，存神入坐忘。①

同一时期写的《效陶潜体诗十六首》中的第一首说：

> 尧舜与周孔，古来称圣贤。借问今何在，一去亦不还。我无不死药，万万随化迁。所未定知者，修短迟速间。

这里对于尧舜"圣人之道"和道教服食求仙都表示怀疑，因而忧虑到生死大事，而这生死大事正是佛教要解决的。同诗最后一首说：

> 谓天不爱民，胡为生稻粱。谓天果爱民，胡为生豺狼。谓神福善人，孔圣竟栖遑。谓神祸淫人，暴秦终霸王。颜回与黄宪，何辜早夭亡。蝮蛇与鸱鸟，何得寿延长。物理不可测，神道亦难量。②

对现实中的是非颠倒、祸福难知发出的疑问，是一种批判与抗议；但现实矛盾引发思想感情的痛苦，则易于走向宗教神秘主义。他在《和梦游春诗一百韵》的结尾处说：

> 入仕欲荣身，须臾成黜辱。合者离之始，乐兮忧所伏。愁恨僧祇长，欢荣刹那促……《法句》与《心王》，期君日三复。③

下有注曰："微之常以《法句》及《心王头陀经》相示，故申言以卒其

---

① 《白氏长庆集》卷十五。
② 《白氏长庆集》卷五。
③ 《白氏长庆集》卷十四。

志也。"如前所述陈寅恪考证,这两部经都是当时流传的伪经。佛说"四谛",第一是"苦谛"。悟人生"苦",是追求解脱的起点。白居易在现实中只体验到无量劫那样深长的愁恨,却很少有欢愉的时刻,因此他要皈依佛说了。在此后的作品中,他常常表露现实压迫使自己遁入释门的苦衷。如《郡斋暇日忆庐山草堂兼寄二林僧社三十韵皆叙贬官已来出处之意》:

　　　　谏诤知无补,迁移分所当。不堪匡圣主,只合事空王。①

《不二门》:

　　　　亦曾登玉陛,举措多纰缪……行藏事两失,忧恼心交斗……坐看老病逼,须得医王救。唯有不二门,其间无夭寿。②

《维摩经·入不二法门品》写文殊师利与众菩萨与维摩诘辩难,说悟人不生不灭诸法实相的不二法门。最后维摩一默,其声如雷,表示不生不灭的佛法乃是无言无说的绝对境界。这正是白居易所要追求的。

　　特别是长庆以后,朝廷内部党争加剧。白居易更看到现实中矛盾丛生,危机四起,世路倚伏,他感到无力挽狂澜于既倒,只求能保位容身。他一方面在政治上走向消极,只求独善;另一方面又精求处世之道,在朋党之争中圆滑应处。其出路之一就是继续走佛教避世之途。他在这方面确实是成功的。他完全改变了青年时勇于斗争的面目,在朝廷纷争中对各派不即不离,结果自己安居高位,以至终老。这在中唐官僚社会中是很不容易的。

　　白居易早年习禅,晚年又信仰净土,但他在本质上是个官僚和文人,而不是宗教理论家或实践家。因此在对教义的理解上不仅不能严分宗派体系,甚至多有任意曲解处;在实践上更谈不到虔

_____

①《白氏长庆集》卷十八。
②《白氏长庆集》卷十一。

诚。这代表了后来相当一部分文人对佛教的态度。

他在早年积极于兼济事业时，曾经一再批评朝廷佞佛。在他所写的科举对策习作《策林》中，有《议释教》一篇，其中说："臣闻天子者奉天之教令，兆人者奉天子之教令。令一则理，二则乱，若参以外教二三，孰甚焉。"认为僧侣势力膨胀，会造成纪纲紊乱。他对寺院经济发展有害于民生也提出批评：

> 僧徒月益，佛寺日崇，劳人力于土木之功，耗人利于金宝之饰，移君亲于师资之际，旷夫妇于戒律之间。古人云：一夫不田，有受其饿者；一妇不织，有受其寒者。今天下僧尼不可胜数，皆待农而食，待蚕而衣。臣窃思之，晋、宋、齐、梁以来，天下凋敝，未必不由此矣。①

他在《为人上宰相书》中也指出"托足于军籍释流者不知反"②的危害；在《策林》十九《息游堕》中则提出"托迹于军籍释流者可返躬于东作"③的意见，这与韩愈"人其人"的观点相同。他的《两朱阁》诗，是为"刺佛寺寖多"而作。在其中他以德宗追封贞穆、庄穆两公主并为她们立庙为题材，揭露兴建佛寺使得"尼院佛庭宽有余"，"比屋疲人无处居"，慨叹"忆昨平阳宅初置，吞并平人几家地。仙去双双作梵宫，渐恐人间尽为寺"④。他的《貘屏赞》写道："三代以降，王法不一，铄铁为兵，范铜为佛。佛像日益，兵刃日滋，何山不划，何谷不隳。"⑤这是批判造像建寺的。

白居易对佛教的上述批评，都是唐人辟佛的常言，所指仅在形迹。当时他是站在世俗统治者的立场，为巩固朝廷集权和国计民

①《策林六十七·议释教（儒尼）》，《白氏长庆集》卷六十五。
②《白氏长庆集》卷四十四。
③《白氏长庆集》卷六十三。
④《白氏长庆集》卷三。
⑤《白氏长庆集》卷三十九。

生献计献策。这里毫没有涉及到佛教教义的根本。不能从基本理论上进行分析批判，是唐人辟佛的特征。因为当时人们一般还找不到足以驳倒佛教根本观点的有力武器，白居易也是如此。所以一旦他境遇改变，就改变了这种反佛态度。实际上他也从未从根本理论上批驳佛教。但早年的这点认识，却也不是没有一点意义，就是使他不曾愚妄地佞佛。他直到后来也还是时时表现出对佛教的怀疑。例如《劝酒寄元九》：

> 蕣叶有朝露，槿枝无宿花。君今亦如此，促促生有涯。既不逐禅僧，林下学《楞枷》。又不随道士，山中炼丹砂。百年夜分半，一岁春无多。何不饮美酒，胡然自悲嗟……①

《卯时酒》：

> 佛法赞醍醐，仙方夸沆瀣。未如卯时酒，神速功力倍。②

《醉吟二首》之一：

> 空王百法学未得，姹女丹砂烧即飞。事事无成身老也，醉乡不去欲何归。③

在这些诗里，比起佛教宣扬的无生、涅槃来，他更注重的是人间的美酒。人生的享乐在他看来是更现实的。

对于佛教各宗，白居易取通融态度。他早年习南宗禅，在洛阳时结交的惟宽，在江州时结交的智常，都出于马祖道一门下。对于智常，僧传上说"白乐天贬江州司马，最加钦重"④。晚年结交的智如、如满也都是南宗弟子。但他从凝公所受《八渐偈》却不是南宗顿门。如第一《观偈》说：

---

① 《白氏长庆集》卷九。
② 《白氏长庆集》卷二十一。
③ 《白氏长庆集》卷十七。
④ 《唐庐山归宗寺智常传》，《宋高僧传》卷十七，第 427 页。

> 以心中眼,观心外相。从何而有,从何而丧。观之又观,
> 则辨真妄。①

这是北宗的渐修和净心,而不是南宗的无相无念。他常常提出学
《楞枷经》,《楞枷经》是五祖弘忍以前学禅所宗经典,南宗禅则宗法
《金刚经》。慧能主张心净土净,眼前不异西方,认为净土只是为一
般俗人的施设,并非真实存在。但白居易在《重修香山寺毕题二十
二韵以纪之》诗中说:

> 南祖心应学,西方社可投。生宜知止足,次要悟浮休。②

"西方社",指传说中慧远与十八高贤所立白莲社祈求往生西方。
这种信仰是和南宗禅完全对立的。但白居易却兼容等观了。据汤
用彤先生考证,此传说起于中唐,则白居易的宣扬对它的流传起了
一定作用。他官太子少傅时作《画西方帧记》,表示愿为"一切众
生"修弥陀净土业,说:

> 极乐世界清净土,无诸恶道及众苦。愿如老身病苦者,同
> 生无量寿佛所。③

但他的《画弥勒上生帧赞》,又自称"弥勒弟子乐天"。弥勒净土即
上界兜率天。弥勒信仰与弥陀信仰二者不同。弥勒菩萨在天上待
机,在未来出世。可见白居易所追求的超生之地并不是固定的。
他在杭州听灵隐寺道峰讲《华严经》,作《华严经社石记》,称道峰劝
十万人转《华严经》一部,十万人又劝千人诵《华严经》一卷,"予即
十万人中一人也"④。他结交圭峰宗密,有《赠草堂宗密上人》诗。
华严宗的事理无碍、真妄交彻的观念在他的思想中也有明显的表

①《白氏长庆集》卷三十九。
②《白氏长庆集》卷三十一。
③《白氏长庆集》卷七十一。
④《白氏长庆集》卷六十八。

现。他又宣扬律学。他写抚州景云寺上弘和尚石塔碑铭,上弘从南岳希操受戒,精于律学,对律宗创始人道宣的《四分律删繁补阙行事钞》很有研究。他晚年结交的智如也是"法供无虚日,律讲无虚月","以居易辱为是院门徒者有年矣,又十年以还,蒙师授八关斋戒"[①]。他晚年也曾吃斋、持戒,度过清修生活。他对佛教的自由通达态度,说明他对佛教义学不求甚解,只是任意服膺而已。

白居易用自己理解的佛教观念指导行动,形成了一种独特的人生观和生活方式。他的生活实践与佛教根本教义距离很大。

佛教要求舍妄求真,舍染求净,离苦求寂。因此就要做到于六尘中,不离不染,来去自由。贪、瞋、痴是"三毒",不应当有任何欲求。但白居易是诗人,他不能忘情,作《不能忘情吟》,说:

> 噫,予非圣达,不能忘情,又不至于不及情者。事来扰情,情动不可桎。[②]

他自评《长恨歌》说"一篇《长恨》有风情"。友人陈鸿说"乐天深于诗,多于情者也"[③]。宋人夏公仪评论他的《琵琶行》:

> 年光过眼如车毂,职事羁人似马衔。若遇琵琶应大笑,何须涕泣满青衫。[④]

他一生功业之心未泯。晚年还是常常表白自己仍留恋人世功名,如《题旧写真图》:

> 羲和鞭日走,不为我少停。形骸属日月,老去何足惊。所恨凌烟阁,不得画功名。[⑤]

---

①《东都十律大德长圣善寺钵塔院主智如和尚茶毗幢记》,《白氏长庆集》卷六十九。
②《白氏长庆集》卷七十一。
③《长恨歌传》,《太平广记》卷四八六。
④转引刘邠《中山诗话》,何文焕:《历代诗话》,中华书局,1981年,第297页。
⑤《白氏长庆集》卷七。

他当时有开龙门八节滩的利民行动,也表明仍抱有用世的热情,至于他写诗更是不能忘情的表现。他屡次自编文集,寄存佛寺,拟垂不朽,说是要以今生文字业结来世因缘。诗与酒成了他不可离的伙伴。琴、酒、诗被他称为"三友"。他的《和微之诗二十三首·和知非》说:

> 因君知非问,诠较天下事。第一莫若禅,第二无如醉。禅能泯人我,醉可忘荣悴……劝君虽老大,逢酒莫回避。不然即学禅,两途同一致。①

他自许是"酒肆法堂方丈室,其间岂是两般身"②。坐禅与醉酒被他视为有同样价值的事。他又留恋女乐,《与牛家妓乐雨夜合宴》诗说:

> 歌脸有情凝睇久,舞腰无力转裙迟。人间欢乐无过此,上界西方即不知。③

这样,女乐的价值远高于西方净土了。苏辙有诗说:

> 乐天得法老凝师,后院犹存杨柳枝。春尽絮飞余一念,我今无累百无思。④

杨柳枝指歌妓。白居易老年蓄妓有陈结之、小蛮、樊素等,他有《杨柳枝词》八首,《乐府诗集》卷八十一引《本事诗》,谓是在洛阳为小蛮而作。苏辙诗指出其对女色不能忘情。

白居易晚年为居士,自称已归佛门。他住在龙门香山寺,作文说洛阳西郊山水之盛龙门为首,龙门游观之盛香山为首,自己是"山水主"。他追求"足适"、"身适"、"心适"的"三适"。信佛参禅也

---

① 《白氏长庆集》卷二十二。
② 《拜表回闲游》,《白氏长庆集》卷三十一。
③ 《白氏长庆集》卷三十四。
④ 《读乐天集戏作五绝》之二,《栾城三集》卷三。

是他达到这"三适"的一个手段。他在《香山寺二绝》之一中描绘自己的生活：

> 空门寂静老夫闲，伴鸟随云往复还。家酝满瓶书满架，半移生计入香山。①

在《龙门下坐》又说：

> 龙门涧下濯尘缨，拟作闲人过此生。筋力不将诸处用，登山临水咏诗行。②

他作为一个富贵闲人，把宗教生活当作一种消遣、享乐。所谓"不学空门法，老病何由了"③，参禅悟道使他心泰神宁。这样，佛教信仰帮助他创造一种消闲的生活方式，他的活动也体现了古代士大夫对待佛教的一种典型态度。

白居易也是主张统合儒释的。在他看来，儒家士大夫而又作为居士并不矛盾。在唐代，虽然调和三教成为一种思潮，但在具体表现上各不相同。从前述已可以看出，白居易与王维、柳宗元不同，与韩愈的情况更不同。韩愈表面上对佛教拒斥甚严，实则吸收佛家心性学说以改造儒学；白居易则表面上崇佛，实际上往往把佛教教义纳入儒家的轨道。

他在《三教论衡》中说：

> 夫儒门、释教，虽名数则有异同，约义立宗，彼此亦无差别。所谓同出而异名，殊途而同归者也。④

所谓的"同归"，意指同归于善。他把佛教主要看做是伦理教化手段，而"根本枝叶，王教备焉"，就是说，佛教的义理原本包含在儒家

---

① 《白氏长庆集》卷三十一。
② 《白氏长庆集》卷二十五。
③ 《早梳头》，《白氏长庆集》卷八。
④ 《白氏长庆集》卷六十八。

学说之中。他在《策林·议释教》中说：

> （佛教）若欲以禅定复人性，则先王有恭默无为之道在；若
> 欲以慈忍厚人德，则先王有忠恕恻隐之训在；若欲以报应禁人
> 僻，则先王有惩恶劝善之刑在；若欲以斋戒抑人淫，则先王有
> 防欲闲邪之礼在。虽臻其极则同归，或能助于王化；然于异名
> 则殊俗，足以贰乎人心。①

写这篇文章时，所立主旨是反佛的。但白居易在这里不是驳斥佛
教的荒谬，而是认为它本与儒家一致，不必去另搞一套。后来他转
而赞赏佛教，态度上根本改变了，但道理却全同。他说自己"外顺
世间法，内脱区中缘"②；说自己的作品"根源五常，枝派六义，恢王
教而弘佛道者多则多矣"③。他把王教与佛道并列等同起来。

白居易又曾学道。《游悟真寺诗》说"身着居士衣，手把《南华》
篇"④。陈寅恪先生曾指出，他在皈依佛教以前，与道教关系尤为密
切⑤。他的《新昌新居书事四十韵因寄元郎中张博士》一诗说：

> 大抵宗庄叟，私心事竺乾。浮荣水划字，真谛火生莲。梵
> 部经十二，玄书字五千。是非都付梦，语默不妨禅。⑥

晁迥评论说："'是非都付梦'，南华真人指归也；'语默不妨禅'，竺
乾先生指归也。"⑦白居易把道教的齐生死、等物我与佛教的禅悟净
心，道教的神仙飞升与佛教的涅槃寂灭，看做是同样的东西。他的

---

①《白氏长庆集》卷六十五。
②《赠杓直》，《白氏长庆集》卷七。
③《苏州南禅院白氏文集记》，《白氏长庆集》卷七十。
④《白氏长庆集》卷七。
⑤参见陈寅恪《元白诗笺证稿》附论2《白乐天之思想行为与佛道关系》，第
　321—331页。
⑥《白氏长庆集》卷十九。
⑦《法藏碎金录》卷五。

《睡起晏坐》诗有注说："道书云'无何有之乡',禅经云'不用处',二者殊名而同归。"①

　　总之,白居易的好佛,主要是在调和儒、佛、道的矛盾的基础上,提倡一种独善其身、安贫乐道、知足保和的人生哲学,在社会矛盾面前泯灭是非,做个"闲人"、"幸人"、"了事人"。

　　白居易的佛教思想与佛教信仰,表现在诗歌创作中,影响很大。除了那些直接宣扬佛教的作品之外,他的整个创作倾向由积极向消极的转变,与他的佛教观念日益增强有很大关系。但是,具体地分析,佛教对他的创作也不是毫无积极作用。在他的身上,宗教的超脱意识往往转化为对仕宦利禄的否定,对封建社会传统价值观念的鄙弃。宋祁在《新唐书》里曾指出白居易不附丽权贵以为进取计,能完节自高。我们从其一生出处大节看,他在现实斗争中虽不能始终坚持原则,站在进步立场,但也没有苟求荣利,随波逐流。他与牛僧孺、杨虞卿交,但不入牛党;为裴度所亲重,但不因裴度而进身;与元稹为知己,但元稹附大阉而得用,他却不以为亲援。在长庆以后的复杂政局中,他积极建树不多,但却也没有苟且自污。这就与他不为外物所累的人生态度有关。他的诗中多有对名利、倾轧的批判。如《郡中即事》:

　　　　遥思九城陌,扰扰趋名利。今朝是双日,朝谒多轩骑。宠者防悔尤,权者怀忧畏。为报高车盖,恐非真富贵。②

又《对酒五首》之二:

　　　　蜗牛角上争何事,石火光中寄此身。随富随贫且欢乐,不开口笑是痴人。③

------

①《白氏长庆集》卷六。
②《白氏长庆集》卷八。
③《白氏长庆集》卷二十六。

白居易在诗中常表现一种任运随缘、悠优自得的情趣。不务荣名,不惧生死,时情物态不鲠于心,这在他生活的时代条件下也是很难得的。皮日休《七爱诗》中有一首专门写白居易,评价他"处世似孤鹤,遗荣同脱蝉"①。楼钥说他的那些表现闲淡风格的作品:

> 其间安时处顺,造理齐物,履忧患,婴疾苦,而其词意愈益平淡旷达,有古人所不易到,后来不可及者。②

王若虚则评论它们是"情致曲尽","顺适惬当"③。

白居易诗艺术上的特点也与这种心境有关。中唐诗坛上,笼罩着一种"尚奇风气"。白居易却以平易出新,以浅俗为雅,在盛唐诗歌极盛之后成功地走出一条新路。刘禹锡称赞他的诗是"郢人斤斫无痕迹,仙人衣裳弃刀尺"④。白居易这种平易诗风,不凿句,少用典,不押险韵,不务艰深,与他的精神境界有关。宋人张镃说:

> 诗到香山老,方无斧凿痕。目前能转物,笔下尽逢源。学博才兼裕,心平气自温。随人称白俗,真是小儿言。⑤

黄庭坚评论说:

> 白乐天、柳子厚,俱学渊明作诗,而惟子厚诗为近。然以予观之,子厚语近而气不近,乐天乐道而语不近。子厚气凄怆,乐天语散缓。虽各得其一,要于渊明诗未能相似也。⑥

这里比较白、柳,指出白居易诗在"气质"上更接近陶渊明,更为浑朴自然。在这一点上白居易也是得力于佛教修养的(当然这不是

---

① 《皮子文薮》卷十。
② 《跋白乐天集目录》,《攻媿集》卷七十六。
③ 《滹南诗话》卷上。
④ 《翰林白二十二学士见寄诗一百篇因以答贶》,《刘宾客外集》卷一。
⑤ 《读乐天诗》,《南湖集》卷四。
⑥ 冯惟讷:《古诗纪》卷一四八。

唯一的或主要的原因）。

　　白居易和柳宗元相比，对于佛理的理解显然浅薄得多，但他更注重使佛教变成生活践履，因而从一定意义说对后世反而造成更大的影响。

　　前面曾介绍韩愈和柳宗元之间就佛教信仰进行的辩论。讨论佛教对于唐代文人的影响，还应当注意反佛阵营的情况。特别是韩愈历来被当作士大夫反佛的旗帜，更具有相当的典型意义。

　　韩愈在朝野佞佛成风的情况下，以挽狂澜于既倒的大无畏精神，力辟佛、老，勇于触逆鳞而上书论佛骨，险及于死而不稍反悔，"儒学复古"思想乃是他立身行事的纲领。而他所提倡的儒学实际已融入佛家内容。这一现象本身正反映了当时佛教浸润中国思想文化之深微。而就其接受佛教思想的后果而论，韩愈作为开创宋代理学的先行者，对于中国思想、文化的影响则更为深入和长远。

　　韩愈（768—824），字退之，其生平阅历在唐代文人中颇具典型性：他以文才进身，年轻时不得志而寄身藩府，入朝为官正直敢言，屡遭贬黜。他与柳宗元交谊深厚，是道义相交的诤友。他们二人作为"古文运动"的旗手和领袖，共同在创作上做出巨大成绩，更提出系统的理论主张，又团结和指导同道与后学，从根本上扭转了散文发展形势。不过他们的思想观念和政治态度都有较大分歧。柳宗元政治上激进，参加"永贞革新"，而韩愈持重保守。这使得他们二人在朝进退出处不同。有关这个方面的具体情况及其评价，也成为历史上的公案，此不赘叙。另一方面则是二人对待佛教的看法、做法迥异。韩愈一生以弘扬和振兴儒道为己任，宋人讲理学，大力表扬他"道济天下之溺"之功，把他看做是"儒学复古"的功臣。他严厉指斥佛教以夷乱华、败坏纲常、不事生产等等，虽然基本是六朝以来反佛人士的常谈，但现实针对性很强，姿态更十分坚定，特别是在佛教势力笼罩社会、又是朝廷大力崇佛的环境下，他旗帜鲜明地出面抨击，更表现出绝大的胆识和勇气。

　　但如果仔细分析,韩愈辟佛立志颇高,态度颇坚,出言颇壮,但在理论方面并没有触及到佛教教理的根本。实际上他所指斥的那些佛教的危害和弊端,也是柳宗元、白居易等人所承认的。从客观发展形势说,当时的思想界也还没有形成能够彻底批驳佛教教理的理论体系。特别是当时兴盛的禅宗提出并试图解决许多新的思想课题,并阐发具有重大思想价值和现实意义的"心性"学说,从而受到广大知识阶层的欢迎,韩愈也不能不受其熏染。正如陈寅恪精辟指出的:

　　　　退之从其兄会谪居韶州,虽年颇幼小,又历时不甚久,然其所居之处为新禅宗之发祥地,复值此新学说宣传极盛之时,以退之之幼年颖悟,断不能于此新禅宗学说浓厚之环境气氛中无所接受感发,然则退之道统之说表面上虽由孟子卒章之言所启发,实际上乃因禅宗教外别传之说所造成,禅学于退之之影响亦大矣哉!宋儒仅执退之后来与大颠之关系,以为颇获脏据,欲夺取其道统者,似于退之一生经历与其学说之原委犹未达一间也。

他又说:

　　　　新禅宗特提出直指人心见性成佛之旨,一扫僧徒繁琐章句之学,摧陷廓清,发聋振聩,固吾国佛教史上一大事也。退之生值其时,又居其地,睹儒家之积弊,效禅侣之先河,直指华夏之特性,扫除贾、孔之繁文,原道一篇中心旨意实在于此……①

韩愈倡导儒学,特别推崇孟子,发挥《中庸》、《大学》的正心诚意、修、齐、治、平之说,力图以此来张扬儒道、整顿纲纪。这也是把理论的关键置于人的"心性"问题之上。而唐代发挥"心性"说用力

---

①《论韩愈》,《金明馆丛稿初编》,第286、287页。

最多、贡献最大的当属佛教的禅宗。柳宗元为佛教辩护也曾说"往往与《易》、《论语》合,诚乐之,其与性情奭然不与孔子异道"①。韩愈贬潮州,结识石头法嗣大颠,当时有传闻说他已皈依佛教,他为自己辩护,写信给友人孟简说:

> 有人传愈近少信奉释氏,此传之者妄也。潮州时,有一老僧号大颠,颇聪明,识道理,远地无可与语者,故自山召至州郭,留十数日,实能外形骸,以理自胜,不为事物侵乱。与之语,虽不尽解,要自胸中无滞碍,以为难得,因与来往。及祭神至海上,遂造其庐;及来袁州,留衣服为别。乃人之情,非崇信其法,求福田利益也。②

这本是自我辩解的话,但其中所称赞的"外形骸以理自胜""胸中无滞碍"云云,正是南宗禅所提倡的"无心"、"无念"境界;而所谓"求福田利益"等等也正是禅宗所反对的。这样,韩愈实际已不自知地落入了禅的理路。又他作《五原》,意在阐述兴儒辟佛的思想纲领,但《原性》一篇论人性,严分"性"与"情",说"性也者,与生俱生也;情也者,接于物而生也"③,这也与禅宗的性净情感说相通。至于他虚构出尧、舜、禹、汤、文、武、周公一脉相承的传法统绪,更是借鉴禅宗树立祖统的形式。如此等等都表明其在时代思想的大环境中所受佛教的影响。而从中国思想史的总体发展脉络说,正由于批判地容纳佛教教理,儒学得以转变,并为宋代"新儒学"构建做了准备,韩愈及其门下李翱等人正是开拓道路的先驱。

李翱(774—836),字习之,是韩愈侄婿,为学为文皆宗主韩愈。韩愈提倡"古文",后学分化出尚理、尚文两种倾向。李翱致力于弘

①《送僧浩初序》,《柳河东集》卷二十五。
②《与孟尚书书》,《韩昌黎文集校注》卷三,上海古籍出版社,1986 年,第 210页。
③《韩昌黎文集校注》,第 20 页。

扬儒道,是前一类人的代表。他继承韩愈坚定地辟佛,作《去佛斋》文,借批判当时流行的"七七斋"丧仪,指斥佛教传入中国,使得"礼法迁坏",进而揭露佛道"非圣人之道",其徒"不蚕而衣食具,弗耨而饮食充,安居不作、役物以养己者,至于几千百万人,推是而冻馁者几何人可知矣",并警告"溺于其教者,以夷狄之风而变乎诸夏,祸之大者也"①。他所提出的反佛内容与根据与韩愈大体相同,又正和韩愈相呼应。但他生活在禅宗大盛的环境中,结交著名禅师药山惟俨、紫玉道通、鹅湖大义、开元澄观等,也和韩愈一样受到浸染。他作《复性书》上、中、下三篇,"全篇主旨,可以《乾卦》爻辞'君子终日乾乾,夕惕,若厉'一语概括,盖言复性之功夫"②,其中杂引《易传》、《中庸》、《孟子》诸说,俨然在阐述孔孟正道。但他所阐发的心性学说却明显汲取了禅宗内容,甚至语言也是禅宗的。

《复性说》上篇开头就按韩愈的思路加以发挥,严分人的"性"与"情",提出"情既昏,性斯匿矣",这就是所谓"性善情恶"说;进而论述"百姓之性与圣人之性弗差",问题在于"人之昏也久矣",所以关键是要"复其性"。而复性的方法,第一步要做到"弗虑、弗思,情则不生;情既不生,乃为正思",即"斋戒其心";进一步则要"知本无有思,动静皆离,寂然不动者,是至诚也";最后达到"视听昭昭,而不起于见闻"③的境界。如此发挥儒家"正心诚意"、"致诚返本"之说,完全通于禅的思路,实际是把儒、禅两者的心性说统合起来,从而为宋代新儒学的"性理"学说开了先河。

韩、李等作为辟佛的健将,实际上"阴盗"佛说,这体现了佛教影响的深入;而从思想史角度看,这乃是佛教在理论方面进行创造性的发挥,为整个思想的发展提供了宝贵资源,做出了贡献。

到晚唐五代,社会危机日趋严重,佛教也得到相当大的发展空

①郝润华校点:《李翱集》卷四,甘肃人民出版社,1992年,第25—26页。
②韦政通:《中国思想史》,上海书店出版社,2003年,第666页。
③《复性书》(上、中),《李翱集》卷二,第6、10页。

间。南宗禅受到统治阶层包括所在各地割据势力的推重,进一步发展,分化出一些派系,后来被归纳为临济、曹洞、沩仰、云门、法眼"五家"。各派系都发挥独特的宗义和接引学人的方式,特别是上堂示法、互斗机锋,突出发展了语言艺术,对于后来文学的影响很大。晚唐文人们大多也倾心佛教,著名文人如李商隐、司空图等人的生活与创作都与佛教有密切关系。

中唐诗坛出现一个重要现象,就是诗僧的活跃。晋宋以来僧人中颇有能诗文者,但真正的诗僧却出现在中唐时期的江左地区。直到晚唐五代,有众多诗僧活跃,创作上颇有成绩,著名的有皎然、贯休、齐己等。这些人可以说是披着袈裟的诗人,宗门中的畸形人物。他们无论作为僧团中的文人,还是作为佛门与世俗文人交往的津梁,都起到积极的作用。

三、宋代至晚清的佛教与文人

到宋代,中国佛教的发展从总体说已逐渐地走向衰败,但在思想文化领域却继续发挥巨大而深远的影响。

在印度本土,大乘佛教的一派和婆罗门教结合,于 7 世纪形成金刚密教,标志着佛教已进入烂熟阶段。密教(传入中国形成密宗)以高度组织化的咒术、仪轨、民俗信仰为特征,理论色彩很淡薄。在中国,虽然唐代有善无畏、金刚智、不空等"开元三大士"传授,但在知识阶层中并没有造成大的影响。另一方面到北宋中期,有组织的译经工作已经中止。实际上佛典已基本译介完备,没有新的重要原典可译。而到 13 世纪初,佛教在印度消亡,促成中国佛教发展的外来刺激和养料也已不复存在。

佛教的发展趋势还受到中国学术思想潮流变化的制约。中国传统思想与佛教思想的矛盾进一步尖锐化了,掀起了"儒学复古"思潮。这个思潮起初并没能制止佛教势力的扩展,反复斗争持续了二百多年。在斗争中儒学从对方的佛学中汲取了养料,丰富了自己,这也成为由汉儒章句之学向宋儒性理之学转变的条件。佛家的思想武器被儒学所剥夺,而它自己在理论上又没有新的建树,从而使理学得以统治思想学术界而定于一尊,佛家再也没有与儒家争一统甚至是平起平坐的地位了。

佛教本身到唐代已度过了它的极盛阶段。宋代以后,虽然出现了一些名僧大德,也有一些有价值的著作,但再也没有以前那种兴盛发达的气象了。在宋代,各宗派中只有禅宗的临济、曹洞二宗和天台宗有所发展,总体倾向是宗派界限渐趋消泯,禅教合一成为潮流。例如五家七宗的最后一宗——法眼宗的开山祖师法眼文益及其法孙延寿都重视《华严》,延寿同时修习净土法门;天台知礼、智圆也修净土。明代有所谓"四高僧"——莲池袾宏、紫柏真可、憨山德清、蕅益智旭。他们曾一时使佛教出现"中兴"气象。但他们在教学、思想上都是驳杂的。袾宏是净土宗大师而兼华严名僧,对禅学亦有造诣;德清遍习禅、法华、唯识;真可对各宗派持调合态度;智旭则综合禅、教、律而归于净土。宗派失去了统绪,不管表面上如何兴旺,总是理论上衰落的表现。

另外,佛教又更加向世俗靠拢。一方面,这一时期有影响的佛学大师们,大都精于外学。他们沟通儒释,援儒入释,经常表见于言论著述。北宋有契嵩,作《辅教篇》,以佛教的五戒比附儒家的五常,以为二者同样教人为善,相资为用;又有智圆居孤山,好诗文,与林和靖为友,著文主张"修身以儒,治心以释"[①];明代的德清与钱谦益为友,主张调合三教,其诗与书法都很有名;袾宏也对儒、佛取调和态度。宋代以后,知识阶层中居士佛教大盛,这也是儒、释调

———————————
①《中庸子传》上,《闲居编》卷十九。

和的结果。居士佛教的发达是佛教势力的扩展,也是佛教僧团势力削弱的一种表现。

宋明理学的思想统治抵制了佛教,但反理学、反传统的人们又从佛学寻求根据,从而出现了佛学面目的"异端"。这也是值得注意的。

这样,从宋代到晚清,文人接受佛教的情况十分驳杂,往往是不同的人各有独特领会。有些人迷信佛教,从中接受的多是消极东西;有些人则另有发挥,创造出某些积极的思想成果。这是一个对佛教教义较自由地解释和改造的时期。

以下,按时代顺序,举出一些代表人物简单加以介绍。

进入宋代,唐中期开始的儒学复古运动仍在继续。文人中有些人坚持儒家传统观念,对佛教排斥批评。如孙复(992—1057)作《儒辱》,石介(1005—1045)作《怪说》,李觏(1009—1059)作《潜说》,都以明儒反佛为宗旨。一代文宗欧阳修(1007—1072)也明确地以继承韩愈辟佛传统为己任,在所作《本论》中,提出儒与佛不可两立,欲以儒家仁义之说为本战胜佛教。但直到北宋晚期濂、洛理学形成并在思想领域占统治地位以前,文人习佛风气也还在延续。不少人对佛教取宽容乃至崇信态度,儒、佛之防不像南宋以后那样严格。特别由于晚唐五代禅宗流行,禅宗在修持方式上很简单,其理论与生活方式都易为士大夫阶层所接受;在学术上,《华严》、《圆觉》、《楞严》①等几部经典中的事理圆融、明心见性观念被普遍重视,理学家们也把它们包融到自己的理论体系中来;而反佛一派对佛教的批判、斗争,客观上又在促进儒与佛的交流。这样,调合儒、释的思想潮流就仍有相当大的势力,在文学上也有明显的表现。特别是受到白居易等人的影响,居士思想兴盛起来,在理论上与实践上阳儒阴释的表现有相当的普遍性。这方面作为代表的,有三

---

①后二者近代有人疑为汉人撰述。

苏（洵、轼、辙）父子和黄庭坚等人。王安石晚年亦习佛。这些人都是一代文坛与政坛上的佼佼者，其影响自然很大。这里只讲苏轼。

苏轼（1037—1101），字子瞻，号东坡居士，眉山（今四川峨眉山市）人。他是北宋著名文学家，诗文革新集大成的人物。又活跃于宋神宗、哲宗朝政坛，在当时影响很大。神宗朝，王安石主政变法，他一再上疏，反对新法，因此屡遭斥黜，以至被罪谪黄州。神宗死，新法废，他入朝后又与执政柄者不合，再次被斥出朝。到哲宗亲政，新党得势，又被远贬惠州、昌化，直到死前才得北返。他生活在矛盾冲突十分复杂的时代环境中，满肚皮不合时宜，左右支绌，动辄得咎。他一生思想很复杂。他本是欧阳修的后学，然而思想趋向与欧阳修的坚持儒家"道统"截然不同。但他立身行事，正直敢言，刚肠疾恶，自称"赋性刚拙，议论不随"①。《宋史》本传上说他"忠规谠论，挺挺大节"②。这都体现他坚持儒家大义，力行兼济的品格。然而他又好为纵横之说，对佛教则崇信弥笃。他自青年时期习佛，晚年习染渐深，自称"居士"。这种复杂的思想矛盾统一到他身上，是文学史、思想史上值得重视的现象。

苏轼的家学渊源与个人教养与他后来习佛关系很大。他的故乡四川地区自唐代以来佛教就甚为发达。我国第一部官版大藏经、以后中国官私以及高丽、日本刻藏所依据的所谓"蜀版"，就是在宋初刊刻于益州（今四川成都市）的。苏轼的父亲苏洵，结交蜀地出身的名僧云门宗圆通居讷和宝月大师惟简，僧传把他列为居讷法嗣。其母程氏也笃信佛教。父母去世时，苏轼曾将其生平爱玩遗物之佛寺。苏轼在《十八阿罗汉颂叙》中，曾记述家中有十八罗汉像，供茶则化为白乳等情，这都可见其家庭中的宗教气氛。苏轼与弟弟苏辙极其友爱，这是历史上的佳话，而苏辙也是热心的

---

①《乞罢学士除闲慢差遣札子》，《东坡奏议》卷四。
②《宋史》卷三三八《苏轼传》，第 10817 页。

佛教信仰者。他在与苏轼唱酬诗中写道："老去在家同出家,《楞伽》四卷即生涯"①。"目断家山空记路,手披禅册渐忘情"②。苏轼的继室王氏闰之亦好佛,她于熙宁七年(1074)从苏轼,到元祐八年(1093)病逝。苏轼在其生日曾取《金光明经》故事,买鱼放生为寿,并作《蝶恋花词》,中有"放尽穷鳞看圉圉,天公为下曼陀雨"③之句。她死时有遗言,令其子绘阿弥陀佛像供奉丛林,苏轼请著名画家李龙眠画释迦佛及十大弟子像供奉京师,并亲为作《阿弥陀佛赞》,说"此心平处是西方"④。苏轼妾朝云也学佛,早年拜于泗上比丘尼义冲门下。后与苏轼一起到惠州,经常念佛。至绍圣三年(1096)死前弥留时仍诵《金刚经·六如偈》⑤,苏为制铭中有云:"浮屠是瞻,伽蓝是依,如汝宿心,惟佛之归。"《悼朝云诗》说:

> 苗而不秀岂其天,不使童乌与我玄。驻景恨无千岁药,赠行惟有小乘禅。
>
> 伤心一念偿前债,弹指三生断后缘。归卧竹根无远近,夜灯勤礼塔中仙。⑥

家族中的这些情形,与苏轼都有相互影响。

苏轼对佛理认真产生兴趣,是在二十几岁初入仕任凤翔签判的时候,初习佛于同事王大年。他在《王大年哀辞》中说:

> 嘉祐末,予从事岐下,而太原王君讳彭字大年监府诸军……予始未知佛法,君为言大略,皆推见至隐以自证耳,使

---

①《试院唱酬十一首·次前韵三首》,《栾城集》卷十一。

②《次韵子瞻与安节夜坐三首》,《栾城集》卷十一。

③《东坡词》。

④《东坡后集》卷十九。

⑤什译《金刚经》总结性的一偈:"一切有为法,如梦、幻、泡、影,如露亦如电,应作如是观。"菩提流支和玄奘译本都是九喻。

⑥《朝云墓志铭》,《东坡后集》卷五。

人不疑。予尤喜佛书,盖自君发之。①

他的作品最初写到佛教题材的,是嘉祐六年(1061)所写的《凤翔八观》。其第四首,咏唐著名雕塑家杨惠之在凤翔天柱寺所塑维摩诘像,诗云:

> 今观古塑维摩像,病骨磊嵬如枯龟。乃知至人外生死,此身变化浮云随。世人岂不硕且好,身虽未病心已疲。此叟神完中有恃,谈笑可却千熊罴。……见之使人每自失,谁能与结无言师。②

这里表现了他对著名的维摩居士的向往。但他理解的维摩诘是一位不惧死亡、身如浮云的"至人"。此后在其一生诗文中,常常写到维摩诘,并常常以之自比,本诗是个开端。

苏轼步入政坛,正是王安石变法从酝酿到开始发动的时期。这位脱颖而出的青年干才与改革派政见不合,不久即被斥出朝。先是熙宁四年(1071)通判杭州,从而使他陷入现实矛盾之中,早就习得的佛教教义最易于在这种苦闷中发生作用。而杭州自吴越以来就是佛教兴盛之地,西湖周围风景优美地区佛寺之众冠于全国,高僧云集。僧人中有不少是很有文化教养的人,苏轼与之相互结交。苏辙《偶游大愚见余杭明雅照师旧识子瞻能言西湖旧游将行赋诗送之》一诗回忆说:"昔年苏夫子,杖屦无不之。三百六十寺,处处题清诗。麋鹿尽相识,况乃比丘师。辩、净二老人,精明吐琉璃。笑言每忘去,蒲褐相依随。"③

苏轼在《祭龙井辩才文》中说:

①《东坡后集》卷八。
②《维摩像唐杨惠之塑在天柱寺》,《东坡集》卷一。
③《栾城集》卷十三。

> 我初适吴，尚见五公。讲有辩、臻，禅有琏、嵩。①

这里的"辩"，指海月法师慧辩和辩才法师元净。二人同为明智大师弟子。慧辩（1014—1073）修天台，为杭州都僧正，讲教二十五年，学徒及千人。苏轼曾为作《海月辩公真赞》②和《吊天竺海月辩师三首》③。辩才（1011—1091），住天竺观音道场，苏轼对他与慧辩一样"敬之如师友"④。苏轼有《赠上天竺辩才师》诗写道：

> 南北一山门，上下两天竺。中有老法师，瘦长如鹳鹄。不知修何行，碧眼照山谷。见之自清凉，洗尽烦恼毒。坐令一都会，勇士礼白足……⑤

可见苏轼对他的尊敬。苏辙《龙井辩才法师塔碑》中记载，苏轼"子迨生三年，不能行。请师为落发，摩顶祝之。不数日，能行如他儿"⑥。"臻"指梵臻，天台知礼高足，住上天竺，后迁金山寺，又为南屏山兴教寺住持。《佛祖统记》卷十二曾记载"东坡初来杭，与师最厚"。"琏"指怀琏（1009—1090），师事圆通居讷，与苏轼为世交。这个人在皇室和亲贵间广泛活动，后来到金山和明州阿育山隐居。苏轼有《与大觉禅师琏公书》⑦，是为布施苏洵所藏禅月大师罗汉图而作；又有《宸奎阁碑》⑧，是为广利寺中怀琏收藏皇帝所赐颂寺诗十七首的宸奎阁所写的碑文。"嵩"指契嵩（1007—1072），是前面提及的《辅教篇》作者，为云门缘密圆明三传弟子。他死于苏轼到杭州的半年之后，苏轼在《南华长老重辩师逸事》中曾提起他，说

---

①《东坡后集》卷十六。
②《东坡后集》卷二十。
③《东坡集》卷五。
④《天竺海月法师塔碑》，《栾城后集》卷二十四。
⑤《东坡集》卷六。
⑥《栾城后集》卷二十四。
⑦《东坡续集》卷四。
⑧《东坡集》卷三十三。

"予在钱塘,亲见二人"①。以上是五个人。此外与苏轼往还密切的还有孤山惠勤、惠思。苏轼在熙宁四年到官三日就去拜访过。又有诗僧清顺、可久,前者住钱塘门外祥符寺,后者住宝岩院。还有宗本禅师,住南屏山下净慈寺。所以苏轼说:"吴越多名僧,与余善者常十九。"②他又写到自己与惠辩的交往:"余方年壮气盛,不安厥官,每往见师,清坐相对,时闻一言,则百忧冰解,形神俱泰。"③可知他结交僧侣的情景与心情。

对苏轼的佛教信仰产生重大影响的另一件事是他被贬黄州(今湖北省黄冈市)。他本来对变法不满,一些附和革新派的人利用他的诗文进行罗织,搞成一个文字狱即后来所谓"乌台诗案",使他饱受折磨和屈辱。如果说在此以前他对佛教还多是感性的接触,与杭州名僧结交也是六朝以来文人、高僧之间相交往的高风逸趣,那么在经受现实苦难之后,他就进一步追寻佛理,企图从中得到安慰与解脱。苏辙在给他写的墓志中说:

> 既而谪居于黄,杜门深居……后读释氏书,深悟实相,参之孔、老,博辩无碍,浩然不见其涯也。④

苏轼有《和子由四首·送春》诗,中有句云:"凭君借取《法界观》,一洗人间万事非(来书云近看此书,余未尝见也——原注)。"⑤《法界观》即宗密所作《注华严法界观门》,这是发挥华严法界缘起理论的重要著作。他初到黄州时,住在一个佛寺里,随僧蔬食,现实的一切使他灰心杜口。他在《与程彝仲推官二首》之二中写到这个时期

①《东坡后集》卷二十。
②《东坡志林》卷十一。
③《海月辩公真赞》,《东坡后集》卷二十。
④《亡兄子瞻端明墓志铭》,《栾城后集》卷二十二。
⑤《东坡集》卷七。

情形："但多难畏人,不复作文字,惟时作僧佛语耳。"①黄州时期,苏轼又结交了了元佛印禅师和诗僧道潜。了元曾遍参禅宗名僧如居讷等,住江州承天寺、淮上斗方寺、庐山开先寺等寺院,以及金山、焦山,名动朝野。道潜大概在苏轼早年任徐州通判时即已相识。这两个人后来一直与苏轼保持着十分亲密的关系。

神宗死,王安石变法失败,保守派主政,这就是所谓"元祐更化"时期。苏轼回朝,但遇事不随,又与当政者多龃龉,因此又再次通判杭州。后来他有诗题曰《余去杭十六年复来,留二年而去,平日自觉出处老少,粗似乐天,虽才名相远,而安分寡求,亦庶几焉……》②。他这里所谓"似乐天",当然包含着两人同喜结交方外、热衷参禅的内容。早在黄州时,他就自号东坡居士。白居易谪忠州,有诗《东坡种花二首》,苏轼取名,也是仿白居易称香山居士而制作的。此后他常常以乐天自比。

绍圣年间,新党再度执政,苏轼也再遭流贬,远到惠州和海南的昌化(海南儋州市)。在赴惠途中,过金陵崇因禅院见长老宗袭,院内有新造观音菩萨像,苏前去礼拜并发心愿北归复过此而为之颂,后果然于北返时为作《观世音菩萨颂》。又南行经曹溪南华寺,即原来的宝林寺,本是六祖惠能传法之地,作《南华寺》诗。绍圣四年再贬海南,告命到惠州,惠守说其妻曾梦见普光王菩萨僧伽将为其送行,苏轼则以为"前世有缘"。元符三年(1100)遇赦北归,再到南华寺,未至前友人苏贤在南华寺相待,苏先寄一诗,有句云:

> 水香知是曹溪口,眼净同看古佛衣。不向南华结香火,此生何处是真依。③

这里"眼净"用《维摩经》"远离尘垢,得法眼净"典。又有《追和沈辽

---

① 《东坡续集》卷五。
② 《东坡集》卷十九。
③ 《昔在九江与苏伯固倡和……》,《东坡后集》卷七。

项赠南华诗》：

> 善哉彼上人，了知明镜台。欢然不我厌，肯致远公材。莞尔无心云，胡为出岫来。一堂安寂灭，卒岁扃苍苔。①

对比起来，他前期写到佛教的诗，往往流露不堪世事压迫以求解脱之感；而到后期，则能以更透脱的禅理来认识世界，看待人生，作飒然超离之想。

苏轼习佛，与许多文人一样，内容是很庞杂的。他不是一个对理论思辨有兴趣的人，更不是专精佛教教理的佛学家。从其诗文经常引为典据的佛经看，他最熟悉的是《维摩》、《圆觉》、《楞枷》诸经以及禅师语录等。他说"久参白足知禅味"②，对禅特别表现出兴趣。另外如前所述，他曾研习华严著作。华严宗提倡法界缘起，以为事理无碍，大小等殊，理有包容，相即相入，万事万物都是一真法界的体现，因此互相包含，互相反映，无穷无尽。他的诗中也写到这种观念，例如：

> 孤云抱商丘，芳草连杏山。俯仰尽法界，逍遥寄人寰。③
> 乃知法界性，一切惟心造。若人了此言，地狱自破碎。④

他又宣扬净土，但信仰在他身上没有白居易那么浓重。在他对佛教的理解中，理智的追求占有更大的比重。明显的表现是他有些时候也曾批评佛教教理中的颓废超世和因果报应观点。例如他在居丧期间，应惟简之请，写《中和胜相院记》，其中说：

> 佛之道难成，言之使人悲酸愁苦……吾尝究其语矣，大抵务为不可知，设械以应敌，匿形以备败，窘则推堕渺漾中不可

---

① 《东坡续集》卷一。
② 《书普慈长老壁》，《东坡集》卷六。
③ 《南都妙峰亭》，《东坡集》卷十五。
④ 《地狱变相偈》，《东坡集》卷四十。

捕捉,如是而已矣。①

因此他认为某些佛教宣传是"为愚夫未达者"所设的"荒唐之说"。这指的主要是净土信仰。他在《大悲阁记》中又说:

> 至于为佛者亦然,斋戒、持律,讲诵其书而崇饰塔庙,此佛之所以日夜教人者也。而其徒或者以为斋戒、持律不如无心,讲通其书不如无言,崇饰塔庙不如无为。其中无心,其口无言,其身无为,则饱食而嘻而已,是为大以欺佛者也。②

这里批评的则是禅宗无言无相之说。他的这种说法与柳宗元对禅宗的批评相似,也是以理性批驳神秘和颓败之说。

另一方面他也主张释与儒合。例如在《宸奎阁碑》中他称赞怀琏:

> 是时北方之为佛者,皆留于名相,囿于因果,以故士之聪明超轶者皆鄙其言,诋为蛮夷下俚之说。琏独指其妙与孔、老合者,其言文而真,其行峻而通,故一时士大夫喜从之游。③

又《祭龙井辩才文》说:

> 孔、老异门,儒、释分宫,又于其间,禅、律相攻。我见大海,西北南东,江河虽殊,其至则同。维大法师,自戒定通,律无持破,垢净皆空。讲无辩讷,事理皆融,如不动山,如常撞钟,如一月水,如万窍风。八十一年,生虽有终,遇物而应,施则无穷……④

他称赞怀琏能调和儒与佛、老;对于辩才,则指出其在佛教宗派间

①《东坡集》卷三十一。
②《东坡集》卷三十一。
③《东坡集》卷三十三。
④《东坡后集》卷十六。

取兼容态度,实际是阐扬他整个思想观念的弘通。根据事理圆融的观点,不但佛教各宗派,就是儒、佛、道各家都有其价值,共同汇合到真理的汪洋大海中。而在儒、释二者之间,他以为相反而相为用,不谋而同。宰官行世间法,沙门行出世间法,世间即出世间,等有无二,所以他对二者都不偏废。他在《答毕仲举书》中说到自己学佛的立场:

> 佛书旧亦尝看,但暗塞不能通其妙,独时取其粗浅假说以自洗濯,若农夫之去草,旋去旋生,虽若无益,然终愈于不去也。若世之君子所谓超然玄悟者,仆不识也。往时陈述古好论禅,自以为至矣,而鄙仆所言为浅陋。仆尝语述古:公之所谈,譬之饮食,龙肉也;而仆之所学,猪肉也。猪之与龙则有间矣。然公终日说龙肉,不如仆之食猪肉实美而真饱也。不知君所得于佛书者果何耶?为出生死、超三乘遂作佛乎?抑尚与仆辈俯仰也?……①

这就表示他的学佛,不喜欢那些玄虚之谈,而希望在身心上真能得益。他所说的"浅陋",正是与现实人生有关联处。他显然不相信佛教真能让人出世做佛,而希望它对俯仰人世的平凡人有益。这种对待佛教的态度,有相当的理性色彩,也是他能对各家思想学说取开阔眼界的原因。

苏轼对佛教的这种独特理解,表现在诗作中,也形成了特殊内容。

苏轼之好佛,首先落实到心性修养上。现实世界带给他无数苦闷与烦恼。在佛教中,他学到摆脱这些烦恼的超然态度,可以在一时间跳出矛盾纠缠之外,从而达到心泰神宁。但在许多情况下,他又并没有完全超世入佛,而往往只是在解脱"烦恼障"之后对人

---

① 《东坡集》卷三十。

世冷眼观察,做到对一切苦难都无所挂碍,无所顾念。他在《海月辩公真赞》中说:

> 予通守钱塘时,海月大师惠辩者实在此位(指担任僧正——作者),神宇澄穆,不见愠喜而缁素悦服。予固喜从之游。①

他每见惠辩,清坐相对,即达到形神俱泰的境界。他在《黄州安国寺记》中又说:

> 道不足以御气,性不足以胜习,不锄其本,而耘其末,今虽改之,后必复作。盍归诚佛僧,求—洗之。得城南精舍曰安国寺,有茂林修竹、陂池亭榭,间一二日辄往。焚香默坐,深自省察,则物我想忘,身心皆空,求罪垢所从生而不可得。一念清净,染污自落,表里翛然,无所附丽。私窃乐之。旦往而暮还者,五年于此矣。②

这里写出了他入佛寺习佛时的心情。他在那里,与其说是求福祐,不如说是求清净。在佛寺的清幽环境中焚香默坐,悟得物我双亡、身心皆空的道理,心境上也就安宁了。这是由于内心反省所得到的安慰。他有一首《书焦山纶长老壁》诗,写得很有风趣,也透露了对人生的理解。这种理解可说深得禅机。诗云:

> 法师住焦山,而实未尝住。我来辄问法,法师了无语。法师非无语,不知所答故。君看头与足,本自安冠屦。譬如长鬣人,不以长为苦。一旦或人问,每睡安所措。归来被上下,一夜着无处。展转遂达晨,意欲尽镊去。此言虽鄙浅,故自有深趣。持此问法师,法师一笑许。③

---

①《东坡后集》卷二十。
②《东坡集》卷三十三。
③《东坡集》卷六。

这里"借禅以为诙"①的作品。他用一个长鬣人的比喻,生动风趣地表现一种对人生的透脱理解,也说明了禅宗求净心的道理。长鬣人对他的胡子本来是不以为碍的,但一旦有人提醒,对它有了自觉,反倒不知所措,连觉都睡不好了。这里既说明了不可胶着于外物得失,同时也表现出一种为人处世之道。他在诗文中经常写到那种"安心"的境界,如:

> 因病得闲殊不恶,安心是药更无方。道人不惜阶前水,借与匏樽自在尝。②
>
> 安心好住王文度,此理何须更问人。③
>
> 只从半夜安心后,失却当年觉痛人。④
>
> 未知仰山禅,已就季主卜。安心会自得,助长毋相督。⑤

还有些诗不用"安心"这个词,但意思是相同的。如:

> 欲问云公觅心地,要知何处是无还。⑥

这里用《楞严经》:"今当示汝无所还地。"⑦即"功德善根增长而不退转,是菩萨修行"的第七地。又如:

> 散我不平气,洗我不和心。⑧
>
> 我心空无物,斯文定何闲。君看古井水,万象自往还。⑨

---

①《闻辩才法师复归上天竺以诗戏问》,《东坡集》卷九。
②《病中游祖塔院》,《东坡集》卷五。
③《吊天竺海月辩师三首》之三,《东坡集》卷五。
④《钱道人诗云直须认取主人翁作两绝戏之》,《东坡集》卷五。
⑤《次韵子由浴罢》,《东坡后集》卷六。
⑥《病中独游净慈谒本长老……》,《东坡集》卷五。
⑦《大佛顶如来密因修正了义诸菩萨万行首楞严经》卷二,《大正藏》第19卷,第111页上。
⑧《听僧昭素琴》,《东坡集》卷六。
⑨《书王定国所藏王晋卿画着色山二首》之一,《东坡集》卷十七。

他在文章中也多有表现这种心境,如《大悲阁记》:

> 及吾燕坐寂然,心念凝默,湛然如大明镜,人鬼鸟兽杂陈乎吾前,色声香味交遘乎吾体。心虽不起而物无不接,接必有道。即千手之出,千目之运,虽未可得见,而理则具矣。①

这里写的是外物不扰于心,以净心观照万物的接物之道。同时在观照中体察物理,这又是用华严法界事理圆融思想来阐述净心。他在惠州建阁曰“思无邪”,并作《思无邪斋铭》,有云:

> 东坡居士问法于子由。子由报以佛语曰:未觉必明,无明明觉。居士欣然有得于孔子之言曰:“《诗》三百,一言以蔽之,曰思无邪。”夫有思皆邪也,无思则土木也。吾何自得道,其惟有思而无所思乎。于是幅巾危坐,终日不言,明目直视而无所见,摄心正念而无所觉,于是得道,乃铭其斋曰思无邪……②

这里所谓“有思而无所思”,深得佛家“中道”三昧。“有思”指无邪之思,就是后面所谓“正念”,而“无所思”指不为外界所干扰。他要这样做到外轻内顺,即安则物之感我者轻,和则我之应物者顺,以此了解生理,则内心自然平静了。而把佛法的“正道”与孔子的“思无邪”相统一,正是他统合儒释的表现。苏轼《阿弥陀佛颂》说:“我造无始业,本从一念生,既从一念生,还从一念灭。生灭灭尽处,则我与佛同。”③这样,在他看来,人生罪福苦乐,都决定于一念之间,应物处事只决定于主观的认识与态度。这种看法是纯任自心的,是一种自我心理安慰,但又表现为一种不以物喜、不为己忧的超脱情怀。

　　苏轼还经常讲“人生如梦”,《赤壁怀古》中的感慨是人尽皆知、

---

①《东坡集》卷四十。
②《东坡后集》卷十九。
③《东坡集》卷四十。

十分感人的。"如梦"是大乘十喻之一,是佛家人生观的表现。佛
家讲"如梦",是因为我、法两空,比中国固有的老、庄思想深刻得
多。他的诗里经常抒写这样的感慨:

> 人似秋鸿来有信,事如春梦了无痕。①
> 回头自笑风波地,闭眼聊观梦幻身。②
> 人间何者非梦幻,南来万里真良图。③
> 愿君勿笑反自观,梦幻去来殊未已。④
> 旧事真成一梦过,高谈为洗五年忙。⑤
> 此身自幻孰非梦,故园山水聊心存。⑥

这样,苏轼感觉到人生是虚幻的,世事也是虚幻的,"一弹指间去来
今",这显然受到大乘空观的影响。这些诗的基本情调是消极的,
但其中也包含着对于人生的理智的反省。既然人间一切都是梦
幻,那么人生的痛苦也不过是幻影,人世的功业名利也没有什么价
值。这就导向了对当时社会所承认的一切有价值的东西的否定,
和对于苦难现实淡然处之的态度。他的《百步洪二首》中以流水比
喻人生,意思也相似:

> 我生乘化日夜逝,坐觉一念逾新罗。纷纷争夺醉梦里,岂
> 信荆棘埋铜驼。觉来俯仰失千劫,回视此水殊委蛇。君看岸
> 边苍石上,古来篙眼如蜂窠。但应此心无所住,造物虽驶如
> 余何。⑦

---

① 《正月二十日与潘郭二生出郊寻春……》,《东坡集》卷十二。
② 《次韵王廷老退居见寄二首》之一,《东坡集》卷十。
③ 《四月十一日初食荔枝》,《东坡后集》卷五。
④ 《王巩清虚堂》,《东坡集》卷十一。
⑤ 《余去金山五年而复至次旧诗韵赠宝觉长老》,《东坡集》卷十。
⑥ 《次韵滕大夫三首·雪浪石》,《东坡后集》卷三。
⑦ 《东坡集》卷十。

"一念逾新罗"，用《传灯录》典：有僧问金鳞宝资大师，如何是金刚一只箭？师云：过新罗国去。说的是迷念之速如射箭一样。苏轼看到了历史纷争，人间劫夺，瞬息万变，一切如过眼烟云，因而他表示要断除迷念，心无所住，也就是不胶着迷恋于现实事物。他认为不论世事如何变化，只要自己在认识上都能适应，那么就会安时处顺，无所执着了。

苏轼从早年起即学《华严》。华严法界万法平等的思想在他的作品中也有明显表现。他在《怪石供》中说到以怪石为供，有云：

> 而庐山归宗佛印禅师适有使至，遂以为供。禅师尝以道眼观一切世间，混沦空洞，了无一物，虽夜光、尺璧与瓦砾等，而况此石？……①

根据大乘空观，诸法性空，宝玉与瓦砾、石头都是"平等"的。因为这些事物，都是一真法界的体现。如果用这种看法对待人生，就会泯是非、齐荣辱，通达无碍，不忮不躁。他在诗里也经常写到这种心情：

> 至人无心何厚薄，我自怀私欣所便。耕田欲雨刈欲晴，去得顺风来者怨。若使人人祷辄遂，造物应须日千变。我今身世两悠悠，去无所逐来无恋。②
>
> 太山秋毫两无穷，巨细本出相形中。大千起灭一尘里，未觉杭、颍谁雌雄。③
>
> 更厌劳生能几日，莫将忧思扰衰年。片云会得无心否，南北东西只一天。④

---

① 《东坡集》卷二十三。
② 《泗川僧伽塔》，《东坡集》卷三。
③ 《轼在颍州与赵德麟同治西湖未成……》，《东坡后集》卷二。
④ 《蜀僧明操思归龙丘子书壁》，《东坡续集》卷二。

万法平等，所以万物各得其所。祸福苦乐只是相形而现，是人们的
感觉而已。在一切都处于生灭流转的世界中，什么计较都是不必
要的。绍圣二年贬惠州时，他给程之才写信发表感想：

> 某睹近事，已绝北归之望。然中心甚安之，未话妙理达
> 观。但譬如元是惠州秀才，累举不第，有何不可？知之免忧。①

在这样的心情之下，流贬的痛苦不以为意，也就宠辱不惊、处险若
夷了。

　　苏轼对佛教态度的一个特点，就是利用佛教的观念，对人生进
行理智的思索。在深刻的反省中，求得心理上的平定。有时候，他
觉得自己并没有完全领会佛说。他在《答参寥书》中自我检讨说：
"自揣省事以来，亦粗为知道者。但道心屡起，数为世乐所移夺，恐
是诸佛知其难化，故以万里之行相调伏耳……"②他给友人写信中，
还说到自己虽然慕佛道，诵《楞枷》，但实无所见。这些当然有自谦
意味，但也说明他对佛道并非那样执着、迷信。他的儿子苏过曾为
其亡母王氏写《金光明经》，问他此经是真实语还是寓言，他为之重
述了张安道的话："佛乘无大小，言亦非虚实，顾我所见如何耳。万
法一致也。我若有见，寓言即是实语；若无所见，实寓皆非。"③他认
为佛语的真实与否以至佛的有无，都在心的一念。这种非有非无
的通达观念，与虔诚的迷信很不相同。正如前已指出，他十分赞赏
维摩诘。他曾用维摩诘来称颂别人，如对前辈张安道：

> 乐全居士全于天，维摩丈室空俨然。平生痛饮今不饮，无
> 琴不独琴无弦……④

---

①《与程正辅提刑二十四首》之二十，《东坡续集》卷七。
②《答参寥书三首（惠州）》之一，《东坡续集》卷七。
③《书金光明经后》，《东坡后集》卷十九。
④《张安道乐全堂》，《东坡集》卷七。

对朋友文与可：

> 殷勤稽首维摩诘,敢问如何是法门。弹指未终千偈了,向人还道本无言。[1]

他更经常以维摩诘自比。维摩诘周流世界、游戏人间而又能以无限睿智来对待世事的态度,是苏轼非常欣赏的。他是白居易以后在文学中宣传居士思想最有力的另一个人。

苏轼生活在中国古代传统文化已经烂熟的时期,他本人是具有高度文化素养的封建士大夫的典型。他多才多艺,文、诗、词无一体不佳,书、画、琴无一艺不精。在思想上则儒、佛、道、纵横,广取博收,旁推交通。佛教思想给了他不少消极影响,但却始终没有占据他思想的全部。就其对佛教的理解说,一方面他对其颓废面有所警惕,如在《答毕仲举书》中说:"学佛、老者本期于静而达。静似懒,达似放。学者或未至其所期,而先得其所似,不为无害。"[2]另一方面由于他能利用佛教观念对人生进行反省,培养起一种超然、洒脱的人生态度。这种观念与儒家用世思想相互为用,则处危难间不惧不馁,而一有机遇又能坚持理想,奋斗不已。苏辙说他谪居海南时"日啖薯芋而华屋玉食之念不存于胸中"[3]。即使到了晚年,诗文中亦不见衰惫之气。这也表现出一种气节。所以佛学修养对于他的人生与创作是起了相当大的积极作用的。

明王朝建立以后,鉴于元代崇奉喇嘛教的流弊,转而支持佛教,禅、净、律、天台、华严各宗都有所传续。但由于佛教从整体看在走下坡路,不再可能出现以往曾有的兴盛气象。神宗万历年间,有云栖袾宏、紫柏真可等"明末四高僧"出现,情势又渐见起色,但实际上独创建树不多,局面仍相当狭小。不过在这种总体不太振

[1]《和文与可洋州园池三十首·无言亭》,《东坡集》卷七。
[2]《东坡集》卷三十。
[3]《追和陶渊明诗引》,《东坡续集》卷三。

作的状态下,佛教对思想、文化,包括文学创作却仍在继续发挥相当大的影响。这种佛教自身衰颓而其影响相对扩展的矛盾现象,成为这一时期思想文化发展的重要特征。而由于时代环境的变化,这一时期佛教的发展形态及其所发挥的作用又具有明显的特点。

首先,如上所述,佛教在这一时期总体上已走向衰败,其重要表现是作为中国佛教发展成果的各宗派在宋代以后畛域已渐趋消泯,在理论思想上取得重大成果、对中国思想、文化发展做出巨大贡献的宗派佛学也已鲜有新的发挥,"禅、净合一"成为主导潮流。而这时佛寺里讲的"禅"是徒成躯壳的所谓"念佛禅",已完全失去了生动活泼的思想内涵;净土则宣扬轮回报应的迷信。在这种情况下,作为佛教活动核心的僧团的地位和作用已大大降低了。支持佛教存续、发挥佛教作用的主要力量在知识阶层,居士佛教从而大为发展。由于知识阶层具有丰厚的文化基础,又熟悉历史上儒、释交流的传统,也就有可能多方面地利用佛教长期积累的资源,使之在思想、文化领域发挥积极作用。本来佛教在中国发展的一个重大特点,也是优点,就是具有突出的文化性格。这一传统被宋、明以来的信仰者和赞赏者们继续加以发扬,被更为凸现出来。这样佛教在总体衰落的情况下,却能够在思想、文化领域继续发挥相当巨大作用,并取得了许多积极成果。

其次,在中国专制等级社会中发展的佛教,各社会阶层的认识和接受情形本来大不相同。这就出现了所谓"皇室佛教"、"士大夫佛教"、"民间佛教"等等的不同。宋、明以来,社会结构发生重大变化:城市经济逐渐繁荣,市民阶层兴起并发挥更大作用,民间文化活动空前活跃,一大批民间宗教形成并吸引众多信众等等。在这种形势下,一般民众与社会上层的佛教信仰与实践活动进一步分化。在民众间,"家家阿弥陀,户户观世音",净土、观音等通俗信仰流行,寺院里盛行檀施供养的迷信活动;另一方面则是佛道融合、

"三教合一"，以至佛教与民间宗教相融合形成趋势。这些在民间的小说、戏曲里都有相当充分的表现。这种民众间流传的佛教严重模糊了佛教独特的宗教性格，更使得它基本失去了本来具有的理论内涵。而相对应的，知识阶层却更注重佛教的思想、文化层面。许多人"逃禅"、习佛完全意在汲取佛教教理的某些内容，赞赏佛教提倡的一些思想观念。这样反映在具体的人身上，对待佛教的态度、接受佛教的侧重点也就大不相同了。

　　再有，就知识阶层内部而言，同样赞赏或信仰佛教，由于社会处境不同，思想观念分歧，具体情况也有很大差异。如下面将要介绍的宋濂那样的正统文人和更多的失意文人同样信佛逃禅，但思想基础全然不同，对佛理的理解和发挥当然也不会一致，这是毋庸多说的。宋代以后，理学被确定为正统统治学说，而理学的内容和方法都大量借鉴了佛理，许多理学家都有亲近佛说的经历，这是中国思想史上众所周知的现象。但是理学中的不同派别对待佛教和佛教思想的态度和方式却又很不相同。值得注意的是到明代，王阳明继承、发扬了陆九渊一派的"心学"传统，本来吸纳了禅学的许多内容，却又以反佛相标榜。"王学"的后学分化为几个流派，大体都调和儒、释或"阳儒阴释"，但对佛学的实际发挥却走上不同的路径。其中所谓"王学左派"利用禅宗资源发挥出反传统、反体制的思想，被正统派斥为"狂禅"，下面将介绍的李贽就是典型例子。这也成为佛教思想被加以发挥、造成积极影响的显著事例。

　　宋濂（1310—1381），字景濂，号潜溪，浦江（今浙江省浦江县）人。元末召为翰林编修，不受。明初，主修《元史》，深受明太祖朱元璋信任，官至学士承旨知制诰。后因长孙宋慎牵涉到胡惟庸案①，全家徙茂州，病死于途中。他是明初有代表性的文人，又精理

---

① 胡惟庸（？—1380），明初任中书省参知政事、丞相，以谋逆罪被杀。后太祖朱元璋认为他有通倭、通元罪状，穷究党羽，株连者三万余人。

学,受业于道学家柳贯、黄缙,又是许白云的再传弟子。这些人都是著名的朱子学者。他在学术上和文学上的建树,为开创一代风气起了一定作用。

宋濂论文坚持极端的明道主张。著《文论》上、下篇和《徐教授文集序》等,以为"文之至者,文外无道,道外无文"①,因而只有六经文章才是真正的文。六经以下是孟子,孟子既殁,世不复有文。贾(谊)、董(仲舒)、史迁只得孟之皮,韩、欧阳得孟之骨,周、程、张、朱才得其髓。他文名甚盛,主修《元史》,文章议论施于朝廷,加以文笔简洁清通,述作技巧甚佳,因而他的主张在文坛上很有影响。

但他又崇信佛教。黄宗羲《南雷文定》三集卷二就指出他"非儒者之气象";清儒陆世仪《思辨录辑要》批评说:

> 宋景濂一代儒宗,然其文大半为浮屠氏作。自以为淹贯释典,然而学术为不纯矣。不特非孔、孟之门墙,抑亦倒韩、欧之门户。八大家一脉,宋景濂绝其防矣。②

他自己也回忆"自幼至壮,饱阅三藏诸文,粗识世雄氏所以见性明心之旨,及游仕中外,颇以文辞为佛事"③。又通过他人的口,说"居士深究内典,为吾徒之所信向,海内尊宿,多浚发其幽光"④。他广交僧侣,好为佛事,所以袁宏道评论说他是紫阳(朱熹)和圭峰(宗密)分身入流者⑤。

宋濂好佛,与时代形势有关。明太祖朱元璋年轻时在家乡凤翔皇觉院里做过和尚,对佛教自有感情。《明史》记载:

> 帝自践阼后,颇好释氏教,诏征东南戒德僧,数建法会于

---

① 《徐教授文集序》,《宋学士文集》卷五十一。
② 《思辨录辑要》卷三十五《史籍类》。
③ 《佛性圆辩禅师净慈顺公逆川瘗塔碑铭》,《宋学士文集》卷十九。
④ 《大天界寺住持孚中禅师信公塔铭》,《宋学士文集》卷五。
⑤ 《识篆书金刚经后》,《袁中郎集·杂录》。

蒋山，应对称旨者辄赐金襕袈裟衣，召入禁中，赐座与讲
论……①

他度僧，注经，御制《护法集》，著名的禅僧梵琦倍受礼重，称"国初
第一宗师"。佛教有统治者加护，是它传播的一个重要条件。这种
思想环境，也促使宋濂这样与朝廷接近的文人密切了与佛教的关
系。例如他也与梵琦交往，为他写过《六会语录序》和《塔铭》等。

　　宋濂在哲学思想上是以心性为本体的唯心史观。他把儒的存
心养性和佛的明心见性统一起来，宗儒典以探义理之精奥，慕真宗
以荡名相之粗迹，把理学与佛学相贯通。他在《重刻护法论题辞》
中说：

　　　　妙明真性，有若太空，不拘方所，初无形段。冲淡而静，寥
　　漠而清，出焉而不知其所终，入焉而不知其所穷，与物无际，圆
　　妙而通。当是时，无生佛之名，无自他之相，种种含摄，种种无
　　碍，尚何一法之可言哉！……②

这种妙明真性，是"与物无际"的绝对真实，在理学叫作"道"，在佛
家叫"真如"、"法界"等等。它是一种"真"，而众生"营营逐妄，扰扰
迷真"，佛则是"大觉真人"③。这也是"真心"，而"心者万理之原，大
无不包，小无不摄，能充之则为贤知，反之则愚不肖矣"④。他所理
解的佛学，是"明心而已矣"⑤。他称赞梵琦，"世间万物，总总林林，
皆能助发真常之机"⑥。理学中的心学和佛学上的禅学，都走避免
繁琐而求直截的路子。宋濂也破除理性的思辨的框子，而直指心

---

①《明史》卷一百三十九《李仕鲁传》，中华书局，1974年，第3988页。
②《宋学士文集》卷二十八。
③《冲默斋记》，《宋学士文集》卷十三。
④夹注辅教篇序》，《宋学士文集》卷二十九。
⑤《送季芳联上人东还四明序》，《宋学士文集》卷八。
⑥《楚石禅师六会语录序》，《宋学士文集》卷八。

源。这是与心学、禅宗一致的。后来王阳明与李贽虽然政治立场和思想倾向不同,在认识论与世界观上却有一致处。在这方面,宋濂是开明一代学术风气者。他的这种心性理论,作为儒家正心诚意观念的发挥,是统治阶级整饬思想的依据;但一任"真心"不受羁束,独来独往,又会成为反叛现实,要求个性自由的缘由。

　　附和宋代以后禅教合一的潮流,宋濂在佛教信仰上,也颇为驳杂。他推崇虚灵的心性,把它作为超离"生佛"的存亡有无的绝对存在,这很有泛神论色彩。但同时他又迷信菩萨、观音等偶像,宣扬极其低俗的愚妄谬说。他在理论上对这一点还有所解释,在《金华安化院记》中说:

　　　　禅则直究心源,以文句为支离;教则循序进修,以观空为虚妄。互相訾謷,去道逾远。然以密意言之,依性说相,非息妄修心者乎? 破相显性,非泯绝无寄者乎? 以显示言之,真心即性,非显明心性者乎? 轨辙虽若稍殊,究其归极,则一而已。奈何后世岐而二之……①

这样,他认为言心性的禅与言性相的教是一致的。教门的"依性说相"、"破相显性",只是循序渐进的办法,没有"直究心源"的直截了当。那么佛教的迷信宣传与其讲心性,也只是手段不同而已。所以他在《永明智觉禅师遗像赞》中说:

　　　　性相三宗互矛盾,有碍如来正法轮。更相质难辨异同,折以一心归觉路。譬犹欲适长安者,道途纷纭走车马。或南或北或东西,及其至处见不别。②

他认为佛教各宗派间只是途辙不同,目的是一样的,各宗派间的争论是无益的。实际上这种禅教合一的观念,正反映了当时佛教发

①《宋学士文集》卷四十七。
②《宋学士文集》卷五十一。

展的实际,也是佛教理论思想衰落的表现。

　　他统合儒与佛二者,称赞柳宗元所谓"真乘法印与儒典并用"的观点。他认为空、有相资,真、俗并用,才能周流而无滞。他又推崇宋代的契嵩明东、西方圣人之教一贯的说法:

> 天生东鲁、西竺二圣人,化导蒸民,虽设教不同,其使人趋于善道则一而已。为东鲁之学者,则曰我存心养性也;为西竺之学者,则曰我明心见性也。究其实虽若稍殊,世间之理,岂有出一心之外者哉![1]

在这里他统摄儒、释,用世俗语言归结二者都是善道,用哲学语言则把道理归纳到一心。在这种情况下,他仍是把佛教提高到世界观的地位,在体与用二者的关系上推崇佛教为至高无上的。他在《径山愚庵禅师四会语序》中说:

> 若如来大法则不然,既无体段,又无方所。吾不为成,孰能为之坏? 吾不为后,孰能为之先? 吾不为下,孰能为之上? 芒乎忽乎,旷乎漠乎,微妙而圆通乎。其小无内,其大无外,真如独露,无非道者。所以超乎天地之外,出乎日月之上。大而至于不可象,斯为大矣;明而至于不可名,斯为明矣。是故以有情言之,则四圣以至六凡,或觉或迷,佛法无乎不具也;以无情言之,则火水土石与彼草木,或洪或纤,佛法无乎不在也。[2]

这样,佛法是绝对的,它无生无灭无所不在。它体现在一切相对里,自然超越一切相对。他在《清斋偈》中说:

> 中竺有虚室,八窗皆洞然。触目无碍者,有境皆摄入。烟霞草木石,鸟兽昆虫等。以至世间事,何物不可状。[3]

---

[1]《夹注辅教篇序》,《宋学士文集》卷二十九。
[2]《宋学士文集》卷二十一。
[3]《宋学士文集》卷二十六。

这样，一心摄入诸境，世间事都是绝对精神的体现。他在另一篇文章中借用唐代禅师永嘉玄觉著名的水月之喻，说百亿水则有百亿月，而中天之月不可分，一心整体具体化为显微无间，从而把世俗统摄到佛法之中去了。他的不少文章都把世俗伦理引向宗教热诚，以佛教观念来理解人间关系。全祖望论述明初学术说：

> 婺中之学（指朱子道学——笔者）至白云（许谦）而所求于道者疑若稍浅，观其所著，渐流于章句训诂，未有深造自得之语，视仁山（金履祥）远逊之，婺中学统之一变也；义乌诸公（黄溍等）师之，遂成文章之士，则再变也；至公而渐流于佞佛者流，则三变也。①

这里讲朱子之学的演变，批评是很中肯的。

如果主张虚灵的心性，那么文字只是糟粕，只能得出无言无说的结论。但宋濂却并不是如此，他好文章，把铺张帝德之广和宣扬象教之懿结合起来，这仍显示出他的文人本色。他在《育王禅师裕公三会语录序》中说：

> 《宝积经》云：如来所演八万四千法藏声教，皆名为文。离诸一切言音文字，理不可说，是名为义。法藏且尔，况下于斯者乎。以此观之，当略其文而究其义可也。然而取鱼者必资筌，搏兔者当用蹄。兔与鱼既获，而无事于蹄筌。吾心源既澄，识浪自息，复何义之云乎？②

他的这个主张，仍是佛家"不立文字，不离文字"的翻版。尽管文句不等于"真心"，也不能表达"真心"，它只存形迹，但"法因言入"，言入以后方能法空。所以对教义的一切显说密说、权说实说都是有其各自作用的，"文"也是很重要的，问题在如何应用而已。

---

① 《宋文宪公画像记》，《鲒埼亭集外编》卷十九。
② 《宋学士文集》卷四十三。

宋濂的文章贯穿了这样的精神。他写了不少维护纲常义理的文字，也写了许多赞扬佛教的铭赞记序。在后一类文章中，他往往把世俗伦理化为宗教热诚，也就是用宗教观念来统摄人世关系。例如《赠清源上人归泉州觐省序》，宣扬孝道，说佛道与儒道并用是天彝之正理，因而明心见性之士也要有报本反始之诚；《冲默斋记》则宣扬一种"人生而静"的虚静的人生观，最后归结为佛的"大觉"；《观心亭记》主张"古先哲王相传心法，所谓精一执中之训"①，更是儒释统一的。《新刻楞枷经序》里记述了朱元璋的话：

> 人至难持者，心也。触物而动，渊沦天飞，随念而迁，凝冰焦火。经言操存制伏之道，实与儒家言不异。使诸侯卿大夫人咸知此，纵未能上齐佛智，其禁邪思，绝贪欲，岂不胥为贤人君子之归……②

这就是说，努力于习佛，是造成贤人君子的手段。宗教的目标又转变为世俗目的，成为一种统治术了。

明代科举取士自洪武三年始，十七年颁为程式，以朱子学为根本。建学立师，设科取士，一用朱子之说，天下学者咸推朱子为大宗③。但像宋濂这样有影响的文人提倡佛教，对一代学术文化的影响是非常深远的。

宋濂是典型的依附统治集团的正统文人。他与佛教的关系反映了这一阶层文人的佛教信仰与实践状况。如前所指出，宋、明以来，知识阶层的分化也明显体现在对待佛教方面，在明代，特别集中地表现在理学思想的分化之中。

明代万历以后，社会发生重大变化。手工业、商业迅速发展，城市繁荣，市民阶层扩大，相对应地封建生产关系日渐衰朽。张居

---

① 《宋学士文集》卷四十四。
② 《宋学士文集》卷四十五。
③ 见王祎《送乐仲本序》，《王忠文集》卷六。

正十年当国,对政治、经济方面进行改革,多有成效。但自他死后,
朝廷党争剧烈,吏治败坏,贪暴成风,社会矛盾丛生,"民变"蜂起。
思想界也出现了异端。后者正是意识形态的一种"民变"。其代表
人物就是发展了王阳明学说的所谓"王学左派"即泰州学派的王
艮、何心隐等人。这一派也从佛教中积极地汲取了思想资料。在
这种思想潮流之中,文坛上出现了李贽和公安三袁等人。

　　李贽(1527—1602),初名载贽,号卓吾、宏甫、温陵居士,又号
龙湖叟,晋江(今福建省晋江市)人。他生于泉州,青年时期在泉州
度过。泉州自唐代以来是东南著名的对外贸易港,商业繁盛,商人
阶层势力雄厚。这种社会环境对形成李贽的自由开阔的意识很有
影响。他二十六岁通过乡试为举人,以后不再参加进士考试,直到
五十四岁,先后任吏职于河南、南京、北京、云南等地。然后退居湖
北黄安,又到麻城龙湖立芝佛院,度亦儒亦僧的居士生活,终于遣
妻别嫁,断然剃发。到七十四岁(1600)时,受到麻城士绅官宪迫
害,避难通州。后二年被捕,在北京狱中自杀。他的一生,作为士
大夫,排击道学,不以孔孟是非为是非,是异儒;但他又不是超世绝
俗的佛教徒,被抨击为"狂禅",是异僧。异端思想、叛逆性格,贯穿
在他的行事与作品之中。

　　他师事王艮的儿子王襞,又见过王阳明弟子王畿和泰州学派
罗汝芳,很表敬仰。还与焦竑友好,往还论学不绝。他对王阳明推
崇备至,著《阳明先生年谱》、《阳明先生道学钞》。在学术上,他主
要上承程颢、陆象山、王阳明一系。在理学发展史上,这一系不同
于程颐、朱熹所主张的"性即理"说,更不同于张载的"理气"说,而
主张"心即理"。"性即理"和"心即理"在世界观上都是唯心的,都
坚持"理"为第一性,但二者标志着理学中两派不同思想倾向的对
立。"性即理"主张理为人性的来源与规范,"心即理"却把理归结
到人的心性自身。由"心即理"发展为"良知"说,就认为满街都是
圣人,而"致良知"则是每个人实现超凡入圣的手段。这种自我心

性的修养方法,被当作整顿和巩固封建秩序的方法,但也可以作为肯定自我,发展个性的依据。因此,"良知"说有其强调封建道德修养的一面,但又有强调人性平等、肯定个人价值、反体制、反权威的一面。王学左派正发展了这后一面,形成了自由的、批判的异端意识。李贽则是继承这个学统的杰出代表。他在发展这一派的思想时,利用了佛教的、主要是禅宗的资料。

李贽并不反对儒学。他有《三教归儒说》一文,其中说"儒、道、释之学,一也。以其初皆期于闻道也"①。他对"三教大圣人"都给以肯定。他的文集中论儒学的文字不少,还有关于这方面的专著《易因》。他评论历史与现实人物,讲忠讲孝,俨然封建士大夫口吻。但他反对以孔子的是非为是非,主张"天生一人,自有一人之用,不待取给于孔子而后足也"②;他更反对"鄙儒"、"俗儒"、"迂儒"、"名儒"、"酸道学"、"假道学"。他对在当时思想界占统治地位的理学给以猛烈抨击,也否定统治者制定的礼、乐、刑、政。他说"有德、礼以格其心,有政、刑以縶其四体,而人始大失所矣"③。而作为他的理论思想的依据的,则是对人性的肯定。在这方面,他正是有取于佛家心性学说。

中年以后,李贽思想成熟,这一时期他对佛教也特别用心。他在《圣教小引》中自述:"五十以后,大衰欲死,因得友朋劝诲,翻阅贝经,幸于生死之原窥见斑点。乃复研穷《学》、《庸》要旨,知其宗贯,集为《道古》一录"④;他给焦竑的信中说:"今于佛法分明有见,虽未知末后一着与向上关捩,然从此稳实。"⑤他自称"学佛人",后来终于剃度。他学佛主要取禅宗一念净心的观念,他说:

①《续焚书》卷二。
②《答耿中丞》,《焚书》卷一。
③《答耿中丞》,《焚书》卷一。
④《续焚书》卷二。
⑤《与焦弱侯》,《续焚书》卷一。

　　岂知吾之色身洎外而山河,遍而大地,并所见之太虚空
等,皆是吾妙明真心中一点物相耳。①

既然宇宙都包括在一心之中,那么认识自己性命的价值就很重要。
他批评人们"不知自己性命悠久,实与天地作配于无疆"②。他用这
个理论来解释《大学》的"明明德",说人人都有佛教所谓功德圆满
的绝对智慧"大圆镜智";他又用来解释孔子的"四勿",说"由中而
出者谓之礼,从外而入者谓之非礼"③,要求人做到心行路绝、言语
道断的禅悟之境。由于人人都有体现自己"本来面目"的性情,因
此"人人皆可以为圣"④。他借用佛家禅宗"即心即佛,人人是佛"之
说,以为"人人之皆佛而善与人同"。这样推导下去,"佛之世界亦
甚多。但有世界,即便有佛;但有佛,即便是我行游之处,为客之
场"⑤;另一方面,"穿衣吃饭,即是人伦物理"⑥。所以学者只须在
平凡的日常生活中辨伦物、识真理,个人的人欲也就是正当的了。
他大胆提出私是人之心,无私则无人之心,因而他反对禁欲主义。
这是南宗禅如马祖道一的"平常心是道"的观点的进一步发挥。

　　这样,他提倡做不求庇于圣贤、孔孟的一切教条的"真英雄",
要人们的思想与人生都"无拘无碍"。这虽然终归是一种主观幻
想,但却有着离经叛道的批判、冲击作用。他成了近代思想史上提
倡个性解放的先驱。

　　他把这种心性理论引入文学,因而对当时文坛上追模古人、巧
构文字的文风是不满的。他说:

　　夫文学纵得列于词苑,然全然于性分了不相干。况文学

①《解经文》,《焚书》卷四。
②《答马历山》,《续焚书》卷一。
③《四勿说》,《焚书》卷三。
④《答耿司寇》,《焚书》卷一。
⑤《与李惟清》,《焚书》卷二。
⑥《答邓石阳》,《续焚书》卷一。

终难到手乎？①

他不愿意做"词苑"中的一般文人，他提出文学要表现"童心"，写了著名的《童心说》，其中说：

> 龙洞山农叙《西厢》末语曰："知者勿谓我尚有童心可也。"夫童心者，真心也。若以童心为不可，是以真心为不可也。夫童心者，绝假纯真、最初一念之本心也。若失却童心，便失却真心；失却真心，便失却真人。人而非真，全不复有初矣。②

他说的这个"童心"，自然让我们想到禅宗的"一念净心"。童心是自然的流露，是由中而出者。而禅宗说做佛是恢复一念净心。他又说"谈诗即是谈佛"③，他评论传灯诸祖作诗说偈都超逸不可当，也是这个道理。而破坏童心的则是道理知见，他指的主要是当时占统治地位的理学：

> 童子者，人之初也；童心者，心之初也。夫心之初曷可失也？然童心胡然而遽失也？盖方其始也，有闻见从耳目而入，而以为主于其内而童心失；其长也，有道理从闻见而入，而以为主于其内而童心失；其久也，道理闻见日以益多，则所知所觉日以益广，于是焉又知美名之可好也，而务欲以扬之而童心失；知不美之名之可丑也，而务欲以掩之而童心失……童心既障，于是发而为言语，则言语不由衷；见而为政事，则政事无根柢；著而为文辞，则文辞不能达。非内含以章美也，非笃实生辉光也，欲求一句有德之言，卒不可得。所以者何？以童心既障，而以从外入者闻见道理为之心也。④

---

①《与焦弱侯太史》，《续焚书》卷一。
②《焚书》卷三。
③《观音问·答澹然师》，《焚书》卷四。
④《焚书》卷三。

佛家讲惑情染污,有所谓烦恼障与所知障。执着于实法与实我,就失去了人的妙明真性,李贽在这里实际是讲了这个道理。他所说的"见闻道理",主要指当时的理学教条以及士大夫间功名利禄等等观念。他认为人的思想被这些所纠缠,就不会写出好文章。文章是本来心性的自然表现。他谈自己的经验:"凡人作文皆从外边攻进里去,我为文章只就里面攻打出来。"①他又说:"且夫世之真能文者,比其初皆非有意于为文也,其胸中有如许无状可怪之事,其喉间有如许欲吐而不敢吐之物,其口头又时时有许多欲语而莫可所以告语之处,蓄极积久,势不能遏。"②实际上,他强调的内心的表露,也是有相当深刻的社会内容的,那就是以个性来反对道学束缚,在一定意义上也是反对当时的统治秩序。所以他在《童心说》的后面又尖锐抨击"《六经》、《语》、《孟》乃道学之口实,假人之渊薮",与"真正大圣人童心未曾失者"是根本矛盾的。

这种"童心"说,引申出他的文学发展观:

> 苟童心常存,则道理不行,闻见不立,无时不文,无人不文,无一样创制体格文学而非文者。诗何必《古》《选》?文何必秦、汉?降而为六朝,变而为近体,又变而为传奇,变而为院本,为杂剧,为《西厢记》,为《水浒传》,为今之举子业。大贤言圣人之道,皆古今至文,不可得而时势先后论也。故吾因是而有感于童心者之自文也。更说甚么"六经"?更说甚么《语》、《孟》乎?

这里除了反传统、反理学的意义之外,还有两个要点应当重视。一是强调文学的发展,反对模拟,反对程式,反对复古。他认为以今视古,古固非今;以后视今,今复为古。所以文章与时高下,权衡定于一时,五言代替四言,近体代替古体,时文(八股)代替古文,都是大势所趋,不得不然。另一点涉及到对具体文学作品的评价。既

---

① 《与友人论文》,《续焚书》卷一。
② 《杂说》,《焚书》卷三。

然他主张要表现每个人的童心，那么"无一迩言而非真圣人之言，则天下无一人不是真圣人之人"，因此他大力肯定俗文学。在当时，小说、戏曲还难登大雅之堂，但他大力鼓吹提倡，努力把它们提到文坛正宗地位。他在《杂说》中高度评价《拜月记》、《西厢记》以及《琵琶记》；在《忠义水浒传序》里更称赞《水浒》为"发愤之所作"，认为君主、贤臣、掌国枢要者不可不读。还值得一提的是，在历代文人中，他高度评价谢灵运和苏东坡，这两个人都与佛教有关系，作品中都有反传统的色彩。

李贽主要是个思想家。他往往是从整个思想理论问题的角度来谈文学的。这样他讨论文学的文章虽然不多，但却带有特殊的深刻性。他的反理学、反传统的叛逆精神与异端思想表现在文学思想中，也成了文坛上的异端。他的创作成就主要是散文，这些文字以其尖锐的思想、犀利的文笔而形成一定特色。另外还有小说评点，则是文学批评史上的宝贵成果。这些方面，使他成为当时文坛上有特殊影响的人物。

明代后期，在文坛上继承李贽传统反对复古、倡言心性、且在文学创作上做出突出成绩的有"公安三袁"（袁宗道字伯修，1560—1600；袁宏道；袁中道字小修，1575—1630）。其中以袁宏道成就最著。钱谦益曾评论说：

> 中郎之论出，王（世贞）、李（攀龙）之云雾一扫，天下之文人才士始知疏瀹心灵，搜剔慧性，以荡涤摹拟涂泽之病，其功伟矣。[1]

"三袁"在思想理论上没有李贽那样系统完整，思想史上的地位也远不及李贽；但由于他们文学创作成绩更大，在文坛上更活跃，所以在文学史上有更重要的地位和更巨大的影响。

---

[1]《列朝诗集小传》丁集中，上海古籍出版社，1983年，第567页。

　　袁宏道(1568—1610),字中郎,号石公,公安(今湖北省公安
县)人。万历二十年(1592)二十五岁中进士;二十七岁出任吴县知
县,此后在官场中屡进屡退,先后任顺天府教授、验封主事、吏部郎
中等职。他为官不得志,遂呼朋携倡,优游山水,过着士大夫的清
狂生活。他早年就"屈指悲时事"①,一直是个关心现实的人。他有
《闻省城急报》诗说:

　　　　　天长阍永叫不闻,健马那堪持朽辔。书生痛哭倚蒿莱,有
　　钱难买青山翠。②

又有《显灵宫集诸公以城市山林为韵》诗说:

　　　　　野花遮眼酒沾涕,塞耳愁听新朝事。邸报束作一筐灰,朝
　　衣典与栽花市……③

这都表现了他关心世事的态度。鲁迅先生就曾指出他"是一个关
心世道,佩服'方巾气'人物的人"④。

　　袁中郎之倾心佛说,当然有其迷信的一面。但他如唐、宋以来
的许多文人一样,主要是试图在佛教义理中寻求解决现实与人生
问题的道路,因而也往往对佛家学说进行独特发挥。他的影响很
大的"性灵"说,就是借助佛教的理论而形成的。

　　袁中郎好佛,受到他的哥哥袁宗道的影响。宗道早年本好道,
后来任京官,接近焦竑、瞿汝稷等泰州学派人物,从之习得"性命之
学",加深了对佛教心性学说的理解。万历十七年(1589)宗道奉命
册封楚府归里,"首倡性命之说,函盖儒释,时出其精语一二示人,
人人以为大道可学,三圣人之大旨,如出一家"⑤。中郎与他一起研

---

①《登高有怀》,《袁中郎集笺校》卷二。
②《袁中郎集笺校》卷三十二。
③《袁中郎集笺校》卷十六。
④《鲁迅全集》第6卷,第228页。
⑤《募建青门庵疏》,《袁宏道集笺校》卷四十。

习华梵诸典,尽力参究。时中郎年二十二岁。宗道在京时,焦竑嘱其往见麻城李贽。万历十八年,李游公安,三袁相偕往见,至此定交。其时李贽年已六十四,以泰州学派后劲著书讲学,称扬于世,对中郎这位年仅二十余的后辈十分推重。中郎曾读张九成(子韶)《格物论》,根据自己心得,写成《金屑》一文,李赠诗中曾说:"诵君《金屑》句,执鞭亦忻慕。早得从君言,不当有《老苦》。"《老苦》是李贽文章的题目,他以为老年无朋,故叹老苦。他从中郎文章中得到了安慰与希望。李贽的学问、为人,亦深为中郎所倾服。中道在中郎《行状》中说:

> 先生既见龙湖,始知一向掇拾陈言,株守俗见,死于古人语下,一段精光不得披露。至是浩浩焉如鸿毛之遇顺风,巨鱼之纵大壑,能为心师,不师于心,能转古人,不为古转,发为语言,一一从胸襟流出,盖天盖地,如象截急流,雷开蛰户,浸浸乎其未有涯也。①

中郎在给友人的书信中也说:

> 仆自知诗文一字不通,唯禅宗一事,不敢多让。当今勍敌,唯李宏甫先生一人。②

可见,他与李贽的契合,重要点在于习禅。此后,他与焦竑、陶石篑、管东溟等对禅学相熟悉的学者往还,又结交了麻城龙湖芝佛院住持无念等,一起论学习禅,日加精进。终中郎短暂的一生,或游或处,往往结交僧徒。如万历二十六年,入京为顺天府教授,与二兄弟于城西崇国寺结蒲桃社,并著《西方合论》十卷,以论合经,论禅与净土为一;万历三十二年,又与僧寒灰、雪照、冷云及友人张明教等,避暑德山塔院,潜心道妙,著《德山尘谭》,后经增补为《珊瑚

---

① 《珂雪斋集》卷九。
② 《张幼于》,《袁宏道集笺校》卷十一。

林》。这都是他一生关系到佛教的重要活动。他还著有《坛经节录》等佛学著作；诗文中论及心性、禅观处更多。他在诗中自述人生企向：

> 一榻书和卷，三生钵与衣。尘劳方未已，合掌愿皈依。①
> 觉路昏罗縠，禅灯黑绛纱。早知婴世网，悔不事袈裟。②

可见他受佛教熏染之深。中道说他："及我大兄休沐南归，始相启以无生之学。自是以后，研精道妙……一以文字为佛事。"③佛家学说在他的理论思想与创作实践中都占重要地位。

袁中郎是一个封建时代的读书人，当然不主张背弃儒道，但他认为"学问只要打成一片耳"④，禅学儒旨，一以贯之。在他看来，佛家所言心性不仅不与先儒圣人之道相矛盾，反而是可以相互补充的，倒是一般腐儒用道理汩没了灵性，使圣人之意不彰。他这样谈到思想史：

> 至近代，王文成、罗盱江辈出，始能抉古圣精髓，入孔氏堂，揭唐、虞竿，击文、武铎，以号叫一时之聋聩……故余尝谓唐、宋以来，孔氏之学脉绝，而其脉遂在马大师诸人。及于近代，宗门之嫡派绝，而其派乃在诸儒。⑤

这样，他讲的是统合儒释的学统，而全然不是严分儒释的道统。他称宋代理学为腐学，而大力表扬王阳明一派的"良知"之说。正因此，他才称赞主张"平常心是道"的马祖道一为继承孔学血脉，他在心性问题上把儒与禅沟通了。他在《珊瑚林》中，又用唯识八识来配合中国传统学问，以老子之道配第八阿赖耶识，又以儒家的格致

---

①《和江进之寒山寺之作》，《袁宏道集笺校》卷三。
②《宿僧房》，《袁宏道集笺校》卷二。
③《解脱集序》，《珂雪斋集》卷一。
④《答小修》，《袁宏道集笺校》卷五十五。
⑤《为寒灰书册寄郧阳陈玄朗》，《袁宏道集笺校》卷四十一。

正诚配第六意识,并指出后者烦恼断尽之不彻底,这实际是把佛家所言心性统合到儒家伦理之上。在他看来,"如羲、文、周、孔者,真震旦国古佛也。"①

中郎按照禅宗的路子,提出超于形骸物质之上的"心"。他说:

> 夫心者万物之影也,形者幻心之托也,神者诸想之元也。生死属形,去来属心,细微流注属神。形有生死,心无生死;心有去来,神无去来……若夫真神真性,天地之所不能载也,净秽之所不能遗也,万念之所不能缘也,智识之所不能入也,岂区区形骸所能对待者哉!②

这里主张形骸以外的"心",当然是一种虚构。他又受了禅宗一念净心就是佛心的观念的影响,认为人的"真性"就是"真吾",获得这个"真性"则"水到渠成"、"自适之极"。所以他又说:

> 罗近溪云:圣人者,常人之肯安心者也;常人者,圣人之不肯安心者也。此语抉圣学之髓……故吾出,而真圣贤真佛子出矣,此别传之正脉络也。③

罗近溪的话,完全是禅宗的语言,也与李贽所主张的不受道理闻见所障的"童心"相通。而为了得到这个"真吾",在修证上也不必深求,不能"徇外",它只是在人生日用之中。他在复梅客生的信又写道:

> 来书云:"实实有佛,实实有道,实实要学。"甚妙甚妙。仆谓官与冶客,即佛位也,故曰实实有佛;解作官、作客即佛道也,故曰实实有道;然官之理无尽,冶客、荡子之理亦无尽,格套可厌,习气难除,非真正英雄,不能于此出手,所谓"日日新,

①《答梅客生》,《袁宏道集笺校》卷二十一。
②《与仙人论性书》,《袁宏道集笺校》卷十一。
③《答陶周望》,《袁宏道集笺校》卷四十三。

又日新"者也,岂卤莽灭裂之夫所能草草承当者哉,故曰实实
要学……①

他认为在日常生活、现前小事中发现心性精微,便是做佛做圣、大
解脱之场。所以做官做冶客,同样可以得道做佛。他有诗说:"欲
寻真大士,当入众生界。试观海潮音,不离浙江外。"②

这样袁中郎主要是从"心性"理论方面接受佛教,所以他又经
常批判愚妄的偶像迷信。他说"象法之盛,佛法之衰",溺于果报则
名为崇佛,实为佛冤。在他看来,像韩愈那样攻击佛法不遗余力,
但对心性有亲切理解,是攻其皮而嗜其髓,"岂非善护佛法者哉!"
他也反对"毛道"所参"狂禅",反对在一机一境上斗机锋的文字禅。
他认为参禅到平实,便是最上乘,"世岂有参得明白的禅?"③讲到华
严的事事无碍,他说:

> 眼前与人作障,不是事,却是理。良恶丛生,贞淫蝟列,有
> 甚么碍?自学者有惩刁止慝之说,且百姓始为碍矣。一块竹
> 皮,两片夹棒,有甚么碍?自学者有措刑止辟种种姑息之说,
> 而刑罚始为碍矣。黄者是金,白者是银,有甚么碍?自学者有
> 廉贪之辨,义利之别,激扬之行,则财货始为碍矣。诸如此类,
> 不可殚述。沉沦百劫,浮荡苦海,皆始于此……④

他这样反对道理闻见,与李贽看法一致,当然也反对禅家落入理
障。他认为追求净妙境界,一属净妙,就成了恶知恶解。例如他评
价苏东坡,说《前赤壁赋》最后讲到人生长短那一段就是"为禅法道
理"所障,不若《后赤壁赋》平直叙去,有无量光影,言语道断,默契
而已,进而认为"坡公一切杂文,活祖师也;其说禅说道理,世谛流

---

① 《答梅客生》,《袁宏道集笺校》卷二十一。
② 《仲春十八宿上天竺》,《袁宏道集笺校》卷八。
③ 《答陶石篑编修》,《袁宏道集笺校》卷二十一。
④ 《陈志寰》,《袁宏道集笺校》卷六。

布而已"①。因此他反对说"道理"。道理也者,即世俗见闻知觉。这里就有反道学的意味。

　　袁中郎对整个佛教各宗派又取阘通态度。他赞赏智者大师以藏、通、别、圆判教的办法。他写《西方合论》,把禅悟与持念统一起来。他分西方为十门,有毗卢遮那净土、唯心净土、恒真净土等,以此把心净土净的禅观与教法的往生西方相调合。他反对"滞相述心",也不赞同"著空破有"。他在《八识略说》中讨论了性相圆融问题。在《金刚经果引》中又说佛所言声色是不取相之声色,佛所说无相是不舍声色之无相。因而他主张顿悟不废渐修,顿悟后经过修持才能更加精进。在个人修持上,他很欣赏维摩诘,所谓"一帙《维摩》三斗酒,孤灯寒雨亦欢欢"②;他又很向往庞居士,所谓"酒障诗魔都不减,何尝参得老庞禅"③。归根到底,他虽然不能挣脱佛教的迷信的一面,但所汲取的重点却是它的自由独立的心性观。他说"性之所安,殆不可强。率性而行,是谓真人"④。他在家书中又批评当时的知识界:"天下奇人聚京师者,儿已得遍观。大约趋利者如沙,趋名者如砾,趋性命者如夜光明月,千百人中,仅得一二人。一二人中,仅得一二分而已矣。"⑤这明确表示了他的追求与志趣。他努力摆脱传统教条和名缰利锁,主张率性而行,做社会的"畸人",其与统治思想相冲突的反习俗的意义是很明显的。他从佛教中取得了支持这种观点的依据。

　　袁中郎文学观的核心是"性灵"说。这种理论的基础正与佛家的"心性"学说有关。"性灵"一语也是历史上信仰佛教的人使用过的。谢灵运曾说过:

_____

①《识雪照澄卷末》,《袁宏道集笺校》卷四十一。
②《和韵赠黄平倩》,《袁宏道集笺校》卷十五。
③《闲居杂题》,《袁宏道集笺校》卷八。
④《识张幼于箴铭后》,《袁宏道集笺校》卷四。
⑤《家报》,《袁宏道集笺校》卷五。

六经典文,本在济俗为治耳。必求性灵真奥,岂得不以佛经为指南耶?①

北魏任城王元澄奏疏批评滥建塔寺说:

像塔缠于腥臊,性灵没于嗜欲。②

张融《答周颙书》说:

夫性灵之为性,能知者也;道德之为道,可知者也。③

刘勰在《文心雕龙》中用过"性灵";杜甫谈诗也讲"性灵";白居易《听歌六绝句·听都子歌》中有句云:

都子新歌有性灵,一声格转已堪听。④

唐代诗僧贯休和齐己也都讲"性灵",贯休诗说:

敢信文章有性灵。⑤

齐己诗说:

远忆诸峰顶,曾栖此性灵。月华澄有象,诗思在无形。⑥

袁中郎当然会注意到这个传统,但他又是在禅宗对心性理论进行了深入探讨、王阳明一派又利用儒学语言将其发挥的情况下把"性灵"说引入诗论的,因而就有了较为系统的内容。

袁中郎自觉到对"道"的理解是确立文学观的基础,而他理解的"道"的中心内容是对心性的了解。他明确地说:

①转引何尚之《答宋文帝赞扬佛教事》,《弘明集》卷十一,《大正藏》第52卷,第69页中。
②《魏书》卷一百一十四《释老志》,第3045页。
③《弘明集》卷六,《大正藏》第52卷,第39页中。
④《白氏长庆集》卷三十五。
⑤《寄匡山大愿和尚》,《全唐诗》卷八百三十七,第9435页。
⑥《夜坐》,《全唐诗》卷八百三十八,第9442页。

> 余谓文之不正,在于士不知学。圣贤之学唯心与性。今试问诸业举者:何谓心? 何谓性? 如中国人语海外事,茫然莫知所置对矣。①

又说:

> 余尝论古人,如东方曼倩、阮步兵、白香山、苏子瞻辈,皆实实知道。而画苑书法,下至薄伎,能之入妙者,若其资非近道,技与神卒不可遇……②

习文必先识心性,而好的文学作品就必须是心性的表现即"独抒性灵"的。它们不是来自某种理念,也不受传统规范的束缚,而要从内心中直接流出。他在《叙小修诗》中评价中道诗:

> 大都独抒性灵,不拘格套,非从自己胸臆流出,不肯下笔。③

答李元善信中说:

> 文章新奇,无定格式,只要发人所不能发,句法字法调法,一一从自己胸中流出,此真新奇也。④

相似的说法,也见于袁宗道《西方合论叙》、中道《马远之碧云篇序》、《成允岳文序》以及《吏部验封司郎中中郎先生行状》。要诗文从自己内心中流出,前提是要承认禅宗所主张的涵盖万有的"心"。而且从胸中流出这种表现方法,也正取自禅宗。禅僧岩头全奯就曾说过这样的话,见《祖堂集》卷七、《五灯会元》卷七《雪峰义存禅师》条。

---

① 《叙四子稿》,《袁宏道集笺校》卷十八。
② 《纪梦为心光书册》,《袁宏道集笺校》卷四十一。
③ 《袁宏道集笺校》卷四。
④ 《袁宏道集笺校》卷二十二。

文学要独抒性灵，即写出内心的真实，因而就不能模拟与雷同。袁中郎认为代有升降，法不相沿，文之不能复古而今是时使之然。古有古之诗，今有今之诗。文学应以是否存"真"为标准，而不应以时代先后为优劣。所以他说：

> 其万一传者，或今闾阎妇人孺子所唱《擘破玉》《打草竿》之类，犹是无闻无识真人所作，故多真声。不效颦于汉、魏，不学步于盛唐，任性而发，尚能通于人之喜怒哀乐、嗜好情欲，是可喜也……
>
> 大概情至之语，自能感人，是谓真诗，可传也。①

他所谓"真"，即指出自性灵者。他的这种观点，主要是针对明中叶以后统治文坛的前、后七子的复古主张的。他说：

> 大抵物真则贵。真则我面不能同君面，而况古人之面貌乎？唐自有诗也，不必《选》体也；初、盛、中、晚自有诗也，不必初、盛也。李、杜、王、岑、钱、刘，下迨元、白、卢、郑，各自有诗也，不必李、杜也。赵宋亦然。陈、欧、苏、黄诸人，有一字袭唐者乎？又有一字相袭者乎？至其不能为唐，殆是气运使然，犹唐之不能为《选》，《选》之不能为汉、魏耳……夫诗之气，一代减一代，故古也厚今也薄；诗之奇之妙之工之无所不极，一代盛一代，故古有不尽之情，今无不写之景。然则古何必高，今何必卑哉？②

出于这种文学发展观，他对当世文人的复古之风猛烈抨击：

> 近代文人，始为复古之说以胜之。夫复古是已，然至以剿袭为复古，句比字拟，务为牵合，弃目前之景，撮腐滥之辞，有才者诎于法，而不敢自伸其才；无之者拾一二浮泛之语，邦凑

---

① 《叙小修诗》，《袁宏道集笺校》卷四。
② 《与丘长孺》，《袁宏道集笺校》卷六。

　　成诗。智者牵于习，而愚者乐其易，一倡亿和，优人驺子，皆谈
　　雅道。吁，诗至此，抑可羞哉！夫即诗而文之为弊，盖可
　　知矣。①

他虽然不敢直接提出反对"复古"的口号，实际上却是批评当代社
会上那些证得几个烂熟故事，用得几个现成字眼就计骗杜工部、囤
扎李空同的假古董的。基于这种发展观点，他和李贽一样，也奖掖
民间文学。他说"当代无文字，闾巷有真诗"②，意见正与李贽相同。
明末重视民间文学的潮流，与他们的倡导不无关系。

　　袁中道在创作上要求"师心"。他在《叙竹林集》中说：

　　　　故善画者，师物不师人；善学者，师心不师道；善为诗者，
　　　　师森罗万象，不师先辈。③

这里所谓"师物"、"师森罗万象"，是与"师心"一致的，即必首先得
之于心，所以他讲的并不是客观的反映论。袁中道说他"能为心
师，不师于心"，这在强调主观上更进了一层。《大涅槃经》卷二十
八有"愿作心师，不师于心"④的话。百丈禅师也有同样意思的话。
袁氏兄弟的概念即来源于此。从根本上说，他们还不是要求表现
现实的真实，而是要表现内心的真实。这就与传统重现实、重伦理
的文论有很大距离了。

　　而具体到袁宏道本人的创作，更显出他的文学观的局限。他
作为一个封建士大夫，生活的世界本来就比较狭小，再受到佛教影
响，沉溺于对心性的探求，写出作品来自然难于表现重大社会矛盾
和深刻现实内容。他的最有创意的作品是小品文，虽然在发展散
文艺术上很有成就，但内容则多褊狭浅薄，求趣味、求闲适；表达上

---

①《雪涛阁集序》，《袁宏道集笺校》卷十八。
②《答李子髯》，《袁宏道集笺校》卷二。
③《袁宏道集笺校》卷十八。
④《大般涅槃经》卷二十八《师子吼菩萨品》，《大正藏》第12卷，第534页上。

则只求轻快流畅,出见新奇,缺乏反映时代风貌的气魄与能力。20
世纪 30 年代,文坛上有人提倡明清小品,就以袁宏道等为代表,借
以鼓吹虚无飘渺的性灵与趣味。这虽不能完全归罪于袁宏道,鲁
迅先生还曾为他辩护过,但也不能不承认这是袁宏道遗留下来的
影响的一个方面。

像李贽和袁宏道等人的理论在当时都属异端,都代表了一种
新的思想潮流。但他们本身还是封建士大夫,还处在旧传统的束
缚中。他们对新事物、新思想的探求必然是软弱的。其突出表现,
就是不能创造出一种新的理论体系,而不得不乞灵于佛教。他们
处在这样一种新旧矛盾之中,而佛教也起着矛盾的作用:一方面,
在时代重大转折时期,继续给中国思想包括文学思想、文学创作的
发展提供了一些资料;另一方面却又给予它重大束缚以至阻塞了
它发展出健康理论的通路。归根结底,是由于反映新生产关系的
新的思想意识尚未成熟,在陈旧观念的重压下,理论思想不可能开
创出全新的局面。如李贽、袁宏道诸人,只能在这种矛盾条件之下
做出努力并取得一定的成绩。他们的劳绩不可低估,但其局限又
是相当严重的。

清代是阶级矛盾和民族矛盾都很激烈的时代。在明清易代之
际,"桑海之交,士之不得志于时者,往往逃之二氏"①。明末遗民出
家的不少,其中如戒显、澹归、担当、大错等都善诗文。这也就加强
了佛教在士大夫间的影响。到鸦片战争之后,中国逐渐沦入半封
建半殖民地状态,维新变法和资产阶级民主革命兴起,许多启蒙
的、进步的思想家寻求救国救民的道理,有些人也注意到佛学。19
世纪末法相唯识之学的研究受到重视,这种思潮在文学创作和文
学理论上也有所反映。

从佛教本身看,清代佛教各宗仍均有传承,而以禅宗、净土为

---

① 黄宗羲:《邓起西墓志铭》,《南雷文定》后集卷二。

主。虽然名僧代有，佛寺遍区宇，但理论上却更少建树，居士弘传佛学成为佛教发展的支柱。清初居士著名的有宋文森、彭绍升诸人；清中叶有钱伊庵、江沅等人；清末则有杨文会等人。居士中有不少是文人学者。清代僧人中善艺文者亦甚多。如八大山人、石涛、石溪、渐江称清代四大画僧；诗僧中有苍雪、天然、借庵、笠云、寄禅等，都著名于世。他们又都与文坛有密切往还。居士阶层和艺僧、诗僧阶层的扩大，从僧、俗不同方面体现了佛教对文艺仍在发挥深远影响。

清代许多有名望的文人以不同形式与佛教发生关联，以下择其有影响、有代表性的加以简单评价。

黄宗羲（1610—1695），字太冲，号南雷，余姚（今浙江余姚市）人，学者称梨洲先生，明清之际思想家、史学家。明末为复社成员，参与反对宦官权贵的斗争。清兵南下，曾组织武装抗清。明亡后隐居著述。他对经史百家皆有精湛研究，而在史学、特别是思想史方面成绩尤大，所著有《宋元学案》、《明儒学案》、《明夷待访录》等。

黄宗羲学问渊博，兼治释、老之书。佛学在明末经紫柏、藕益等一代大德提倡，再加上明清易代之际不少士大夫入佛逃禅，在思想学术界形成相当声势。如前所述，阳明学讲"致良知"早已溶入禅学，阳明后学的泰州学派与佛学也有相当密切的关系。而黄宗羲思想上即以阳明为宗，其师从的刘宗周又与释氏有密切关联。所以他的著述中虽一再明确儒、释之防，但在思想上却多有取于佛说。不少理学家有阳儒阴释的一面，黄宗羲也有这方面的表现。

黄宗羲本来生长在崇佛的家庭环境中。其父母曾舍田充余姚安化寺寺产；其母晚年奉佛弥笃，日诵《金刚经》。他自称"于释氏之教，疑而信，信而疑"①。由于他生活在一个社会大动荡时代，本身积极参与实际斗争，更注重经世致用之学，因而久之愈知释与儒

①《前乡进士泽望黄君圹志》，《南雷文定》前集卷八。

不能相似。他给友人秦松岱信,批判释氏之学说:

> 弟究心有年,颇觉其(指儒与释——作者)同处在下学,异
> 处在上达。同处在下学者,收敛精神,动心忍性是也;异处在
> 上达者,到得贯通时节,儒者步步是实,释氏步步是虚,释氏必
> 须求悟,儒者笃实光辉而已。近之深于禅者,莫如近溪(罗汝
> 芳)。天地间色色平铺,原无一事不假造作。下学之至,儒、释
> 皆能达此,无有异也。①

所以他对佛教,只是肯定其修养心性功夫,而对其流于虚无、无益
实际则表示不满。他还对佛教侈谈生前死后的愚妄,以及"诪张为
幻"的欺骗如敬奉舍利之类加以批判,对晚近禅风之依傍门户、粗
俗浅薄,更一再抨击。他在《宋元学案》等书中也一再辨析儒、释之
不同。所以江藩在《汉学师承记》中说:"宗羲之学,出于蕺山。虽
姚江之派,然以慎独为宗,实践为主,不恣言心性,坠入禅门。"②

　　但是释氏对他的浸染却不可否认。他也是深明佛教作用的。
他曾说:

> 昔明道泛滥诸家,出入于老、释者几十年,而后返求诸六
> 经;考亭于释、老之学,亦必究其归趣,订其是非。自来求道之
> 士,未有不然者。盖道非一家之私。圣贤之血路,散殊于百
> 家,求之愈艰,则得之愈真。③

这样,他把释氏作为百家之一,并承认其有功于道的一面。他有同
学张秀初,后出家为僧,称仁庵禅师。仁庵博通儒、释,著《古本大
学说》,黄宗羲为序有云:

---

① 《复秦灯岩书》,《南雷文定》前集卷四。
② 《汉学师承记(外二种)》,生活·读书·新知三联书店,1998年,第151页。
③ 《朝议大夫敕提督山东学政布政司右参议兼按察司佥事清溪钱先生墓志
　铭》,《南雷文定》三集卷二。

　　　　世儒妄横儒、释之见，未有不疑之者也。夫儒、释之淆乱
　　　久矣。儒而不醇者，固多出入于佛；而学佛者，亦未必醇乎于
　　　佛。顾视性分、学力二者。性分所至，佛法不能埋没，往往穿
　　　透而出；学力由来，亦非佛法之所能改。此如水中盐味，济入
　　　河流，夹杂之中，历然分别，唯知道者能辨之。①

他并不如韩愈辟佛那样主张"人其人，火其书"，而认为深习佛说者
也可以穿透而出。这虽然是否定佛法的观点，实际也是承认了儒、
释交流的意义和作用。对于辟佛，他亦有高见。他认为昔贤辟佛，
不检佛书，但肆谩骂，譬如用兵，不能深入其险，不能剿绝鲸鲵；故
只有细阅佛藏，深通其说，才能中其窾要。因此他一生中研习佛
典，结交僧徒，屡见于文字之中。

　　黄宗羲思想上受佛教影响主要在心性的理解方面。在《明儒
学案》中，他表示反对宋儒"理在气先"的唯心本体论，反对"测度想
象，求见本体，只在知识上立家当以为良知"②。他的看法是"盈天
地皆心也"，"学者惟时时存养此心，即时时是本体用事工夫，始有
着落"③。当初王阳明主张"知为行之始"、"无身外之物"，钱谦益说
他是得禅门之精，改头换面，自出手眼。黄宗羲则一再辨明王阳明
非禅，是由佛而归之"六经"。但其述阳明之学是"以默坐澄心为学
问"、"知之真切笃实处即是行，行之明觉精察处即是知，无有二
也"，这实际上仍落入禅家心性之中。黄宗羲在这一点上继承了王
阳明。他在《古本尚书疏证序》中说：

　　　　夫人只有人心，当恻隐自能恻隐，当羞恶自能羞恶，辞让
　　　是非，莫不皆然。不失此本心，无有移换，便是允执厥中。故
　　　孟子言求放心，不言求道心；言失其本心，不言失其道心。夫

————————
①《张仁庵古本大学说序》，《南雷文定》前集卷一。
②《明儒学案》卷十。
③《陈乾初先生墓志铭》，《南雷文定》后集卷三。

　　　　子之从心所欲不踰距,只是不失人心而已。①

这里把《尚书》所说"人心惟危"的"人心",解释为"本心",实际上等
同于禅的"自性清净心"。下面讲孔、孟的"放心"、"从心所欲",实
际上就是禅的明心见性。在心性问题上,他沟通了儒、释。他曾说
过,儒、释二者的交流几如肉贯串,学儒乃能知佛,知佛而又反求诸
儒,也就是取佛为我所用。当明末清初动乱岁月,正是士大夫报国
之日,而一些士大夫封己守残,蒙于捍边理财,徒以道学迂论钤束
天下,黄宗羲想从治"心"的途径上求得改变世风的根本办法,因而
他吸收禅学做这样独特的发挥。他又规仿刘宗周讲"慎独",说"指
情言性,非因情见性也;即心言性,非离心言善也"②。他一方面分
性与情,一方面合心与性,这也是禅家的基本思路。

　　黄宗羲对当世释氏文章的粗陋浅俗一再致其不满,而称赞"彼
佛经祖录,皆极文章之变化,即如《楞严》之叙十八天、五受阴、五妄
想,与《庄子》之《天下》,司马谈之《六家指要》同一机轴。苏子瞻之
《温国神道碑》,且学《华严》之随地涌出……",又说"学术虽异,其
于文章无不同也"③。他还称赞支遁、僧肇、佛图澄,慧远的名气,引
用谢灵运的话说"得道应须慧业文人"。在《平阳铁夫诗题辞》中
说:"唐人之诗,大略多为僧咏……岂不以诗为至清之物,僧中之
诗,人境具夺,能得其至清者,故可与言诗多在僧也。齐已曰:'五
七字中苦,百千年后清。'此之谓也。"④这些都是他有关佛教与文学
关系的很有独创性的见解。其出发点也与他对心性的理解有关。

　　在明末清初思想家中,王夫之与黄宗羲齐名,但在与佛学的关
系上,两人不同。

————————

①《南雷文定》三集卷一。
②《先师蕺山先生文集序》,《南雷文定》后集卷一。
③《山翁禅师文集序》,《南雷文定》后集卷一。
④《南雷文定》三集卷一。

　　王夫之（1619—1692），字而农，号姜斋，衡阳（今湖南省衡阳市）人，明清之际思想家。清兵南下，他在衡山起兵抵抗，战败，退至肇庆，后任职于南明，以事不可为，隐居著述四十年，世称船山先生。他亲经"天崩地解"①的大动乱，以宏富的著述表达了自己的进步思想和爱国意识。

　　王夫之在学术上上承张载，自撰墓志铭称"希张横渠之正学而力不能企"。在世界观上，他发展了张载的理气说，不离器而言道，不离气而言理，主张"絪缊不息，为敦化之本"②，哲学思想是属于唯物的。基于这种观念，他痛斥释、老，而对禅宗拒之尤甚。对于受佛教影响的李贽等，更猛烈抨击，说是"导天下于邪淫，以酿中夏衣冠之祸，岂非逾于洪水、烈于猛兽者乎"③？但他对于佛教哲学，并非取一概否定的态度，而能"通而因之"，即利用佛学理论来丰富自己，再反过来批判佛教。他代表了近世士大夫接近佛学的另一种态度，比前人对佛学一概拒斥或阳儒阴释都显得高明。以至后来热衷于习佛的谭嗣同说："佛之精微，实与吾儒无异。偶观佛书，见其不可为典要。惟变所适，往往与船山之学宗旨密合，知必得力于此。"④这个话不无偏颇，但也说出了一定道理。

　　他特别注意到法相唯识之学的认识论与方法论。这正是唯识宗教哲学发展得最充分的方面，其中包含不少有价值的认识成果。他写有专著《相宗络索》，梁启超在《中国近三百年学术史》上说它和《三藏法师八十规矩论赞》这两者是王夫之著作中最特别的，是自晚唐千余年来发展法相宗的仅见的著作。一个唯物主义思想家在发展一种宗教哲学上做出了贡献，这在学术史上是颇堪玩味的。

―――――――――

①黄宗羲：《留别海昌同学序》。
②《张子正蒙注》卷二。
③《读通鉴论》卷末《叙论》三。
④《上欧阳中鹄》，《谭嗣同全集》，中华书局，1981年，第464页。

他在认识论上借鉴了唯识之学。他这样解释五位唯识①：

> 五位唯识，此以唯识一宗刻尽万法。一切事物见相、善恶、凡圣，皆识所证。流转者，此识之流转；还灭者，即于此识而还灭之。百法统万法，五位统百法。若非自识，彼法不成。一由阿赖耶识旋生七位，建立种种迷悟规矩。凡一切相皆从见生，见相皆从自证分生②。一散而万，相宗所以破逐法执理之妄也。③

对于这种认识论的价值，他有自己的解释：

> 释氏之所谓六识者，虑也；七识者，志也；八识者，量也；前五识者，小体之官也。呜呼，小体，人禽共者也。虑者，犹禽之所得分者也。人之所以异于禽兽者，唯志而已矣。不守其志，不充其量，则人何以异于禽兽哉！而诬之以名曰染识，率兽食人，罪奚辞乎！④

这是王夫之以佛学理论反攻佛教的一个很好的例子。按唯识八识说，眼、耳、鼻、舌、身识是前五识，第六意识，第七末那识，第八阿赖耶识；这里第七末那识是六、八的中介，又叫作染识，第八阿赖耶识亦称藏识，是物质世界的本源和精神主体，它含藏一切种子，因为染污而生起前七识。而王夫之把第六意识叫做虑，把第七末那识叫做志，第八阿赖耶识叫作量，它"效乎志以为撰必实有"⑤。他用

---

① 唯识宗把世俗世界与宗教彼岸世界的一切现象分为五类，即心法、心所有法、色法、心不相应行、无为法，共一百种，称五位百法。
② 按唯识学理论，八识中每一识体，都有"能缘"一面即见分，又有"所缘"一面即相分，人的认识活动就是认识主体以自己的见分去缘虑自己的相分，见、相二分依托的自体叫做自证分。
③《相宗络索》。
④《思问录外篇》。
⑤《思问录外篇》。

唯识的八识理论深化了认识过程，又反过来批判了它的染污理论。因为按唯识学看来，由于清净种子被污染才生起前七识，才有轮回之苦，那么修证的目标就要转识成智。王夫之认为人类有了"志"与"量"才区别于禽兽，所以佛教的办法是"率兽食人"。

在方法论上，他借鉴了唯识宗的"能"、"所"观念。"能知"即见分，"所知"即相分，所知的境与能知的识统一在一个识体里。王夫之说：

> 立一界以为"所"，前未之闻，自释氏昉也。境之俟用者曰"所"，用之加乎境而有功者曰"能"。能、所之分，夫固有之，释氏为分授之名、亦非诬也。①

这里肯定了佛家的方法论，认为由于区分能、所，分别了主观与客观并明确了二者互相依存的关系。但佛家的问题在空我执而无能，空法执而无所，从而使能、所两"空"，以至"以能为所"。认识到这一点，王夫之批判了佛教否定客观世界的错误：

> 浮屠谓真空常寂之圆成实性，止一光明藏，而地、水、火、风、根、尘等皆由妄现，知见妄立，执为实相。

他认为这种看法如"气外求理"一样，是以"形为妄而性为真"的邪说②。

王夫之对佛教是入室操戈，用对方的理论与方法来丰富自己、批判对方。

他利用佛家理论，在文学观上也有所发挥。例如他用"现量"观念来论诗。佛家讲究不用思惟、言语道断的"现观"，因明则立"现量"。量是标准、尺度的意思，在因明中指认识来源的形式与判断真伪的标准。现量是感悟，是未有概念参与的对"自相"（事物属

①《尚书引义》卷五《无逸》。
②《张子正蒙注》。

性)的直接反映,它是不能用语言表达的。比量则与之不同,是一种逻辑思维,可用语言表达。王夫之在《夕堂永日绪论内篇》中说:

> 禅家有三量,唯现量发光,为依佛性。比量稍有不审,便入非量。况直从非量中施朱而赤,施粉而白,勺水洗之,无盐之色败露无余,明眼人岂为所欺耶?

他这是强调在文学上以现量为真为贵,一入比量则易流入非量,不能正确反映境界。他举例说:

> "僧敲月下门",只是妄想揣摩,如说他人梦,纵令形容酷似,何尝毫发关心? 知然者,以其沈吟"推""敲"二字,就它作想也。若即景会心,则或"推"或"敲",必居其一,因景因情,自然灵妙,何劳拟议哉?"长河落日圆",初无定景;"隔水问樵夫",初非想得,则禅家所谓现量也。①

这是借用因明阐述文学创作思维的特征,表达得虽然比较模糊,但却依稀可见问题肯綮之所在。他还用释氏非有非无的否定的认识逻辑论文法,说:

> 凡言法者,皆非法也。释氏有言,法尚应舍,何况非法。艺文家知此,思过半矣。②

以此批评文学创作上的教条主义的模拟风气也是很精彩的。王夫之在批判地利用佛学理论上做出了很好的尝试。

清嘉庆以后,封建制度日趋腐败,西方资本主义对中国的侵略加深,清政府因循腐朽,政治衰败,财政困难,阶级矛盾和民族矛盾都十分尖锐。龚自珍就生活在面临半封建半殖民地境地的社会大转变时期。他是近代启蒙思想家的先驱,也是优秀的文学家。他

---

① 《夕堂永日绪论内篇》,《姜斋诗话》卷二,人民文学出版社,1961 年,第 165、147 页。
② 《夕堂永日绪论内篇》,《姜斋诗话》卷二,第 152 页。

也有相当深的佛学素养,在思想上对佛教教义多有汲取。

　　龚自珍(1792—1841),初名自暹,字爱吾;更名易简,字伯定;又更名巩祚,字璱人,号定庵,晚年又号羽琌山民,仁和(今浙江杭州市)人。道光九年(1829)进士,官至礼部主事。后辞官南归,卒于丹阳云阳书院。嘉庆十八年天理教徒林清率众起义,攻入皇宫,龚自珍为此写了《明良论》;18世纪末19世纪初,沙皇俄国侵略我国北方领土,他一再陈述安边之策;他参加廷试对策,提出改革朝政意见,"大致祖王荆公上仁宗皇帝书"①;对于英帝国主义的鸦片贸易,他明确主张应抵制禁绝,在林则徐出任广东钦差大臣时,他曾著文送行,加以勉励。在国家危亡多事之秋,他以大无畏的精神,对社会弊端展开猛烈批判,努力探求解决危机的办法。在文坛上则开创通史鉴、考掌故、慷慨论天下事的风气。他更写诗著文,其代表作《己亥杂诗》是陈述生平见闻、思想见解的名篇。

　　龚自珍的学术有家学渊源。其外祖父是著名的经学家段玉裁,自幼就教育他"博闻强记,多识蓄德,努力为名儒、为名臣,勿愿为名士"②,劝他多读经史有用之书。他刻苦向学,记问渊博,精通小学、史地、经学和金石之学。在小学方面,亲承段玉裁家传,对《说文》有精识;在史地方面,对西北舆地有深入考察和研究;经学上受业于今文大家刘逢禄,通《公羊春秋》,并杂取古今各家之言,提出"更法"、"改图"的见解;金石学则搜罗精勤,创立义类,见解独创。蒋湘南《书龚定盦主政文集后并怀魏默深舍人》诗说:"文苑儒林合,生平服一龚。朝容方朔隐,世责展禽恭。沧海横流溢,高山大墼逢。齐名有魏氏,可许我为龙?"③

　　他又习佛,特别对天台学有独特研究。魏源说他的学问"以朝

----

①吴昌绶:《定盦先生年谱》。
②《与外孙龚自珍札》,《经韵楼集》卷九。
③《春晖阁诗集》,转引《龚自珍全集》附录,上海人民出版社,1975年,第656页。

章国故、世情民隐为质干,晚尤好西方之书,自谓深造微云"①。佛学思想是他思想中的一个组成部分,对他的一生活动包括文学创作有重大影响。

龚自珍自称"幼信轮转,长窥大乘"②,自小就受到佛教熏习。随父入京,"侍亲居京师法源寺南,尝逃塾就寺门读书"③。二十八岁时作《梦得东海潮来月怒明之句醒足成一诗》,中有"梵史竣篇增楮寿"④之句;二十九岁《驿鼓三首》之三中又写到"我欲收狂渐向禅"⑤。可能在此前后,即从著名居士江沅学佛,三十二岁在北京致江函中曾说"自见足下而坚进"⑥。到道光十三年(1833)四十二岁时作《阐告子》,"始读天台宗书"⑦,以后对天台潜心研习,写下了不少论著,有许多考辨与阐发。他又用天台来统一佛教各种异说,这是他的佛学思想的特色。

龚自珍在学问上主张会通众家,反对儒家一统独尊。其《自春徂秋偶有所触拉杂书之漫不诠次得十五首》之十说:

> 兰台序九流,儒家但居一。诸师自有真,未肯附儒术。后来儒益尊,儒者颜益厚。洋洋朝野间,流亦不止九。不知古九流,存亡今孰多。或言儒先亡,此语又如何。⑧

他在《与人笺一》中又说:

> 古人文学,同驱并进,于一物一名之中,能言其大本大原,而究其所终极;综百氏之所谭,而知其义例,遍入其门径,我从

---

①《定盦文录序》,《龚自珍全集》附录,第651页。
②《齐天乐序》,《龚自珍全集》第十一辑《小奢摩词选》,第575页。
③吴昌绶:《定盦先生年谱》。
④《龚自珍全集》第九辑,第440页。
⑤《龚自珍全集》第九辑,第444页。
⑥《与江居士笺》,《龚自珍全集》第五辑,第345页。
⑦《龚自珍全集》第一辑,第130页。
⑧《龚自珍全集》第九辑,第487页。

而笾钥之，百物为我隶用。苟树一义，若浑浑圆矣，则文儒之总也。①

这些明显地表现了他的治学意向。他不赞成儒家的思想统治，而主张广取百家，旁推交通。而在诸家学问中，他给佛学以很高位置。他和中国历史上的不少学者一样，是把佛学当作百家中的一家看待的。他有诗说：

种花都是种愁根，没个花枝又断魂。新学甚深微妙法，看花看影不留痕。②

闻道幸不迟，多难乃因缘。空王开觉路，网尽伤心民。③

这都可见他对佛教的倾心。

龚自珍的习佛文字，也讲轮回，讲福报，讲净土，讲修持，这些自然是迷信的东西。但这并不代表他对佛教的根本理解。他所理解的佛教，主要是天台"一心三观"的心性学说。他在《知归子赞》中说：

佛之徒吾能言之，大都夙生所造，纠缠至烦重，其生也，必抱民生绝幽苦之一境……则尚不知有佛也，乃遁而之于惝恍、曲屈、凄异、幽灵、孤谲之一境……自羲、炎以来文字，无不受也；日月河海之行，帝王、妃后、臣宰、农工、徒隶之法，无不籀也；当世人民、鸟兽、龙鱼，蚰虫之情状，无不随也；身命色力，毕耗于是，久久而自思其何所返。且求诸外，且索诸内，皆不厌吾意。于斯时也，猝焉而与其向者灵异智慧之心遇，遇而不逝，乃决定其心。盖三累三折之势，知有佛矣。④

---

① 《龚自珍全集》第五辑，第 336、337 页。
② 《昨夜》，《龚自珍全集》第九辑，第 448 页。
③ 《自春徂秋偶有所触拉杂书之漫不诠次得十五首》之十四，《龚自珍全集》第九辑，第 488 页。
④ 《龚自珍全集》第六辑，第 396—397 页。

这是他的体会。自身索之外,求之内,遍历人生困顿劳苦,遍阅人间情事,都不能得到满足,因而顿悟灵异智慧之心而知有佛。他从这种心性的体悟中寻找到解脱的道路。

龚自珍对佛教经典并不拘守、迷信。他引用佛言:"我如师子王,一切无畏,畏师子身自生蛆虫,食师子肉。"因而痛斥"蛆虫僧"。他写《正译》七篇和《妙法莲华经四十二问》等,提出看法,以为有些重要经典翻译有误。例如他认为《大般若经》是西土伪经,又把《法华经》分为两部并删去七品。他虽不能了解佛典形成的真实过程,但从中可以看出他的批判态度。而与对经的态度相对照,他对中国僧侣的著作,特别是天台宗如慧思、智𫖮的作品极其推崇。更有两点值得注意。一是他反对禅为教外别传之说。他对禅宗的机锋、参悟、公案、话头、棒喝等等通通否定,不赞成无言无相的神秘主义,这表现了他重义解的理性精神。另一方面则是他以天台会通各家,辑《支那古德遗书》,集录了天台慧思、智𫖮、湛然的作品,也收入了永嘉玄觉、圭峰宗密等人的作品①。他在《最录坛经》中说:

> 祖所获于《法华》、《涅槃》也,与吾智者大师同。谓之六祖撰《法华玄义》可,谓之《涅槃玄义》可,谓之六祖《摩诃止观》,无不可矣。其斥净土也,开唯心之宗最上法门,我实不见其谤净土。②

他认为六祖禅与智者大师的观点相同,并不是不可捉摸的。这充分表现了他对佛典的会通态度。

龚自珍二十七岁时作《阐告子》。告子是战国思想家,提出性无善恶,而与孟子的天赋性善论相对立。龚自珍说:

---

①《支那古德遗书序》,《龚自珍全集》第六辑,第384—385页。
②《龚自珍全集》第六辑,第402页。

> 龚子之言性也，则宗无善无不善而已矣。善恶皆后起
> 者……古圣帝明王，立五礼，制五刑，敝敝然欲民之背不善而
> 向善。攻劀彼为不善者耳，曾不能攻劀性；崇为善者耳，曾不
> 能崇性；治人耳，曾不治人之性；有功于教耳，无功于性；进退
> 卑亢百姓万邦之丑类，曾不能进退卑亢性……①

这种发挥，实际上是利用佛家分析真、俗的方法，把"性"绝对化了。到四十二岁即十五年后，他说自己这个观点"暗合于道"。他按天台宗空、假、中"一心三观"，否则"知见"，强调"以心为依止"。他的《观心》诗说："结习真难言，观心屏见闻"②。正因此，他认为儒学的经世教化无益于探知"性"的根本。而他所探求的无善无恶的"性"是众生性，也是佛性。也正因此，他实际上并不相信净土。他的《以天台宗修净土偈》说："念外无佛，佛者念是。佛外无念，念者佛是。无量强名，从此安立。无量强义，从此发生。"③所以无相之相，强名之为实相；而般若经千言万语，只告人佛无所得。他的《五重证义》指出修持的五个阶段：

> 第一重，烦恼空也……；第二重，清净亦空也，佛性亦空
> 也……；第三重，烦恼亦假立也，众生相亦假立也……；第四
> 重，假立佛性也，假立清净相也……；第五重，烦恼性相中，众
> 生性中，佛性中，清净性相中，依不著二边见而住。又"真如"
> 二字分呼："真"即三千空义，"如"即三千假义，"真如"合呼即
> 三千中义。证之曰：心、佛、众生，三无差别。④

这样，他主张从一般地排除我执即烦恼障入手，证得空、假、中三谛的统一，最后达到心、佛、众生的统一。在《定盦观仪》中他解释"以

①《龚自珍全集》第一辑，第129页。
②《龚自珍全集》第九辑，第445页。
③《龚自珍全集》第六辑，第373页。
④《龚自珍全集》第六辑，第373页。

心为依止"的"心"："真心耶？妄心耶？答以妄心为依止,全妄即真
故。"①也是指明众生心即佛心。

　　天台宗把佛性普及到一切有情以至无情之中,从而强调了佛
的普遍性,实际上降低了佛的神圣性。对众生性的肯定必然导致
对一般人的肯定。龚自珍在这里看到了对"性"的正确"知见"并一
再称扬天台著作,说天台宗书,不可缓读。谈到元释怀则《天台传
法心印记》,他说："孔子复生,我知不易其言;一切佛出世,我知不
易其言"。② 他想从天台教理中求得人性的真谛,从而求得解决人
生与社会矛盾的出路。他的这套观念当然是唯心的,但又有着批
判理学统治的意义。

　　与这种观念相联系,龚自珍在对佛教教义的一些具体理解上
努力牵合到现实问题上来。例如对心识的看法上,他不讲法相的
阿赖耶识。他认为智者大师舍八用六,即不用第八阿赖耶识而用
第六意识"斯功最大",理由是意识不像阿赖耶识那样神秘不着边
际;"六识众生自知其有。自知其有,则可以扼其四运,用其双照,
以入乎中道"③。对于净土,他取唐飞锡《念佛三昧宝王论》中的两
句话："必不离念立无念,必不离生立无生",认为"净土劝进之书,
山积云兴,此最顺佛语者,最平实者"④。这也是主张从平凡人生中
求得解脱。他提出尊情的观念,《长短言自序》中说："情之为物也,
亦尝有意乎锄之矣。锄之不能,而反宥之;宥之不已,而反尊之。
龚子之为《长短言》,何为者耶？其殆尊情者耶？情孰为尊？无位
为尊,无寄为尊,无境而有境为尊,无指而有指为尊,无哀乐而有哀
乐为尊。"⑤他又表示自己不能舍弃世事,《与江居士笺》中说："重到

----

①《龚自珍全集》第六辑,第 377 页。
②《最录天台传佛心印记》,《龚自珍全集》第六辑,第 408 页。
③《最录觉意三昧》,《龚自珍全集》第六辑,第 403—404 页。
④《最录念佛三昧宝王论》,《龚自珍全集》第六辑,第 409 页。
⑤《龚自珍全集》第三辑,第 232 页。

京师又三年,还山之志,非不温紫寤寐间,然不愿汩没此中。政未易有山便去,去而复出,则为天下笑矣。"①这样,他虽然热衷佛说,却没有走到颓废逃世路上去。

龚自珍诗、词、文俱佳。他有《题梵册》一诗:

> 儒但九流一,魁儒安足为。西方大圣书,亦扫亦包之。即以文章论,亦是九流师。释迦谥文佛,渊哉劳我思。②

他是真切认识到佛典的文学价值的。他的议论文字利用因明论法,如《中不立境论》、《法性即佛性论》等就是利用宗、因、喻三支结构的,这是直接挪用佛书的写作技巧。而他的诗文表现出的勇于创造的精神也得力对于佛家文字的借鉴。

他的议论文字伤时言事,不避忌讳,尖锐犀利,多有极其痛切透辟的言论。例如他说:"衰世者,文类治世,名类治世,声音笑貌类治世",可是"左无才相,右无才史,阃无才将,庠序无才士,陇无才民,廛无才工,衢无才商",偶有才士、才民出,"则百不才督之缚之,以至于戮之。戮之非刀、非锯、非水火……戮其能忧心、能愤心、能思虑心、能作为心、能有廉耻心、能无渣滓心。有非一日而戮之,乃以渐,或三岁而戮之,十年而戮之,百年而戮之",结果"起视其世,乱亦不远矣"③,这就相当尖锐深刻地揭示了时代的危机。他的许多文字触及时事,建言献策,更多精辟之论。李慈铭说:

> 阅《定盫文集》……文章瑰诡,本孙樵、杜牧,参之《史》、《汉》、《庄》、《列》、《楞》、《华》之言。④

他的文章确实得力于他融通百家的丰富素养。

①《龚自珍全集》第五辑,第345页。
②《龚自珍全集》第九辑,第506页。
③《乙丙之际著议第九》,《龚自珍全集》第一辑,第6—7页。
④《越缦堂读书记》,商务印书馆,1956年,第876页。

柳亚子评龚自珍诗是"三百年间第一流"。他被认为是"中国封建社会最后一位浪漫主义诗人,又是民主主义革命前夕第一位启蒙主义诗人"①。他的诗意境鲜明,语言瑰丽,构想奇妙,情趣浓郁,自成一家。他用诗来感时伤事,揭露、批判现实的黑暗、腐败,呼唤破旧立新的变革,表现了大无畏的战斗精神。有人评论说:

> 昔人谓诗杂仙心,又谓得句先呈佛,如定公当之,可以无愧。②

龚自珍谈仙诗且不论,他确曾明确说到"以诗通禅古多有"③。作为抒情手段,他的诗也多有礼佛谈禅的内容。如《己亥杂诗》七绝三百一十五首是文学史上前所未有的大型组诗,作于道光十九年(1839)辞官返家途中,记述旅途,夹叙生平,通过大半生的仕宦经历、师友交游、所闻所见,抒写国情民隐、远忧近虑,也有风华绮丽的男女情思,更有佛教义理贯穿其中。其第一句就是"著书何似观心贤","观心"正是天台的基本主张;其最后一首说:"吟罢江山气不灵,万千种话一灯青。忽然搁笔无言说,重礼天台七卷经。"所谓"天台七卷经"就是天台所尊根本典籍《法华经》,这可以看出他对佛教的倾心。组诗里有这样的篇章:

> 狂禅辟尽礼天台,掉臂琉璃屏上回。不是瓶笙花影夕,鸠摩枉译此经来。
>
> 历劫如何报佛恩,尘尘文字以为门。遥知法会灵山在,八部天龙礼我言。④

这样的作品,都相当深刻地表现了他的宗教感情和体验。如果说

---

①陈铭:《龚自珍评传》,南京大学出版社,1998年,第240页。
②丘炜菱:《五百洞天挥麈》卷十二。
③《题鹭津上人册》,《龚自珍全集》第九辑,第502页。
④《龚自珍全集》第十辑,第517页。

他的这类诗难免受到落入"理障"之讥,则他的更多作品则能把信仰化为幽思丽情,更富于浪漫情趣,也更有艺术感染力。例如《能令公少年行》,是诗人"自祷祈之所言",描写出一个多才多艺的狂放才人的形象,他本来"逃禅一意皈宗风,惜哉幽情丽想销难空",诗的结尾说:

> 归来料理书灯红,茶烟欲散颊鼍浓。秋肌出钏凉珑松,梦不堕少年烦恼丛。东僧西僧一杵钟,披衣起展《华严》简。噫哦!少年万恨填心胸,销灾解难畴之功。吉祥解脱文殊童,著我五十三参中。莲邦纵使缘未通,它生且生兜率官。①

在抒写投入佛乘的志愿中,表现了内心的苦闷和矛盾。又如名篇《西郊落花歌》,利用西方净土的想象,表达了对美好理想境界的神往,在极其夸张地描绘了落花的绮丽景象后,结尾说:

> 先生读书尽三藏,最喜《维摩》卷里多清词。又闻净土落花深四寸,瞑目观想神亦驰。西方净国未可到,下笔绮语何漓漓。安得树有不尽之花更雨新好者,三百六十日长是落花时。②

这就把禅思化成美好的诗情,创造出激动人心的理想境界。龚自珍的词作也很有特色,同样有表现佛教内容的。

关于晚清佛学发展状况,梁启超在《清代学术概论》里有精辟的概括:

> 晚清思想界有一伏流,曰佛学。前清佛学极衰微,高僧已不多,既有,亦于思想界无关系。其在居士中,清初王夫之颇治相宗,然非其专好。至乾隆时,则有彭绍升、罗有高,笃志信仰。绍升尝与戴震往复辨难(《东原集》)。其后龚自珍受佛学

---

①《龚自珍全集》第九辑,第453页。
②《龚自珍全集》第九辑,第489页。

于绍升(《定庵文集》有《知归子赞》,知归子即绍升),晚受菩萨戒。魏源亦然,晚受菩萨戒,易名承贯,著《无量寿经会译》等书。龚、魏为"今文学家"所推奖,故"今文学家"多兼治佛学。石埭杨文会少曾佐曾国藩幕府,复随曾纪泽使英,夙栖心内典,学问博而道行高,晚年息影金陵,专以刻经弘法为事,至宣统三年武汉革命之前一日圆寂。文会深通"法相""华严"两宗,而以"净土"教学者,学者渐敬信之。谭嗣同从之游一年,本其所得以著《仁学》,尤尝鞭策其友梁启超。启超不能深造,顾亦好焉,其所著论,往往推挹佛教。康有为本好言宗教,往往以己意进退佛说。章炳麟亦好"法相宗",有著述。故晚清所谓新学家者,殆无一不与佛学有关系。而凡有真信仰者,率皈依文会。①

鸦片战争以后,清王朝在帝国主义侵逼下,腐败无能,积贫积弱,国衰民困,危机四伏。知识阶层探索救国救民的方策,一方面向西方学习,引进西方科学与文化,另一方面则面向中国传统思想、学术其中包括佛学寻求出路。梁启超描述的就是这一股形成一定声势的振兴佛学和佛教的潮流。但推动这一潮流的人的立场、观点并不相同:有主张维新变法的改良派,有资产阶级革命派,也有热衷于革新佛教的居士。他们对佛教的态度也大不一致:有些人是坚定的信仰者,有些人推崇佛学但并不信仰佛教,还有些人全然是借用佛教的某些内容来阐发自己的思想主张。梁启超曾以"应用佛学"②来概括谭嗣同《仁学》里所讲的佛理,可以用来说明晚清时期振兴佛教潮流的一般特征,即不同立场、观点的人所阐发和提倡的佛学,均具有鲜明的经世致用的"应用"性格。另一方面则研习、赞赏和宣扬佛学的人,又多重视教理,尤以法相唯识学得到推重,因

①《清代学术概论》,《梁启超史学论著四种》,岳麓书社,1998 年,第 93 页。
②《论佛教与群治之关系》,《饮冰室合集》文集第四册,中华书局。

而慈恩宗义得以振兴。总之,这一颇具声势的思潮带着其积极的内容与作用和消极的局限与后果,汇入到时代变革的总潮流之中,使历史悠久、但已长期衰落的中国佛教对思想、学术、文学艺术诸多领域又一次发挥生机,做出贡献。这里只简要介绍谭嗣同、梁启超和章太炎。

　　谭嗣同(1865—1898),字复生,号壮飞,别署华相众生、东海褰冥氏、通眉生等,湖南浏阳(今湖南浏阳市)人。作品结集为《谭嗣同全集》。他早年潜心治学。光绪三年(1877),其父谭继洵补甘肃巩秦阶道,他有机会遍游西北、东南诸省,目睹灾民流离、山河异变,对他的治学倾向和人生态度都造成重大影响。光绪二十二年谭嗣同在北京结识梁启超,进一步了解康、梁变法的政治主张。同年选为候补知府,在南京候缺,结识著名居士杨文会,跟随他学佛一年。这一时期,他一方面接受康有为的今文经学,一方面深入研究佛学,统合二者,遂"会通群哲之心法,衍绎南海之宗旨"①,写出著名的《仁学》一书。此后他来往沪、宁、湘,与梁启超、杨文会等商讨学术,创办学会,出版报刊,宣扬维新思想。

　　戊戌变法时,谭嗣同被举荐为四品卿衔军机章京,参议新政。维新失败,他与杨锐等五人同时被戮,人称"戊戌六君子"。在《仁学》中他鼓吹"冲决网罗"的大无畏精神,他又曾说"各国变法,无不从流血而成……有之,请自嗣同始"②。最终他临难不屈,忠实践履了自己的信念。梁启超称赞他志节、学问、思想为我中国 20 世纪开幕第一人③。

　　谭嗣同自少年时即潜心考据、笺注、古诗文、兵法等中国传统学术,后来又钻研西方天算、格致、历史、政治之学。其时康有为正利用今文经学发挥革故鼎新思想,谭嗣同闻其所发明的《易》、《春

———————

①《戊戌政变记·谭嗣同传》,《饮冰室合集》专集之一。
②梁启超:《谭嗣同传》,《谭嗣同全集·附录》,第 556 页。
③梁启超:《饮冰室诗话》,人民文学出版社,1959 年,第 1 页。

秋》大义，大为欣服。后来在南京候缺时结识杨文会居士，又遍阅
《华严》及心、相两宗著作，在佛学上更为精进。他在这个时期写成
的《仁学》中，尖锐地批判专制制度的"纲常名教"，号召人们"冲决"
举凡利禄、俗学、君主、伦常之一切"网罗"，提倡以大无畏的气概为
革新事业而斗争。而他提出这套理论，正是以佛家学说为真理极
诣，把启蒙时期的资产阶级民主思想用佛教的语言加以表达。这
可以说是发挥佛教哲学中的积极的辩证的因素为现实斗争服务，
也可以说是近代维新派利用佛学理论来论证自己的主张。他提出
舍身以救众生的理想，以为灵魂不死故不畏死，并用自己的牺牲实
践了这些观点。梁启超说他"冥探孔佛之精奥，会通群哲之心
法"①；康有为则说他"归心服大雄，悲智能常惺"②。他自述则说
"现生犹是半跏僧"③，"阑入《楞严》十种仙"④。可见佛教对他影响
之深远。

　　谭嗣同所讲的佛教，首先是丝毫没有超世悲观的意念。他在
《壮飞楼治事十篇·第九群学》中说：

　　　　佛法以救度众生为根本，以檀波罗蜜为首义（克己时，当
　　以蝼蚁、草芥、粪土自待；救人时，当以佛天、圣贤、帝王自待）。
　　即吾孔孟救世之深心也。学者堕落小乘，不离我相，于是为
　　孔、孟者独善其身，为佛者遁于断灭。揆之立教之初心，不啻
　　背驰于燕越，甚无谓也。⑤

他还分辨佛与老，认为二者不当混而同之。山林习静在佛诋为顽
空、为断灭、为九十六种外道之一。这样，他完全是从积极能动方

①《谭嗣同传》，《谭嗣同全集·附录》，第553页。
②《六哀诗》之四，《谭嗣同全集·附录》，第558页。
③《金陵听说法诗》四首之四，《谭嗣同全集》，第247页。
④《似曾诗》之一，《谭嗣同全集》，第245页。
⑤《谭嗣同全集》，第443页。

面来理解佛教的。其次，他不只统合儒、耶、佛，而且试图统合全部学术。他曾在浏阳创立学社，又遍游京、沪、宁，吸收当时自然科学新知识。他运用这些知识来说明唯心、唯识的道理，使佛学成为统摄各种学说的哲学根据。他对佛家哲学的辩证方面理解得特别独到。他在《仁学》二称扬佛教说：

> 佛教纯者极纯，广者极广，不可为典要。惟教所适，极地球上所有群教群经诸子百家，虚如名理，实如格致，以及希夷不可闻见，为人思力所仅能到乃至思力所必不能到，无不异量而兼容，殊条而共贯。[1]

这样，他所理解的佛教，就与世俗僧侣迷惑愚夫愚妇的佛教有很大的不同。他在《石菊影庐笔识》中称后者为"释氏之末流，灭裂天地，等诸声光之幻，以求合所谓空寂。此不惟自绝于天地，乃并不知有声光"。他自明所言与之绝无共通之处。

他明确标举自己所主张的是"唯心"论。认为"唯一心为实"[2]，因而灵魂不死。在这一点上他与大乘空观的主张并不一致。但他所谓心又是"遍法界、虚空界、众生界"之一心，是弥满宇宙的精神本体，所以又无人相，无我相。人我的生存价值只是这个大"心"的表现，其微末可知。他利用儒学的概念"仁"，又用当时的科学名词"以太"、"电"、"心力"等来加以说明。这"仁"是"天地万物之源"，亦即唯识所说的"相分"。他说凡为仁学者，于佛书当通《华严》及心、相两宗之书。他从《华严》取其"法界缘起"理论，认为法界、虚空、众生等都由所谓"仁"、"性"、"灵魂"即"性海"所立。由于偏执一义，因而对人我妄生分别，是众生的颠倒。这种人我的分别用儒学的语言说就是"习"，而非"性"。"性"本是"通"的，是无人相无我相的。由此他论证了不生不灭，三世一时，一多相容，天地万物只

---

[1]《谭嗣同全集》，第351—352页。
[2]《上欧阳中鹄》之十，《谭嗣同全集》，第460页。

是"同一大圆性海"的一部分。人也只是其中的一个现象而已。在论证这些观念时,他又借用了近代科学知识。例如他用物质转化和不灭定律说明不生不灭,用万有引力定律来说明灵魂非人类所独有。这种论证方法当然很牵强,或者说是荒谬的,但从中可以看出他努力于利用新知识的做法。

他讲不生不灭始于微生灭。这个微生灭的观念可能与当时对原子论的理解有关。而他把见生灭归结到唯识。他说:

> 见生灭者,适成唯识。即彼藏识,亦无生灭。佛与众生,同其不断。忽被七识所执,转为我相。执生意识,所见成相。眼、耳、鼻、舌、身,又各有见,一一成相。相实无枉受熏习。此生所造,还入藏识,为来生因,因又成果。颠倒循环,无始沦滔。沦滔不已,乃灼然谓天地万物矣。①

这实际是唯识宗的阿赖耶识缘起说。他又把唯识八识,与儒学相配合。以为佛说所谓"执",即孔学所谓"意";佛之所谓"藏",即孔之所谓"心"。他认为《大学》讲正心诚意,实与佛教主张转识成智为一。前五识转而为成所作智,即修身而身修;第六识转而为妙观察智,即致知而知至;第七识转而为平等性智,即诚意而意诚;第八识转而为大圆镜智,即正心而心正。并且《大学》所讲又与"四法界"合:格物,事法界;致知,理法界;诚意、正心、修身,理事无碍法界;齐家、治国、平天下,事事无碍法界。这样,他所谓"大圆镜智",不是寂灭涅槃,而是实现伟大事功抱负的智慧。

他取心宗,以为"缘劫运既由心造,自可以心解之",而"心力之实体,莫大于慈悲"②。世界既由宇宙之大心所生,求自己与此大心合,当然要对万物一视平等。梁启超在《仁学序》中说:"今夫众生之大蔽,莫甚乎有我之见存。有我之见存,则因私利而生计较,因

---

① 《仁学一》,《谭嗣同全集》,第330页。
② 《仁学二》,《谭嗣同全集》,第365、357页。

计较而生罣碍，因罣碍而生恐怖……于是乎大不仁之事起焉。"①这篇在谭嗣同逝世后九十天所写的序，是对谭的"心"学的中心思想的解释。谭嗣同在给他的老师欧阳瓣蘷的信上说：

> 心之力量，虽天地不能比拟。虽天地之大，可以由心成之，毁之，改造之，无不如意。②

所以，谭嗣同之讲唯心正有其积极干预世事的一面，而不是流于空灵虚无，也不局限于自我。这一点，也表现了启蒙时期思想家的战斗精神。

谭嗣同张扬佛学，自有其软弱和消极的方面。但他也指出：诸儒所辟之佛，乃佛家末流之失。所以，他是明确意识到佛家中有末流，末流是有失误的。他想建立一个合全部宗教为一的佛教。他以为佛教"唯识"、"唯心"的理论，一方面可以证成自由平等的理想，因为遍法界的万物即是"心"或"仁"、"以太"的一部分，自不应有人我分别，举凡等级、专制的一切制度，社会上压迫侵夺的一切罪恶，都是悖于宇宙精神的本性的；另一方面，一个人的生命，并不随肉体而生灭，为了发扬宇宙真理，个人虽然牺牲，精神则是永存的。所以他提倡佛的舍己度人，主张施无畏，做到无死畏，无恶名畏，无不活畏，无恶道畏，无众生威德畏。他要发扬佛教的威力奋迅、勇猛如狮子的精神，为改造现实世界而奋斗。

谭嗣同的文章词锋凌厉，气势轩昂，夹杂一些新名词和外来语，显示出特异的风格。例如他的长篇论著《仁学》，议论滔滔，浩气流转，号召人们冲破一切网罗，成为资产阶级革命到来之前动员民众、启发民智的号角。他的《壮飞楼治事》和给欧阳竟无等人的书信，议政论学，抨击时事，表现出开阔的视野和蓬勃的热情。

谭嗣同的诗抒写忧国情怀和报国壮志，在黑暗窒息的时代发

---

① 《饮冰室合集·文集》。
② 《谭嗣同全集》，第 460 页。

出促人觉醒的呼唤,风格或激越苍凉、或深密幽邃,"独辟新界而渊含古声"①。他三十岁以前的作品,记游咏怀,沉郁哀艳,风格更接近六朝、晚唐。参与变法维新活动以后的作品则加入维新观念和语汇,他这一时期的作品里杂用新名词和佛、耶语汇,虽然稍显生僻怪诞,却正反映了他勇于接受和表现新思想、新事物的强烈愿望。在这方面他和梁启超等人是一致的。他有赠梁启超诗说:

> 虚空以太显诸仁,络定阎浮脑气筋。何者众生非佛姓,但牵一发动全身。机铃地轴言微纬,吸力星林主有神。希卜梯西无著处,智悲香海返吾真。②

这里讲的是《仁学》"仁以通为第一义,以太也,电也,心力也,皆指所以通之具"的道理。他认为这就是"慈悲"、"佛性"。代表他的风格的作品又有《似曾诗》四首:

> 同住莲花证四禅,空然一笑是横阗。惟红法雨偶生色,被黑罡风吹堕天。大患有身无想定,小言破道遣愁篇。年来嚼蜡成滋味,阑入《楞严》十种仙。
>
> 无端过去生中事,兜上朦胧业眼来。灯下髑髅谁一剑,尊前尸冢梦三槐。金裘喷血和天斗,云竹歌声匝地哀。徐甲倘容心忏悔,愿身成骨骨成灰。
>
> 死生流转不相值,天地翻时忽一逢。干笑东风贞节脱,春词残月已冥濛。桐花院落乌头白,芳草汀洲雁泪红。隔世金环弹指过,结空为色又俄空。
>
> 柳花夙有何冤业,萍末相逢乃尔奇。直到化泥方是聚,祇今堕水尚成离。焉能忍此而终古,亦与之为无町畦。我佛天亲魔眷属,一时撒手动僧祇。③

①《饮冰室诗话》,第1页。
②《赠梁卓如诗四首》之三,《谭嗣同全集》,第244页。
③《赠梁卓如诗四首》之三,《谭嗣同全集》,第245—246页。

梁启超评论这一组诗说：

> 其言沉郁哀艳，盖浏阳集中所罕见者，不知其何所指也。然遣情之中，字字皆学道有得语，亦浏阳之所以为浏阳，新学之所以为新学欤！①

把从外国输入的新概念和佛典的词语、意念融入诗句，造成了新颖而又古奥、渊深而又奇崛的诗风。这也代表了当时的新学家融汇百家、勇于创新的风格特征。格调相同的《金陵听法诗三首》之三：

> 而为上首普观察，承佛威神说颂言。一任血田卖人子，独从性海救灵魂。纲伦梏以喀私德，法会极于巴力门。大地山河今领取，庵莫罗果掌中论。②

这里使用佛教语言来表达大慈大悲的救世理想和民主要求。"喀私德"（印度种姓制度）和"巴力门"（国会）都是外来语音译。他就义时的绝命诗：

> 望门投止思张俭，忍死须臾待杜根。我自横刀向天笑，去留肝胆两昆仑。③

这短短的四句诗体现了为革新理想而不惜生命、视死如归的精神，也实践了他一再宣扬的奋迅无畏、为法捐躯的理想人格。

谭嗣同在文学批评上亦有不少创建。他的《论艺绝句六篇》评论当时文坛，高度评价魏源、龚自珍等革新派人物的文学成就，表扬诗僧八指头陀寄禅，不仅揭示了这些人创作的成绩，更体现了他以创作促革新的文学主张。他有《秦岭》诗，赞扬韩愈：

> 公之文章若云汉，昭回天地光羲、娥。文生于道道乃本，

---

① 《饮冰室诗话》，第 2 页。
② 《谭嗣同全集》，第 247 页。
③ 《谭嗣同全集》，第 287 页。

后来作者皆枝柯。惟文惟道日趋下，赖公崛起躅沉疴。我惜
刻厉蹶前躅，百追不及理则何。才疏力薄固应尔，就令有得必
坎坷……①

这首诗从用语到风格显然也是模拟韩愈《石鼓歌》的。他赞赏韩愈
的明道事业及其文以明道的主张，但他所明之"道"与韩愈的儒家
"圣人之道"显然不同。他是借韩愈来表达自己的革故鼎新的理
念。犹如他在致刘菘芙的信里论陶渊明："以为陶公慷慨悲歌之士
也，非无意于世者，是人惟以冲淡目之，失远矣"，又说他的诗"伤己
感时，衷情如诉，真可以泣鬼神，裂金石，兴亡之际，盖难言之"②，这
也见识独到。其对陶诗的这种深刻理解也是与他本人的世界观有
关的。

　　章太炎（1869—1936），初名学乘，字枚叔；后改名绛、炳麟，号
太炎，余杭（今浙江杭州余杭区）人，中国近代资产阶级革命家、思
想家，在文学、语言学方面亦多所建树，被视为晚清学术的结束者。
辛亥革命前，在日本参加同盟会并主持机关报《民报》。辛亥革命
后曾任孙中山总统府枢密顾问；护法战争期间参加护法军政府任
秘书长。晚年脱离政坛，在苏州设国学讲习会，以讲学为业。

　　章太炎1916年著文写自己思想变迁之迹，谈到佛教对自己的
影响，说少求经术，谨守朴学；后寻求政术，历览前史，又倾心荀、韩
学说；继阅佛藏，涉猎《华严》、《法华》、《涅槃》诸经。1903年因发表
《驳康有为论革命书》，并给邹容《革命军》作序，在上海入狱。狱中
三年专修唯识。他认为唯识以分析名相始，以排遣名相终，解此方
达大乘深趣，而释迦立言出过晚周诸子不可计数，程、朱以下尤不
足论。后来东走日本，又研习欧洲希腊、德国及古印度哲学，以此
格以大乘，霍然知其利病，识其流变。然后又转而回头研究中国古

①《谭嗣同全集》，第66页。
②《报刘菘芙书二》，《谭嗣同全集》，第11页。

典,特别称扬《庄子》。他总括自己平生学术,是"始则转俗成真,终
乃回真向俗"。也就是说,开始时是走经学的路子,做形而下的研
究,继而转向形而上的抽象学理探讨,又回过头来研究现实学问。
从这个过程,我们可以看到佛学在他整个思想中的作用与地位。
他接受佛说,正是"转俗成真"的一步。

　　章太炎批评宗教与有神论。在《訄书》初刻本《公言》篇上
他说:

　　　　若夫宗教之士,刺取一隙,以杜塞人智虑,使不获知公言
　　之至,则进化之机自此阻。

他后来一直注意到佛教的消极方面。如在著名的《驳康有为论革
命书》中他就指出:由于佛教"无所有观念,而视万物为无常,不可
执着故",所以对"国土之得丧,种族之盛衰,固未尝概然于胸中",
结果"当释迦在世时,印度诸国已为波斯属州"。到晚年1935年写
《答张季鸾问政书》,则提倡国粹而阐扬"以儒兼侠","宜暂时搁置
者,曰纯粹超人超国之学说,故鄙人今日于佛学亦谓不可独用"。

　　而章太炎学问广博,他又试图把佛学调和到整个学术系统之
中。在接受了19世纪末欧洲唯心主义哲学之后,他用佛教唯识学
说来证成和阐发自己的唯心主义理论,佛学就成了他的哲学思想
的一部分。例如他接受进化论,就把佛教"劫"的观念等同于《管
子》所谓"运"和西方哲学所谓"期"①;在讲天体演化时,一方面吸收
了牛顿、哥白尼、赫歇耳等人建立在科学观察基础上的宇宙观;另
一方面又说这就是《华严经》所谓的"世界如白云",并认为银河系、
星团就是佛经说的色界、无色界等等②。这样,他借用佛经中纯虚
幻的宇宙观以说明宇宙时空无限。他的《菌说》一文本来是批评谭
嗣同《仁学》中宣扬的宗教迷信的。他在其中用现代科学知识以说

①《读管子书后》。
②《视天论》,又见《訄书》初刻本《公言》。

明生命、物种到人的进化，指出由细菌发展成人是个自然历史过程。但他又引用宗密《原人论》所谓"孔、老、释迦，皆是至圣，设教殊途，有实有权"，认为儒、佛、庄子三家，皆属理想，亦皆参以实证。他认为一切动植物都发生自"微虫"、"蛊"即原生物，但这原生物的出现却由于精神。他引证《庄子》"乐出虚，蒸成菌"的说法，释"乐"为"人生之乐"即感情。然后他又比附《首楞严经》等佛说，说明一切众生，因诸爱染，发起妄情。由爱欲而起牝牡之情，传之精虫，精虫有慕为人形之志，于是为胚胎以象子。他提出了原子（阿屯）原素（原质）概念，却又认为它们各有爱欲去就，即爱力、吸力，表现为物质就是离心力（斥力）和向心力（驱力）。他把这些与佛家所说无情有性、金石有知混淆起来。这样，佛教的神不灭论，就被纳入到他的思想体系之中。

由于章太炎精于唯识和因明，因而在利用佛家认识论和逻辑上有所创获。他在名著《论诸子学》中讲到名家惠施、公孙龙，先举《荀子·正名》中所说"何缘而以同异？曰缘天官"，解释这个"缘"字，说"中土书籍少言缘者，故当证之佛书"，因此援引佛教唯识关于"四缘"、"量"、"心分位"等理论，以说明认识的过程与特征，以及名言与认识的关系；在讲到墨家逻辑的时候，他又援引因明三支论法和欧洲三段论法相比较，说明其异同。这在哲学史研究上都是有益的尝试。

章太炎和龚自珍、谭嗣同等人一样，主张唯心论，应从历史主义角度看到其积极一面。人们在当时情况下对主观精神的强调，正是蔑视现实、反抗社会的立足点和力量源泉，也是意在强调发扬主观精神以改造社会的。章太炎后半生推崇《庄子》，他在《齐物论释》中以齐物之说释平等，在《国粹概论》中又以《逍遥游》讲自由，这是借用庄子哲学来宣传资产阶级理想。他同时也利用佛学。他说唯识"真如"就是老子所谓"道"，康德的"自在之物"，又与庄周所说观念起于自心相合。他又说自由平等的概念早见于佛书，释迦当初不平于种姓制度，党言平等以矫之，而自由在佛经中称"自在"。因此大小二乘，与庄周义有相征。这样，佛说就被套上了现代的外衣。这一面固然是他宣传新思想的努力，但又表明他仍被旧的宗教意识所束缚。

章太炎当年以文字宣传革命，在文坛上是个有影响的人物。鲁迅先生曾登门受教，一生中受到他的教益不少。由于章太炎在近代思想史上的突出地位，他对佛教的态度也是有一定影响的。

梁启超（1873—1929），字卓如，号任公，广东新会（今广东新会县）人，资产阶级改良主义者，也是著名学者、文学家。他是"戊戌变法"的领导人之一。变法失败，逃亡日本。辛亥革命后，曾策动蔡锷组织护国军讨袁世凯，又出任段祺瑞政府财政总长。晚年从事学术研究，在清华大学等处讲学。

梁启超一生在介绍西方资产阶级社会、政治、经济等学说方面做过不少工作。他在鼓吹维新变法和宣传西方学说的同时，又鼓吹佛学，并企图使之与当时的新思想相调和。他早年从学于康有为。康有为当年在广州立万木草堂，授徒讲学，就以佛学和宋明理学为体，以史学和儒学为用。在"戊戌变法"以前，梁启超与友人谭嗣同、夏曾佑等一起研习过佛典。1902年著《论宗教家与哲学家之长短得失》、《论佛教与群治之关系》。前者指出无宗教思想则无统一、无希望、无解脱、无忌惮、无魄力；后者则提出佛教有六大优点：智信而非迷信，兼善而非独善，入世而非厌世，无量而非有限，平等而非差别，自力而非他力。后来随着他在政治上与思想上趋向保守，著论反对当时借鉴西方的新潮流，提出用东方文明以挽救世界，其中即有中国的三圣——孔、老、墨，也有印度文明的佛教。在第一次世界大战结束前后游欧后，他评论说：

泰西思想界，现在依然是浑沌过渡时代，他们正在那里横

冲直撞，寻觅曙光。许多先觉之士，正想把中国印度文明
输入。①

后来他脱离政坛，潜心研习佛典，认为"佛教是全世界文化的最高
产品"②。他在南京从佛学家欧阳竟无研习法相宗，又拟编著《中国
佛教史》，写成一批文章，曾集印为《佛学研究十八篇》。

梁启超在《中国近三百年学术史》中评论章太炎的《齐物论
释》，说：

> 章太炎的《齐物论释》是他平生极用心的著作，专引佛家
> 法相宗学说比附庄旨，可谓石破天惊。至于是否即庄子原意，
> 只好凭各人领会罢。③

他本人对待佛学的态度，亦可作如是观。他利用佛学比附现代哲
学，用以说明现代人的问题，有其抉微探幽、发掘佛教文化价值的
一面，但是否合乎佛学原意，二者是否相契合，都很成问题。

他主要把大乘空观特别是唯识宗的认识论与近代西方唯心主
义特别是实验主义哲学等同起来。他说印度佛学"对于心理之观
察分析，渊渊入微。以校今欧美人所著述，彼盖仅涉其樊而未窥其
奥也"④。他说近代欧洲的心理学，早在一千五百年前即已成熟。
他著有《佛教心理学浅测》等一系列论文，其中根据佛教五蕴说成
立无我，说明宇宙与人生随变随灭，灭复随生。该文说：

> 我们因为不明白五蕴皆空的道理，误认五蕴相续的状态
> 为我，于是生出我见。因我见便有我痴我慢。我痴我慢的结
> 果，不惟伤害人，而且令自己生无限苦恼，其实这全不是合理

①《欧游心影录节录》，《饮冰室合集》专集卷二十三。
②《治国学的两条大路》，《饮冰室合集》文集卷三十九。
③《中国近三百年学术史》，天津古籍出版社，2003 年，第 263 页。
④《说大毗婆沙》，《饮冰室合集》专集卷六十四。

的生活。因为"他所缘境界非真实违逆众生心",人类沉迷于
这种生活,闹到内界精神生活不能统一,长在交战混乱的状态
中。所以如此者,全由不明真理。佛家叫他无明。我们如何
才能脱离这种无明状态呢?要靠智慧去胜他。最关键的一句
话是"转识成智"。怎么才转识成智呢?用佛家所施设的方法
虚心努力研究这种高深精密心理学,便是最妙法门。[①]

　　他就是这样从"智信"角度来理解佛教,并从佛学中找到了济世良
方的。

　　他赞扬佛教的认识论,是与其唯心主义世界观相一致的。他
有一篇名字就叫《唯心》的文章,其中说:

　　　　境者,心造也。一切物境皆虚幻,惟心所造之境为真
　　实……无下之境,无一非可乐可忧可惊可喜者,实无一事可乐
　　可忧可惊可喜者。乐之,忧之,惊之,喜之,全在人心。所谓天
　　下本无事,庸人自扰之。境则一也,而我忽然而乐,忽然而忧,
　　无端而惊,无端而喜,果胡为者?如蝇见窗纸而钻,如猫捕树
　　影而跳掷,如犬闻风声而狂吠,扰扰焉送一生于惊喜忧乐
　　之中。[②]

梁启超本认为思想是事实之母,感情是人类活动的原动力,因而也
就接受唯识境由心生的观念。这种观念从积极方面看,是通过把
人的精神绝对化,强调人改造客观现实的作用,以之作为改良派的
依据。但从另一方面看,如此强调"心对物的征服",终于导致少数
天才创造世界的唯心史观,使现实世界的斗争变成了虚幻的思想
交锋,从而让人堕入消极虚无之中去。

　　梁启超在佛学研究上贡献巨大。他所著《汉明求法说辩伪》、

---

①《佛学研究十八篇·附录》,第 57 页。
②《自由书·惟心》,《饮冰室合集》专集卷二。

《四十二章经辩伪》、《牟子理惑论辩伪》、《佛教与西域》、《佛教教理
在中国之发展》、《见于高僧传中之支那著述》、《大乘起信论考证
序》等,对于佛教历史、佛教典籍、佛教在中国的影响等问题提出了
不少精辟见解,直到今天仍有重大学术价值。他的《佛家经录在中
国目录学之位置》、《佛典之翻译》、《翻译文学与佛典》等,探讨了佛
典对中国学术和文学的影响。特别是涉及到文学史方面,他指出
由于佛典传入,使人们醉心于新文体,想象力不断增进,诠写法不
期而革新,因之自《搜神记》以下一类小说,受到《大庄严经论》等佛
典影响;而《水浒》、《红楼》等,结构运笔受《华严》、《涅槃》影响为
多;至于宋明以降的杂剧、传奇、弹词等,则汲取了《佛本行赞》等经
典的写法。他又指出通过佛典翻译丰富了汉语文的语汇,促进了
其语法和文体的演变。他总结译经文体的特点,多有真知灼见。
梁启超是我国近代佛学研究的开拓者,在佛教文学研究方面亦多
有建树。他关于佛学的许多论述,直到如今仍具有重大价值,给人
们以启示。

梁启超的文学成就,主要体现在他的政论文字,特别是"戊戌
变法"前在上海任《时务报》总撰述和之后流亡日本主编《清议报》、
《新民丛报》时期的作品。他自述说:

> 自是启超复以宣传为业,为《新民丛报》、《新小说》等诸杂
> 志,畅其旨义,国人竞喜读之,清廷虽严禁,不能遏,每一册出,
> 内地翻刻本辄十数,二十年来学子之思想,颇受其影响。启超
> 夙不喜桐城派古文,幼年为文,学晚汉、魏、晋,颇尚矜炼,至是
> 自解放,务为平易畅达,时杂以俚语韵语及外国语法,纵笔所
> 至不检束,学者竞效之,号为新体。老辈则痛恨,诋为野狐。
> 然其文条理明晰,笔锋常带感情,对于读者,别有一种魔
> 力焉。①

---

①《清代学术概论》,《梁启超史学论著四种》,第83页。

这乃是符合真实状况的夫子自道。实际上,他熟悉佛书,浸渍日久,佛教的语汇、句法和修辞方法也被他化用到文章之中。他很称赞翻译佛典的译经体。他的文章整散间行,文白参半,多用提掇、倒装的句式,多用排比、夸张、譬喻等修辞方法,以至慷慨热烈的语气文情,都可以看出对于三藏文字的借鉴。

梁启超重视文学的社会作用,特别重视小说等通俗文学作品对于群众的影响,这也与他的佛教思想有直接关系。如前所述,他十分强调人的精神的作用,而又认为“境者心造也,一切物境皆虚幻,惟心所造之境为真实……天下岂有物境哉?但有心境而已”①。依据这样的观念,他重视小说作为文学创作的价值,肯定其在革新道德、宗教、政治、学艺乃至世道人心即“群治”方面的重大意义。在其著名文学理论论文《论小说与群治之关系》里他提出小说对于群众具有熏、浸、刺、提四种力量,这正通于佛教唯识学理,在具体解说中更明确利用了佛教的语言和例证。这篇文章乃是他的著名佛学著作《论佛教与群治之关系》的姊妹篇。如此并列阐发文学与佛教二者于“群治”的关系,也正为了显示两者之间的密切关联。

法国学者巴斯蒂(Marianne Bastil-Bruguière)认为:

　　梁启超的宗教从属于佛教复兴的潮流。这一潮流是配合政治的积极化、回应清王朝最后几十年和民国初年的国家危机而发展起来的。和另外许多人相比,特别是与章太炎或熊十力的佛学思想相比,梁启超的佛学缺少哲理的精雕细刻,显得相当简陋粗俗。毕竟,梁氏的宗教思想的历史意义更久留在它显现出来的个人轨迹之中。他的宗教是一种人格的宗教。他的这种宗教奠立在中国传统产生的道德文化基础之上,是他终生都想和各式各样、一再重现的专制暴政拼搏到底、以保障他的人民和人类取得进步而最后依靠的凭借。正

———————————
①《惟心》,《饮冰室合集》专集之二。

因为如此,虽然梁氏的态度经常受到 20 世纪 20 年代的中国青年的苛责,斥之为不合时宜的时代谬误,但是,梁启超可以被认为是今天中国学术界论战中最多产的先驱之一。①

以上谭嗣同、章太炎、梁启超等都是新旧交替时期的人物,他们各自在历史上都起过一定的进步作用。他们都曾真诚地探寻救国救民的出路,在这个过程中又都从各自的角度倾心与接受佛教。这个现象是很值得玩味的。究其原因,从根本上说是由于他们深受新旧文化两股力量的牵制。不论他们主观愿望如何,他们都不能向前跨出一步掌握科学的世界观。他们的手脚受旧的传统束缚,他们的探求也就转向了早已扎根于传统文化并有巨大势力的宗教。谭嗣同逝世时较年轻。就章、梁二位说,佛教又成为阻碍他们前进,使他们走向保守、落后的重要因素。这也表明,不论佛教对中国文化做出了多少贡献,它在现实中的消极作用也是不可忽视的。

以上分三个阶段简单叙述了历史上佛教对中国文人的生活、思想和创作的影响,从中可以了解中国文人对佛教研习、接受、消化和发挥的大概情形。这里有两点还应说明:

对于所涉及的作家,本书所讨论的主要是他与佛教有关联的侧面,而不是讲他的全部思想。许多作家的思想是很复杂的,一生中又有发展变化。由于本书探讨范围限制,不可能全面论列。这是一。

第二,研究佛教与中国文学的关系,还应注意到反佛阵营。反佛也是佛教的一种影响,一种相互交锋进而相互容摄的过程。反佛斗争是针对佛教的,也是佛教发展所引起并在与佛教斗争中发展的。在这个斗争中锻炼了不少人的思想,也出现了不少优秀作

---

① 《梁启超与宗教问题》,狭间直树编日本京都大学人文科学研究所共同研究报告《梁启超·明治维新·西方》,第 456—457 页。

品。例如在六朝曾出现了范缜《神灭论》那样优秀的议论文字；唐宋古文运动中也有反佛的一派并对整个运动起了巨大推动作用。还有不少反佛的人实际上汲取了佛教的思想资料或借鉴了佛教在文化上的成果。因为这个方面涉及问题十分广泛，本书只略述唐代韩愈、李翱作为例证。

　　而就前面所论及的内容而言，也只是择取典型，作些提示而已。

第三章　佛教与中国文学创作

　　前面已提到过,随着佛教传入中土,给中国人输入了另一种与固有传统不同的、高度发达的意识形态和思维方式,而且佛教文化特别是佛典又是具有高度文学性的。这样,佛教在文坛上与民众中广泛流传,就必然影响到中国的文学创作实践与文学观念。特别是佛典带有的不同于中国传统的思想内容与表现方法,对于中国文学创作是一种强有力的滋养和补充,成为推动中国文学发展的新因素。王国维在《论近年之学术界》一文中说:

　　　　自汉以后……儒家唯以抱残守缺为事……佛教之东,适值吾国思想凋蔽之后。当此之时,学者见之,如饥者之得食,渴者之得饮……①

这是指思想上的冲击。关于文学上的影响,刘熙载说过:

　　　　文章蹊径好尚,自《庄》、《列》出而一变,佛书入中国又一变……②

刘熙载当时还不清楚,《列子》是受佛典影响创作出来的,文章技巧也有模拟佛书处。但他指出由于佛书入中国引起文章好尚的一大转变,则是确凿可信的事实,而"自唐以来,禅学日盛,才智之士,往

---

①《静安文集》。
②《艺概》卷一《文概》。

往出乎其间"①。禅影响于中国文人的思想与生活,更影响到中国文学、特别是诗的表现方法。可以毫不夸张地说,六朝以后中国文学创作上的新变化,有相当一部分是由于佛教的作用而产生的。换一句话说,就这一时期文学创作上出现的新因素来看,得自佛教的远多于得之于传统学术的。这样判断,当然并不是否认传统文化作为主流而存在的地位。

这一章,将在前章基础上,简要描述一下中国文学创作所受佛教影响,按文学样式:散文、诗歌、小说、戏曲和民间文学等来谈谈这种影响在文学形式和艺术技巧发展上的表现。关于文学观念的变化将在下章论述。

一、散文

佛道为绝言之道,因此本应无言无说。但佛教又要求以无限慈悲教化众生,所以佛典又十分注意文采,其中不乏优美的文章。这就是龙树所谓"佛语美妙皆真实,有大饶益"②的道理。

在汉译佛典中,经与论体制不同,表现方法也不同。经是佛弟子及后世信徒记录的或制作的佛陀说法故事,名义上是第一次结集时阿难所诵出。它以"如是我闻"(早期译为"闻如是")开始,以下是佛在何时、何地、对什么人说法。说法谆谆善诱、妙语如珠,是一种充满藻饰、极度夸张、富于玄想和譬喻的记叙文字。论则是对经的解释,是后世菩萨"造"的。这个"造"字有创作的意思。特别是在佛教成立以后,部派纷争,异说歧出,更有反对佛教的诸"外

---

①周必大:《寒岩什禅师塔铭》,《文忠集》卷四十。
②《大智度论》卷二十二,《大正藏》第 25 卷,第 222 页下。

道"存在。这样,佛教内部和对外就要经常展开争论。这种论战是很激烈的。这样也就锻炼出一种高度发达的说理解义、辨析批驳的议论技巧。印度佛教中有许多大论师。他们不仅是佛教理论家,也是写作议论文字的专家。如罗什所译龙树《大智度论》、《中论》等,在运思精密、辨理周详、体制宏大等方面,都有超出当时中国论著的地方。而到了唐代,玄奘及其弟子窥基传译唯识,辨析文意,楷定名相,字斟句酌,力图保持原著体制与风格,又给议论带来了新因素。《牟子理惑论》记载时人指出佛典"深妙靡丽","辞多语博"①,可以大体说明佛典经藏与论藏二者不同的风格与特长。另外还有律藏,是关于僧团运作和僧人行为的规范的结集。有关规定构成的律条都很简单,但几部所谓"广律"(《四分律》、《十诵律》、《五分律》、《摩诃僧祇律》)则又包含有每一戒条的制戒因缘和犯戒解脱、处置办法等说明。特别是制戒因缘部分包含许多生动的叙事情节和故事,也有相当的文学价值。

　　从晋代起,中国佛教徒中出现不少具有高度文化素养和文章才能的知识分子。他们往往深通外典,又已经在一定程度上掌握了中国传统的散文技巧。他们接受了佛典的表现艺术和写作方法,并把它们融汇到自己的明佛文字之中。这些人写作的主要是议论文。由于东晋以后佛教势力迅速扩张,反佛与护法两派之间争论很激烈。较重要的有晋、宋关于"沙门不敬王者"的争论,宋代关于"均圣"的争论,齐、梁关于"神不灭"的争论。佛教内部则有不同学派的争论,如对于般若空观有"六家七宗"的争论。这样,中国佛教徒的明佛文字,锻炼出较高的论辩技巧,佛教徒中间出现了不少文章大家。例如道安所写的经序,不但有相当高的理论水平,而且在文字表达上"序致渊富,妙尽玄旨,条贯既叙,文理会通"②。慧

---

① 《牟子丛残新编》,第 15、14 页。
② 《道安法师传》,《出三藏记集》卷十五,第 561 页。

远则内通佛典，外善群书，他所作的长篇论文《沙门不敬王者论》和《三报论》等，虽然都是张扬佛教的护法文字，但在表现上却以辞气清雅、精严简要著名，是很好的论辩作品。特别是僧肇，本来"爱好玄微，每以《庄》、《老》为心要"，有很好的文学素养。他的文章有著名的《物不迁》、《不真空》、《般若无知》、《涅槃无名》等四论，合而为一称为《肇论》。他不仅以对大乘空观缘生无性、立处皆真的卓越理解被学术界所称赏，在罗什弟子中被视为"法中龙象"，罗什甚至称赞他"吾解不谢子，辞当相挹"①；就是在文章方面也达到了很高的水平。他一方面博采众经，托证成喻，汲取了佛典表现上的长处；另一方面，又发挥了中国传统散文精赅严谨与文辞华美的特长，特别是把当时流行的骈体技巧用于议论文字，在整个中国古典议论文字中也算是少见的好文章。后来如宗炳、颜延之也都善写议论作品。著名的文学理论家刘勰也写过驳辩文字《灭惑论》。他的名著《文心雕龙》在内容和表现方法上都显然受到佛典论藏的影响，《文心雕龙》写作的高水平，与借鉴佛典显然有关。

　　这样，佛家的文章，包括汉译经论和中国佛家作品，本身就应视作是中国散文史的一个成果，同时对中国散文的发展起了很大的推动作用。

　　佛家文字对散文的影响首先表现在文体上。众所周知，集中反映六朝文学成就的诗文总集是《文选》；《文选》的选篇也代表了一种文学观念。但一般文学史著作很少注意到几乎与《文选》同时还有另一本文集——南朝梁僧祐编的《弘明集》。这部十四卷的选本，集作者百人的作品，主要是护法文章，其中也包含如范缜《神灭论》那样卓越的反佛论著。这部书一般被作为佛教史和思想史的资料来使用，实际上由于它与《文选》选篇绝大多数不同，其内容与文字风格也不相同，显然代表了另一种文章观念。萧统在《文选

---

① 《晋长安释僧肇传》，《高僧传》卷七，第249页。

序》上明确表示以立意为主的理论文章不应属于"文"的范畴,而《弘明集》的文章却正是那种被排斥在"文"之外的论道文字,从而代表了六朝文章写作的另一个潮流。

这个潮流在当时文坛上并没有引起充分重视,但对以后中国散文发展的影响却十分深远。这种不以篇什、修辞之美为主要追求的论道文字,在表现上实开唐宋人议论文字的先河。而且值得重视的是,当时佛家已明确意识到他们的议论文字的特长,如慧远在《大智论抄序》中就谈到对"论"的要求:

> 又论之为体,位始无方而不可诘,触类多变而不可穷。或开远理以发兴,或导近习以入深,或阐殊途于一法而弗杂,或辟百虑于同相而不分。此以绝夫垒瓦之谈,而无敌于天下者也。尔乃博引众经以赡其辞,畅发义音以弘其美。美尽则智无不周,辞博则广大悉备。是故登其涯而无津,挹其流而弗竭,汪汪焉莫测其量,洋洋焉莫比其盛。虽百川灌河未足语其辩矣,虽涉海求源未足穷其邃矣。[1]

这里谈到"论"的方式、风格以及具体技巧。我们把它与刘勰《文心雕龙·论说》篇相比较,就会发现,慧远在技法方面讲得更为细致、深刻。这是因为佛家本身就多用议论的缘故。在佛典当中,也有许多直接谈到论说技巧的地方。例如南本《大般涅槃经》卷三十五《迦叶菩萨品第二》讲到"四种答",实际是论辩的方法:

> 佛言:善男子,如来世尊为众生故,有四种答:一者定答,二者分别答,三者随问答,四者置答。善男子,云何定答? 若问恶业得善果耶不善果乎? 是应定答得不善果,善亦如是。若问如来一切智不? 是应定答是一切智。……云何分别答?如我所说四真谛法。云何为四? 苦、集、灭、道……云何随问

---

[1]《出三藏记集》卷十,第390页。

答？如我所说一切法无常。复有问言：如来世尊为何法故说
于无常？答言：如来为有为法故说无常，无我亦尔……若有说
言，断善根者定有佛性定无佛性，是名置答。……如是置答复
有二种，一者遮止，二者莫著，以是义故，得名置答。①

《大智度论》卷二十二讲到佛陀说法的好处，实际上也是分析论说
技术：

佛语美妙皆真实，有大饶益。佛所演说亦深亦浅。观实
相故深，巧说故浅。重语无失，各各有义故。佛所演说住四
处，有四种功德庄严，一慧处，二谛处，三舍处，四灭处。有四
种答，故不可坏，一定答，二解答，三反问答，四置答。佛所演
说或时听而遮，或时遮而听，或听而不遮，或遮而不听，此四皆
顺从无违……②

这样从道理上来仔细剖析论说的具体技术问题，在中国以前是未
见的。再联系本书第一章谈译经理论时所介绍的译经中对文质关
系、古今文体的看法，就会发现，六朝时期佛家为了宣传教义，就很
重视以文传道，因此他们无论在理论上或实践上，都重视论说文
体。而且佛家的论说，重思辨，尚虚玄，与中国固有议论文字的风
格不同。刘勰在《文心雕龙·论说》中分析议论文体发展的历史，
首先指出中国固有的议、说、传、注、赞、评、序、引"八名区分，一揆
宗论"；然后举例，从庄子、吕不韦讲起，讲到玄学家王衍、何晏"师
心独见，锋颖精密"，然后说"动极神源，其般若之绝境乎"③，正是指
出了佛家论说的高水平。唐宋古文在写作艺术上的一大发展，体
现在议论文章特别发达。这有继承和发展中国固有传统的因素，
同时接受佛家论辩技巧也是一个条件。

①《大正藏》第 12 卷，第 571 页上—571 页中。
②《大正藏》第 25 卷，第 222 页下。
③范文澜《文心雕龙注》，人民文学出版社，1962 年，第 326—327 页。

　　另外,在行文的华饰夸张,多用譬喻,特别是寓言文体的发展等方面,佛典文字和佛家著述也对中国散文文体发展产生一定作用。这在下文还要论述。

　　在文风上,佛家著述也与当时文坛上流行的雕饰华靡文风不同。佛家文字,特别是一些大乘佛典,文字也是极尽华靡夸饰的,但它们所重不在形式,而是为了表现夸大、玄想的内容,这与六朝文坛专事辞章雕饰的潮流全然不同。另一方面,从佛典翻译看,用的是一种韵散结合、梵汉结合的雅俗共赏的译经体。这种文体通俗、灵活,多用外来语和外来句式,与中土流行的骈文也绝然不同。中国僧侣的著作,则不能不受到文坛上流行的骈俪文风的熏染,如僧肇等人的文章,骈俪化的倾向就很严重,但由于表达内容的要求,特别是写驳辩文字,加上不得不用外来语,就很难限制在严格的骈四俪六的框子里,而多用较自由的句法,注重自然的音节语气。这是对当时骈俪文风的一种消化、改造。这里可举慧远著名的《沙门不敬王者论·形尽神不灭五》的一节为例:

　　　　夫神者何耶?精极而为灵者也。精极则非卦象之所图,故圣人以妙物而为言。虽有上智,犹不能定其体状,穷其幽致。而谈者以常识生疑,多同自乱,其为诬也,亦已深矣。将欲言之,是乃言夫不可言。今于不可言之中,复相与而依稀。神也者,圆应无生,妙尽无名,感物而动,假数而行。感物而非物,故物化而不灭;假数而非数,故数尽而不穷。有情则可以物感,有识则可以数求。数有精粗,故其性各异;智有明暗,故其照不同。推此而论,则知化以情感,神以化传。情为化之母,神为情之根。情有会物之道,神有冥移之功。但悟彻者反本,惑理者逐物耳……①

————————

① 《弘明集》卷五,《大正藏》第52卷,第31页下。

如这种文字,骈散间行,自由畅达;用骈偶处,条分缕析,并不是空洞地玩弄辞藻,写法上已与后来唐宋议论文字的格调相近。

六朝的佛家文字本是宣扬佛道的,与唐、宋许多"古文"家的儒家宗经明道思想企向不同,但在文体与文风上,却显然给唐宋古文提供了借鉴。

佛家文字在具体写作技巧上,也给中国散文输入了不少可资借鉴的新东西。语其要者,有以下几点:

一是条分缕析的论说方式。

佛教教理是一种形而上学的体系。它首先利用纯思辨的分析来分解事相,然而加以神学的解释。这种事相的分析成为佛家思辨的重要环节。例如原始佛教把人生现象解析为十二有支,把人身解析为五蕴,就是如此。又如《大般涅槃经》卷三十五举例说明"分别答"时说四谛,首先说什么是四谛,答称"苦、集、灭、道",然后"云何苦谛? 有八苦,故名曰苦谛;云何集谛,五阴因故,名为集谛;云何灭谛? 贪欲、瞋、痴,毕竟尽故,名为灭谛;云何道谛? 三十七助道法故,名为道谛……"①。以下对八苦、三十七道法等在别处又另加解释。佛典有专门的论藏即阿毗达磨,其意为对法,即对教法进行解释的一种法门。佛在世时,弟子们即将法数分类,加以解析,渐成定式,后来大小乘都用这种方法。从佛弟子迦叶、阿难到马鸣、龙树以至弥勒、无著、世亲等,都是熟悉阿毗达磨的大论师。从早期佛教的五蕴、十二缘生到大乘佛教的五位、百法②,都是通过对事相的分析来论证的。佛典论藏中的每一部书都是一个分析的体系。例如有一部叫作《杂阿毗昙心论》的书,是阐述有部义学的,它以四谛组织一切法义,阐明我空法有及法因缘生之义,其中讲三

---

① 《大正藏》第 12 卷,第 571 页上。
② 瑜伽行派对宇宙及所设想的彼岸世界全部事相分成五类一百种,即心法八种,心所有法五十一种,色法十一种,心不相应行法二十四种,无为法六种,统称五位百法。

世(过、未、现)、讲六种因(所作、共有、自分、遍、相应、报)、四种缘
(因、次第、缘、增上)等等,由本及末、穷末探源地加以解析,这种写
法是中国传统典籍所未见的。所以道安在僧伽提婆译《阿毗昙(即
《杂阿毗昙心论》)序》中说:

> 其为经也,富莫上焉,邃莫加焉。要道无行而不由,可不
> 谓之富乎? 至德无妙而不出,可不谓之邃乎? 富、邃恰备故,
> 故能微显阐幽也。其说智也周,其说根也密,其说禅也悉,其
> 说道也具。周则二八用各适时,密则二十迭为宾主,悉则昧净
> 遍游其门,具则利钝各别其所。以故为高座者所咨嗟,三藏者
> 所鼓舞也。①

慧远《阿毗昙心序》则说:

> 又其为经,标偈以立本,述本以广义。先弘内以明外,譬
> 由根而寻条,可谓美发于中,畅于四肢者也。②

这部论书是一个例子,实际上也表现了论藏一般的写作特点。这
种源流明析、义理深邃的写法,让道安、慧远这样的对外典十分熟
悉的人十分钦佩。至于经藏、律藏当中,也常利用这种结构方式。
律藏从五戒、八戒、十戒一直讲到比丘、比丘尼的几百条戒律,戒条
规定的细密繁复也达到极致。经藏如《华严经》,讲修行过程有十
地、十信、十位、十行、十回向等,加上等、妙二觉和佛地共五十三
位。这种十进位的层次条理井然,逐层深入,说明的细密详悉也是
中土典籍中所未见的。

　　佛家总结对于名相的解释方法六种,称"六离合释"③,其中有

---

① 《出三藏记集》卷十,第 376 页。
② 《出三藏记集》卷十,第 378 页。
③ 窥基解释说:"初各别释,名之为离;后总合解,名之为合。此六者何? 一持
　业释,二依主释,三有财释,四相违释,五邻近释,六带数释。"《大乘法苑义林
　章》卷一,《大正藏》第 45 卷,第 255 页上—255 页下。

一种以数字把教法归纳的方法为"带数释"。在中国古代典籍中，这种方法只偶有所见，如《墨子》中讲"三表"，作为一种普遍的分析方法则是佛家传入的。它在佛家自己的文章中被广泛使用。例如道安在《十二门经序》中讲"十二门者，要定之目号，六双之关径也。定有三义焉，禅也，等也，空也，有疗三毒"，然后把"四禅"、"四等"、"四空"，归结到"十二门"①。他在《摩诃钵罗若波罗蜜经抄序》中讲译经时"五失本"、"三不易"，都是用这种方法。慧远的《阿毗昙心序》中讲三种"发中之道"也是如此：

> 发中之道，要有三焉。一谓显法相以明本，二谓定己性于自然，三谓心法之生必俱游而同感。俱游必同于感，则照数会之相因；己性定于自然，则达至当之有极；法相显于真境，则知迷情之可反。②

这样先标明三者，然后下定义，再进一步解释。解释时顺序错综变化，但整个文章思路条分缕析，道理井然。

在世俗文章中，刘勰的《文心雕龙》大量运用了这种写法。刘勰熟悉内典，曾协助僧祐编辑《出三藏记集》，其思想、文章受到熏染是很自然的。这里只讲文字表达方面，理论思想容后另述。譬如《文心雕龙》整体结构，按范文澜先生的解释，先是五篇总论，然后二十篇文体论，二十四篇创作论，最后是个总结，这也是使用以事数排列来展开论述的方法。在具体论述中，更多用那种"带数释"的方式，如《宗经》中说：

> 故文能宗经，体有六义：一则情深而不诡，二则风清而不杂，三则事信而不诞，四则义直而不回，五则体约而不芜，六则文丽而不淫。③

---

① 《出三藏记集》卷六，第 251—252 页。
② 《出三藏记集》卷十，第 378—379 页。
③ 《文心雕龙注》，第 23 页。

《知音》中讲到"六观",《熔裁》中讲到"三准"也是同样。而且这种分析方法,可以逐层延伸,如根干枝条,敷衍发挥。《丽辞》讲"四对",先说"言对"、"事对"、"反对"、"正对"的难易优劣,然后分别给四者下定义,再举出例子,最后加以总结。

这种方法被唐宋人所接受,熔铸到他们的文章之中,消化演变,更为精彩。例如韩愈的《原道》,"古之为民者四,今之为民者六"以下一大段,讲圣人相生养之道,"寒然后为之衣,饥然后为之食"等等,又分述"君"、"臣"、"民"的义务,就是条分缕析地分别以名相事数展开论述的。《原毁》的整个结构就由"古之君子"、"今之君子"两者一层层深入并列地衍生。柳宗元《封建论》第二段讲天下会于一的历史过程,第三段讲秦"有叛人而无叛吏",汉"有叛国而无叛郡",唐"有叛将而无叛州",以及后面讲周"失在于制,不在于政"、秦"失在于政,不在于制"等等,虽没有用数字标明,但在内在结构上与佛典"带数释"的方法相一致。

佛典以名相事数来展开论述的方法显得繁琐,而且事数并列也不一定展示事物的内在逻辑。但这种方法在写作上有条理清楚细密的优点,又可以开阔人们的思路。中国散文吸收它,加以发展变化,成为具有表现力和说服力的艺术技巧。

二是概念的辨析。

名相的辨析是佛家立论的一个主要方法。佛教教理大量使用繁琐、复杂的名相表达概念,通过分析这些概念来组织起一整套唯心的思想体系。例如原始佛教讲四谛,第一苦谛,就讲什么是苦,如生、老、病、死之苦,以后不断补充,有怨憎会苦,爱别离苦等等,从而总结出人生是苦的观念。又如律藏中讲到每一条戒律,都要明确规定每个概念的内涵和外延。例如规定比丘不可与女人同屋住宿,那么就要首先说明什么是比丘,什么是女人,什么是屋,什么是宿。比如说屋,就指出包括四面有围墙有盖的、无盖的、有一面墙的等等。这乍看起来似乎繁琐得可笑,实际上却是建立教理所必须的。这种方法从主流看是形而上学的，包括许多诡辩成分，但又包含有丰富的逻辑内容，是人类认识与思辨的成果。

中国传统思想注重对名相辨析的是墨家、名家和后来的玄学。儒家主要是伦理政治思想体系，对思辨的逻辑不那么重视。例如在《论语》中弟子问"仁"，孔子因材施教，做出了各种各样的解答。这些回答从概念的严整统一上看是不明确的。《孟子》议论问题好用寓言和比喻，这是逻辑上的比喻推理，也并不是依靠思维的内在逻辑来说明问题。汉儒用同音相训的方法来解释概念，如"民者、瞑也"之类，这从严格的逻辑判断上说是混乱的。汉代以来，中国广大读书人多读儒书，也就不怎么重视如概念辨析这种形而上的知识。这样，佛教传入的思辨方法，对中国文人有很大的启发。

如上所述，佛教初传，一些僧侣以外典概念拟配佛家事数，称为"格义"，这本是使中国人接受外来思想的不得已的办法，同时这又是一种概念和理论上的混淆。后来佛典传译渐多，中国人对教义的理解深入了，这种办法也就被淘汰了，中国人对佛教名相的辨析从而也进步了。这不只是中国佛学的进步，同时也促进了理论思维的发展。在文章写作上，也体现出相应的变化。

例如僧肇的《不真空论》的写法。这篇文章阐发一种对佛家"空"观的更准确的理解。本来佛教般若学初传，安世高是把"空"译为"无"的，这种译法延续了很长一段时间。后来龙树中观学派的著作陆续传译到中国，人们才接触到不有不无、离四句①绝百非的所谓"空"。《大品般若》列出十八空，如内空、外空、内外空、空空等等，对每一空都做相当严密的理论分析，详见什译《大智度论》卷三十一。但中国的般若学者需要经过很长时期才能摆脱玄学的影响，在此过程中对"空"有本无、心无、即色等各种解释，统合起来有"六家七宗"。直到僧肇写《不真空论》，才对大乘空观做出了摆脱

---

① 四句：有、无、非有非无、非非有非非无。

玄学本体论的独立的发挥。这篇文章，不仅在佛教史上成为标识中国佛教进一步成熟的名文，也是利用佛家逻辑发展论辩技巧的优秀议论文。

这篇文章的第一段提出人对物的"正确"认识，应当是"既万物之自虚，故物不能累其神明者也"，要人在万有物象之中看出其统一的"真象"。第二段批判了"心无"等三种对"空"观的理解，指出其认识上的偏差，然后转入正面论述。他先引用《摩诃衍论》与《中论》中的"二谛"义，以说明"真谛以明其有，俗谛以明其无"，"物从因缘故不有，缘起故不无"，以说明不有、不无的道理。然后再说明什么是"有"，"有非真有"，从而成立不真故空，这就廓除了有。最后又分析应如何看待物："万物非真，假号久矣"，"不动真际，为诸法立处"，因而"触事而真"，"体之即神"。他的这种分析，整个立足点和归宿都是唯心的，但论述技巧是很高超的，文字也很精彩，请看其中论有、无关系以明不真故空一段：

> 所以然者，夫有若真有，有自常有，岂待缘而后有哉？譬彼真无，无自常无，岂待缘而后无也？若有不自有，待缘而后有者，故知有非真有。有非真有，虽有不可谓之有矣。不无者，夫无则湛然不动，可谓之无。万物若无，则不应起，起则非无。以明缘起，故不无也。故《摩诃衍论》云：一切诸法，一切因缘，故应有；一切诸法，一切因缘，故不应有；一切无法，一切因缘，故应有；一切有法，一切因缘，故不应有。寻此有无之言，岂直反论而已哉？若应有，即是有，不应言无；若应无，即是无，不应言有。言有是为假有，以明非无，借无以辨非有。此事一称二，其文有似不同，苟领其所同，则无异而不同。然则万法果有其所以不有，不可得而有；有其所以不无，不可得而无。何则？欲言其有，有非真生；欲言其无，事象既形。象形不即无，非真非实有。然则不真空义，显于兹矣。故《放光》

> 云:"诸法假号不真。譬如幻化人,非无幻化人,幻化人非真人也。"①

这段文章辨析有、无皆非,用了类似康德二律背反的逻辑,限定每个概念特殊涵义,把佛教的"空"与玄学的"无"严格区分开来,说理明晰透辟,语言精粹简练。思辨分析的细密更是中国议论文字中所少见的。

再例如形神关系的论辩。这是中国佛教史上长期进行的重要论辩之一。通过论辩,不仅促进了争论双方理论思想的深化,而且锻炼了文字水平。"神不灭论"本是宗教哲学的理论支柱。印度佛教对这个问题有许多矛盾的观点。但在中国,佛教徒融合了中国传统的有神论,坚持灵魂不灭、三世果报。早在汉代桓谭论形、神关系,就曾利用火烛之喻,以说明烛尽火灭,形败神消。而后来郑鲜之《神不灭论》、慧远《沙门不敬王者论·形尽神不灭第五》又都用薪火之喻,说明"火本自在,因薪为用"②,以薪传火,所以火理常存。何承天则用同样的比喻,证明形敝神散,薪尽火灭。到了范缜,写出了《神灭论》的名文,其中用了另外的刀刃、木荣、丝缕等喻,则是薪火之喻的衍变。而更重要的是他对"形"、"神"、"质"、"知"等概念进行了细致的辨析,从而在解决形、神关系论题方面达到了新水平。他的文章内容是反佛的,而在逻辑上、写法上则都借鉴了他的论辩对方佛家的技巧。范缜的著作引起了当时思想界的一场大辩论。不少人写了反驳文章。我们来看看沈约《难范缜神灭论》的一节,是怎样批评范的刀刃之喻的:

> 若如来论,七尺之神,神则无处非形,形则无处非神矣。刀则唯刃犹利,非刃则不受利名。故刀是举体之称,利是一处之目。刀之与利既不同矣,形之与神岂可妄合耶?又昔日之

---

① 《肇论·不真空论》,《大正藏》第 45 卷,第 152 页上—152 页下。
② 郑鲜之:《神不灭论》,《大正藏》第 52 卷,第 28 页中。

刀,今铸为剑,剑利即是刀利,而刀形非剑形。于利之用弗改,
而质之形已移。与夫前生为甲,后生为丙,天人之道或异,往
识之神犹传。与夫剑之为刀,刀之为剑,有何异哉?又一刀之
质分为二刀形,形已分矣,而各有其利。今取一牛之身而割之
为两,则饮齕之生即谢,任重之用不分,又何得以刀之为利,譬
形之与神耶?[①]

范缜用刀与刃的关系比喻形、神合一,沈约加以反驳。范缜的观点
当然比沈约高明得多,但他用来论证的比喻却有重大漏洞。刀与
刃的关系以及薪与火的关系都是物质本身的性能(金属的韧性和
锐利)或转变(薪燃烧氧化为炭),与物质与精神的关系不同。沈约
抓住这一点来反驳,其观点是错误的,但在逻辑上却是有力的。这
个例子,可以看出围绕佛教问题的理论斗争促进理论思维发展的
情形。

这样如僧肇《肇论》、宗炳《明佛论》、刘勰《灭惑论》等作品,都
可看做是中国议论文字的创获。到了唐宋年间散文大发展,那种
注重名相辨析的写法被广泛利用。例如韩愈的"五原",就使用了
这种写法。《原道》一开始区分儒、佛、老各道其所道,确立儒道正
统,就用了对"道"的内涵的分析。这种写法前人很少使用过。李
翱的《原性》三篇是议论文的名篇,也是在"情"、"性"等概念上做文
章。到了宋人,文章中讲道、器、理、气、性、天等等,在观念上和写
法上更常借鉴佛家文字。这样,佛家辨析名相的分析方法,促进了
中国人思维的发展,也促进了中国议论文字写作技巧的进步。

三是驳论与立论相结合。

如上所述,佛教是在面对内外论敌的激烈论战中发展起来的。
东传入中土,所遭遇的又是完全异质的而又高度发达的思想和文
化,二者交锋,辩难蜂起。这就促使佛家发展辩难技术,特别是发

————————————

①《广弘明集》卷二十二,《大正藏》第52卷,第253页下。

展了以破为立、破中有立、破立结合的论辩方法。在佛教输入中国以后的一个长时期，内部的理论、观念也不能统一，各学派、各宗派矛盾歧出。后来虽然有人用"判教"的方法试图调和各种矛盾，而"判教"的理论又各持异说。这样，佛教内部也延续着长期的争论。这种局面造成了中国佛家思维的一个重要特点，也是优点，就是时刻意识到论敌的存在并积极地与内外论敌展开辩论。我们看专门收集护法文章的《弘明集》和《广弘明集》，其中也集录了不少反佛文字。这显示了编者的气魄与自信，同时也表明了他们勇于论战的热忱。在那些反映思想交锋的论辩文章中，我们不但可以看到思想史上的斗争情形，而且也会认识到论辩艺术是怎样在这种斗争中得到发展的。

　　先秦诸子百家争鸣，两汉魏晋政治上与思想学术上的激烈斗争，已发展出中国议论文字的卓越的辩难艺术。但佛典论藏和中国佛家文字中所表现的严密的逻辑分析、细致的名相辨析以及热情、顽强而激烈的论战态度，对于中国文人都是很新鲜的。佛典论藏的一个主要构成方式，就是驳论。中国佛家著述从《牟子理惑论》开始，即常以驳论的面目出现。除了对实际论敌的批驳外，还形成一种专门的"问论"。慧远在《大智论抄序》中说："然斯经（指《大品般若》——笔者）幽奥，厥趣难明，自非达学，鲜得其归。故叙夫体统，辨其深致，若意在文外，而理蕴于辞，辄寄之宾主，假自疑以起对，名曰问论。"①这种"问论"在中国早已有之，但佛家应用得却更为广泛和自觉。

　　中国传统的驳论多用寓言和实证，这可以孟子和王充为代表，这两位都是技艺高超的论辩大师。孟子文章以气势取胜，常因事明理，借喻成议；王充则多用实证的方法，例如他为证明"天之自

———————————

① 《出三藏记集》卷十，第 389 页。

然"就以"天无口目"①为依据等等。佛家文字也善用比喻与实例。但它的特点不仅在比喻与实例的反复排比与高度夸饰,而且还在善于使用推理演绎。这与佛家多善因明有关。前面我们引述了僧肇文章,下面再来看慧远的《沙门不敬王者论》。

沙门是否应礼敬王者,这是涉及宗教与世俗权威孰重的大问题。东晋咸康(335—342)年间有庾冰、元兴(402—404)年间有桓玄都曾主张沙门礼敬王者。慧远作《沙门不敬王者论》,他不从现象上着眼,而从更根本的在家与出家、求宗与顺化、体极是否相应、形尽神是否不灭等方面求得理论上的解决,对桓玄等人的意见进行批驳。他在每一节中都从基本原理上进行推演。例如讲求宗是否顺化,即追求对佛道的宗极之悟应否服从世俗教化,他就讲有情才顺化,但"情弥滞而累弥深",这是大患,因此"生以形为桎梏,而生由化有;化以情感,则神滞其本,而智昏其照",这样,"反本求宗者,不以生累其神;超落尘封者,不以情累其生",所以追求"冥神绝境"的"泥洹"世界,也就不必顺化,而要"抗礼万乘,高尚其事,不爵王侯,不沾其惠"②。又如他讲神不灭,就不只用比喻,还从形神不同讲到数有精粗,因而推论出形化神存的结论。他在论争中常流于诡辩,推理上也多有漏洞,但辩理论事的推理演绎技巧却是运用得很纯熟的。

六朝时期反佛与护法的斗争,往往是针对一个论题,反复辩难,使认识逐步深入。例如谢灵运《与诸道人辩宗论》,是探究成圣之道的,有法勖、僧维、慧骥、竺法纲等人的问答。一问再问,通过层层驳难,加深了认识。这篇作品汤用彤先生给予很高评价。它不但义理上有独创,论辩深度也很突出。又如范缜提出"神灭"论,是在齐永明年间,成为竟陵王萧子良周围以"竟陵八友"为核心的

①《论衡·自然》。
②《弘明集》卷五,《大正藏》第52卷,第30页下。

僧俗集团议论的重要问题之一。至梁武帝萧衍代齐的天监（502—519）年间，范缜把他的意见整理成文发表，这就是收入《弘明集》的《神灭论》。梁武帝诏群臣答辩，除前述沈约外，曹思文、萧琛等都有批驳文章，现存的仍有僧俗六十六人的七十五篇文字。这些护法文字的基本观点当然是错误的，但这反复辩难中使用的逻辑方法和表达技巧却不无合理的因素。此外，这种论战实际上又活跃了思想，对于形成唐代思想理论方面的大活跃起了推动作用。而从根本上说，唐代文学的繁荣，也是意识形态上相对活跃自由的表现。

这样，六朝时代佛家的批驳论战文字，对于理论思维的发展，对于议论文字技巧的进步都是有积极推动作用的。

四是比喻的运用。

在第一章里，我们介绍了佛典中的譬喻和譬喻经。这里讲的是佛家文字中作为修辞手段和写作技巧的比喻，这对中国散文艺术特别是寓言文学影响甚大。

前面已说过，佛陀生前说法即多用譬喻。发展为大乘佛教，经典富于夸张和玄想，譬喻成分更为重大。《法华经·序品》中说：

> 我以无数方便、种种因缘、譬喻言辞演说诸法。①

"智者以譬喻得解"乃是在佛典中常见的提法。《大智度论》卷二十二以譬喻为法施：

> 若不乐世间，为说三法印：无常、无我、涅槃。依随经法，自演作义理譬喻，庄严法施。②

佛典中还对譬喻方法做了总结。南本《大般涅槃经》卷二十七说到八种喻：

<hr>

①《大正藏》第 9 卷，第 7 页上。
②《大正藏》第 25 卷，第 227 页中。

> 善男子,喻有八种:一者顺喻,二者逆喻,三者现喻,四者
> 非喻,五者先喻,六者后喻,七者先后喻,八者遍喻。①

这种总结,很能说明佛教对譬喻的重视及其成就。

中国佛教徒也早已注意到譬喻的运用。《牟子理惑论》中引用反佛的人对佛教攻难的说法就有"佛经说不指其事,徒广取譬喻。譬喻非道之要,合异为同,非事之妙……"。而他在辩解时就引据圣人诸子"莫不引譬取喻"②。唐代华严大师法藏曾在宫廷中对武则天以殿前金狮子演说法界缘起的道理,作成《金狮子章》,后人评论说"法非喻不显,喻非法不生"③。因此,广取譬喻也是中国佛教徒文章的特点。

佛典所谓譬喻,义界十分广泛,从修辞手法的比喻到写作文体的寓言都包括在内。这里只讲讲修辞的比喻与寓言。这都是中国散文的传统技巧。孟子早已多用比喻和寓言,并讲到"以意逆志",以明比喻夸张不可坐实;《庄子》、《韩非子》中的比喻也很有名。但《后汉书·西域传论》说佛经"好大不经,奇谲无已,虽邹衍谈天之辩,庄周蜗角之论,尚未足以概其万一"④。佛家文章中所用比喻和寓言不仅数量多,设想奇特,而且有些手法是中国散文中所少见的。这里仅举几点来论述。

首先是所谓"博喻"。佛典行文繁杂,不避重复。因此在使用比喻手法时往往连用一连串的比喻。例如著名的"大乘十喻",见《大品般若》第一卷,是说诸法性空的:

> 解了诸法如幻、如焰、如水中月、如虚空、如响、如犍闼婆

①《大正藏》第 12 卷,第 781 页中。
②《牟子丛残新编》,第 13—14 页。
③净源:《金师子章云间类解》,《大正藏》第 45 卷,第 663 页上。
④《后汉书》卷八十八《西域传论》,第 2932 页。

城、如梦、如影、如镜中像、如化。①

《法华经》中讲到本经的作用也是如此连用比喻：

> 譬如一切川流江河诸水之中，海为第一，此《法华经》亦复
> 如是，于诸如来所说经中，最为深大；又如土山黑山小铁围山
> 大铁围山及十宝山众山之中，须弥山为第一，此《法华经》亦复
> 如是，于诸经中最为其上；又如众星之中月天子最为第一，此
> 《法华经》亦复如是，于千万亿种诸经法中，最为照明；又如日
> 天子能除诸暗，此经亦复如是，能破一切不善之暗……此经能
> 大饶益一切众生，充满其愿，如清凉池能满一切诸渴乏者，如
> 寒者得火，如裸者得衣，如商人得主，如子得母，如渡得船，如
> 病得医，如暗得灯，如贫得宝，如民得王，如贾客得海，如炬除
> 暗，此《法华经》亦复如是……②

又如《大般涅槃经》卷八《如来性品》讲到十住菩萨见甚深难见佛
性，就用了良医以金錍给盲人治眼、仰观虚空白雁、海行人在树丛
中求水等一系列比喻。后来唐宋古文家多用博喻，造成气势磅礴
的文情，就汲取了佛典中的这种技巧。例如韩愈在《送石处士序》
中说："坐一室，左右图书，与之语道理，辨古今事当否，论人高下，
事后当成败，若河决下流而东注，若驷马驾轻车就熟路而王良、造
父为之先后也，若烛照数计而龟卜也……"③宋人洪迈说："韩、苏两
公为文章，用譬喻处，重复联贯，至有七、八转者。"④这是借鉴了佛
经"博喻"的方法。

---

①此处用龙树《大智度论》卷六《初品中十喻释论》译文，见《大正藏》第25卷第
　101页下。玄奘译文是："于诸法门胜解观察，如幻、如阳焰、如梦、如水月、
　如响、如空花、如像、如光影、如变化事、如寻香城"。
②《法华经》卷六《药王菩萨本事品》，《大正藏》第9卷，第54页上—54页中。
③《韩昌黎全集》卷二十一。
④《容斋三笔》卷六。

　　佛典中又多用比喻或比喻故事组织论述,这一点与我国诸子文章相似。例如龙树《中论》青目注解释中观学派的"八不"①,就用了谷物生长做喻,由谷种长出谷子,就是"不一",但又结成谷种而不是别的,所以"不异",如此等等,很亲切生动,且有辩证色彩。南本《大般涅槃经》卷三十《师子吼菩萨品》中论众生见佛性有一象喻:

　　　　善男子,譬如有王告一大臣:"汝牵一象以示盲者。"尔时大臣受王敕已,多集众盲,以象示之。时彼众盲各以手触。大臣即还而白王言:"臣已示竟。"尔时大王即唤众盲各各问言:"汝见象耶?"众盲各言:"我已得见。"王言:"象为何类?"其触牙者即言象形如莱茯根,其触耳者言象如箕,其触头者言象如石,其触鼻者言象如杵,其触脚者言象如木臼,其触脊者言象如床,其触腹者言象如瓮,其触尾者言象如绳。善男子,如彼众盲不说象体亦非不说。若是众相悉非象者,离是而外更无别象。善男子,王喻如来应正遍知,臣喻方等《大涅槃经》,象喻佛性,盲喻一切无明众生……如彼盲人各各说象,虽不得实非不说象,说佛性者亦复如是……②

这个象喻故事在汉译佛典中最初出现在康僧会所译《六度集经》的《镜面王经》里,在世亲《摄大乘论》中也用了这个故事。它不仅情节新鲜动人,而且其中隐含的客观道理更是很深刻的。后来苏轼的《日喻》就是这个故事的翻版。另外如《杂宝藏经》中"国王五人经"故事被《列子》所借用,季羡林先生以之作为确定《列子》成书年代的依据③。《杂阿含经》卷十一中有一个屠牛的故事,前已引用,

①龙树《中论》中有偈说:"不生亦不灭,不常亦不断,不一亦不异,不来亦不出。"以此从"生"、"灭"等四对范畴上论述性空的缘起理论。
②《大正藏》第12卷,第802页上—802页下。
③参阅《〈列子〉与佛典——对于〈列子〉成书时代和著者的一个推测》,《季羡林学术论著自选集》,北京师范学院出版社,1991年,第17—30页。

它的情节与《庄子》中的"庖丁解牛"相似,说明应用智慧刀截断一切结缚从而认识人我本为五蕴合和而成。这样广取譬喻来论证,使抽象道理生动了,把思辨变成了形象。佛典议论的这一特点也给中国文人以启发。

另外,佛典中包含着丰富的寓言文学内容。三藏十二部经中有四个部分:因缘、譬喻、本事、本生,可视为寓言文学。这在第一章中已讲到过。唐宋以后,中国寓言文体独立发展,与佛典这一部分的影响有关。在确立中国寓言文体上做出巨大贡献的是柳宗元。柳宗元的寓言文无论在内容上还是写法上都多借鉴佛教寓言故事。例如柳宗元《蝜蝂传》的情节与《旧杂譬喻经》第二十一经"见蛾缘壁相逢,诤斗共堕地"①立意相近;《李赤传》可能受到《大般涅槃经》卷二十三"有人堕于圊厕既得出已而复还入"②故事的启发;《梓人传》则是敷衍《大智度论》卷二十八"譬如工匠但以智心指授而去,执斤斧者疲劳终日,计功受赏,匠者三倍"③一段的。《黔之驴》的情节也与印度民间传说和佛经故事有相似之处。从这些例子中可以看出佛经寓言对我国古代寓言文学发展所起的作用。

五是丰富了文学语言。

这一点,不仅关系到散文,还关系到整个文学创作以至全部语言文化的发展。涉及问题很多,应另做专门研究,这里只简单说明。

佛教东传促进了中土人士思维的重大变化。思维的形式是语言,这种变化必然反映到语言上。例如佛教一些新观念的输入,带来了大量新词,从而丰富了汉语的词汇,而佛典翻译又必然促成外来语法结构输入汉语。这些反过来又影响到中国人的思维方式。佛教流传与语言之间就这样形成了复杂的交互影响关系。

---

①《大正藏》第 4 卷,第 514 页下。
②《大正藏》第 12 卷,第 760 页中。
③《大正藏》第 25 卷,第 270 页上。

在语法方面,梁启超在《翻译文学与佛典》中指出了佛典与中国传统表达方式迥异的一些方面,如普通文章中所用"之乎者也矣焉哉"等字,佛典殆一概不用;倒装句法极多;提挈句法极多;一句中或一段落中含解释语;多覆牒前文语;有联缀十余字乃至数十字而成之名词——一名词中,含形容格之名词无数;同格的语句铺排叙列动至数十等等。这是外来语法一次大规模移植到汉语中,对以后汉语发展影响极大。

更显著的是词汇方面。除了由于介绍新概念而输入许多新词之外,还传入了不少外来语的音译词,更有一些佛教使用的专有词语。属于第一类的,如反映佛教基本概念的蕴、谛、因缘、境界、真如、法界、法性、大乘、小乘、业、果、报等等,这一类词中有些词是汉语原有的,但在佛典中使用时完全赋予了新含义,应看做是另一个新词。属于第二类的如佛陀、菩萨、沙门、般若、菩提、波罗蜜、瑜伽、禅、劫等等。属于第三类的有些是词,还有些是短语,如真谛、法门、顿悟、化身、变相、不可思议、打成一片、心心相印、举手投足等等,其中有些是中土佛教创造的。这其中不少词已经完全融汇到汉语标准语中,从外语翻译过来的词语许多到今天已看不出外来痕迹,如实际、希望、安乐、形象、消化、傲慢等。在唐宋人诗文中,使用佛教词语典故成为一时风气。

以上,概括说明了佛家文字影响于中国散文的几个主要方面。还应当补充的是,不同的佛典,不同的译师,往往有不同的文章风格,对文坛影响也不一样。例如什译《法华经》的译笔文辞优美,加以原典比喻丰富,文学性强,唐宋诗文多有借鉴。《华严经》的译文文思流畅,辞语赡博,苏轼等富于浪漫情趣的人多所借重。有人评论苏文如万斛水银,随地涌出,是学《华严》的浩如烟海,无所不有,无所不尽。唐宋禅僧语录借鉴佛典里佛陀说法方式和中国固有的语录体又加以发展,这种"不立文字、不离文字"的语言或机智,或含蓄,或奇突不凡,或嬉笑怒骂,不仅影响到许多文人的文章,而且影响到他们的思想和生活作风。江藩说："儒生辟佛，其来久矣，至宋儒，辟之尤力。然禅门有语录，宋儒亦有语录；禅门语录用委巷语，宋儒语录亦用委巷语。夫即辟之，而又效之，何也？盖宋儒言心性，禅门亦言心性。其言相似，易于混同，儒者亦不自知而流入彼法矣。"[①]后来许多反佛的道学家著语录实际也学禅宗。总之，刘熙载所谓佛书入中国使中国文章为之一变是不争的事实。而且这个变化涉及面非常广泛，对以后中国散文的发展关系特别重大。

二、诗歌

佛典"十二分教"中有两部分是韵文，即"祇夜"和"伽陀"。"祇夜"又称重颂、应颂，是在韵散结合的经文中重宣散体长行的内容的；"伽陀"又称讽颂、孤起，是宣扬佛理的独立的韵文。二者在汉译中又统称为偈、颂或偈颂。

鸠摩罗什曾对僧叡说过：

> 天竺国俗，甚重文制，其宫商体韵，以入弦为善。凡觐国王，必有赞德。见佛之仪，以歌叹为贵。经中偈颂，皆其式也。[②]

由此可知利用诗歌来表示歌颂赞叹本是古印度的传统。如前所述，佛教初传，宣扬教义首先要用简短的韵文，以便口耳相传，后来逐渐附会上散文，才创造出韵散结合的形式。佛教徒很重视韵文这种形式的特殊作用，《大智度论》卷十三说：

---

①《国朝宋学渊源记》附记。
②《晋长安鸠摩罗什传》，《高僧传》卷二，第53页。

> 菩萨欲净佛土,故求好音声。欲使国土中众生闻好音声,
> 其心柔软。心柔软故,易可受化。是故以音声因缘供养佛。①

这样看来,赞叹歌音是礼佛所必需的。慧远在论及《阿毗昙心论》的文体时说:

> 其颂声也,拟象天乐,若云籥自发,仪形群品,触物有寄。
> 若乃一吟一咏,状鸟步兽行也;一弄一引,类乎物情也。情与
> 类迁,则声随九变而成歌;气与数合,则音协律吕而俱作。拊
> 之金石,则百兽率舞;奏之管弦,则人神同感。斯乃穷音声之
> 妙会,极自然之众趣,不可胜言者矣。又其为经,标偈以立本,
> 述本以广义,先弘内以明外,譬由根而寻条,可谓美发于中,畅
> 于四肢者也。②

这也很可以说明一般经论利用偈颂的特点。我们读佛典就会发现,不但三藏中的经藏大量使用偈颂,论藏如《中论》、《大智度论》、《唯识二十论》、《唯识三十颂》也用偈颂。律藏也同样大量使用。梵文颂的体制很严密,音节格律都有一定。而谈佛理得使用名相事数等专名词,写成偈颂就要字斟句酌,这是需要很高的文字技巧的。

中国本来就有悠久发达的诗的传统,翻译佛典时偈颂的传译,必然要借用中国诗的形式。但这是一种翻译文体,受到原典内容与形式的限制,又必然与中国固有诗歌的形式与表现方法不同。另一方面,自东晋以后,僧侣中出现大批能诗文的人。他们的创作也直接受到佛典的影响,其中包括写作大量偈颂体诗。到了中唐以后,更出现了诗僧这样一种特殊人物。仅唐五代时期,现在仍见于著录的诗僧的诗集就在四十家左右。这样,佛典的偈颂和中国佛教徒的创作,就向中国诗歌输入了不少新的表现方法,从而影响

---

①《大正藏》第 25 卷,第 710 页下。
②《出三藏记集》卷十,第 378 页。

到中国诗歌的发展。

这种影响主要在以下几个方面：

一是诗风的通俗化。

前面说过，偈颂翻译用了中国诗歌的形式，主要是五言，也有四言、七言、六言的。这与汉代以后五言诗在诗坛上流行的形势恰好相应。但这又是一种拙朴通俗的文字。这除了受到译者文化水平和翻译文体的限制之外，主要是由于这是宗教宣传品，必须面向大众；僧侣传播经典时又主要靠口头宣讲，应当明白易解。所以如果把偈颂看成是诗，那是一种接近口语的通俗诗。反映原始佛教教义的《杂阿含经》中的一些偈颂很像民歌，如卷四十四中有一偈：

> 汝莫问所生，但当问所行。刻木为钻燧，亦能生于火。下贱种姓中，生坚固牟尼……①

下面两个偈见卷四十九，天神问佛：

> 何物重于地？何物高于空？何物疾于风？何物多于草？

佛答曰：

> 戒德重于地，慢高于虚空。忆念疾于风，思想多于草。②

这种对问、比喻、排比的表现方式以及简单通俗的语言都接近民歌，而与中土文人创作迥异。《法句譬喻经》的许多"法句"也是如此，如卷二《明哲品》中的三个偈：

> 弓匠调角，水人调船。巧匠调木，智者调身。
>
> 譬如厚石，风不能移。智者意重，毁誉不倾。
>
> 譬如深渊，澄静清明。慧人闻道，心净欢然。③

---

①《大正藏》第 2 卷，第 320 页下。
②《大正藏》第 2 卷，第 357 页上—357 页中。
③《大正藏》第 4 卷，第 587 页中—587 页下。

这也可以说是"博喻"的方法。又如佛教本生故事,许多是取自民间的,因而其中的偈颂也富于民间文学色彩。竺法护所译《生经》卷一中的《佛说野鸡经》中写一野猫见树上野鸡端正殊好,心怀毒害,欲危其命,又以柔辞相诱,歌唱道:

> 意寂相异殊,食鱼若好服。从树来下地,当为汝作妻。

野鸡报以偈说:

> 仁者有四脚,我身有两足。计鸟与野猫,不宜为夫妻。①

这很类似山歌对唱,幽默有风趣。特别是由于译自外文,自然难以用事典;又受到表达的限制,不能讲求严格的节奏、韵律。所以它们从形式上看,只做到字数整齐一致,句子组织与表达相当自由。这是一种富于新意的韵文体。

这种新韵文体首先被佛教徒在创作中所借鉴。著名的如唐初的王梵志,中唐的寒山、拾得以及中晚唐诗僧们的大量创作。他们有意识地以偈为诗,取偈颂的通俗来改造诗的表达方式。寒山诗说:

> 有个王秀才,笑我诗多失。云不识蜂腰,仍不会鹤膝。平侧不解压,凡言取次出。我笑你作诗,如盲徒咏日。②

又:

> 有人笑我诗,我诗合典雅。不烦郑氏笺,岂用毛公解。不恨会人稀,只为知音寡。若遣趁官商,余病莫能罢。忽遇明眼人,即自流天下。③

拾得诗则说:

---

① 《大正藏》第3卷,第74页上。
② 《全唐诗》卷八百六,第9099页。
③ 《全唐诗》卷八百六,第9101页。

　　　　我诗也是诗,有人唤作偈。诗偈总一般,读时须仔细。①

从这些诗句看,他们利用偈颂的通俗体制是非常自觉的,也是以有意提倡一种新诗风而自豪的。这在以后诗僧中成为风气,如怀濬多写"歌诗鄙俚之词"②;常达"于五、七言诗,追用元和之体"③;少康"所述偈赞,皆附会郑、卫之声,变体而作"④等等。而全面分析这些人类似偈颂的诗作,内容上并非全是单纯宣传佛教观念的,有相当部分写的是现实社会实相,有些则对人生世相有所讽喻,具有一定的思想意义。它们在艺术上借鉴了偈颂通俗自由的表达方式,往往又结合中国民间文学的形式,特别是在民间语言的运用上大胆创新,表现的通达自如方面水平也较高。

　　这种通俗诗体在唐代大为流行。这从敦煌文献中发现大量通俗诗和通俗曲辞写本可以得到证明。这种情形,必然影响到诗坛。中唐时期代表通俗诗风的"元和体"流行,原因很多,佛家偈颂及僧侣通俗诗的影响可视为原因之一。就其主要人物白居易来说,本信仰佛教,早年就写过像《十渐偈》那样的偈颂体作品。晚年写的许多表现闲适情志的诗,力求浅俗自然,也仿佛偈颂。又晚唐五代的贯休和齐己,是诗僧,实际就是披上袈裟的诗人。贯休说自己的作品"风调野俗"、"概山讴之例"⑤。同时的方干、郑谷、罗隐也写过不少通俗诗。到了宋代,禅宗语录流行,唐代如王梵志、寒山以及许多诗僧的诗都为人们所熟悉,称扬、模仿的人不少。王安石就写过模仿寒山诗的作品。就诗的通俗性这一点来说,江西诗派的杨万里以及范成大表现得也很突出。江西诗派在理论上的所谓"活法"等,就是借自禅宗的。直到明、清,仍有人在有意识地提倡寒山

①《全唐诗》卷八百七,第9104页。
②《晋巴东怀濬传》,《宋高僧传》卷二十二,第562页。
③《唐吴郡破山寺常达传》,《宋高僧传》卷十六,第393页。
④《唐睦州乌龙山净土道场少康传》,《宋高僧传》卷二十五,第632页。
⑤《山居诗二十四首序》,《全唐诗》卷八百三十七,第9425页。

等人的通俗诗。可见佛家偈颂对中国诗的辗转影响是很深远的。

二是诗意的说理化。

佛典的偈颂归根结底是为了宣扬佛理的。因此与作为艺术作品的诗在本质上截然不同。承认诗偈相通，只是就一定范围、一定意义而言。例如佛典中有许多偈颂完全是说理的，从第一章所引佛教早期的"缘起偈"直到大乘瑜伽行派的《唯识二十论》、《唯识三十颂》等，那都只能看做是按诗体分行的佛学著述。像商羯罗主的《因明入正理论》也是偈颂体，但那是因明论著，与诗无关。但佛典中一部分偈颂，或描摹叙述，或抒写情志，以表达对人生、社会、宇宙事相的看法，又确乎很有诗意。这部分作品也可以看做是哲理诗。这从前面举的例子中已可以看出来。

中国能诗文的僧侣进行创作时，必然要在诗中表现对佛教教义的认识与理解。这样，就要在诗中大量说理。在中国《诗》、《骚》和汉、魏古诗传统中，多议论感慨，却少纯粹的说理。后来玄言诗是说理的，但虚玄思辨的语言，诗味至淡，在诗坛上也不能延续。而佛家从根本上说又是很关心世道人生的，因而他们所写的较好的诗在阐明佛理中又有现实体验与哲理机趣。早在支遁的作品中就是如此。又如皎然这样的诗：

逸民对云效高致，禅子逢云增道意。白云遇物无偏颇，自是人心见同异……①

山居不买剡中山，湖上千峰处处闲。芳草白云留我住，世人何事得相关。②

这就是把佛理与诗趣在一定程度上结合起来了。寒山、拾得的通俗诗说理的也不少。又如蝼蟀的《牧童》：

①《白云歌寄陆中丞使君长源》，《全唐诗》卷八百二十一，第9258页。
②《题湖上草堂》，《全唐诗》卷八百一十五，第9179页。

　　　　牛得自由骑，春风细雨飞。青山青草里，一笛一蓑衣。日
　　出唱歌去，月明抚掌归。何人得似尔，无是亦无非。①

贯休《怀邻叟》：

　　　　常思东溪庞眉翁，是非不解两颊红。桔槔打水声嘎嘎，紫
　　芋白蕹肥蒙蒙。鸥鸭静游深竹里，儿孙多在好花中。千门万
　　户皆车马，谁爱如斯太古风。②

　　这类诗已有一定意境，哲理或从诗语中自然流露，或意在言外。

　　在唐代，禅宗大兴。特别是南宗禅讲"顿悟"，讲"明心见性"，
要求截断常识的情解。它所求的当然也是一种理解，但这不是一
般思路上的理解，而是对绝言之道的神秘领悟。它又不能不用文
字，这样就要使用比喻、象征、暗示等手法，写出许多诗偈。自唐代
起，就有许多禅师写出表示自身开悟或向别人示法的诗偈；到宋代
又有所谓"颂古"，即取语录公案③作为韵语，以发明前辈师僧的意
趣。这些作品都是所谓"绕路说禅"④，是言在此而意在彼的。其中
好的篇章确能写出一个诗境，以至完全不用禅语。义理在禅机之
中，人们认真领会自能体察。例如相传六祖慧能当初所作的有名
的示法偈，是翻神秀偈的案的，就是一首很有意味的说理诗：

　　　　菩提本无树，明镜亦非台。佛性常清净，何处有尘埃。⑤

又如大梅法常禅师示法诗说：

――――――――――

①《全唐诗》卷八百四十八，第 9610 页。
②《全唐诗》卷八百三十六，第 9418 页。
③"公案"作为禅宗用语，指前辈禅师的言行范例，供后人参详、评判。
④《碧岩录》卷一，《大正藏》第 48 卷，第 141 页上。
⑤《坛经校释》，郭朋校释，中华书局，1983 年，第 16 页。神秀开悟偈说："身是
　菩提树，心如明镜台。时时勤拂拭，莫使有尘埃。"今所传诸本《坛经》本为后
　人所撰，这些偈到底是否慧能所说无关紧要，主要是唐时有这样的作品。

> 摧残枯木倚寒林,几度逢春不变心。樵客见之犹不顾,郢
> 人那更苦追寻。①

庞蕴居士善诗偈,有专集行世。这也是个富传奇性的文人居士典型。其示法诗说:

> 日用事无别,唯吾自偶偕。头头非取舍,处处勿张乖。朱
> 紫谁为号,丘山绝点埃。神通并妙用,运水及搬柴。②

志勤禅师参访沩山灵祐,因见桃花而悟道,有偈说:

> 三十年来寻剑客,几逢花发又抽枝。自从一见桃花后,直
> 至如今更不疑。③

法演禅师开悟诗:

> 山前一片闲田地,叉手叮咛问祖翁。几度卖来还自买,为
> 怜松竹引清风。④

这些作品单纯当作诗来看不是什么好作品,但以诗的形式表现一种理趣还是很新鲜、有意味的。又如曹洞宗注重对禅理的领会,他们在解释自己的理论时往往用诗句来暗示,如解说事与理的关系的“五位君臣”时就用偈颂说明。这个方法在禅门中被广泛运用。这种诗禅结合方式也影响到诗歌艺术。

另外,六朝以来,诗人们广泛与僧侣交游,偈颂的写法也就被他们有意无意间所汲取。谢灵运以善写山水著名,又常在诗中说佛理。二者在具体作品中往往不能做到水乳交融,多受到后人讥评。但他的例子却可看做是佛教促进诗的说理化的直接表现。唐

---

① 《祖堂集》卷八。
② 《景德传灯录》卷八《襄州居士庞蕴》。
③ 《祖堂集》卷十九。
④ 《法演禅师语录》卷下,《大正藏》第47卷,第666页上。

宋著名诗人几乎都曾抒写过对于佛理的领会。本书第二章所论述的王维、白居易、苏轼可作为代表。我们还可以举几个著名的例子。如李白《庐山东林寺夜怀》：

> 我寻青莲宇，独往谢城阙。霜清东林钟，水白虎溪月。天香生虚空，天乐鸣不歇。宴坐寂不动，大千入毫发。湛然冥真心，旷劫断出没。[1]

常建《题破山寺后禅院》：

> 清晨入古寺，初日照高林。竹径通幽处，禅房花木深。山光悦鸟性，潭影空人心。万籁此都寂，但余钟磬音。[2]

巧妙地表达禅机的还有苏轼《泛颍》诗。"元祐更化"时期苏轼继续受到排斥，由知杭州移刺颍州（今安徽阜阳市），诗曰：

> 我性喜临水，得颍意甚奇。到官十日来，九日河之湄。吏民相笑语，使君老而痴。使君实不痴，流水有令姿。绕郡十余里，不驶亦不迟。上流直且清，下流曲而漪。画船俯明镜，笑问汝为谁。忽然生鳞甲，乱我须与眉。散为百东坡，顷刻复在兹。此岂水薄相，与我相娱嬉。声色与臭味，颠倒眩小儿。等是儿戏物，水中少磷锱。赵、陈、两欧阳，同参天人师。观妙各有得，共赋泛颍诗。[3]

这里所谓"观妙"，指观察佛法妙理。杨慎指出：

> 东坡《泛颍》诗："散为百东坡，顷刻复在兹。"刘须溪谓本《传灯录》。按《传灯录》，良价禅师因过水睹影而悟，有偈曰："切忌从它觅，迢迢与我疏。我今独自往，处处得逢渠。渠今

---

①《李太白全集》卷二十三。
②《全唐诗》卷一百四十四，第 1461 页。
③《东坡后集》卷一。

正是我，我今不是渠。"①

这是说苏诗的观念通于曹洞禅，实际上诗里表达的观念更切合华严总别相摄、一多无碍的教理。

黄庭坚《寄黄龙清老三首》其一：

> 万山不隔中秋月，一雁能传寄远书。深密伽陀枯战笔，真成相见问何如。②

袁宏道《感兴》：

> 俗尘近不得，远之亦为尘。扰扰色界里，具足清净人。何方超梦幻，无法过贪嗔。曹丘一滴水，了然智慧津。③

以上几首诗，都是著名诗人写的。因为是诗人所作，在遣词造句和格律声韵上自然比一般僧侣所写的偈颂高明得多，而且往往因心造境，借境说理，在阐发对佛教教义的体会上也更为生动活泼，不如许多偈颂那样偏枯晦涩。

再发展一步，还有许多人写诗虽不是直接写佛理，但其中自有一种理趣。诗句深处含有的对宇宙、人生的理解，使人只能在诗语之外体会出来。这也是发展了禅师们借诗明禅的方法。柳宗元的著名绝句"千山鸟飞绝，万径人踪灭。孤舟蓑笠翁，独钓寒江雪"④，常被禅师引用以说明"人境俱夺"的禅理，就因为短短的诗句中包涵深微的理趣。他的另一首《渔翁》：

> 渔翁夜傍西岩宿，晓汲清湘燃楚竹。烟销日出不见人，欸乃一声山水绿。回看天际下中流，岩上无心云相逐。⑤

---

①《升庵诗话》卷三。
②《豫章黄先生文集》卷十一。
③《袁宏道集笺校》卷一。
④《柳河东集》卷四十三。
⑤《柳河东集》卷四十三。

本诗被东坡许为有"奇趣"。全诗不用禅语,亦不落理障,但其任运自然的情趣却与禅意相合。又如杜牧《题宣州开元寺水阁阁下宛溪夹溪居人》诗:

> 六朝文物草连空,天淡云闲今古同。鸟去鸟来山色里,人歌人哭水声中。深秋帘幕千家雨,落日楼台一笛风。惆怅无因见范蠡,参差烟树五湖东。[①]

这是杜牧的名作,在鲜明的意境中,自有一种远想遐思、精光妙理。特别是"鸟去鸟来"的颔联,把议论融化到叙述之中,不见痕迹。苏轼的《题西林壁》也是这种诗的代表。

如果从诗歌发展的总体看,自韩愈"以文为诗",到宋人借诗讲义理,形成为一代风气。这自然与中国思想史的演变有关,也是诗歌表现境界不断开拓的一个结果,但其中可以明显看出佛教的影响。从思想上,这表明禅宗"明心见性"与华严"事理圆融"等观念被诗人所接受;在文字上,则佛教以诗明禅的方法也被诗人所借鉴。所以,唐诗向宋诗的发展与佛教的深浸于文化界也有一定关系。

三是诗歌表现手法的丰富。

佛典的极其夸张、极尽铺排的方法也被用在它的偈颂中。例如《法华经》本来是描写繁富的,其中的一些偈颂重宣长行的文意,往往极尽描摹之能事。如第一章中引述过描绘"火宅"的一段。另外还有些佛典本身就是文学作品,例如马鸣所作《佛所行赞》,就是一篇描写佛陀一生行事,自其家世、出生到出家、悟道直到涅槃的长篇叙事诗。它被作为佛教典籍传入中土并流传,实际上是我国早期所翻译的外国长篇叙事诗。由于在很长历史期间它被当作佛典看待,在文学上没能发挥应有的影响,但其写作手法总会从各种

---

①《全唐诗》卷五百二十二,第5964页。

途径,以各种方式被诗坛所借鉴。

从篇幅看,这首汉译为五言长诗的作品共有五卷二十八品,近九千行。而我国古代叙事诗中最长的《孔雀东南飞》却只有三百七十三行一千八百六十五字。《佛所行赞》完整地描写了佛陀作为现世的"人"的一生,创造出一个生动鲜明的典型人物,叙写了复杂动人的故事情节,这在中国古诗中是未见的。它正补充了中国古代叙事诗传统不发达的方面。其中不少段落铺叙场面,极力描摹,其细致、生动也是中国文学中所少见的。例如《离欲品》中写宫中婇女以色相诱惑太子一段:

> 尔时彩女众,庆闻优陀说,增其踊悦心,如鞭策良马。往到太子前,各进种种术:歌舞或言笑,扬眉露白齿,美目相眄睐,轻衣现素身,妖摇而徐步,诈亲渐习近。情欲实其心,兼奉大王旨,慢形媟隐陋,忘其惭愧情。太子心坚固,傲然不改容,犹如大龙象,群象众围绕,不能乱其心,处众若闲居。犹如天帝释,诸天女围绕,太子在园林,围绕亦如是:或为整衣服,或为洗手足,或以香涂身,或以华严饰,或为贯璎珞,或有扶抱身,或为安枕席,或倾身密语,或世俗调戏,或说众欲事,或作诸欲形,规以动其心。菩萨心清净,坚固难可转……①

这里对诸婇女的"欲态"极尽形容,是中国文学被"立于礼"的教条束缚所不敢表现的。用婇女的行为衬托太子的离世弃欲的坚强意志,与中国传统的映衬手法相同,但叙写却繁复细致多了。又如卷二《合宫忧悲品》写佛陀出家,车匿牵白马回宫,倾城忧悲,从车匿、白马写到城中众人、婇女,直写到佛陀母亲瞿昙弥,也是极尽形容。如写白马:

> 良马素体骏,奋迅有威相,踯躅顾瞻仰,不睹太子形。流

---

① 《大正藏》第4卷,第7页上—7页中。

泪四体垂，憔悴失光泽，旋转恸悲鸣，日夜忘水草。

写宫中婇女：

> 后宫诸婇女，闻马鸟兽鸣，乱发面萎黄，形瘦唇口干，弊衣不浣濯，垢秽不浴身，悉舍庄严具，毁悴不鲜明，举体无光耀，犹如细小星，衣裳坏褴缕，状如被贼形……

又瞿昙弥：

> 大爱瞿昙弥，闻太子不还，竦身自投地，四体悉伤坏，犹如狂风摧，金色芭蕉树……念子心悲痛，闷绝而躄地，侍人扶令起，为拭其目泪……①

全诗中如这样的描写很多。此外如《华严》、《涅槃》等大部大乘经典中的偈颂，也都长于夸张叙写。

偈颂在句法、修辞以及格律上也给诗歌发展以影响。例如韩愈的《南山诗》排比形容终南山，用了五十一个"或"字句，这种句法在《佛所行赞》中已经运用，其中的《破魔品》有一处一连用了三十一个"或"字句。大量排比是佛典偈颂叙写的特征之一。又如利用譬喻，在苏轼诗中常常连用比喻句，也显然对佛典有所借鉴。特别是偈颂有时要讲义理，表现名相又往往要利用外来语音译，很难容纳进中国诗歌节奏音律的框子里。中国诗歌基本以两字为一音步（节奏），例如五言的传统格式是2、2、1，七言则是2、2、2、1，音节同时也是意义单位，音调流畅而整齐。但在佛典中，在一句中往往音节有多种变化，更有打破句子的限制而两句或两句以上连贯表现文意的。例如前引诗句"犹如—狂风—摧—，金色—芭蕉树"，是一句话；"歌舞—或—言笑—，扬眉—露—白齿"，则是"2、1、2，2、1、2"的音节句式。这可以看做是表现格律的粗疏、不合规范，同时又可

---

①《大正藏》第4卷，第14页中—15页上。

看做是新形式的输入。总之,佛典对中唐诗人创造奇崛诗风、宋诗的"散文化"都有潜移默化的影响。

除以上三点之外,佛教影响于诗歌还有些其他表现,如诗语的丰富、诗境的开拓等。此外如僧诗创作的特点及其成就,都值得研究,兹从略。

三、小说

鲁迅先生在《古小说钩沉序》中说:"大共琐语支言,史官末学,神鬼精物,数术波流;真人福地,神仙之中驷,幽验冥征,释氏之下乘。人间小书,致远恐泥,而洪笔晚起,此其权舆。"①这就把佛家"幽验冥征"故事,看做是中国早期小说的萌芽形态的一种。他在《中国小说史略》中,也一再指出佛教对于中国小说发展的影响。如谈到"六朝之鬼神志怪书",曾谓:"中国本信巫,秦汉以来,神仙之说盛行,汉末又大畅巫风,而鬼道愈炽;会小乘佛教亦入中土,渐见流传。凡此,皆张皇鬼神,称道灵异,故自晋迄隋,特多鬼神志怪之书。其书有出于文人者,有出于教徒者。"②他还特别论及"释氏辅教之书"。谈到唐传奇,他一方面指明其"大归则究在文采与意想,与昔之传鬼神明因果而外无他意者,甚异其趣",但同时又指出其"出于志怪",有"谈祸福以寓惩劝"的内容③。后面讲到宋话本,讲到明神魔小说、人情小说,讲《红楼梦》,也一再言及与佛教的关系。佛教思想观念相当普遍地表现在各种类型的小说之中,佛典的思维方式和表现方法更深刻影响到中国小说素材的选择、人物

---

①《鲁迅全集》第 10 卷,第 3 页。
②《中国小说史略》第五篇《六朝之鬼神志怪书(上)》,《鲁迅全集》第 9 卷,第 43 页。
③《中国小说史略》第八篇《唐之传奇文(上)》,《鲁迅全集》第 9 卷,第 70—71 页。

的塑造、情节构思与安排、语言运用等艺术技巧方面。在各种文学样式中，小说的发展与佛教的关系显得特别密切。

造成这种密切的关联，也有一定的原因。一是中国的小说作为一种文学样式一直是比较接近民众的。宋、元以后的长篇、短篇小说创作与民间说唱文学有密切关系，就是早期文人创作的志怪和传奇也多取自民间传说。小说的流传面与接受者较正统的诗文也更偏向社会下层民众。而小说的出现与发展，又恰值佛教传入中土之后。佛教的传播，从一开始又是很重视一般民众的。在中国，民间佛教有其独特内容，关于六道轮回、因果报应等等教义，以粗俗、幼稚但却又富于形象的感性形式流传于民间，并被纳入民间文学艺术之中。这样，民间佛教信仰和佛教观念就很容易与小说结合起来。二是佛典中的许多故事与写法，很容易供小说创作做借鉴。在中国译经历史上，譬喻经典是最早传译并广受人们欢迎的一个部分。后来佛传、本生故事也被广泛介绍。这些经典都具有叙事文学的性格。在中国的佛教宣传中，也注意利用文学形式。从讲经发展出变文，形成了独创的叙事文学样式。变文直接影响到宋人说话。宋话本的"说经"、"说参请"就是从佛教徒的讲经宣传中衍变来的。所以从佛典到中国僧侣宣传佛教的讲经、转变等等，给中国小说提供了不少故事、情节，也提供了许多表现技巧。第三，从中国传统学术的儒学看，一直重义理、重实际，"子不语怪、力、乱、神"，这对像小说这样需要高度想象的艺术形式的发展是一种束缚，特别是限制了小说中那些超现实的艺术表现。正因此在中国，小说一直被大部分士大夫视为"荒诞无稽"之言而受到排斥。而佛教富于玄想和夸张，又注重利用形象，与小说的构思与表现正有相近的地方。由于以上种种原因，使得中国小说中佛教的影响特别广泛而深刻。而中国小说在向民众灌输佛教信仰和佛教观念方面也起了特殊重要的作用。中国民间关于轮回、关于报应、关于地狱天堂、菩萨、鬼神的许多认识，往往并不是直接来自佛典，而是得自文学作品,特别是小说、戏曲和讲唱文学的。

佛教之影响于小说,一方面在思想内容,另一方面在艺术构思以及表现方法。首先看前一方面。

晋干宝《搜神记》是我国保存比较完整的最早的一部志怪小说集,作者明确表示其写作目的是"发明神道之不诬"①。这部作品思想倾向较驳杂,儒、道、巫术均有,也有佛教的内容。在这部小说集里,广泛地描写了幽与明两个世界,人与鬼的活动。作者把这些当作一种现实的体验来表现,在思想观念上与思维方式上都与中国传统意识大有差异。那些亡灵与神变的故事,显然受到佛典写法的影响。同是在晋代,又已出现了记叙观世音灵验的故事集——谢敷的《光世音应验记》。其中每一篇的篇幅与写法和《搜神记》大体相同。此后在六朝时期,记叙佛教灵验、业报的故事集被陆续创作出来,目前见于著录的,共有二十家左右。这成为六朝志怪小说的一个重要组成部分。

谢敷的《光世音应验记》写成后传于傅缓,经孙恩之乱散失;后来缓之子敷亮追忆旧闻,存七条。我们可以从中考见谢作原貌。再以后刘宋张演追记十条,续亮所撰,成《续光世音应验记》。齐陆杲为张演外孙,又据当时书籍传闻,辑录六十九条,称《系观世音应验记》。此三书见于唐志,但在我国却久已佚失,近年在日本京都东山区栗口青莲院发现,系日本镰仓时代的古写本②。从这三本书中,可以看到古代的所谓"释氏辅教之书",也是古小说的一种形态。这些作品的作者(实际上是记录者)都是佛教徒;其取材多来

---

① 《搜神记序》。
② 参见塚本善隆《古逸六朝觀世音應驗記の出現——晉·謝敷、宋·傅亮の光世音應驗記》(《京都大學人文科學研究所創立二十五週年記念論集》)和牧田谛亮《六朝古逸觀世音應驗記の研究》(平乐寺书店,1970年版)。又孙昌武点校《观世音应验记三种》,中华书局,1994年。

自口头传说,这与古"小说"的"街谈巷语,道听途说"①的"丛残小
语"②形态相同;而作品内容则是宣扬《法华经》中的观音信仰的。
《法华经》卷七《观世音菩萨普门品》(什译)中写到观音:"若有无量
百千万亿众生受诸苦恼,闻是观世音菩萨,一心称名,观世音菩萨
即时观其音声,皆得解脱"③,并举出火不能烧、水不能飘、避海上风
暴、除罗刹之害等种种境况。所谓"应验",即征之事实,加以验证。
这些作品在两晋南北朝动乱时代产生,当时战乱频仍,经济凋敝,
人民生命不得保障。而佛教宣扬的观世音,却能以三十余应化身,
济人苦难。他成了佛与人的中介,佛陀大慈大悲的教法的施行人,
因而广得人们的崇信。结果,在佛教原典中的一位普通的菩萨,到
中国却发展成为显示佛教威灵与利益的全能的神明。这些观世音
应验故事,是当时人观音信仰的反映,也是推动这种信仰的助力。
中国文学特别是民间文学中,观音是个重要人物,这些故事实为之
开启端倪。以后直到晚近出现了许多佛菩萨、经典、塔寺、舍利应
验故事,形制都与之相仿。不过随着小说形态发展不断进步,这类
简陋的应验故事的艺术价值也就大为降低了。

　　除了这种专题感验故事集之外,还有一批广泛记叙佛教灵验、
报应的故事,如宋刘义庆《宣验记》、齐王琰《冥祥记》、北齐颜之推
《冤魂志》等都集录这类作品。佚存文字见鲁迅先生辑录的《古小
说钩沉》,它们的作者也都是佛教信徒。刘义庆佞佛是很有名的。
王琰在《冥祥记》序中,自述幼年时在交趾从高僧贤法师受五戒,得
到观世音菩萨金像一座,虔心供奉,后来金像曾两次显灵,因而深
有感怀,"沿此征觌,缀成此记"④。颜之推兼通儒释,是六朝士大夫

①《汉书》卷三十《艺文志十》,中华书局,1962年,第1745页。
②《文选》李善注引桓谭《新论》。
③《大正藏》第9卷,第56页下。
④《古小说钩沉》第三集《冥祥记·自序》,《鲁迅辑录古籍丛编》第1卷,人民文
　学出版社,1999年,第314页。

调和两教的典型人物,其所著《颜氏家训》有《归心》篇,说"三世之事,信而有征……内外两教,本为一体"①。在这样的观念指导之下,他引经史以征报应,写出了《冤魂志》。在上述这些书里,感应故事例如观音救苦救难的传说,仍是一个重要内容,但从总体看题材更广泛了。有些故事直接取自佛书。如《宣验记》中的鹦鹉"入水沾羽,飞而洒之"精勤救火的寓言,本来是佛本生故事,见汉译《杂譬喻经》和《杂宝藏经》等佛典;《冥祥记》中的《汉明帝梦见神人》、《朱仕行西行求法》等故事,是从佛教史事传说演化来的;更多的故事则是宣扬佛教报应和灵异的。这些作品所述仍多是传闻,且各书记录多有重复。如赵泰魂游地狱的故事,即见于《冥祥记》,又见于刘义庆《幽明录》。这乃是口头传说的特色。而在写法上,已有较复杂的情节和较细致的描写,较《搜神记》的简单陈述有所变化。但仍夸饰神异,忽视现实逻辑,还保持古小说早期发展中的形态。六朝的另一些志怪集,如题署陶潜撰的《续搜神记》等,也包含一些佛教故事。

　　这种属于"辅教之书"的佛教故事集,到唐代仍有人创作,现存的如唐临《冥报记》、道宣《集神州三宝感通录》、佚存的如郎余令《冥报拾遗》等。但当时唐传奇已开始流行,小说这种艺术形式在进化,这些故事集已很少有文学上的价值。鲁迅先生说唐人始有意为小说。在唐传奇中,超现实的、神异的情节大大减少了,开始让位给现实人生的艺术表现,然而佛教的观念仍深刻地表现在其意想和主题之中。唐人不再虚构荒诞离奇的故事来图解佛理,但佛教意识仍深浸到作品深层。例如李公佐的《南柯太守传》和沈既济的《枕中记》显然受到佛、道思想的影响,其中佛教思想更浓重。从主题上看,作品中那种"人生如梦"的意识就是佛教的。"如梦"

---

①王利器:《颜氏家训集解》卷五《归心》,上海古籍出版社,1980年,第335—339页。

本是大乘"十喻"之一。《南柯太守传》的主人公：

> 感南柯之浮虚，悟人世之倏忽，遂栖心道门，绝弃酒色。①

这里"道门"就是"佛门"。《枕中记》中的卢生则说：

> 夫宠辱之道，穷达之运，得丧之理，死生之情，尽知之矣。此先生所以窒吾欲也。敢不受教。②

这种"离欲"观念也是佛家的说教。从结构上看，这种小说也与佛教相关。鲁迅先生曾指出《枕中记》的构思与《搜神记》中焦湖庙祝以玉枕使杨林入梦事大旨悉同。在佛典譬喻中，也有从入梦经历中领悟佛理的情节，如《杂宝藏经》卷二的《娑罗那比丘为恶生王所苦恼缘》，其中写到优填王子娑罗那为恶生王诸婇女说法而被毒打：

> 受打已竟，举体疼痛，转转增剧，不堪其苦。复作是念：我若在俗是国王子，当绍王位，兵众势力，不减彼王。今日以我出家单独，便见欺打。深生懊恼，即欲罢道还归于家。即向和上迦旃延所，辞欲还俗。和上答言："汝今身体新打疼痛，且待明日，小住止息，然后乃去。"时娑罗那受教即宿。于其夜半，尊者迦旃延便为现梦，使娑罗那自见已身罢道还家，父王已崩，即绍王位，大集四兵，伐恶生王。既至彼国，列阵共战，为彼所败，兵众破丧，身被囚执。时恶生王得娑罗那已，遣人执刀，将欲杀去……临欲下刀，心中惊怖，失声而觉。觉即具以所梦见事往白和上。和上答言："生死斗战，都无有胜。所以者何？夫斗战法，以残他为胜。残害之道，现在愚情，用快其意，将来之世，堕于三途，受苦无量……"时娑罗那闻此语已，

————————

① 鲁迅《唐宋传奇集》卷三，《鲁迅辑录古籍丛编》第 2 卷，第 82 页。
② 鲁迅《唐宋传奇集》卷一，《鲁迅辑录古籍丛编》第 2 卷，第 27 页。

心开意解……①

这个故事情节与《枕中记》很类似。沈既济写《枕中记》不一定是模仿这个故事,但其"人生如梦"的思想与构思是与之相似的。《大庄严论经》卷十二里也有类似的故事。以后中国文学中相似构想不少,如马致远《黄粱梦》杂剧,汤显祖《邯郸记》传奇以及《聊斋》中的《续黄粱》等,也都表现出这种佛教的"如梦"观念。另外如蒋防《霍小玉传》那样的作品,写妓女霍小玉与负心文人李益的恋情,李益负心、小玉愤死对之加以报复,主题是现实的,但情节杂以变怪,也流露出因果报应观念。到中晚唐,出现了不少传奇专集,如牛僧孺《玄怪录》、李复言《续玄怪录》、张读《宣室志》、皇甫枚《三水小牍》等,其中表现神佛灵异、业报因缘的故事增多了。文人中写作这类作品形成风气,对以后的小说发展很有影响。

在宋元话本和拟话本中,佛教的宗教意识表现得相当普遍。《清平山堂话本》、冯梦龙的"三言"、凌蒙初的"二拍",直到后来的《石点头》、《西湖二集》、《醉醒石》里,不少作品张扬鬼魂、描写阴阳两界,宣传业报、宿命,用佛教的轮回报应构成超现实的情节,往往成为解决作品中的矛盾的关键。从发展情况看,出自民众的宋元话本中内容的现实性较强,迷信怪异的情节较少;而后出的拟话本迷信的内容大为膨胀,并出现了一些图解佛教教义的拙劣故事。这个事实,反映了宋明理学在思想领域定于一尊以后,佛教的民俗信仰以粗俗形式在民众中传播,统治阶级以之作为愚民手段的补充。宋元以后话本与拟话本的成就与价值不可低估,但思想上的这种倾向也是不容忽视的。

在话本与拟话本中,佛教思想影响的表现各种各样。有些作品是直接取材于佛教故事或直接宣传佛教思想的。按《都城纪胜》等书记载,宋人说话家数中有"说经"一家:

---

① 《大正藏》第 4 卷,第 459 页中—459 页下。

　　　　说经，谓演说佛书；说参请，谓宾主参禅悟道等事。①

"说经"应是从唐人俗讲发展而来。现存《大唐三藏取经诗话》大概就是说经的底本；"说参请"现在未见具体资料，按张正烺先生的说法：

　　　　按"参请"，禅林之语，即参堂请话之谓。说参请者乃讲此类故事以娱听众之耳。参禅之道有类游戏，机锋四出，应变无穷，有舌辩犀利之词，有愚骏可笑之事，与宋代杂剧中之打诨颇相似。说话人故借用为题目，加以渲染，以作糊口之道。②

"说参请"就是这样的以禅林故事为题材的游戏文章，《清平山堂话本》中的《五戒禅师私红莲记》即是。这篇作品写犯了色戒的五戒禅师(后托生为苏轼)和为救他免除佛罚的明悟禅师(后托生为佛印)的故事，主题是表现友情，但以佛教轮回、济度观念来贯穿。后来发展为《古今小说》的《明悟禅师赶五戒》。《醒世恒言》中的《佛印师四调琴娘》、《古今小说》中的《明月和尚度柳翠》等也是同一类作品。另外还有许多写业报故事的，如《清平山堂话本》中的《菩萨蛮》。拟话本有些作品只看题目就可以知道内容。如《游酆都胡母迪吟诗》、《梁武帝累修成佛》(以上《古今小说》)、《大姐魂游完宿愿，小妹病起续前缘》(《初刻拍案惊奇》)、《庵内看恶鬼善神，井中谈前因后果》(《二刻拍案惊奇》)等。

　　有一些作品，作者在主观上是在宣扬落后的宗教意识，但其内容的客观逻辑却揭示出另外的有一定社会意义的主题，其思想倾向是驳杂矛盾的。例如《警世通言》卷十七《陆五汉硬留合色鞋》，写浮浪子弟张荩与潘寿儿有情，无赖陆五汉乘暗夜骗奸了潘寿儿并杀了她的双亲，杀人罪却落到张荩头上；后来张荩使银子买通了

①耐得翁《都城纪胜·瓦舍众伎》。
②《〈问答录〉与"说参请"》，《张政烺文史论集》，中华书局，2004年，第239页。

牢狱看守,得以和潘寿儿对证,终于使案情大白。这个故事中,不但张荩自己说"这也是前世冤业,不消说起",开头的诗句也说"爽口食多应损胃,快心事过必为殃",最后又说"奸赌两般都不染,太平无事做人家"。而张荩得以剖白后,也"吃了长斋",改过行善,作者显然在宣扬宿命报应之理。但实际上,这个公案得以公平了结,靠的是张荩的银子。因为张荩用银子行贿,牢子们才让他与潘寿儿相见。这在客观上反映了城市经济发达的社会条件下"金钱"的力量。而作者言辞间却把它曲解为冥冥中的佛的力量。再如《古今小说》第二卷《陈御史巧勘金钗钿》,写顾阿秀父亲嫌贫爱富,想割断她与落魄公子鲁学曾的前定因缘,其母与她设计想周济公子,反而被奸骗,致使顾阿秀受辱自杀,公子也受冤犯了杀人罪,后来顾阿秀到别人身上"负魂",使案情大白。在这篇作品中,作者称赞办案的陈御史的明察,他微服出访,调查研究,终于查明案情中的疑窦。但作者却又设计了非现实的"负魂"情节,使之成了解决作品矛盾的关键,又宣扬"天道何曾负善人"、"不久自有天报"等观念。《警世通言》卷十三《三现身包龙图断冤》的情节更是荒诞离奇:押司孙文被杀后到冥界做了东狱速报司判官,在侍女迎儿前三次现身,终于揭发了奸夫淫妇。这个故事和许多包公故事一样,既表现现实人生苦难,又写阴阳幽显、因果报应;既写清官的公正与明察,又宣扬迷信和宗教的威力。这类作品中现实批判与佛教信仰相交织,正是当时人们思想矛盾的反映。

还有一些作品,思想内容有强烈的现实意义,实际主题与宗教没有什么根本的关系,但却也渗入一些佛教的语言以至情节,这是一种社会风气的反映。例如《京本通俗小说》中的《错斩崔宁》,写的是一个"十五贯戏言成巧祸"的冤案。作者通过崔宁和小娘子在一个冤案中无辜被杀的故事,揭露了吏治的专横与残暴,表现了专制淫威下一般小民生命的没有保障。作者在作品中直接发出议论,批评官吏的昏庸枉法,表明他对这个错案的根由有清醒的认识。但其中也用了不少佛家语言:说话人奉劝官吏"冥冥之中,积了阴骘",众人追拿崔宁时又说"天网恢恢,疏而不漏";案情大白时大家又说"今日天理昭然"。小说整个结构也是善有善报、恶有恶报,大娘子最后也一心礼佛,超度亡灵。这都是佛教观念潜移默化影响的表现。

明清的长篇小说,是中国小说高度发达的产物。如果把它们与欧洲文艺复兴以来的小说创作相比较就会发现,在它们之中非现实的情节占有更大的比重。因缘、宿命以及神鬼灵异往往渗入到情节之中,以至成了推动小说情节发展、解决矛盾纠葛的动因。这种情形,就是一些优秀的经典作品也不能免。

例如在历史为题材的小说里,常常以因果报应来解释历史事件。宋代讲史的《新编五代史平话》就有这样的说法:

> 刘季杀了项羽,立着国号曰汉。只因疑忌功臣,如韩王信、彭越、陈豨之徒,皆不免族灭诛夷。这三个功臣抱屈衔冤,诉于天帝。天帝可怜见三功臣无辜被戮,令他每三个托生做三个豪杰出来:韩信去曹家托生做着个曹操,彭越去孙家托生做着个孙权,陈豨去那宗室家托生做着个刘备。这三个分了他的天下……

《全相三国志平话》也有类似的写法。这就把历史事变套到了因果报应、灵魂不死的框子里。到了《三国演义》,这种荒唐说法是没有了,但全书开卷词中却说:

> 滚滚长江东逝水,浪花淘尽英雄。是非成败转头空。青山依旧在,几度夕阳红。　白发渔樵江渚上,惯看秋月春风。一壶浊酒喜相逢。古今多少事,都付笑谈中。

这也流露出强烈的"色空"观念。整个故事的发展,刘蜀的失败,诸葛的赍志以殁等等,也带有强烈的宿命色彩。书中还有像小霸王怒斩于吉、左慈掷杯戏曹操、关云长显圣那样荒诞的情节。又如

《水浒传》是一部优秀的现实主义小说，但开头却写洪太尉误走妖魔，后来又写卢俊义惊梦，虽然小说情节的实际发展与这种预示和梦验没有根本关系，但也给作品加上了宿命的因素。在作品中宗教观念所起的作用越强，则现实意义要相应地削弱。《说岳全传》本来是写民族矛盾与忠、奸斗争的，但书中又说金兵入侵中原是因为宋徽宗不敬天地，因此玉皇大帝发怒，命赤须龙下界，降生为金兀术；而如来佛又怕赤须龙无人制服，所以派大鹏鸟下凡，降生为岳飞，保卫宋室江山；岳飞与秦桧夫妇的斗争，则又是大鹏鸟与蛟精、女士蝠的业报。这种"解释"会大大模糊人们对小说主题的认识。一些短篇小说也有相似情形，如《古今小说》卷二十二《木绵庵郑虎臣报冤》讲贾似道故事，《西湖二集》卷一《吴越王再世索江山》讲钱留婆故事等。

在鲁迅称之为"人情小说"类作品中，佛教的色彩往往也有浓重的表现。这是因为佛教意识更容易渗透到对世态人情的理解和感受里。例如《金瓶梅》是我国第一部文人独立创作的描写世态的长篇小说，但佛教的影响相当深重。其中详细描写了当时市井间的宗教生活：吃斋、礼佛、宣卷、斋僧等等，这在宗教史上可以作为重要材料。作品中还有《西门庆书房赏雪，李瓶儿梦诉幽情》之类鬼魂出现的情节；西门庆贪欲而死，有"为人多积善，不可多积财；积善成好人，积财惹祸胎"之类的说教；特别是最后写到"普静师荐拔群冤"，小玉窃看冤魂一一托生，普静和尚向吴月娘点化李哥本为西门庆转身，吴月娘好善念经得善报，也是把全部故事归结到因缘之中。终卷诗说：

> 闲阅遗书思惘然，谁知天道有循环。西门豪横难存嗣，经济颠狂定被歼。楼、月善良终有寿，瓶、梅淫佚早归泉。可怪金莲遭恶报，遗臭千年作话传。

这样的道德训谕之词，也是出于业报的观点。在《红楼梦》里，佛教的影响也相当深刻。《红楼梦》的主题就有佛教色彩。在封建大家族的衰败和爱情的破灭中流露出的梦幻意识，与大乘"空"观有直接的关系。从开头空空道人关于"色空"的说教、甄士隐的《好了歌》到最后宝玉出家，宝玉对薛宝钗感叹"我们生来已陷溺在贪瞋痴爱中"，然后与一僧一道飘然远去，语言与思想都是佛教的。第五回《警幻仙曲演红楼梦》对十二钗的题咏，在小说结构上起了呼应、暗示作用，其观念是宿命论的。第十三回《秦可卿死封龙禁尉》的情形也相似：秦可卿给王熙凤托梦，暗示这个封建大家族的破败。像这样的情节在组织全书、点明主题上起着关键作用，都是基于佛教的观念编造的。后来《金瓶梅》《红楼梦》那些拙劣的续书，多把故事装进因缘业报的框子里，思想意义与前叙各书不可比拟。其中写得较好的，如在《红楼梦》影响之下产生的《醒世因缘传》，写冤冤相报的两世因缘，最后由高僧点明因果，诵经消灾，作品虽有一定现实意义，对封建制度下宗法家庭关系有所批判，但却又是以佛家观念来"醒世"的。

　　关于鲁迅所谓"神魔小说"，也与佛教有一定关系。《西游记》取材自《大唐三藏取经诗话》，如前所说，这可能是"说经"的底本。后来作者吸收民间传说，写成了长篇小说。鲁迅先生评论《西游记》说文章出于游戏，亦非语道，"特缘混同之教，流行来久，故其著作，乃亦释迦与老君同流，真性与元神杂出，使三教之徒，皆得随宜附会而已"①。但全书的故事取自佛教，矛盾组织在护法、取经的情节之中。内容则是佛、道杂出，更宣扬佛的威力，有一定明佛的用意。《封神演义》的情形也与之相似。全书组织在"成汤气数已尽，周室天命当兴"的宿命的前提之下。其中写助周的阐教与助殷的截教之争，阐教是道教的正统，又得到佛教的支持，同样表现了释、

────────────

①《中国小说史略》第十七篇《明之神魔小说（中）》，《鲁迅全集》第9卷，第166页。

道杂糅的思想。此外还有像《济公传》那样的作品,主人公是宋代禅僧道济。他济困扶危,嘲弄官府,混身神怪灵异。这类小说也表现出中国民众对宗教态度的一个重要特点:即一方面是迷信神佛,求助于超自然、超现实的神秘力量,另一方面信仰又不那么认真,不管是佛、菩萨,是神仙,还是阴阳风水,兼容并存,什么都相信,但又时出以游戏态度,神、佛甚至可以成为嘲弄的对象。《西游记》第九十八回写到唐僧师徒到了西天,阿难、迦叶向他们要贿赂,用笔幽默,让人忍俊不禁,就是一个例子。

鲁迅先生曾尖锐而深刻地指出中国的旧文艺是瞒和骗的文艺。佛教让人们忍辱求安,用业报轮回掩盖现世矛盾,而把希望寄托到来世。这类观点表现在文学作品中,正起着瞒和骗的作用。应当强调指出的是,在像小说和通俗说唱文艺这类文学作品中,不可能表现佛教义学的深刻义理,而主要是一些通俗的宗教宣传。这些作品在民众间的影响特别巨大,在形成民众意识上起相当大的作用。

从小说写作艺术的角度看,佛教对中国小说表现题材的扩大、形象创造以及结构、情节等方面的影响都非常显著。可以毫不夸张地说,由于一些佛教观念融入小说,由于小说借用了佛教的思维方式和表现技巧,使得它在艺术上不断开拓出新的局面。

首先,看表现题材的扩大。

魏晋之后佛典大量传入,佛典中的许多故事即被中国著作家所汲取和借鉴。这是佛教影响于文学的直接的形式。鲁迅先生曾指出:"魏晋以来,渐译释典,天竺故事亦流传世间,文人喜其颖异,于有意或无意中用之,遂蜕化为国有。"①这一方面,在前面已举过一些例子,如《杂宝藏经》中的《婆罗那比丘为恶生王所苦恼缘》,为

---

① 《中国小说史略》第五篇《六朝之鬼神志怪书(上)》,《鲁迅全集》第 9 卷,第 50 页。

中国小说中的梦游题材如《枕中记》提供了依据;《宣验记》中的鹦鹉救火故事,则来自佛本生经。此外,还有如《杂宝藏经》卷一《弃老国缘》中有以船称象故事,相同情节又见题为虞溥所著《江表传》,事归曹冲,二者关系如何尚未确考。还有著名的吴均《续齐谐记》中的阳羡书生故事,则出自吴康僧会所译《旧杂譬喻经》卷上:

> 昔有国王持妇女急。正夫人谓太子:"我为汝母,生不见国中,欲一出,汝可白王。"如是至三。太子白王,王则听。太子自为御车出,群臣于道路奉迎,为拜。夫人出其手开帐,令人得见之。太子见女人而如是,便诈腹痛而还。夫人言:"我无相甚矣。"太子自念:我母当如此,何况余乎! 夜便委国去入山中游观。时道边有树,下有好泉水。太子上树,逢见梵志独行,来入水池浴,出饭食,作术吐出一壶,壶中有女人,与于屏处作家室。梵志遂得卧。女人则复作术,吐出一壶,壶中有年少男子,复与共卧。已便吞壶。须臾,梵志起,复内妇着壶中,吞之已,作杖而去。太子归国白王,请道人及诸臣下,持作三人食着一边。梵志即至,言:"我独自耳。"太子曰:"道人当与妇共食。"道人不得止,出妇。太子谓妇:"当出男子共食。"如是至三,不得止,出男子共食已,便去。王问太子:"汝何因知之?"答曰:"我母欲观国中,我为御车,母出手令人见之。我念女人能多欲,便诈腹痛还入山,见是道人藏妇腹中,当有奸。如是女人奸不可绝。愿大王赦宫中自在行来。"王则敕:"后宫中其欲行者,从志也。"师曰:天下不可信,女人也。①

这个故事的情节,还见于晋荀氏《灵鬼志》②,并一直影响到后代。

佛教的超三世、通阴阳的观念,使人们的思想打破现世规律的

①《大正藏》第4卷,第514页上。
②佚文存《法苑珠林》卷六十一《咒术篇》、《太平御览》卷三百五十九《兵部·抑》。

约束,不但承认有现世,还有过去世、来世;不但有人间,还有天堂、地狱,这也把文学表现的领域扩大了。从文学作品内容实际看,所谓天上、冥界,不过是现实世界的曲折的反映。但有不少作品表现这些,确实是出于信仰,是迷信宣传;不过也有些作品不过是利用它们来表露对现实的看法,或在小说结构上起到某种作用。例如《西游记》前半部分的天宫,后面的西天,都起着艺术构思上的作用,很难说是表现什么迷信内容。

　　这方面比较重要的,是小说中表现的冥界,包括地狱。描绘出幽、明两个世界,并把它们相沟通,这完全是受佛教轮回观念影响的想法。在中国古代早就有灵魂不灭观念。如在《左传》、《国语》等作品中,就多有亡灵的记载。中国古代还有黄泉观念,又有泰山冥界信仰,顾炎武以为起于后汉,与谶纬思想有关;或以为是从古代五岳信仰发展而来。在民间传说中,还有亡灵聚居的蒿里。但创造出一个与人间世界一样的冥界,亡灵在那里生活;又创造出亡灵在轮回中受处罚的地狱,其中有一套完整的统治制度和刑罚制度,却是佛教思想的产物。

　　东汉支娄迦谶的《道行般若经》里已有专门的《泥犁品》①,中云:

　　　　若闻深般若波罗蜜,复止他人不令说之,止般若波罗蜜者,为止萨芸若;其止萨芸若者,为止过去当来今现在佛。用是断法罪故,死入大泥犁中若干百千岁,若干亿千万岁。当更若干泥犁中,具受诸毒,痛不可言。其中寿尽,转生他方摩诃泥犁中。其寿复尽,展转复到他方摩诃泥犁中生。②

三国吴支谦所译《大明度无极经》是《道行般若》的异译,里面有《地狱品》,已把"泥犁"改译为"地狱"。同时他所译的《撰集百缘经》集

____

① 有《佛说十八泥犁经》,《祐录》作失译,后误作安世高译,应为早期译品。
② 《道行般若经》卷三《泥犁品第五》,《大正藏》第8卷,第441页中。

录一百个因缘故事,如卷一五百商主入海采宝,说到"以惭愧心供养"佛陀,"不堕地狱、畜生、饿鬼,生天上人中,常受快乐。过三阿僧祇劫,当得作佛,号曰宝盛,度脱众生不可称量"①。这里的"不堕地狱、畜生、饿鬼,天上人中常受快乐"是关于行善得好报的程式化的表达方式。吴维祇难译《法句经》里有专门的《地狱品》。康僧会译《六度集经》里也有不少地狱罪罚故事,如第一篇《布施度无极章》的第一个故事:

> 昔者菩萨,其心通真,睹世无常,荣命难保,尽财布施。天帝释睹菩萨慈育群生,布施济众,功勋巍巍,德重十方,惧夺己位,因化为地狱,现于其前曰:"布施济众,命终魂灵入于太山地狱,烧煮万毒,为施受害也,尔惠为乎?"菩萨报曰:"岂有施德而入太山地狱者乎?"释曰:"尔其不信,可问辜者。"菩萨问曰:"尔以何缘处地狱乎?"罪人曰:"吾昔处世,空家济穷,拯拔众厄,今受重辜,处太山狱。"菩萨问曰:"仁惠获殃,受施者如之乎?"释曰:"受惠者命终升天。"菩萨报曰:"吾之拯济,唯为众生,假如子云,诚吾愿矣。慈惠受罪,吾必为之,危己济众,菩萨上志也。"释曰:"尔何志愿尚斯高行?"答曰:"吾欲求佛擢济众生,令得泥洹,不复生死。"释闻圣趣,因却叩头曰:"实无布施慈济众生,远福受祸入太山狱者也。子德动乾坤,惧夺吾位,故示地狱,以惑子志耳。愚欺圣人,原其重尤。"既悔过毕,稽首而退。菩萨慈惠度无极行布施如是。②

这里有两个观念值得注意:一是中土的"太山"与外来的"地狱"观念相混淆;再是所谓"化为地狱",正是轮回的表现方式。《六度集经》里宣扬"王逮臣民终生天上,罪人夫妻死入地狱"③,"言顺行逆,

---

① 《撰集百缘经》卷一,《大正藏》第 4 卷,第 205 页上。
② 《六度集经》卷一,《大正藏》第 3 卷,第 1 页上—1 页中。
③ 《六度集经》卷二,《大正藏》第 3 卷,第 7 页上。

死入太山地狱"①等等,其中关于地狱罪罚、报应、与天堂的对比等观念都已十分明显。南方吴国地狱经典翻译较多,应与南方巫术、鬼神信仰的传统有关系。晋宋以降的重要译师大都翻译过有关地狱信仰的经典。东晋的昙无兰更集中译有《佛说四泥犁经》、《佛说铁城泥犁经》、《佛说泥犁经》、《五苦章句经》、《佛说自爱经》等。著名译家鸠摩罗什、真谛的译籍里也包含大量相关内容。僧祐《出三藏记集》著录许多地狱经,其中有些他"未见其本",另有些今已佚失②。这些经典有一部分当是中土伪撰的。这些情况都表明当时这方面内容所受到的重视。

南北朝小说里有不少描写地狱的。其中较早最为完整的是刘义庆《幽明录》里的赵泰故事。这已经是千余字的长篇。其中写的冥界,有官府,有刑狱,有像人间一样的社会机构;表现神鬼、轮回、济度、转生等一系列观念;有地狱巡游、死而复生等情节。后代小说、戏曲、民间文学中所表现的地狱的形貌,这里大体已经齐备。在以后的小说中,冥界游历成为一个重要题材。

唐话本中的《唐太宗入冥记》、唐传奇李复言《续玄怪录》中的《杜子春》都写到地狱。宋话本《拗相公》写王安石祭王滂梦入地狱。《古今小说》卷二十二《游酆都胡毋迪吟诗》,写元朝人胡毋迪读秦桧《东窗录》和文天祥《文文山丞相遗稿》,感到二者遭遇不公,因而斥骂天道,冥府使者引导他游酆都,看到秦桧等所受苦罚,从而认识到皇天报应的公平无私。《熊龙峰四种小说》中的《孔淑芳双鱼扇坠传》里,也有与亡灵恋爱和把亡灵送入酆都的情节。《四游记》中《南游记》的第十四至十七回,写到主人公华光为救亡母而三下酆都,在冥界游行。《西游补》里写唐僧师徒西行取经过了火焰山之后,孙悟空化斋进入鲭鱼气中被迷,在青青世界万镜楼中见

---

①《大正藏》第3卷,第14页上。
②参阅《新集续撰失译杂经录》,《出三藏记集》卷四。

古今未来之世,并当了半日阎罗天子,后来醒悟过来。《三宝太监下西洋记》本以明太监郑和率船队下西洋为素材,但也有不少幻化情节,如写郑和在碧峰长老和张天师协助下擒妖伏怪,也有描写地狱的情节。公案小说如《海公案》、《龙图公案》中,更有不少冤魂告状、观音托梦、沟通阴阳、查访冥界之类故事。《剪灯新话》、《聊斋志异》等小说集中,这种故事也不少。写地狱的恐怖,写来世的报应,一般说来是荒诞不经的,但在艺术表现中,经过一定的艺术处理,却又可能有相当的思想价值和艺术价值。但丁《神曲》写了地狱,那是一部伟大的作品。中国小说中写地狱的,还没有可与《神曲》相比拟的。但在艺术表现境界上的开拓意义还是值得肯定的。

　　这里还应当指出密宗对中国小说题材的影响。密教是印度佛教的一个派别,到七世纪发展为印度佛教的主流。其基本理论是以理、事观行,修习三密瑜伽(相应)而获得悉地(成就)。它重视神秘的修持而少讲义理。早期的所谓古密教就已传入中国许多神咒,早自三国时期已传入中土,陆续传翻一些经典和神咒,如吴支谦译《八吉祥神咒经》、东晋帛尸梨蜜多罗译《孔雀王神咒经》等。六朝人已有不少相信神咒的。梁元帝萧绎在《金楼子·自序篇》里就说自己自幼诵得《净观世音咒》等神咒。到了唐代,善无畏、金刚智、不空等密教大师来华,传译大量密教经典,形成了中国佛教的密宗。密宗的思想、仪轨、语言都影响到文学。中唐文学的奇崛文风就潜移默化地接受了密宗的某些观念和表现方式的影响。沈曾植又曾指出它与中唐小说发展的关系:

　　　　《妙吉祥最胜根本大教王经》有成就剑法。云:持明者,用华铁作剑,长三十二指,巧妙利刃。持明者持此剑往山顶上,如前依法作大供养,及随力作护摩。以手持剑,持诵《大明》,至剑出光明。行人得持明天,剑有烟焰,得隐身法。剑若暖热,得降龙法,寿命一百岁。若法得成,能杀魔冤,能破军阵,能杀千人。于法生疑,定不成就。又有圣剑成就法。又云:若

欲成就剑法,及入阿苏罗窟,当作众宝像,身高八指云云。按:
唐小说所纪剑侠诸事,大抵在肃、代、德、宪之世。其时密教方
昌,颇疑是其支别。如此经剑法,及他诸神通,以摄彼小说奇
迹,固无不尽也。①

实际上,密教不只影响到中晚唐成为传奇主要一派的剑侠题材的
作品,如剑术、隐身等,更助成以后剑侠小说的主要情节。至于"诅
咒"本为中国所固有,密教更推波助澜,也增加了小说中的不少故
事。如《三国演义》中描写诸葛亮借东风那样的仪式,很显然借鉴
了密宗建曼荼罗灌顶道场的做法,诸葛亮也带有相似的神秘色彩。

以上只举出佛教扩充中国小说题材范围的主要几点。佛教内
容夸饰、玄想等荒诞成分很多,这当然也影响到中国小说的内容。

其次,看形象创造方面。

佛典中所写的形象,不但有现实的人,还有天龙八部众,以及
作为死后亡灵的鬼魂,更有佛和众多的菩萨。它们在中国小说中,
都是新的"人物"。其中重要的是鬼魂与龙王。

中国古代也有"有鬼"论,也有人死为鬼报答生前所受恩德的
故事。但直到佛教传入了转生轮回信仰,进一步发展了"神不灭"
论,才出现了与人世并行的另一个鬼魂的世界,并繁衍出大量鬼魂
的形象。在六朝志怪小说中,鬼魂已常常出现,有些是宣扬迷信
的,如《搜神记》卷十六阮瞻的故事:

> 阮瞻字千里,素执无鬼论,物莫能难。每自谓此理足以辨
> 正幽明。忽有客通名诣瞻,寒温毕,聊谈名理。客甚有才辨,
> 瞻与之言良久,及鬼神之事,反复甚苦。客遂屈,乃作色曰:
> "鬼神古今圣贤所共传,君何得独言无? 即仆便是鬼。"于是变
> 为异形,须臾消灭。瞻默然,意色太恶。岁余病卒。

---

① 《海日楼札丛》卷五《成就剑法》。

这里的鬼完全是人的形貌，而且善谈名理，是按照清谈名士的面貌创造的。他又会变作异形，显示妖异。也有些故事，利用了鬼的观念，写"不怕鬼"，如传为魏文帝所撰《列异传》中的"宗定伯捉鬼"的故事。宗定伯用计捉住一个鬼，鬼无计可施，"化为羊"①，宗定伯卖了羊，得钱五缗。这个卖鬼的情节出自失译《杂譬喻经》卷下，天帝化为贾人在市肆卖鬼。在以后的中国小说中，鬼魂成了重要人物。有时候写鬼是宣扬迷信或落后意识的，有时则利用"鬼"的形象表现积极主题，在艺术构思上起了重要作用。唐传奇《霍小玉传》里霍小玉的鬼魂作祟，向负心的李益报了仇。《清平山堂话本》中的《碾玉观音》，写咸安郡王府上的养娘秀秀因为与碾玉匠崔待诏私逃结为夫妻，被捉回来打死，但她的鬼魂却又跟着崔宁到建康府居住。《醒世通言》中的《闹樊楼多情周胜仙》，主人公周胜仙与范二郎相恋，假死后被盗墓人掘出，又去寻范二郎，被范用汤桶打死，阴魂仍然与狱中的范二郎相会，并把他解救。《古今小说》中的《杨思温燕山逢故人》，写金人南侵后杨思温在燕京观灯，见到了嫂嫂郑意娘，意娘叙说了靖康南渡时她与丈夫被掳的经历，实际上意娘是个鬼魂。这几个例子都是用鬼的形象来表达积极主题的。在《三国演义》《金瓶梅》等长篇小说中，鬼魂经常出现。《聊斋志异》和《阅微草堂笔记》里，不少篇章以鬼为主人公。大家都知道，《聊斋》中常常以写鬼来喻人事，对现实进行批判。其中如著名的《画皮》写化为美女的恶鬼，其形象可以上溯到《西游记》中的白骨精等。佛典《修行道地经》中讲到修行有四果，其二是修行者当思好色妙女如罗刹，不见其可爱，唯见其可畏如骷髅。这也是把美女与恶鬼等同，后世一些小说的构想当受其启发。

　　佛典中的天龙八部众中的"龙"的形象，衍生出中国文学中庞

①《太平御览》卷三百八十七《人事部·唾》，第1790页；同书卷八百二十八及《艺文类聚》卷九十四等谓出《搜神记》。

大的龙的家族。在中国古代文献中,龙为能幽明变化、登天潜渊的
有灵性的"鳞鱼之长"①,是所谓"四灵"(麟、凤、龟、龙)之一②。这
种幻想的生物,是从古代爬虫类的图腾崇拜而来的。中国古代传
说中也有不少水神,如冯夷、河伯、湘君、湘夫人等等,但他们都不
是龙。《楚辞·天问》王逸注中有河伯化为白龙的说法,但既化为
龙,就不再有"人格"。而佛典中天龙八部中的龙,是一种具有人格
的神灵。早在《阿含》类经典中已经有龙的形象。《长阿含经·第
四分世记经龙鸟品》说到四种龙即婆竭龙等,他们的宫殿广大,栏
楯罗网,周匝严饰,七宝装成③。《杂宝藏经》卷九《恶生王得五百钵
缘》说到"恒河水龙宫"④。佛典中有不少龙的故事。据说大乘佛典
就出自雪山龙宫。在佛典这些故事的影响下,中国固有的作为图
腾灵长的龙与水神形象相结合,创造出那些描写龙的艺术作品。
与佛典中所描述的一样,在中国小说中,龙也是住在水下的宫殿。
这是一个与人世相仿的另一个神秘而瑰丽的世界,其中居住着龙
的种族。其统治者是龙王,而部属则有虾兵蟹将。人世上特殊的
人物,也有可能游历龙宫,与龙交往。在唐传奇中,有不少是写龙
的,如柳宗元的《谪龙说》、沈亚之的《湘中怨辞》、薛莹的《龙女传》
等。最有名的是李朝威的《柳毅传》,写书生柳毅与龙女恋爱故事,
通过龙与人的奇异的结合,反映了青年男女争取爱情婚姻自主的
主题。其中描写了龙女、洞庭君、钱塘君等富于个性的"龙"的形
象。这个故事,后来成为元、明戏剧的题材,如元尚仲贤《柳毅传
书》。佛典《贤愚经》卷八有《大施抒海品》、《生经》卷一有《坠珠著
海中经》等,都写龙宫探宝故事,也成为中国小说和民间传说中的
重要主题。这里附带提一句,《大施抒海品》中有大施为救济贫民

①《说文解字》卷十一下《龙部》。
②《礼记注疏》卷二十二《礼运》。
③《大正藏》第1卷,第127页上—127页中。
④《大正藏》第4卷,第491页下。

欲从龙王手里夺取宝珠,用龟甲"抒海"的情节:

> 海神知意,来问之曰:"海水深广三百三十六万里,正使一切人民之类尽来共抒,不能使减,况汝一身,而欲办此?"菩萨答言:"若人至心欲有所作,事无不办。我得此宝,当用饶益一切群生,以此功德,用求佛道。我心不懈,何以不能。"①

大施的行动感动了诸天,尽来相助。这个情节,实际上与《张羽煮海》的构想相似。季羡林先生曾论证《列子》晚出,受佛典影响,而这个故事与"愚公移山"构思也大体相同,可为季先生的论点作个旁证。

菩萨、诸天的形象,在中国小说中也有一定位置。特别是观音,自六朝以来就出现在志怪小说中。他一方面大慈大悲,救苦救难;另一方面又法力无边,有求必应。因而他寄托着民众的希望与幻想,对于民众比起佛陀本身有更大的吸引力,也更频繁地被人赞颂和描写。另外《长阿含经》中有毗沙门天王。不空译《毗沙门仪轨》中也有"昔防援国界,奉佛教敕,令第三子哪吒捧塔随天王"②事。《不空传》里又说到天王助唐军平安西。在这些材料的基础上,附会以中国史实,才创造出《封神演义》中的托塔李天王和哪吒等情节。

鬼魂、菩萨、诸天等等,乃是宗教玄想的产物,但被赋予了人的品格。他们被文学艺术所汲取,加以再创造,成为文艺中的新形象。这些出自幻想的形象经过艺术加工就可能具有独特的艺术魅力。鲁迅先生曾称赞江浙社戏中的无常,就是一个很好的例子。

第三,看结构方面。

文学作品的结构与人的思维方式有关。一个民族的文学创作在结构上有某些共同点,往往是民族性格、民族精神的具体体现。

---

① 《大正藏》第 4 卷,第 408 页中。
② 《大正藏》第 21 卷,第 228 页下。

中国小说发展于佛教传入中国以后，人们意识上所受到佛教的影响必然反映到它们的构思上。这里摘其要者，只谈两点：

一是叙述"征实"的特点。佛教的故事往往是征实的。它要把宗教幻想说成是现实，把佛、菩萨以至地狱、恶鬼说成是实有。佛教本生或譬喻的一个特点，就是结构上有个"连结"部分，即传说中前世的某人某事就是现世的某人某事。而六朝传奇从《搜神记》、《光世音应验记》开始，写到虚幻的鬼神故事，则往往指明事情发生在某时某地，与现实的某人有关，某人可作见证。在这一点上，民间传说显然不同。如《搜神记》中的《马头娘》、《搜神后记》中的《螺女》等故事，保持着民间传说的特色，其人其事都是不确定的，只是一种"传闻"。而佛教故事则把灵异报应说为实有。所以鲁迅先生说：

> 六朝人并非有意作小说，因为他们看鬼事和人事，是一样的，统当作事实。①

又说：

> 文人之作，虽非如释道二家，意在自神其教，然亦非有意为小说，盖当时以为幽明虽殊途，而人鬼乃皆实有，故其叙述异事，或记载人间常事，自视固无诚妄之别矣。②

这种创作小说"征实"的特点也与史传杂记的传统有关。后来的小说创作，当然不会局限在六朝人这种认识的框子里，但往往也把大量神异、幻想的情节附会到历史的真人真事上。这种"真真假假"、"以假为真"的构思，反映了古代中国人对现实的一种看法，就是常常把幻想的世界与现实的世界相混同。

---

① 《中国小说的历史的变迁》，《鲁迅全集》第 9 卷，第 311 页。
② 《中国小说史略》第五篇《六朝之鬼神志怪书（上）》，《鲁迅全集》第 9 卷，第 43 页。

　　二是因果完整的特点。中国小说一般有头有尾，结构完整，并多是大团圆的结尾。这也与佛教因果报应思想有关。从印度譬喻故事到中国的感应、冥报传说，一定是好人得福，恶人得祸。按佛教观点看，人的一切行为都是善恶分明的。而且鼓励人改恶从善，至有"放下屠刀，立地成佛"之说。善恶分明，果报显著，表现在小说中，正、反面人物必有鲜明的阵线，故事一定有完满的结果，善恶交织的人物、不可解决的矛盾是不存在的。也不会有西方文学那种命运悲剧的观念。即使是悲剧，往往也要加上一个喜剧的结尾。例如《错斩崔宁》，崔宁等被杀了，难以复活（如果按佛教故事的构思办法也可以还阳或借尸还魂，但作者不这么办，是他的高明处），可是案件终于平反，坏人被处罚，冤仇总算报了。鲁迅先生指出过：像《红楼梦》那样的悲剧，最后也还是贾氏家业再振，兰、桂齐芳，贾宝玉出家当和尚，还披上大红猩猩毡斗篷。有人认为这是给悲剧加上的败笔，是续书者的过错，但实际上这也正是中国人一般思想观念的体现。给故事加上一个完满的结局，在一定意义上说是反映了人们的愿望，往往体现了积极的思想意义；但是把矛盾归结到勉强凑成的大团圆，忽视了生活的本来逻辑，而在凑成这个结局时，又求助于超现实的力量。鲁迅所谓"瞒与骗的文艺"，很重要的表现也就在这里。

　　一个现实的与非现实的情节的结合，一个人为的勉强凑成的大团圆结局，在中国小说中形成为某种程式。但在实际运用中，会有各种变化，体现出不同思想意义。

　　第四，看情节方面。

　　佛教的夸饰无节的奇思异想，也给中国小说增加了不少情节，形成文学创作在情节上的几个重要模式。

　　一个是再生、转生、离魂等。这是由佛教"神不灭"论发展出来的几个观念。《太平广记》卷九十九录《冥祥记·王淮之》条，说王本不信佛法，以为身、神同灭，无三世，元嘉中为丹阳令，十年患病，死而复生，至此宣扬人死神存。这是再生。又《晋书·羊祜传》载羊祜本为东邻李氏亡儿,转生羊家仍能探得生前所弄金环的故事。《晋书·艺术传》亦言鲍靓为曲阳李家托生儿。这是转生。《太平广记》引录《搜神记》或《搜神后记》都有一个不知名的夫妇的传闻:丈夫外出,身体留在室内被盖里,仆人被遣归家取镜,却看到了被中的主人,赶回到主人处报告,主人急忙回家,结果形神合一,因此得了狂病。这是离魂。另外又如《晋书》卷七十五《王湛传》写王坦之与竺法师亲善,共论幽明报应之事,约定先死者报告事实,后法师死数年,果然报告罪福不虚。又《搜神记》里"吴王小女"故事:吴王夫差小女紫玉与韩重恋爱,吴王不许,紫玉气结而死,韩重来到墓前吊唁,入墓幽婚。这些都是基于灵魂不死观念构想出来的。上述故事,有的出于文学作品,有的出于史书,说明当时人的意识在生死问题上的普遍看法。中国自上古以来就有灵魂不灭观念,但佛教输入大大助长了这种观念的传播与影响。正是在这种观念影响下,才出现了前述《幽明录》中赵泰死而复生的情节。又如同书中的庞阿故事:

> 巨鹿有庞阿者,美容仪。同郡石氏有女,曾内睹阿,心悦之。未几,阿见此女来诣阿。阿妻极妒,闻之,使婢缚之,送还石家。中路,遂化为烟气而灭。婢乃直诣石家,说此事。石氏之父大惊曰:"我女都不出门,岂可毁谤如此?"阿妇自是常加意伺察之。居一夜,方值女在斋中,乃自拘执,以诣石氏。石氏父见之,愕贻曰:"我适从内来,见女与母共作,何得在此?"即令婢仆于内唤女出。向所缚者奄然灭焉。父疑有异,故遣其母诘之。女曰:"昔年庞阿来厅中,曾窃视之。自尔仿佛即梦诣阿。及入户,即为妻所缚。"石曰:"天下遂有如此奇事!夫精情所感,灵神为之冥著,灭者盖其魂神也。"既而女誓心不嫁。经年,阿妻忽得邪病,医药无征。阿乃授币石氏女为妻。①

————————

① 《太平广记》卷三百五十八,第 2830 页。

这篇作品写青年女子对爱情的追求是十分离奇的。而奇异的离魂情节正表现了主人公爱情的热烈执着。同样的情节又见于唐传奇陈玄祐的《离魂记》。

唐代以后,中国小说转而着重写人事,但再生、转生之类的情节在作品中仍经常出现。在唐传奇中,《本事诗·崔护》写崔护与所爱恋的女子订约,后女子转生,终为夫妇。《玄怪录》中的《齐推女》里也写到死而复生。伪托为牛僧孺所作的《周秦行纪》写到夜行迷路,入薄太后庙,见到王昭君、潘妃、杨贵妃、绿珠等人的亡灵。在话本小说中,《碾玉观音》里死去的养娘崔秀秀可以和生人一样与爱人一起生活;《志诚张主管》中的小夫人死后仍可追求张胜。拟话本里,这种转生、返生的故事也不少。长篇小说《英烈传》写朱元璋发迹变泰,他本是玉皇的金童托生为真命天子,他手下的开国元勋也都是星宿下凡。《女仙外史》写唐赛儿是嫦娥转世,永乐帝则是下凡的天狼星。蒲松龄的《聊斋》中鬼魂故事不少。如《席方平》等名篇,是通过写鬼以抨击现实的。作者在《聊斋自志》中说自己"才非干宝,雅爱搜神;情类黄州,喜人谈鬼"。其在《潞令》中的感慨说:

> 呜呼! 幸有阴曹兼摄阳政。不然,颠越货多,则"卓越"声起矣。流毒安穷哉![①]

这样看来,用灵魂不死构造出的各种各样的情节,具体立意与价值是很不相同的。

二是神变。佛教讲"不可思议",其中最不可思议的就是神变。神变是佛教"自神其教"所必需的。在中国古代传说中也有类似"神变"故事。如鲧化为黄熊,公牛哀化虎,就是一种神变。也有不可思议的故事,如女娲抟土造人;还有奇怪的神灵,如西王母等等。

---

① 《聊斋志异》卷六。

中国的五行相生相克思想就有丰富的变化观念。但佛典中讲神变则非常奇异超绝。特别是初期来华的天竺和西域僧侣，又多挟神仙方术以自重。如安世高就有多种神迹，其传记中写到同学中有人性格易怒，化为巨蟒，他于灵帝末年教化江南，加以济度；佛图澄被称为"神僧"，在这方面更为有名。僧侣们的这种行为，也加强了神变在人们意识中的影响。

《太平广记》卷四二六引《齐谐记》有晋太元六年江夏安陆县师道宣发狂化虎的故事。《搜神记》中的《干将莫邪》、《韩凭夫妇》等篇，也有神变的情节。在唐传奇中，《古镜记》中已写到幻化。《任氏传》则已出现后来《聊斋志异》等书中常见的化狐故事。而化狐故事也见于佛典。《续幽怪录·张逢》、《宣室志·李征》都写到人化虎。《聂隐娘传》则写到聂隐娘与妙手空空儿斗法，聂隐娘化为蠛蠓小虫避入节度使腹中。幻化成为后来小说中的一个重要情节。

特别是神魔小说中的神变情节与佛典故事多有关联。例如《西游记》，陈寅恪先生早已指出其一些故事取自佛书。有的学者还论及西行求法故事与《佛说摩利支天菩萨陀罗尼经》的关系。还有人考证猴行者的故事出自印度大史诗《摩罗衍那》。学术界对《西游记》的成书过程迄无定说，但其借鉴了佛典情节则定不可疑。如《卢志长者经》中讲到帝释天化为卢志长者施行教化事，有真、假卢志长者之争，大概是由这个故事的启发创造出真、假美猴王，真、假牛魔王。还可以联想到《水浒传》中的真、假李逵，以至许多小说中写到妖魔化为真人为祟的情节。《中阿含经》卷三十《降魔经》讲大目犍连尊者入定时，忽然发觉魔王化作细形已在腹中，乃叱曰："汝波旬出，汝波旬出……。"①魔遂化细形出尊者之口，这与《旧杂譬喻经》"梵志作术"条一样，都与三调芭蕉扇孙悟空化为蠛蠓小虫

①《大正藏》第 1 卷，第 620 页中—620 页下。

钻进罗刹女肚子里的情节有关；后来《封神演义》中也有二郎神收伏梅山七怪化为桃子进入猿怪腹中的情节。《西游记》里平顶山锐角大王把孙悟空压到山下，又把他装到葫芦里，孙悟空施展本领，夺过葫芦，反而把他装了进去，这也与"梵志作术"情节相合。至于唐三藏等车迟国斗法事，是由《贤愚经》卷十《须达起精舍品》舍利弗降伏六师外道的故事衍化而来，更由陈寅恪先生早已指出。《贤愚经》中写道：

　　　　时舍利弗从禅定起，更整衣服，以尼师坛着左肩上，徐庠而步，如师子王，往诣大众。是时众人见其形容、法服有异，及诸六师忽然起立，如风靡草，不觉为礼。时舍利弗便升须达所敷之座。六师众中有一弟子名劳度差，善知幻术，于大众前咒作一树，自然长大，荫覆众会，枝叶郁茂，花果各异。众人咸言："此变乃是劳度差作。"时舍利弗便以神力作施岚风，吹拔树根倒着于地，碎为微尘。众人皆言："舍利弗胜，今劳度差便为不如。"又复咒作一池，其池四面皆以七宝，池水之中生种种华。众人咸言："是劳度差之所作也。"时舍利弗化作一大六牙白象，其一牙上有七莲花，一一花上有七玉女，其象徐庠往诣池边，并含其水，池即时灭。众人悉言："舍利弗胜，劳度差不如。"复作一山七宝庄严，泉池树木，花果茂盛。众人咸言："此是劳度差作。"时舍利弗即便化作金刚力士，以金刚杵遥用指之，山即破坏，无有遗余。众会皆言："舍利弗胜，劳度差不如。"复作一龙身，有十头，于虚空中雨种种宝，雷电振地，惊动大众。众人咸言："此亦劳度差作。"时舍利弗便化作一金翅鸟王，擘裂啖之。众人皆言："舍利弗胜，劳度差不如。"复作一牛，身体高大，肥壮多力，粗脚利角，刨地大吼，奔突来前。时舍利弗化作师子王，分裂食之。众人言曰："舍利弗胜，劳度差不如。"复变其身作夜叉鬼，形体长大，头上火燃，目赤如血，四牙长利，口自出火，腾跃奔赴。时舍利弗自化其身，作毗沙门

王,夜叉恐怖,即欲退走,四面火起,无有去处。唯舍利弗边凉
冷无火,即时屈伏,五体投地,求哀脱命。辱心已生,火即还
灭。众咸唱言:"舍利弗胜,劳度差不如。"时舍利弗身升虚空,
现四威仪,行止坐卧,身上出水,身下出火,东没西踊,西没东
踊,北没南踊,南没北踊,或现大身满虚空中,或复现小,或分
一身做百千万亿身,还合为一身,于虚空中。忽然在地,履地
如水,履水如地。作是变已,还摄神足,坐其本座。时会大众
见其神力,咸怀欢喜。时舍利弗,即为说法……①

这里所写化身斗法的情景与《西游记》所描写大体相同,而分身的
情节亦见于许多佛经,也与《西游记》相同。斗法和分身、化身等等
情节被广泛运用在中国的神魔、武侠小说之中。

三是灵应、报应。胡应麟说:

魏、晋好长生,故多灵变之说;齐、梁弘释典,故多因果
之谈。②

萧子显《南齐书·高逸传论》,把儒与诸子和佛教相比较,称赞佛教
"有感必应,以大苞小,无细不容","树以前因,报以后果,业行交
酬,连琐相袭"③。从前面举过的许多例子可以看出,因果报应、神
异灵迹成了许多小说解决矛盾的关键。在一些小说的构思中,往
往是业报的"规律"比现实的逻辑更有力。这样,也就创造出一些
承担施行业报力量的人物,其中有佛、菩萨、神、鬼,也有带着特殊
灵性的人,更有一些清官好皇帝等作为施行果报的主体。这在前
面已有论述,不必细叙。

不过在佛教观念影响之下,也造成小说情节的程式化和概念
化倾向。这在那些模拟之作中表现得特别明显。佛教输入了一些

①《大正藏》第 4 卷,第 420 页中—420 页下。
②《少室山房笔丛正集》卷十三。
③《南齐书》卷五十四《高逸传》,中华书局,1972 年,第 946—947 页。

外来的构思和表现方法,是对中国人的创作有所开拓和丰富;但滥用这些方法以至形成公式,则往往变成粗制滥造的拼凑了。

　　以上,从思想与艺术两个方面,分析了佛教对中国小说发展的影响。这个影响是巨大和复杂的。既有积极、有益的方面,又有消极、有害的方面。对于有思想、有才华的作者,可以化腐朽为神奇;对于缺乏见识的拙劣作者,精金在他们手中会成为粪土。而且应当指出,中国小说产生在中国自己民族的土壤上,有其自身的传统,佛教只是一种外来影响,一种补充,是促成中国小说发展的诸因素之一。强调佛教的作用,并不意味着可以忽视其他方面。

四、戏曲

　　中国戏曲的发展进度较小说为晚。它在主题、题材、结构、情节、人物等方面都受到小说的深刻影响。在受佛教思想浸染方面也与小说有相似之处。例如戏曲中有不少作品是宣扬因果报应、因缘和合、六道轮回的观念的;戏曲的结构也往往遵循善有善报、恶有恶报的框子;也利用转世、神变、阴阳交通、人鬼同出等情节。这些戏曲与小说的相似处,这里从略。只简单谈三点:佛教对形成中国戏曲的作用;直接取自佛典的戏曲题材;以及重要剧作家受佛教影响的情况。

　　首先,看佛教对中国戏曲形成所起的作用。

　　中国戏曲产生在自己民族的土壤上,自有其内在的形成、发展的规律。但佛教以及随佛教传入的西域和天竺舞乐、戏剧对它的发展起了一定作用,也是可以肯定的。

　　梁宗懔《荆楚岁时记》记载:

　　　　十二月八日,为腊日……谚言:腊鼓鸣,春草生。村人并系细腰鼓,戴胡公头,及作金刚、力士以逐疫……

当时民间游行中使用了佛教中的金刚、力士,显然是受到佛教出像仪式的影响。而出像仪式实际上是一种外来的舞乐。《唐书·音乐志》上也说:"大抵散乐、杂戏多幻术,幻术皆出西域,天竺尤甚。"①这些散乐、杂戏不是戏剧,但却有戏剧因素;它们自西域传来,也包括与佛教有关联的部分。段安节《乐府杂录·俳优》条中有"弄婆罗"(下当脱"门"字②);《通典》卷一四六和《旧唐书》卷二十九述散乐亦谈到"婆罗门",把它归入"杂戏",当有一定的人物来表演,任二北先生以为即佛教戏剧③。

郑樵《通志》载《梵竺四曲》:舍利弗、法寿乐、阿那瓌、摩多楼子④。《舍利弗》李白有辞;《摩多楼子》李白、李贺均有辞。在《乐府杂录》中亦见《舍利弗》之名。舍利弗是佛弟子,神通第一,前引《贤愚经》中可以看到他的形象;摩多楼子则是另一个佛弟子目犍连,后来成为中国目连戏的主角。特别是由于公元1923年在新疆吐鲁番发现了马鸣所著梵剧三种,其中有《舍利补特罗婆罗加兰拿》九出,写的就是目犍连与舍利弗皈依的故事,这更让人猜测中国史籍上的《舍利弗》等与梵剧的联系⑤。

佛教宣传本与舞乐有一定关系。当初佛陀制戒,是不许僧侣观听歌舞作乐的。在各种戒律中有不少关于禁止歌舞伎乐的记载。但这些规定后来又有所通融,就是供养佛、塔可以使用歌舞伎乐。到了大乘佛教,就采取了更为弘通的态度。例如居士维摩诘就深通伎乐。《华严经》中所写的"善知识"中就有伎女。到了密

---

①《旧唐书》卷二十九《畜乐二》,第1073页。
②《乐府杂录》,古典文学出版社,1957年,第29页。《说郛》引文有"门"字。
③见《唐戏弄》,上海古籍出版社,1984年,第309—310页。
④《通志》卷四十九《乐一》,中华书局,1990年,第633页。
⑤参见许地山《梵剧体例及其在汉剧上的点点滴滴》,《小说月报》第十七卷号外《中国文学研究》。

教，竟有"一一歌咏，皆是真言；一一舞戏，无非密印"①的说法。密教的仪轨中有许多舞乐成分。在中国佛教中也早已使用舞乐。杨衒之《洛阳伽蓝记》卷一《景乐寺》条记载：

> 至于大斋，常设女乐，歌声绕梁，舞袖徐转，丝管寥亮，谐妙入神。②

这是寺庙中运用舞乐于斋会的情景。到了唐代，寺庙成了一种民众娱乐场所。宋钱易《南部新书》记载：

> 长安戏场，多集于慈恩，小者在青龙，其次荐福、永寿。尼讲盛于保唐。③

这里"戏场"意为游戏场所，在其中演出的有变文，也有舞乐。梁荀济上书梁武帝批判佛教，讲到僧罪十等，其九是"设乐以诱群小，俳优以招远会"④。这里的"俳优"按文法说应是僧侣自为俳优，其中也应包括歌舞伎乐。《南部新书》已卷也记载道吾和尚演鲁七郎事。

　　总之，佛教以及寺庙中的舞乐，是促进中国戏剧产生、发展的一个因素；梵剧也可能早已传入中土，并对中国戏剧的发展造成影响。

　　第二，戏剧创作取材佛教故事。

　　首先应当述及的，是目连戏。目连故事早已传入中国。支谦已译有《目连因缘功德经》，竺法护译了《目连上净居天经》等，都是讲目连神通的。《祐录》著录《鬼问目连经》，内容是五百饿鬼问目连福德因缘；又有《盂兰盆经》。隋法经《众经目录》卷三著录《盂兰盆经》一

①《大毗卢遮那成佛经疏》卷八，《大正藏》第39卷，第666页中。
②范祥雍：《洛阳伽蓝记校注》，上海古籍出版社，1982年，第52页。
③《南部新书》戊卷，中华书局，1958年。
④《广弘明集》卷七，《大正藏》第52卷，第130页下。

卷、《灌臈经》一卷、《报恩奉盆经》一卷,并指出三经为同本异译①。在这部经中出现了完整的目连以神通入地狱救母和其母受业报的故事。这几部经,由于从出情况不详,研究者认为是疑经。实际上这些经是否可疑固然应弄清楚,而更重要的是这个时期出现了这样的经,正反映了中国人的佛教意识。唐代又出现了《净土盂兰盆经》,《开元释教录》卷十八《疑惑再详录》著录说"一卷五纸。右一经,新旧之录皆未曾载,时俗传行,将为正典,细寻文句,亦涉人情,事须详审,且附疑录"②,把它当作疑经。这部经是根据《盂兰盆经》的内容加以演化的,如《开元录》所说更多地关涉"人情",即被充实以世俗的观念与情节。基本内容(即所谓"正宗分")有三部分:第一部分是讲目连宿世因缘,故事大体同于《盂兰盆经》;第二部分是叙说目连施行教化传道事迹,讲目连以救母因缘广说七月十五日造盆献供事,十六大国国王、夫人、居士举行盛大供养;第三部分是目连母子过去世本事,即往昔五百劫前定光佛出世时罗陀国婆罗门家小儿罗卜解救堕为饿鬼的母亲青提夫人故事。这个故事成为唐五代变文演说的主要题材之一,而且变文的情节更为复杂,描写更加细致,内容更加世俗化,作为艺术创作也更为完整。目连救母故事在宣扬因缘业报、地狱罪罚的佛教观念之外,更表扬了目连为寻母、救母而不畏艰辛、百折不挠的仁孝精神。他的诚挚的孝心能够战胜业报的规律,成为不可抵挡的巨大的救济力量,终于摧毁了地狱的铜墙铁壁。这样,救母故事的意义从而被进一步深化了:在宣扬因缘业报、地狱罪罚的本来目的之外,更突出强调了儒家伦理观念,从而也得到民众的普遍欢迎。唐、宋以后,在民众间,在各种各样的文学艺术形式里,出现许多目连救母题材的作品,包括戏

---

① 参见小川贯弌《目连救母变文の源流》,佛教文学研究会编《佛教文学研究》
　　第二卷,法藏馆,1964年。
②《大正藏》第55卷,第671页下—672页上。

剧。到宋代，孟元老《东京梦华录》记载：

> 七月十五日，中元节。先数日，市井卖冥器……即印卖
> 《尊圣目连经》。又以竹竿斫成三脚，高三、五尺，上织灯窝之
> 状，谓之盂兰盆，挂搭衣服、冥钱在上焚之。市肆乐人，自过七
> 夕，便般《目连救母杂剧》，直至十五日止，观者倍增。①

孟元老的记载，是中国戏剧史上最早关于"杂剧"的记述之一。而
当时的《目连救母》杂剧，可以从七夕一直演到七月十五日，可见情
节已相当复杂，而且很可能是连台本戏。元、明间有佚名《行孝道
目连救母》杂剧。明郑之珍整理的《目连救母行孝戏文》，共一百
出，据其序言说是以旧本为依据改编的。这旧本也许自宋代已在
形成之中。到了清代，从民间戏曲到宫廷剧本张照的《劝善金科》，
目连故事成了各种戏曲的重要题材。这个题材的戏曲，把佛教关
于轮回、报应、礼佛、斋僧的说教与儒家所讲孝道结合起来，其中也
有一些与这种主题无关的穿插，甚至是背离佛教观念的。例如《尼
姑思凡》表现青年尼姑的苦闷和向往；《王婆骂鸡》则是痛骂馋嘴妇
人偷吃芦花鸡的幽默戏。这是健康的民间文艺对传统题材的发
挥。目连戏的复杂结构，情节以及基于佛教观念的离奇的构思，对
以后的戏曲发展也产生了一定影响。

　　明初朱权把杂剧分为十二科②，其中的"神仙道化科"是扮演道
教神仙的，"神头鬼面科"则是表现神、鬼和佛、菩萨的。今人罗锦
堂又依据题材把传奇分成八类，即历史剧、社会剧、家庭剧、恋爱
剧、风情剧、仕隐剧、释道剧和神怪剧③。对于传奇，吕天成依据题
材划分为六门："一曰忠孝，一曰节义，一曰仙佛，一曰功名，一曰豪

---

① 《东京梦华录》卷八《中元节》。
② 《太和正音谱》。
③ 《现存元人杂剧本事考》第三章《现存元人杂剧之分类》，中国文化事业股份
　　有限公司，1959 年，第 419—452 页。

侠,一曰风情。"①这都表明,无论是杂剧还是传奇,仙与佛都是重要表现内容。今人郭英德对传奇进行分期,把明成化元年(1465)到万历十四年(1586)划分为生长期,万历十五年(1587)到顺治八年(1651)则作为勃兴期,并就两个时期的作品题材进行分类统计。按题材前一时期可考的七十一部作品里神佛剧有五部,占百分之七;后一时期题材可考的六百三十一部作品里神佛剧有四十一部,占百分之六点五②。但这只是就剧本题材分类的绝对数量而言。实际在演出中,像目连戏、观音戏等"神佛剧"普遍用于庆贺、节祭,被更经常地表演,因而这些统计比例并不能反映在戏剧活动里各种内容所占位置和繁荣情况。清人慨叹"近来牛鬼蛇神之剧充塞宇内"③,可见这一类剧目流行的广泛。

　　正如前面列举统计数字所表明的,宋、元以来戏曲创作中直接以佛教为题材的作品并不算多。目连戏和根据香山观音成道故事改编的传奇《香山记》是流传广远、影响巨大的真正的佛教戏。还有些直接宣扬佛教思想的作品,杂剧中如元郑廷玉《布袋和尚忍字记》,演述传说中弥勒菩萨化身布袋和尚事迹;刘君锡《庞居士误放来生债》,描写唐代居士庞蕴皈依佛法故事;郑廷玉《看钱奴买冤家债主》和无名氏《崔府君断冤家债主》都是表现轮回报应之理的;明叶宪祖的《北邙说法》内容是北邙寺僧空禅师向成为天神的甄好善和成为恶鬼的路为非讲说佛法故事;明杂剧《鱼儿佛》搬演观音度脱凡人传说。现存直接反映佛教观念的传奇还有屠隆的《昙花记》、苏元俊的《梦境记》、罗懋登的《香山记》、吴德修的《偷桃记》、金怀玉的《妙相记》、智达的《归元镜》、张宣彝的《海潮音》、蒋士铨《庐山会》等。这些作品中如屠隆所说本是"以传奇语阐佛理"④,带

①《曲品》卷下。
②郭英德:《明清传奇史》,江苏古籍出版社,1999年,第261页。
③《笠翁十种曲·风筝误·总评》。
④屠隆《昙花记序》,《昙花记》卷首。

有浓厚的说教意味,缺乏生活情趣,人物塑造和艺术表现上也乏善可陈。这也是这类作品不受推重的主要原因。

有更多作品是在一般的剧情里有意或无意地流露或宣扬佛教观念或信仰的。这既彰显了佛教影响的深入,又体现佛教"世俗化"和"通俗化"的潮流。例如多数表扬忠、孝、节、义的作品,在揭露、抨击权奸误国、忘恩负义、图财害命、欺凌孤弱、男盗女娼之类罪恶行径的同时,又或隐或显地宣扬惩恶扬善、因果报应等观念。历史题材作品里经常出现的反面人物如曹操(如杂剧徐渭《狂鼓史渔阳三弄》)、秦桧(如元杂剧《东窗事犯》、明传奇无名氏《东窗记》、姚茂良《精忠记》、李梅实《精忠旗》等)、严嵩(传奇无名氏《鸣凤记》,或以为王士贞撰)、魏忠贤等,描写他们在现世猖狂得意,为非作歹,陷害忠良,但终于得到"阴报"。表现一般世情的作品如元杂剧郑廷玉《崔府君断冤家债主》、武汉臣《包待制智赚生金阁》、无名氏《朱砂担滴水浮沤记》、《玎玎珰珰盆儿鬼》、《神奴儿打闹开封府》等,明传奇如郑若庸《玉玦记》、沈璟《桃符记》、《坠钗记》、周朝俊《红梅记》、屠隆《昙花记》等,清传奇如李玉《人兽关》、嵇永仁《双报应》、查慎行《阴阳判》、张彝宣《天下乐》等,也都宣扬报应不爽的"天理"。其中多数是所谓"鬼戏",多有恶人在阴间受到阎罗或包公审判、受到惩罚的情节。尤侗为岳端的传奇《扬州梦》作序说:

> 盖聚人世酒色财气之业,造成生死轮回,亦举吾身喜怒哀乐之缘,变出悲欢离合。①

这表明在戏曲里,如小说一样,生死轮回、因缘果报之理也被当成构造情节的依据。清代戏剧家余治作《庶几堂乐府》,收录二十八个剧本,在《自序》里说:

> 余不揣浅陋,拟善恶果报新戏数十种,一以王法天理为

---

①尤侗《扬州梦序》,《扬州梦》卷首。

主,而通之以俗情……于以佐圣天子维新之化,贤有司教育之
功,当亦不无小补也。

许多剧作家也正和这位余治类似,写作中有意贯彻道德教化意旨,佛
教观念正是这种意旨的重要部分。但正如前面分析小说时指出过
的,宣扬这类观念的消极、落后意义和作用是相当明显的,但往往又
体现了困苦无告的人们的朴素愿望。特别是在现实中道义不得伸张
的情况下,更成为人们发抒愤懑的渠道、寄托幻想的方式。在那些优
秀作品中,这后一方面会表现得尤为充分和清楚。例如南戏《包待制
判断盆儿鬼》、关汉卿杂剧《包待制三勘蝴蝶梦》是早期包公戏,创造
了通行阴、阳二界、为民除害的清官包公形象,反映了人们的愿望与
幻想。又如关汉卿《窦娥冤》那样的杰作,也利用鬼魂作为结构上的
一个关键。再如明徐渭《四声猿》中有《狂鼓史渔阳三弄》一出,俗称
《骂阴曹》,写冥间的祢衡痛骂曹操。历史上的祢衡被害在建安初,但
剧中一直骂到曹操威逼汉献帝。这也是用阴界来结撰故事,突出主
题,对于佛教关于地狱、鬼魂观念另做积极的生发。

　　第三,元代以后中国戏曲发展进入繁荣时期,出现许多大剧作
家,其中许多人受到佛教思想影响,并体现在作品之中。

　　元代大戏曲家关汉卿(1225?—1300?)一生创作杂剧多达六
十七种,今存十八种。他的作品所反映现实生活的深广程度、思想
内容的丰富多彩,在戏剧史上是空前的。它们构思上的特点之一
就是多用超现实的情节,如冤魂告状(《窦娥冤》里屈死的窦娥游魂
找到身为廉访使的父亲窦天章诉冤)、鬼魂托梦(《西蜀梦》里被害
的关公和张飞的鬼魂往西川给刘备托梦)等,都是让鬼神出场并起
重要作用;他揭露和批判罪恶与卑劣,张扬和同情善良与道义,更
时时流露出对于因果报应的信心。这些在优秀的世情戏《窦娥
冤》、《望江亭》和公案戏《鲁斋郎》、《蝴蝶梦》等作品里都清楚地表
现出来。在关汉卿这样优秀剧作家身上,宗教观念被向积极方面
发挥了。那些具有宗教内涵的情节和意念,往往寄托了道义必胜

的信心和扬善惩恶的愿望,体现十分积极的思想意义。

在元杂剧作家中,马致远(?—1321年后)的思想受佛、道影响较深。他写过《吕洞宾三醉岳阳楼》那样的神仙道化剧。而《半夜雷轰荐福碑》则表现出佛教的宿命观念。这出戏从南戏《雷轰荐福碑》发展而来,取材自《冷斋夜话》中记述的范仲淹镇鄱阳时帮助书生张镐拓荐福寺碑文、碑文被雷电击碎的故事而又加以增饰的。

明代大戏剧家汤显祖(1550—1616)接受王学左派的心性学说,也受到佛教熏染。他在《寄邹宾川》中说:"幼得于明德师,壮得于可上人。"[1]明德师指泰州学派的罗汝芳,可上人即法号达观的"明末四高僧"之一的紫柏,他曾在南京高座寺从之受记。他在《寄石楚阳苏州》中又说:"有李百泉先生者,见其《焚书》,畸人也。肯为求其书,寄我驲荡否?"[2]李百泉即李贽,汤显祖很赞赏其《焚书》。如前所述,李贽的思想是王学左派思想的发展,受到南宗禅的影响很深。汤显祖思想中的贵生、重情意识,是有重大积极意义的。但佛教的虚无出世、忍辱求安的观念在他的作品里也有明显的反映。如果说在《牡丹亭》里还主要体现在人幽两世的构思上,那么在《邯郸梦》、《南柯梦》里,则更多地写了"净世纷纷蚁子群"的人生如梦的观念。这两出戏分别取材于唐传奇《枕中记》和《南柯记》。而这两篇传奇都是在佛道影响下创作的。汤显祖在他的剧本中,一方面对富贵利禄进行了批判,另一方面又常把人生描写为"空花梦境"。

吴江派领袖沈璟(1553—1610)创作的思想高度不及汤显祖,其作品中表现的封建道德、宗教迷信色彩也更为浓重。《双鱼记》取材自马致远《荐福碑》,《红渠记》取材唐传奇《郑德麟传》,都表现出浓厚的宿命论倾向。《桃符记》通过主人公刘天仪、裴青莺的命运宣扬轮回报应。《坠钗记》本是模仿《牡丹亭》之作,其主旨却在

---

①《汤显祖诗文集》卷四十七。
②《汤显祖诗文集》卷四十四。

表明所谓"好恶因缘都在天"。

　　明传奇高则诚的《琵琶记》和明人自南戏剧本改编的"荆"（《荆钗记》）、"刘"（《刘知远白兔记》）、"拜"（《拜月亭记》）、"杀"（《杀狗记》）主要写爱情故事，都宣扬贞烈贤孝的封建伦理，又包含着善恶果报意识。整个构思的模式是为善者夫妻团圆得富贵，为恶者则终于受到惩罚。

　　清代洪升（1645—1704）的名作《长生殿》写唐玄宗与杨贵妃的爱情故事，其主题很富"垂诫"意味，作者在其中也寄托了现实之感，但其《自序》中说："清夜闻钟，夫亦可以遽然梦觉矣。"在情节上则让杨、李终于"居忉利天宫，永为夫妇"。他把主人公从传说中所住的道教的仙山转移到了佛教的天上，而剧中的那种"一悔能教万孽清"的意识，则深浸着宗教忏悔色彩。

　　戏曲是直接面向群众的艺术形式。戏曲作品的思想内容要求适应并反映群众的要求与愿望。一些优秀的戏曲作家的剧作表现浓重的佛教意识，正反映了当时社会的思想状态。而他们能够从积极方面把佛教的内容和影响加以发挥，则表现了他们的思想和艺术的高度。

五、俗讲与变文

　　荷兰学者许理和指出：佛教曾是外来文学之影响的载体，因此，我们还应更多地关注它对中国俗文学所造成的影响①。当年郑振铎作"中国俗文学史"，"俗文学"是个比"民间文学"更宽泛的概念，包括文人所创作的通俗作品，也包括僧、道等宗教职业者所写

---

① 许理和：《佛教征服中国·第二版序言》，江苏人民出版社，1998年，第4页。

的宣教作品。

　　中国俗文学受到佛教影响极其广泛而深刻，正是在这种影响下，历史上才产生了俗文学的新体裁——变文和宝卷。这里首先介绍变文和与之相关的俗讲；下一节介绍宝卷。这些可以称得上是真正的佛教文学。

　　在 20 世纪初敦煌发现的卷子写本中，有一部分韵散结合的通俗文学作品。当初罗振玉辑印《敦煌拾零》时收录了三篇，定名为"佛曲"。1929 年向达著《论唐代佛曲》一文，始考定这种俗文与史籍所言佛曲本为二物。后来，郑振铎在《小说月报》第 20 卷第 3 期上发表《敦煌的俗文学》，才明确它们是"变文"，是流行于 8 世纪初到 10 世纪二百几十年间的一种重要俗文学体裁。此后，学术界对这种"变文"进行了广泛的发掘、整理与探讨。一方面，从敦煌卷子中整理出许多作品；另一方面，又对变文的性质、体裁、发展及其在中国文学史上的地位等问题，进行了广泛深入的研究。1957 年人民文学出版社出版了向达、王重民等人整理、校订的《敦煌变文集》。这个集子虽是作品集录，但它吸收了当时国内外研究成果，可视为在此以前变文研究的总结。但是，这个集子中笼统地归之于"变文"的作品，学术界早已有人试图按体制分为不同的类型，并找到类型间发展的层次。这个工作，关系到研究工作的进一步深入，也涉及到"变文"的具体范围。到了六十年代，学术界在被统称为"变文"的作品中又区别出狭义的变文和讲经文、因缘（缘起、附押座文、解座文）、词文、诗话、话本、赋等类别①，从而把广义的变文与狭义的变文做了区分，使研究工作出现了新局面（后来学术界又有不同分类方法，但大体框架是一致的）。但是，不论如何划定变文的范围，那些大家公认为变文的有代表性的作品，体现了这种文体的基本特征，并且是中

---

①周绍良：《谈唐代民间文学——谈〈中国文学史〉中〈变文〉节书后》，周绍良、白化文主编《敦煌变文论文录》，上海古籍出版社，1982 年，第 405—423 页。

唐至宋初俗文学的重要成就,则是可以肯定的。

　　了解变文,有两点是很重要的,一是它和俗讲的关系,二是"变"的涵义。这也是历来学术界讨论的重点问题。

　　原来,早在六朝时期,在寺庙中就有一种"唱导"。据慧皎的解释:

　　　　唱导者,盖以宣唱法理,开导众心也。昔佛法初传,于时斋集,止宣唱佛名,依文致礼。至中宵疲极,事资启悟;乃别请宿德,升座说法。或杂序因缘,或傍引譬喻。其后庐山释慧远道业贞华,风才秀发,每至斋集,辄自升高座,躬为导首,广明三世因果,却辩一斋大意。后代传受,遂成永则。①

就是说,当初举行斋会时,只是宣唱佛名,赞佛礼拜,后来为了引起兴趣,警醒听众,则要在说法中间穿插讲一些因缘、譬喻故事,以达到宣传效果。富于文学才能的慧远就是一位唱导大师。这种唱导是很富文艺表演的趣味的。所以慧皎又形容说:

　　　　至如八关初夕,旋绕周行,烟盖停氛,灯帷靖耀,四众专心,又指缄默。尔时导师则擎炉慷慨,含吐抑扬,辩出不穷,言应无尽。谈无常,则令心形战栗;语地狱,则使怖泪交零。征昔因,则如见往业;核当果,则已示来报。谈怡乐,则情抱畅悦;叙哀戚,则洒泣含酸。于是阖众倾心,举堂恻怆。五体输席,碎首陈哀,各各弹指,人人唱佛……②

从这里所描写的效果,可以看出"导师"所讲的内容必定已有较复杂的情节和较生动的形容,所以才能产生那样魅人的力量。当时宣讲佛经叫作"僧讲";相对于正式的僧讲,演说世俗故事的则叫"俗讲"。

────────

①《唱导论》,《高僧传》卷十三,第521页。
②《唱导论》,《高僧传》卷十三,第521—522页。

到了唐代，这种俗讲已相当发达。韩愈《华山女》诗中说：

> 街东街西讲佛经，撞钟吹螺闹宫庭。广张罪福资诱胁，听众狎洽排浮萍……①

这里写的就是俗讲。会昌初，日僧圆仁入唐，著《入唐求法巡礼行记》，其中屡屡写到俗讲，如：

> （开成六年正月）九日五更时拜南郊了。早朝归城，幸在丹凤楼，改年号。改开成六年为会昌元年，又敕于左、右街七寺开俗讲。左街四处：此资圣寺，令云花寺赐紫大德海岸法师讲《花严经》……从大和九年以来废讲，今上新开。正月十五日起首至二月十五日罢……
>
> （会昌元年）九月一日，敕两街诸寺开俗讲……
>
> 会昌二年（岁次壬戌）正月一日……诸寺开俗讲……
>
> 五月，奉敕开俗讲，两街各五座。②

这里所谓"开讲"、"废讲"，是指按照朝廷敕令的正式俗讲仪式。在一般社邑与寺庙里由僧侣举行的并不受限制。姚合《赠常州院僧》诗写到地方上的俗讲：

> 一住毗陵寺，师应只信缘。院贫人施食，窗静鸟窥禅。古磬声难尽，秋灯色更鲜。仍闻开讲日，湖上少鱼船。③

由此可见俗讲受到一般民众欢迎的情景。

在俗讲实践中，锻炼出一批伎艺高超的俗讲专家，如著名的文淑法师。《通鉴》记载：

---

① 《韩昌黎全集》卷六。
② 《入唐求法巡礼行记》卷三，上海古籍出版社，1986 年，第 147、152、153、156 页。
③ 《全唐诗》卷四百九十七，第 5650 页。

（宝历二年）六月己卯，上幸兴福寺，观沙门文溆俗讲。①

胡三省注：

> 释氏讲说，类谈空有，而俗讲者又不能演空有之义，徒以悦俗邀布施而已。

这位文溆在唐人笔记小说中一再被提到。如赵璘《因话录》里说：

> 有文淑（应为溆——笔者）僧者，公为聚众谈说，假托经论，所言无非淫秽鄙亵之事。不逞之徒转相鼓扇扶树，愚夫冶妇乐闻其说。听者填咽寺舍，瞻礼崇奉，呼为"和尚"。教坊效其声调以为歌曲。其吸庶易诱，释徒苟知真理及文义稍精，亦甚嗤鄙之。近日庸僧以名系功德使，不惧台省府县，以士流好窥其所为，视衣冠过于仇雠，而淑（溆）僧最甚。前后杖背流在边地数矣。②

由这种实例可知，当时的俗讲是"假托经论"，即借用经论作题目，而所言多世俗故事，对象则是"愚夫冶妇"即普通民众，其内容又是多悖于"真理"和"文义"的。如文溆这样受欢迎的俗讲专家，受到刑罚，流往边地，原因不清，也许其所讲内容悖于"义理"是主要缘由。但另一方面从钱易《南部新书》关于长安戏场的记载看，当时俗讲已进入慈恩、荐福等著名的大寺院。这些地方都曾是佛学大师聚居之地，后来却也被民俗佛教宣传所侵入了。

在敦煌文献中，有一个卷子（P3849）背面记载了俗讲仪式：

> 夫为俗讲，先作梵了；次念菩萨两声，说押座了；素旧《温室经》法师唱释经题了；念佛一声了；便说开经了；便说庄严了；念佛一声，便一一说其经题字了；便说经本文了；便说十波

①《资治通鉴》卷二百四十三《唐纪五十九》，第 7850 页。
②《因话录》卷四，古典文学出版社，1957 年，第 94—95 页。

罗蜜了；便念念佛赞了；便发愿了；便又念佛一会了；便回（下脱"向"字——作者）发愿取散云云。已后便开《维摩经》。讲《维摩》先作梵；次念观世音菩萨三两声；便说押座了；便素唱经文了；唱曰法师自说经题了；便说开赞了；便庄严了；便念佛一两声了；法师科三分经文了；念佛一两声，便一一说其经题名字了；便入经说缘喻了；便说念佛赞了；便施主各发愿了；便回向发愿取散。①

拿这种俗讲的形式，对照一下有关典籍记载的讲经仪式，可知二者大体相同。但讲经由两人进行，即法师与都讲。都讲司唱经，法师主讲解②。例如《高僧传·支遁传》记载"晚出山阴，讲《维摩经》，遁为法师，许询为都讲"。而在俗讲中，主角则是法师。演说故事、加以铺叙发挥的是他，讲解后司吟唱的也是他。

　　现在我们所能看到的俗讲材料，根据《敦煌变文集》，一种是押座文，一种是讲经文。押座文如《温室经讲唱押座文》，这在上引文字中已提到过了。"押"即"镇押"之"押"，是在俗讲开始时首先转诵的一种诗篇，间或夹杂一点说白，以取得稳定群众情绪的效果。现存讲经文在原卷上有标题的只有《长兴四年中兴殿应圣节讲经文》，另外《敦煌变文集》所收《佛说阿弥陀经讲经文》、《妙法莲花经讲经文》、《维摩诘经讲经文》，题目都是编者所拟的。讲经文的体制先是唱经，然后解说，继以吟词，这样循环往复。吟词有长有短，短者是七言八句诗体，长者则如长偈。吟词以催经，一般结句有"唱将来"（"唱将罗"）词语做呼应。据一个《维摩诘经讲经文》的写卷（P2292），尾题"广政十年八月九日在四川静真禅院写此第廿卷文书，恰遇抵黑，书了……"③，其所讲为《维摩诘所说经·菩萨品》

---

①《敦煌宝藏》。
②参阅《释氏要览》卷下《说听》，《大正藏》第 54 卷，第 294 页中—296 页上。
③王重民等编：《敦煌变文集》卷五，人民文学出版社，1957 年，第 618 页。

遣光严菩萨问疾一节,估计讲解全经到结尾应有六十卷几十万字,比原经扩大十几倍。再对照前引圆仁所记开俗讲达一月的记录,可知俗讲的篇幅与规模的巨大。

在俗讲的基础上,又汲取了古代中国说唱文学长期发展的表现艺术,形成了变文。变文与讲经文的共同点在于它也是一种通俗的、以韵散结合为特征的说唱文学。但它已经从单纯讲经的格式下解放出来。它在内容上不再"假托经论"即不一定依附于某部佛经做讲解;内容有佛教的,也有表现历史与世俗内容的;演出者不限于僧人,还有民间艺人;形式则不但有说唱,还辅以绘画。

变文的最早的记录已见于唐郭湜所作《高力士传》:

> 上元元年七月太上皇移杖西内安置……每日上皇与高公亲看扫除庭院,芟薙草木,或讲经、论议、转变、说话,虽不近文律,终冀悦圣情。①

这是说"安史之乱"后,两京收复,乘舆还京,唐玄宗在西内与高力士在一起过着寂寞的生活,听他"转变"。"转变"就是讲变文。又如晚唐吉师老《看蜀女转昭君变》诗:

> 妖姬未着石榴裙,自道家连锦水濆。檀口解知千载事,清词堪叹九秋文。翠眉颦处楚边月,画卷开时塞外云。说尽绮罗当日恨,昭君传意向文君。②

这里所写演出变文的已是民间艺人,题材是传统的昭君故事,演说时又有"画卷"相辅。这样,无论从内容还是从形式看,变文比讲经文都更世俗化了。

关于变文"变"字的含义,历来解释不一。有人认为这是梵文maṇḍala(曼荼曼)或 citla(绘画)的音译;有人认为"变"是神变之

①陶宗仪:《说郛》卷一百一十一下。
②《才调集》卷八。

意;有人说变文的渊源来自南朝清商旧乐;还有人说"变"就是"变更"了佛经本文而成为俗讲之意;孙楷第先生的意见得到了比较一致的承认:

> 更以图像考之,释道二家凡绘仙佛像及经中变异之事者,谓之变相。如云《地狱变相》《化胡成佛变相》等是。亦称曰"变";如云《弥勒变》《金刚变》《华严变》《法华变》《天请问变》《楞伽变》《维摩变》《净土变》《西方变》《地狱变》《八相变》等是。(以上所举,见张彦远《历代名画记》段成式《酉阳杂俎·寺塔记》及《高僧传》《沙州文录》等书,不一一举出处。)其以变标名立目,与变文正同。盖人物事迹以文字描写,则谓之变文,省称曰变;以图像描写之,则谓之变相,省称亦曰变。其义一也。然则变文得名,当由于其文述佛诸菩萨神变及经中所载变异之事……①

后来周绍良先生据此意发挥说:

> "变"之一字,也只不过是"变易"、"改变"的意思而已,其中并没有若何深文奥义。如所谓"变相",意即根据文字改变成图像;"变文"意即把一种记载改变成另一种体裁的文字……如依佛经故事改变成说唱文,或依史籍记载改变成说唱文,都称为变文……虽然它的体裁也各有不同,有的唱白兼用,有的则类长诗,但并不因为体裁不同就会有的不叫"变文",原因是只要它依据另一种体裁改变成讲唱的就都称之为变文。②

---

① 《读变文二则·变文变字之解》,《现代佛学》第一卷十期,1951 年;1957 年修改;《敦煌变文论文录》,第 241—242 页。
② 《谈唐代民间文学——读科学院文学研究所〈中国文学史〉中变文节后》,《新建设》1963 年 1 月号;《敦煌变文论文录》,第 408—409 页。

这应是"变文"的简明的确解了。而这种考名求实的研究，同时也就探求了它的性质与内容。

关于变文与变相相辅相成一点，近年来一些学者从分析变文文体的表现特征做出了较清晰的说明。一方面，在卷子中有《大目乾连冥间救母变文并图一卷并序》（斯 2614）这样的题目，在敦煌西千佛洞又发现了附有文字说明的类似连续画的《祇园图记》；另一方面，《昭君变》中有"上卷立铺毕，此入下文"的说法，表明有两个画卷，而且在变文中说白与唱词的过渡处往往表示确实另有绘画相辅，如：

"看……处："
"若为陈说？"
"当尔之时，道何言语？"

这类提示句，都有在唱白转换时指点听众看图的用意。周绍良更认为这可作为识别变文的标识。可以推测，变文的演出，可能是在如敦煌寺院那样的壁画前演唱，也可能临时展出图画来演唱。

美国学者梅维恒的《唐代变文》对于变文的体裁、"变文"一词含义、变文形式、套语和特征，变文演艺人、作者和抄手等做了细致研究。他不但广泛利用中土资料，更参照各国、各民族民间通俗文艺的材料进行比较研究。他按所谓"狭义定义"所辨别的变文篇目，与周绍良的看法相同。关于变文特征，他明确五点，即"独特的引导韵文的套用语，与故事画的密切联系，韵散相间的形式，由七言句组成的韵文，通俗化的语言"[1]。他据此明确把变文和讲经文

①《唐代变文》（Victor H. Mair：*T'ang Transformation Texts：A Study of Buddhist Contribution to the Rose of Vemacular Fiction and Drama in China*，Harvard—Yenching Institute monograph Series 28，Cambridge，Massachusetts：Harvard—University Council on East Asian Studies，1989），杨继东、陈引驰译，中国佛教文化出版有限公司，1999 年，第 75 页。

区分开来①,看法和周绍良基本一致。

下面,把讲经文与变文结合起来,作为一种民间的或面向民众的俗文学来讨论,看看它们的思想艺术特点。

从题材看,讲经文是演说佛经的,而变文可分为佛教的与世俗的两大类。佛教题材中有讲佛经的,如《大目乾连冥间救母变文》,基本上是敷衍《盂兰盆经》;《降魔变》则是讲须达长者布金买地修给孤独精舍时舍利弗与外道斗法,故事见于《贤愚经》卷九《须达起精舍品》;《破魔变文》题材出自《普曜经》卷六《降魔品》和《佛本行经》卷二十七《魔怖菩萨品》;《丑女缘起》则叙述佛在世时度脱一波斯匿王丑女事,本事见《杂宝藏经》卷二、《百缘经》卷八等处。另外还有是讲佛教传说的,如《八相成道变文》取自佛传,写佛陀成道故事。世俗题材有写历史故事的,如《李陵变文》、《王陵变文》、《昭君变》等;也有写现实题材的,如《张义潮变文》、《张淮深变文》;还有写民间传说的,如《董永变文》。这样广阔的题材,表明了变文自宗教文学向一般民间文学的转化。而题材的扩大,正是它的生命力的表现。

由唱导发展为讲经文再发展为变文,从故事情节看是越来越充实、生动。从表现内容看则越来越世俗化,特别是加入了不少中国固有的传统意识和风习。例如《大目乾连冥间救母变文》,是根据唐代新出伪经《净土盂兰盆经》加以演说的,写目连未出家时,名为罗卜,一次远游经商,支分财宝,令其母设斋供佛。其母悭吝,隐匿资财,在目连归来后更欺骗说已经施斋作福。以此欺诳圣凡之罪,她终坠阿鼻地狱,受奈河、铁轮、刀山、剑树等地狱诸苦。后罗卜投佛出家,以道眼觅慈亲,都不见母,归来白佛。他从佛教诲,建盂兰盆,解脱十方僧众,终于救母出苦海。作品宣扬斋僧礼拜,但

---

①关于变文和讲经文的关系,梅维恒做出截然的划分,认为二者没有任何关联。但依常情而论,同为面向群众的讲唱体裁,相互间不会没有影响。

描摹目连的孝道,胁以地狱的恐怖,情节很生动。其中还加入了董永、王祥、郭巨、孟宗等典故,表明作者是用传统儒家伦理来理解和宣扬佛教故事的。作品中描绘地狱的种种恐怖,又表现了伟大的人间之爱,孝道终于战胜了轮回报应。这样,它就更符合中国人传统的道德观念,所以中国民众也乐于接受,后来成为中国民间文学劝善的重要题材之一。《降魔变文》与《破魔变文》都表现佛法的威力,写佛及其弟子战胜外道和弊魔的斗争,其中生动地刻划了修道者坚定、勇敢、无所畏惧的形象,表现出善恶分明的正义感。把护法斗争当作正义与邪恶的斗争来处理,也有一定的教育意义。《孝子董永变文》乃是模仿竺法护《佛五百弟子自说本起经》中的故事而作,但已完全是用中国题材来表现中国传统思想的孝道。不过其中有“阿耨池边澡浴去,先于树下潜隐藏”这样的句子,阿耨池即阿耨达池,本是佛典中的典故。《张义潮变文》和《张淮深变文》是取材于现实斗争的。张义潮与其侄张淮深是河西地方长官。“安史乱”后,吐蕃陷河西,到大中年间,义潮阴结豪杰,率众归唐,朝命为沙州防御使、归义军节度使,后入朝为神武统军,留京师,其侄淮深继守归义。这是西北边疆地区军民维护国家统一的斗争。这种“时事”立即被变文作者取为题材,表明了这种艺术形式反映现实的能力。《张义潮变文》(P2962)已不完全,今存三段。一段写吐浑(吐谷浑)国王联合吐蕃犯沙州,仆射张义潮引军反击,追逐千里,直抵退浑,杀其宰相,虏获甚众;另一段写回鹘吐浑抄掠伊州,仆射亲讨之,大胜而归;还有一段已不完整,写与回鹘的斗争。这样的作品是敦煌当地僧众作来颂扬军府功勋的。所叙基于事实加以夸饰、颂美,情节很生动,形象较鲜明,且表现出明显的爱国意识。又如历史题材的《昭君变》,写著名的昭君和蕃故事,也具有浓厚的爱国感情。特别应当指出的是,讲经文也好,变文也好,即使是讲佛教故事,都注意到中国人的欣赏习惯。例如《弥勒上生经讲经文》,表现女子是“绿窗弦上拨《伊州》”,写青年男子是“诗赋却嫌刘禹锡,令章争笑李稍云"①等等,这已是中唐内地风习;《破魔变文》避免原典所描写的魔女的肉体美,而着重写菩萨的坚定,这也是为了适应中国人的审美意识。

变文在情节、形象、文词上都达到了相当高的水平。《目连》、《丑女》以故事胜,情节相当曲折、复杂,引人入胜。如果把《丑女》和所从出原典《贤愚经》上的记述加以比较,就会发现,像贫夫被丑女吓倒和丑女被幽居这样的情节,是原典所没有的。它们非常幽默生动,富于生活情趣。一些变文故事中的人物性格也已很鲜明。现存《维摩诘经讲经文》一个写卷中佛请弥勒菩萨、光严童子、持世菩萨问疾一段,在本经中只是每人说几句拒绝的话,说法也差不多。但到了讲经文中,却写出了各人不同的理由与苦衷,人物个性各异,表现得丰富多采。《王陵》写王陵助刘邦伐项羽故事。项羽因王陵带兵劫营,损兵折将,派人将王母劫来,企图以此诱使王陵来投。王陵得知母亲在楚宫受酷刑,与卢绾一起救母。王母恐王陵前来,骗得项羽太阿剑自杀而死。这个故事,写出了一个明大义、识大体、有胆有识、勇于牺牲的老妇人的形象,也表现了项羽的野蛮残酷,刚愎自用。在这种描写中已预示了楚汉相争的历史命运。《降魔》、《破魔》、《昭君》则文词特别优美。请看《降魔变文》中六师斗法一节:

> 波斯匿王见舍利弗,即敕群僚,各须在意。佛家东边,六师西畔,朕在北面,官应南边。胜负二途,各须明记。和尚得胜,击金鼓而下金筹;佛家若强,扣金钟而点尚字。各处本位,即任施张。舍利弗徐步安详,升师子之座;劳度叉身居宝帐,棒拥四边。舍利弗即升宝座,如师子之王,出雅妙之声,告四众言曰:"然我佛法之内,不立人我之心,显政摧邪,假为施设。

①《佛说观弥勒菩萨上生兜率天经讲经文》,《敦煌变文集》卷五,第652、653页。

劳度叉又有何变现，既任施张！"六师闻语，忽然化出宝山，高数
由旬，钦岑碧玉，崔嵬白银，顶侵天汉，丛竹芳新。东西日月，
南北参晨。亦有松树参天，藤萝万段，顶上隐士安居，便有诸
仙游观，驾鹤乘龙，仙歌聊乱。四众谁不惊嗟，见者咸皆称叹。
舍利弗虽见此山，心里都无畏难，须臾之顷，忽然化出金刚。
其金刚乃作何形状？其金刚乃头圆像天，天圆祇塔为盖；足方
万里，大地才足为钻。眉蔚翠如青山之两崇，口㖞㖞犹江海之
广阔，手执宝杵，杵上火焰冲天。一拟邪山，登时粉碎。山花
萎悴飘零，竹木莫知所在。百僚齐叹希奇，四众一时唱快。故
云金刚智杵破邪山处，若为：

　　　　六师忿怒情难止，化出宝山难可比。嶄岩可有数由
　　旬，紫葛金藤而复地。
　　　　山花郁翠锦文成，金石崔嵬碧云起。上有王乔丁令
　　威，香水浮流宝山里。
　　　　飞仙往往散名花，大王遥见生欢喜。舍利弗见山来
　　入会，安详不动居三昧。
　　　　应时化出大金刚，眉高额阔身躯垒。手持金杵火冲
　　天，一拟邪山便粉碎。
　　　　外道哽噎语声嘶，四众一时齐唱快。
　于时帝王惊愕，四众忻忻。此度既不如他，未知更何神变？①

　　如果把这段文字与前面引用过的《贤愚经》的文字加以比较就会发
现，只是根据原典中的一句话就敷衍成这一大段，其间描写、修饰
很丰满，而且大量使用了骈偶句法。《昭君变》中出塞一段描写也
相当细致真切，可作为变文描写艺术的例子，兹不具引。
　　讲经文和变文都是韵散结合的。讲经文受经疏影响，依经解
文，通常以四六句写成，间以诗句总结前文。变文则是一段散文，

────────────

①《敦煌变文录》卷四，第382—383页。

一段韵文,散文铺叙描写,韵文来加以渲染。这也是佛典的一种写法。韵文则有诗偈,也有新歌俗曲。五言、六言、七言,三、三、七句式均有,而以七言为多,占百分之六十五左右;其次是六言。这表明非正体的诗在民间很流行,被俗文学借用了。韵散结合的表现形式在中国文学中本来就有,但如此大量使用并形成为一种程式是从变文开始的。

俗讲与变文对中国文学有深远影响。从文人创作来说,唐孟棨《本事诗》记载:

> 诗人张祜,未尝识白公。白公刺苏州,祜始来谒。才见白,白曰:"久钦藉,尝记得君款头诗。"祜愕然曰:"舍人何所谓?"白曰:"'鸳鸯钿带抛何处,孔雀罗衫付阿谁。'非款头何耶?"张顿首微笑,仰而答曰:"祜亦尝记得舍人目连变。"白曰:"何也?"祜曰:"'上穷碧落下黄泉,两处茫茫皆不见。'非目连变何耶?"遂与欢宴竟日。[1]

这是小说家言,具体细节不必坐实。但当时人把《长恨歌》比作《目连变》,说明了《目连变》这样的变文在文人中已广泛流传,也说明中唐通俗诗风与变文这样的民间文学的关系。变文对民间文学的影响,后面《宝卷》一节将叙及。而后来中国文学中语言表现的变化,例如使用生动活泼的口语,在小说中用四六句、文白间杂的文体等等,都与变文有一定的关系。

六、宝卷

如上所述,广义的"变文"还包括俗赋、话本、词文等。现存在

---

[1] 丁福保编:《历代诗话续编》,中华书局,1983年,第21页。

敦煌遗书中的,即有俗赋《燕子赋》、《韩朋赋》,话本《庐山远公话》、《韩擒虎话本》,词文《大汉三年季布骂阵词文》等。这都是民间俗文学作品。虽然它们在题材上与佛教大体无关(《庐山远公话》是佛教故事),但在体裁和表现方法上与变文等有相互影响则是肯定的。到了宋代,变文衰落,话本繁荣。话本中的"说经"、"说参请"与俗讲有直接的关系。而在话本体制上,开头的"得胜头回"即"入话"正相当于俗讲中的押座文。话本的行文也是韵散结合的。这表明了话本与变文的联系。变文更成为后来的宝卷的直接渊源,它从而又间接影响到弹词、鼓书等民间说唱。这里只谈宝卷。

宝卷简称"卷",或称"科仪"、"经"、"宣传(zhuàn)"①,是所谓"宣卷"的文字底本。据今人统计,现存宝卷一千五百八十五种,版本五千有余(其中百分之八十为手抄本)。早期的宝卷的作者和宣卷人,主要是佛教和民间宗教僧尼,作品内容主要是宗教的,以后随着它向社会普及,内容也逐渐扩大。到清中叶以后,出现许多以世俗生活为题材的作品,而作者和演出者中则出现一批专业的民间艺人。这大致与当初变文发展的情形相似。

从文学体裁的演进看,按郑振铎的说法,宝卷"实即'变文'的嫡派子孙,也当即'谈经'的别名"②。他作为根据的是本书前面引用的宋吴自牧《梦粱录》和周密《武林旧事》关于"谈经"、"说参请"、"说诨经"的记载。北宋末年的《道山清话》也记载说:汴梁慈云寺昙云讲师"每为人颂《梵网经》及讲说因缘,都人甚信重之,病家往往延致"③。依据这些资料推测,唐代变文自会昌毁佛受到打击,只能在西陲像敦煌那样的地区存留。俗讲僧和变文演唱者流入社会,到宋代,发展出"瓦子"里的"说经"等;再进一步逐渐演化,遂形成宝卷。无论是从说唱结合的形式看,还是从表演者和表演方式

<hr/>

① 车锡伦:《中国宝卷总目》,北京燕山出版社,2000年。
② 郑振铎:《中国俗文学史》,人民文学出版社,1954年,第306页。
③ 王晔:《道山清话》,《四库全书》本。

看,俗讲和宝卷都十分类似,推测其间有继承关系是合乎情理的。不过从唐五代变文到宝卷的中间环节仍不十分清楚。日本学者泽田瑞穗认为佛教的"科仪"书是过渡形态①。这是为寺院里奉佛仪式制作的韵散结合的文字,以奉请十方佛开头,念佛唱和,忏主自表,唱偈,然后是韵散结合的宣讲叙述。这种科仪书现存自唐代到清代的有几十种。它们体制上确实与宝卷相类似。

今存《销释金刚科仪》,题北宋隆兴府百福院宗镜所作;又《香山宝卷》,亦名《观世音菩萨本行经简集》,题宋天竺普明禅师编辑。据考这些作品都不可能出现于宋代②。郑振铎原藏《目连救母出离地狱升天宝卷》,曾被认为是元末明初写本;又 20 世纪初在宁夏发现的《销释真空宝卷》,也曾被推定为元钞本③。但经近年研究,这些也都不可能是元代旧籍。宝卷的发展实得力于明代民间宗教的兴盛。南宋时期在净土教基础上形成白莲教,明代分化为众多支派。这些民间教门多具浓厚的"三教合一"色彩,其信仰和神祇往往混杂道教内容,又贯穿着儒家伦理观念。其中一个流传久远、影响巨大的教派是明中叶兴盛起来的罗教,制作出简称"五部六册"五种宝卷。这是现存具有典型形式的早期宝卷。由于这已是相当成熟的作品,这种艺术形式应在更早时期已经形成。随着民间宗教兴盛,这种群众性文艺形式作为宣教手段被更多的民间教派所采用,进而在社会上广泛传播。至嘉靖、万历年间,宝卷发展臻于兴盛。清康熙年间以后,伴随着官府查禁"邪教",宝卷也屡遭禁

①《寶卷の研究》(訂補本),国书研究会,1975 年。

②参阅塚本善隆:《近世シナ大衆の女神観音信仰》,《山口博士還暦紀念印度學佛教學論叢》,法藏館,1955 年;吉冈义丰:《銷釋金剛科儀の成立について》,《小笠原、宮崎両博士華甲紀念史學論集》,1966 年;泽田瑞穗:《寶卷研究》(增訂本),国学研究会,1975 年。

③参阅胡适《销释真空宝卷跋》,《北京国立图书馆馆刊》第五卷第三号(1931 年)。

毁。但宣卷作为秘密布道方式仍广泛流传于民间。到清末民初，在江、浙与北京、河北、山西等地区宣卷活动又进入一个鼎盛时期。建国以后，这种主要依附于民间宗教发展的文艺形式迅速式微。据 20 世纪 80 年代的调查，在江、浙与河西走廊农村仍有零星的宣卷活动①。宝卷作为一种宗教文艺形式基本已退出历史舞台。

　　罗教是罗梦鸿(1442—1527)创立的民间宗教，又称无为教、罗道教等，他也就被尊为"罗祖"。据说他于成化十八年(1482)悟道，以后四处传教，门徒渐众。从创立教派到《五部经》刊刻，经过二十几年时间。《五部经》是罗祖宣教口授，由教徒整理、写定成册的。这五部经是：《苦功悟道卷》、《叹世无为卷》、《破邪显正钥匙卷》、《正信除疑无修证自在宝卷》、《巍巍不动泰山深根结果宝卷》；其中《破邪显正钥匙卷》分上、下两册，因称"五部六册"。《五部经》每经分品，这是模仿佛经体制。其内容一方面宣说罗祖悟道经过，这是为了树立教主形象；另一方面通俗地宣讲教义即所谓"无为大道"。从性质看，这是纯粹的民间宗教宣教文献。从形式看，它们作为面向民众的宣传品，语言通俗易懂，又利用韵、散结合表达方式，韵文有时用五、七言诗形式，部分用三、三、四字句式，这是适宜叙事的节奏，容易口耳相传。这几部所谓"经"有教主罗祖个人求道和悟道经过的亲切叙述，又有一定故事情节，某些描述也颇为动人。如罗祖叙说自身遭遇，父母双亡，孤苦伶仃，被遣送戍边，遂发感慨说：

　　　　叹人身，不长远，心中烦恼；父母亡，一去了，撇下单身。
　　　　幼年间，无父母，成人长大；无依靠，受苦恼，多受凄惶。
　　　　痴心肠，想父母，长住在世；忽然间，父母亡，痛苦伤情。

────────────

①参阅车锡伦：《江苏靖江的讲经(调查报告)》，《中国宝卷研究论集》，学海出版社，1997年；方部和《河西宝卷真本校注研究》，兰州大学出版社，1992年；段平《河西宝卷的调查研究》，兰州大学出版社，1992年。

我只想，父子们，团圆长在；父母亡，一去了，再不相逢。

父见子，子见父，欢乐恩重；一去了，撇得我，无处投奔。

亏天佛，保佑我，成人长大；食长斋，怕生死，要办前程。[1]

像这样的说教，渗透着深刻的人生体验，又使用亲切叮咛的语气，很贴近普通民众的生活情境和感情，是有一定艺术感召力的。《五部经》先是在罗教内部流传，到万历年间（1573—1620）形成传播高潮。清代康熙（1662—1722）、嘉庆（1796—1820）年间清政府禁毁之后，仍有新刻本出现。直到今天起码仍有九种刻本传世[2]。罗祖以后，又有七位祖师活跃在河北、山东、山西等广大地区，这些人也都利用宝卷来做宣传。其他民间宗教同样相习而编撰宝卷，如明末的《销释大乘宝卷》、《销释显性宝卷》、《泰山东岳十王宝卷》、《销释接续莲宗宝卷》、《清源妙道显化真君二郎宝卷》、《护国威灵西王母宝卷》等等，都是民间教派宣教品。这样，明中叶以后民间宗教的兴盛，成为推动宝卷创作的主要力量。《金瓶梅》第五十一回《月娘听演金刚科，桂姐躲住西门宅》里描写吴月娘和李娇儿等妇女听薛姑子、王姑子演唱《金刚科仪》，正反映了当时宝卷在市民中流行的情形。

对于推动宝卷创作的兴盛，更有三种趋势起了重大作用。

一是宝卷由主要在民间宗教教派中流传向佛、道二教普及。特别是佛教的僧尼成为宣卷重要人物，从而创作出许多佛教内容的宝卷。具体考察宝卷与佛教的关系，大体又可分为两种情况：一种是直接以佛教内容为题材的。早期的如前面提到的《销释金刚科仪》是解说《金刚经》的；《药师本愿功德宝卷》是解说《药师本愿经》的，等等，这类宝卷并不以讲说故事为主。又如《太子宝卷》，讲

①《苦功悟道卷》。
②参阅马西沙、韩秉芳《中国民间宗教史》，上海人民出版社，1992年，第178—180页。

释迦成道故事,这是自古以来众多佛教文学作品经常表现的题材;《目连宝卷》讲述广泛流传的目连救母故事。这两种题材都有相应的变文。又《佛说梁皇宝卷》演说崇佛的梁武帝事迹;《五祖黄梅宝卷》讲禅宗五祖弘忍故事,这是以中土佛教史实为题材的。另一种更普遍的情况是,作品表现一般的社会题材,但其中反映了六道轮回、因果报应之类佛教观念。例如著名的《窦娥宝卷》,本来取材关汉卿名剧《窦娥冤》,但情节做了较大改动。结尾部分在原来窦娥以弑母罪问斩之后,着重渲染其父在外辗转十二年还都,官拜太师,见到刑部报告,急赴山阳;刑场六月飞雪,在众人大惊中窦太师到达;风雪之中张驴儿殛死;窦娥丈夫于大郎满载金银而归,母子、夫妇团圆等等。这个庸俗的大团圆结局,不过是为了体现因果报应之不爽。许多宝卷都是这种"善有善报,恶有恶报"的收尾。宝卷也有道教题材的,如《三茅宝卷》是宣扬道教祖师"三茅真君"茅盈、茅固、茅衷灵迹的。但无论是佛教还是道教宝卷,观念上又往往佛、道、儒"三教"相混杂,更把民间信仰的神祇如西王母、泰山、城隍、灶君、何仙姑、关帝等任意糅合其中。如《董永卖身宝卷》,董永遇仙故事初见于干宝《搜神记》,明人据以作《织锦记》传奇,宝卷应是据传奇改编的。故事最后讲到董永由太上老君点化到黄梅山凤凰洞出家成仙,而他所投靠的王员外则入寺修行而升天,如此仙、佛不分,宣讲者和接受者都不感到有什么矛盾。在有的宝卷里观音和太白金星一起出现,更多的既宣传轮回报应又鼓吹神仙飞升,把这些都同样看做"善果"。

二是作为宗教宣传工具的宝卷也和变文一样向一般的文艺形式转化。宝卷本来具有娱乐性质,有更多民间艺人参与创作,遂出现越来越多的世俗题材作品。日本学者泽田瑞穗把宝卷发展划分为两个大的阶段,以清代嘉、道年间为界线,以前称"古宝卷时期",以后称"新宝卷时期"。这种"新宝卷"多是根据已有材料改编的。有些内容见于典籍,如朱买臣事见于《史记》;董永遇仙故事见于

《搜神记》、变文《孝子董永传》和话本《董永遇仙传》等等。还有些宝卷取材现成的小说或戏曲,如前面提到的《窦娥冤》。又如《李三娘宝卷》出自《刘智远诸宫调》和传奇《白兔记》;《赵氏贤孝宝卷》出自高则诚《琵琶记》;《龙图宝卷》、《卖花宝卷》出自公案小说《龙图公案》;后期的《珍珠塔宝卷》则出自长篇弹词《珍珠塔》等等。由于宣卷人的文化程度不一,这些改编的宝卷的水平也有很大差距。多数宣卷人对原作并没有认真、深入地研究过,甚至没有读过原作,对原作内容的精华不能全面把握,对其艺术长处也不能深入了解,只取其大概情节,任意加以敷衍,又加上一些庸俗说教。比较起来,取材民间传说题材的往往达到较高水平。如《英台宝卷》演述梁、祝的恋爱悲剧,《雷峰宝卷》演述《白蛇传》即雷峰塔故事。宣卷发展为以娱乐为主要目的一般的文艺形式,作者和表演者的身份也发生了根本变化。古宝卷的创作者和宣卷者主要是教派或寺院僧尼,新宝卷则主要是民间艺人了。

三是不论是教派宝卷、佛教宝卷还是民间世俗宝卷,接受者主要是城乡一般民众。这是和另外一些产生在民间的文艺形式(例如乐府民歌、曲子词等)被知识阶层接受进而加以发展的情形大不相同的。游走于城乡的普通僧尼或民间艺人一直是主要宣卷人,家庭(特别是富裕的市民或地主家庭)则成为主要宣卷场所,而文化程度较低的妇女则是宝卷的主要接受者和欣赏者。值得注意的是,一些民间教派得到内廷中太监或后妃的信仰,有些早期教派宝卷是在他们的支持下刊印、传播的。由于宝卷主要在家庭和妇女间流行,而她们感兴趣的主要是与妇女、家庭生活相关的内容,从而宝卷的题材和表达也就受到一定限制。

本来教派宝卷的兴起有其深刻的社会根源。向达曾指出:

　　这一种的左道之兴,自然同当时的环境有关系,或者换一句话说,就是那一个时代不良的政治情形同经济状况的产物。汉末的天师道如此,元明间的白莲教也是如此;源出白莲教的飘高的弘阳教诸派自然不能例外。到了世乱年荒,壮者死于兵刃,老弱转徙沟壑,人命轻于鸿毛,富贵有如弹指,免不了生死无常之感,因而有希求乐土之想。所以在《弘阳叹世经》里有赞叹生死无常不牢之物,有赞叹荒旱年景,叹富贵,叹生死受苦诸品。正是此意。①

这样,许多早期教派宝卷反映的信仰和观念带有反体制的性格,并在一定程度上反映了现实矛盾和民众的心理与愿望。清道光年间河北一个地方官黄育楩先后刊刻《破邪详辩》和《续破邪详辩》,著录当时流行经卷的名目,各述大略,加以驳斥。他在序文中说:

> 阅其文词,则妖妄悖谬,烦冗错杂,总不离乎"真空家乡、无生父母"之语。②

所谓"真空家乡"即理想的"天堂"或"天宫","无生老母"指的是民间教派信仰的最高女神;这"八字真言"是民间教派的基本信仰,其观念本从佛教蜕化而来,但采取了批判佛教的形式。黄育楩的指斥正表明这些作品思想观念上反叛的、批判的一面。后来的宝卷一直没有脱离民间宗教和佛、道二教的或直接或间接的影响。这种影响的积极、批判的和消极、落后的两个方面也一直在作品中复杂交织地体现出来。

宝卷的创作环境、创作队伍和它的接受对象,决定了它的几个特点:

一是宝卷多表现妇女题材。宣卷的对象主要是妇女。到寺院里礼忏进香,在家里举行法会,以至如《金瓶梅词话》中所描写的请尼姑宣卷,这都是中上层妇女的与宗教修持相结合的活动。这个情况与变文不同。变文面向更广大的社会,有更广泛的群众。而

---

① 《明清之际之宝卷文学与白莲教》,《唐代长安与西域文明》,三联书店,1957年,第602页。
② 《破邪详辩自序》。

宣卷所面对的主要是闺阁中的妇女,她们没有多少文化,思想也较贫乏。宣卷人的情况也差不多,也多是文化修养较低的俗僧尼。他们宣卷的知识与技巧多从口耳传授而来,只是当作一种谋生的手段。在旧社会,妇女被压在社会最底层,她们受到三纲五常等封建道德的束缚,无力反抗,只好到幻想的来世求得安慰。宝卷的主人公经常是受欺压的妇女,写她们在封建家庭中的婆媳、嫡庶、夫妇等矛盾中受凌辱、压抑以至被杀戮,但由于她们向善、求道,终于得到了挽救。或在现世中命运就有了转机,享受荣华富贵;或在来世成佛成仙,得到更大的福报。例如《香山宝卷》,又名《观世音菩萨本行经简集》,后题"宋天竺普明禅师编集"。其中宣扬对香山寺千手千眼观音的信仰,故事情节大致是:妙庄国王三女妙善,不从父命,出家修行;国王百般劝说无效,竟放火烧寺;妙善刺口喷血,救灭大火;国王以为妖异,将其绞杀;妙善的死灵遍游地狱,发愿普救罪人;阎王怕地狱被她毁坏,让她还魂;还阳的妙善在太白金星指引下,在惠州澄心县香山寺修行九年,终于现观世音化身;其时父王正以毁佛患眼疾;妙善化为老僧,告以妙药,又化为香山仙人施以手、眼合药;这样,她成为千手千眼佛被供养。这篇作品是为女性修道者树立一个榜样,也是为解脱现实苦难制造一种幻想。又如《刘香宝卷》,写一个叫刘香的青年妇女,受尽姑嫂欺凌,但一心看经念佛,劝人为善。她被役使、驱赶,她行乞、为尼,后来丈夫得了高官,也没有改变她求道的意志,终于得到正果。像这样的作品,虽然曲折地反映了当时妇女的悲惨命运,但整个倾向是劝人忍辱、迷信,思想是消极的。

　　二是宝卷的思想内容多浅显庸俗,没有什么深刻的道理,也缺乏具有高度思想性的艺术概括。它们的主要内容多是让人持斋念佛、乐善好施、忍辱求安以至讲酒、色、财、气之害等等。例如宝卷中的继母往往不是好人,这就与贞操观念有关。又例如《董永卖身宝卷》,写董永最后由太上老君教化到黄梅山凤凰洞出家成仙,而他所投靠的善人王员外则入寺修行而升天，这样佛、道不分，说明在一般民众观念中，佛与仙并没有什么差别。一些有意义的传统题材，也被纳入这样的框子。例如《销释孟姜忠烈贞节贤良宝卷》，是写孟姜女的，一般认为是明代作品。内容是说秦始皇听信阴阳官占相，修筑长城；华阴县范长者之子范喜郎代父赴役；起初他受将军蒙恬器重而奏为吏部给事中，后来却受迫害致死；范喜郎在被拘押时曾遇到孟姜女，并结为夫妻，新婚三日丈夫被押走；范喜郎终于被处死，死前给孟姜女写了血书；孟姜女根据与丈夫的生前之约赶制冬衣，并依血书指示去长城寻夫；过潼关到河南黄甲关被番兵捕虏，幸由太白金星搭救而脱逃；后被蒙恬强纳为妾，又被秦始皇强立为妃；后以天子之命由四十万大军护送至长城选丈夫遗骨，她借机投海而死；范喜郎与孟姜女龙宫再会，成菩萨升天，持掌寒暑；秦始皇本为古佛祖化身，也以修善因而赴龙华三会。以上可以看出，这是在民间传说孟姜女故事的基础上，横生出一些离奇荒诞的情节，最后又附会以迷信说教。作品只是在孟姜女身上牵合一些故事来图解当时理想的贞良妇女的形象。有些宝卷思想很庸腐，如《延寿宝卷》，写宋代一个名叫金良的长者，斋僧布施，戒杀放生，四十岁时玉皇大帝授予一子，但注定父子短命；后来金良夫妇病重，其子金本中为救父母在佛前以刀割胸，命归冥府；阎王感其纯孝，敕延寿十年；以后累积善德，父子都活到百岁，三子九孙，往生西天。这是一种富贵人家祝贺用的宝卷，给现世享受荣华的人制造来世的幻想。多数宝卷所理想的内容，不外是生前富贵享乐，几妻几妾，死后成佛成仙，长享幸福。这在剥削阶级意识中，也是属于消极面的东西。另有一些宝卷表现的观念又极其阴狠惨毒。《回郎宝卷》写杀子救亲，主人公在荒年杀死亲子煮汤给老母喝，被认为是孝子上奏朝廷，授以显官，儿子的阴魂再次投胎，称为"回郎"。《杀子报宝卷》写与和尚私通的徐氏杀死亲生儿子切成七段下油锅灭迹。更有许多对地狱的描写，极其荒诞恐怖。宝卷宣扬的这些东西,在当时的民间又是有相当影响的。

　　三是宝卷的情节有一定的程式。有几个情节如善人受难、恶人得志、遍游地狱、阴判阳罚、死而复生(借尸还魂)、升天成佛等,被经常使用。这都是以佛教宣扬的六道轮回和祸福报应为依据的捏造。六道轮回讲地狱之苦;而祸福报应则认为累世修行可以成佛,或佛、仙由于罪谪而下临凡世,经过磨难再得正果。不同的宝卷故事、人物不同,但常穿插在同样的情节之中,往往一些描写也是同样的。这也表明那些作者们创造想象力的贫乏。佛典的写作方法的特点之一是重复。重复会造成一种咒语似的力量。宝卷文学在继承、发展这一特点上也表现得十分突出。另外如仙凡相通、阴阳结合,也是宝卷在构造故事情节时常用的。

　　宝卷宣扬迷信、落后意识,这是一定社会条件所决定的。有些作品产生自社会较低阶层,也会反映一些民众的愿望与想法。例如《王月英宝卷》写富人嫌贫爱富,官府贪赃枉法;《还金镯宝卷》写到科场上考官受贿,压抑人才;《落金扇宝卷》写到正德皇帝"龙游"天下,掠夺美女等等,都反映了一定的社会现实情景。不少作品中也表现了劳动人民朴素的道德观,如歌颂青年男女坚贞的爱情,批评嫌贫爱富,揭露为富不仁等。后期的一些作品超现实的情节较少,反映社会问题的渐多。如《花扺宝卷》,写的是蔡京之子蔡不能强夺民妇郁廷祖之妻梅姣英,怀孕的姣英逃至白云庵隐身;蔡家对梅家强逼不已,梅家只好以姣英之妹姣珍代替;姣珍在花轿中以剪刀自杀,蔡家焚尸后,又指名索要实际已死的姣珍;后来姣英产子,几经曲折,终于父子、夫妇团圆;而蔡京父子受到极刑;最后是郁廷祖夫妇出家白云庵,九年后升天。这部作品的前半部,对豪强横暴的刻画相当有力。又如《蝴蝶杯宝卷》,写武昌督都卢材之子卢士宽恃势横暴,打伤渔父胡晏;江夏县知县之子田玉川加以搭救,并杀了卢士宽;田玉川逃走时恰巧躲入胡晏女凤莲舟中;胡晏吐血而死;玉川、凤莲二人约为夫妇,并以蝴蝶杯为表记;后来田玉川立功，田、卢二家和好，夫贵妻荣。像这样的故事，结尾是庸俗的大团圆，但前半部也是有一定暴露意义的。这样某些宝卷也反映了一些社会现实问题。

另外，有些宝卷是纯粹的劝善文，或扶拈的坛语；还有些是游戏文章，如百鸟名、百花名等。这是所谓"杂卷"，非宝卷的正格。

宝卷在艺术上也有一定创获，特别是对以后的民间说唱造成相当影响。

宝卷在表达方式上，有说理为主和叙事为主两种。前者如《销释金刚科仪》，是佛教寺院的法会仪式上用的，以一经为依据加以解说。教派宝卷讲的则是本教派的教义，也以解说经典的口气出现，但大多没有多少典据。这类说理作品，道理浅薄、庸俗，文学性也较枯淡。早期宝卷多是如此。以叙事为主干的宝卷，则以人物和情节来表达主题，取叙事作品的一般形式。但叙事文学艺术高度的标志在形象的塑造和艺术概括典型化的程度。在这两方面，宝卷所达到的水平都有限。人物形象的刻画多简单粗糙，概念化较严重，如写女人求道，就利用各种手段表现她的诚心，对她的内心世界并没有信实、细致的描绘，人物只是概念的传声筒。艺术描写也缺乏个性，多是空泛笼统、程式化的表现。这是为了迎合一些艺术修养较低的人的心理，但情节多荒唐不合逻辑。非现实的艺术幻想，也可能是合情合理的，但宝卷中的想象多数显然是为了宣传某种观念而生搬硬造的。例如为了强调女主人公受苦受难而矢志不移，就尽量铺排苦难，不惜堆垛重复，并运用一些陈辞滥调。宣卷人又没有多少知识，写到历史年代，错讹百出，说周、汉时代事，所言往往是当世情景。特别是改编的故事，硬加入一些情节，往往芜杂无逻辑。例如《英台宝卷》写到梁祝化蝶以后，又被阎王裁决还阳，双双结婚，梁状元及第，祝封一品夫人，夫妻在家中建立佛堂，念佛修行，百年长寿，子孙尽得高官。梁祝化蝶本是艺术幻想，是人们的善良愿望在艺术上的升华，很有艺术魅力；而像这样加上还魂情节,则只是狗尾续貂。这在思想意识上是荒诞的,在艺术上也是一种低级趣味。

宝卷很注意情节,以故事的曲折离奇吸引人,当然也有较成功的例子。例如郑振铎称赞的"最有趣味的一个宝卷"《土地宝卷》(《先天原始土地宝卷》),"写的是'大地'化身的土地神如何的大闹天宫,与诸佛、诸神斗法。他屡困天兵天将,成为齐天大圣孙悟空以来最顽强的'天'的敌人。显然的,这宝卷所叙述的受有《光华天主传》和《西游记》的影响"①。其中塑造一个和玉皇大帝斗法的白发苍苍的土地公公的形象,下面是《南天门开品第六》:

> 夫却说,土地得了如意,还归旧路。前到南天门紧闭。土地自思:"三清宫随喜了,不曾进南天门,随喜龙霄殿。"遥望门首许多天兵神将,土地向前与众使礼。土地曰:"乞众公方便,将门开放,我今随喜。"众神闻言,唬一大惊。众神大叱一声:"你这老头,斯不知贵贱,不识高低。你在这里,还敢撒野!"土地曰:"我从无到此,随喜何碍?"青龙神将走将过来,掐着土地,连推待搡。众骂老不省事,一齐拥推。土地怒恼,使动龙拐,望众打去。众将一躲,打在南天门上,将天门打开。天门开放,毫光普遍,六方振动。诸神忙齐奏上帝。
>
> 未从随喜灵霄殿,土地打开南天门。
>
> 老土地,才得了,龙头拐杖;心中喜,此旬宝,大不相同。
>
> 正走着,猛然间,抬头观看;遥望见,南天门,瑞气腾腾。
>
> 三清宫,我随喜,看了一遍;天官境,世间人,难遇难逢。
>
> 灵霄殿,好景致,不曾随喜;我看见,天门首,许多神兵。
>
> 老土地,走向前,与众使礼;一件事,乞烦你,列位诸公。
>
> 你开放,南天门,随喜游玩;众神将,听的说,唬一失惊。
>
> 叫一声,老头子,你推无礼;推的推,搡的搡,骂不绝声。

---

①《中国俗文学史》,第334页。

怒恼了,老土地,轮拐一打;打开了,南天门,震动天官。①

如这样的描述,相当生动活泼,带有民间创作特有的幽默情趣,是宝卷里的精品。

宝卷继承和发展了韵散结合的说唱形式。这在中国文体发展史上和说唱文学史上都有一定的地位。早期宝卷散文部分用说经口吻,分卷分品,散文部分用"经云"、"盖闻"或"话表"、"却说"等等开头。但其所谓"经"往往与原典无关。韵文部分则主要是五、七言诗的形式,一卷或一品末有使用曲子的唱词。如《金瓶梅词话》第七十四回《宋御史索求八仙寿,吴月娘听宣黄氏卷》,写到薛姑子等三人在屋子里对众人宣卷,先是吴月娘洗手焚香,这是简化了的寺院仪轨,然后薛姑子"展开《黄氏女卷》",看着底本,先说散文:

> 盖闻法初不灭,故归空;道本无生,每因生而不用……

这是说经的口吻;以后唱偈并加以解说:

> 富贵贫穷各有由,只缘定分不须求。未曾下的春时种,空手荒田望有秋。
>
> 众菩萨母,听我贫僧演说佛法,道四句偈子,乃是老祖留下。如何说"富贵贫穷各有由"?……

边讲解,边诵偈之后,接着唱。先唱《一封书》。以下有唱、有韵文、有散文。唱的曲子有《楚江秋》、《山坡羊》、《皂罗袍》等;韵文主要是七言句。这样,唱、韵、散交插叙述。大体是散文交待情节,韵文与唱铺叙描摹。故事讲完,又有祝颂语,并说偈结束。这是《金瓶梅词话》保存的当时宣卷的完整情景。后期的宝卷已不用"曲子";演唱时仍有曲调,但比较简单,现在还有存留的②;韵文则多所谓

①《中国俗文学史》,第335—336页。
②见弋唐《宣卷曲调介绍》,《江苏南部民间戏曲说唱音乐集》,音乐出版社,1955年。

"十文"（三、三、四）；押韵取顺口合辙，不太严格。这与一般的民间曲艺形式已无大的不同。宝卷作为面向民众的表演艺术，无论是唱词，还是说白，用的都是通俗的、口语化的语言。虽然大体比较粗糙，但有些作品颇能体现出民间语言新鲜、活泼、生动的特征。如《药王救苦忠孝宝卷》，演唱唐代著名医药学家孙思邈传说，讲他救了白蛇、得到帮助、得道成为药王菩萨故事。其中《思邈救白蛇分第五》说：

> 〔山坡羊〕孙思邈虔诚参道，每日家收炼丹药。时时下苦，将五气一处烤，将六门紧闭牢。三昧火往上烧，烧就了无价之宝，还源路才有着落。听着，出世人委实少；听着，把光阴休误了。
>
> 话说思邈将家财舍尽，采百草为药。圣心有感，惊动东海龙王太子，出水游玩，变一白蛇，落在沙滩，牧羊顽童，鞭棍乱打。多亏孙思邈救我一命。龙王听说有恩之人，当时可报巡海夜叉，速去请他进来。
>
> 夜叉听说不消停，辞别龙王出龙宫。
>
> 小太子，游玩时，落在沙滩；变白蛇，不得的，受苦艰难。
>
> 鞭的鞭，棍的棍，乱打太子；小太子，难展挣，跳跳镌镌。
>
> 不一时，孙思邈，采药到此；叫小童，不要打，走到跟前。
>
> 急慌忙，将白蛇，托在筐内；到海边，放在水，祷祝龙天。
>
> 是龙王，早归海，父子相见；是白蛇，在水内，任意作欢。
>
> 小太子，得了水，洒洒乐乐；进龙宫，见父王，两泪千行……
>
> 思邈、夜叉进的龙宫，忽的把眼睁，看见龙王，唬一大惊。
>
> 龙王开言，高叫先生，休要害怕，答复你恩情。
>
> 进得龙宫内，看见老龙王。
>
> 思邈心害怕，龙王问短长……①

---

① 转引《中国俗文学史》第 331—332 页。

这是一个标准段落,由杂曲、说白、唱词、诗句组成。如此用新鲜的民间语言来叙述或描绘,给听者留下比较鲜明、生动、深刻的印象,又能烘托出演出场所的气氛。不过限于宣卷人的文化水平、教养程度,多数作品充斥陈词滥调,习惯使用过分的形容语,描述中啰嗦累赘处也不少。

宝卷是宗教文学的重要体裁,也是我国最后一个纯佛教文学体裁。今天它基本已成为宗教文学的"活化石",仅作为一种文学艺术遗产来供人欣赏和研究了。

以上从六个方面简单介绍了佛教对中国文学的影响。关于文人创作,主要就不同体裁,扼要说明艺术表现的特征和成就;在俗文学方面,则只介绍了具有代表性的两种体裁——变文和宝卷。就绵长、丰富的历史遗产说,许多重要内容没有涉及,是过于简略了。但从中已可以看出,佛教的传入和流传,对中国文学创作的构思方式、表现方法以及体裁、语言上的影响是巨大的。可以说,它促使中国文学大大改变了思想、艺术面貌。当然,这种改变有积极的,也有消极的方面,应对其具体情况做具体分析和评价。

第四章　佛教与中国文学思想

　　文学思想的转变,起决定作用的因素很多。例如社会统治阶级的提倡与偏爱,文坛领袖人物的理论主张和创作实践,都足以影响一代文坛风气与好尚。但还有两个因素也很重要:一个是由于社会思潮的变动引起创作上的变化,这总会或迟或早地总结为理论并在指导文坛上起作用;另一个是其他意识形态的影响,如政治、宗教、学术等领域的发展也会作用于文学观念。这后一方面,在中国文学思想史上反映特别明显。因为中国是个长时期中央集权的专制国家,政治上的大一统要求也促成了思想上的统一。各种意识形态的转变也就有其一致性。就文学观念的转变说,例如在汉代,在朝廷独尊儒术的思想文化政策之下,形成了作为经学附庸的重道、言志的文学观念;而宋、明的理学,也给当时的文学思想提供了理论依据。同样,佛教传入中土,给中国思想界以巨大冲击,带来了许多新内容,因而不能不作用于文学思想。

　　中国在魏、晋以前,没有独立的文学观念。文学当时被笼统地包容在整个文化与学术之中。魏、晋时期是所谓文学自觉的时代。在此以后,文学理论作为独立的学术部门才逐渐发展起来。而这个时期,正值佛典大量传译、佛教大发展的时候。佛家学说与中国传统学术具有重大区别,在宇宙观、人生观、心性观念、认识论等领域提出许多新课题并给予了十分丰富细密的论证和解答。中国人建立与发展文学理论,从佛学中寻求借鉴与依据,则是很自然的了。

　　佛教影响于中国文学理论思想，也有一个过程。大体说来，在六朝佛教被中国人所接受、消化的阶段，佛教的一些基本观念已被文学界所接受，促进了中国人文学观念的转变和文学理论的发展。就是说，中国人借助于佛家思想，对文学的性质与功能、文学创作的规律等问题提出许多新认识。这些认识在表述上往往还模糊、含混、不系统，但意义却很重大。到唐、宋以后，随着宗派佛教形成和发展，中国佛教思想更加成熟与发展了，一些文人借助佛家思想自觉地在文学理论方面进行发挥，也取得了更大成果。特别是禅宗，对唐宋以后文学理论更造成了决定性的影响。

一、六朝佛教义学与文学创作新观念

　　魏、晋以来，随着翻译佛典大量地输入中土，信仰或倾心佛说的僧俗对经论进行深入研究，形成一批中国佛教"师说"即学派，如涅槃师、地论师、摄论师等，一般称之为"义学"。师说是中国人理解、消化佛教思想的产物。义学与中国传统文化逐渐融合，使思想学术发生了重大变化。本来在佛教宗教观念影响之下，文学创作上的新变化也要总结为理论。当时又正值中国系统的文学理论的形成时期，如刘勰这样的卓越文学理论家还是佛教信徒。这样，佛教的教义与观念也必然会表现在文学思想里。

　　由于六朝时期是中国文学理论从萌芽到形成的时期，又由于当时佛教思想正处在被中国人消化、理解并融合于传统学术的过程之中，因此佛教义学对文学理论的影响往往不是那样直接，而多是通过哲学思想的转变间接地影响到文学观念，表现在文字上也是片断的、枝节的。但是，由于问题多涉及到对文学理论一些根本

问题的认识,这些影响的意义又是十分重大的。下面,试从几个方面加以说明:

1.关于"真实"问题:

什么是"真实"?文学要反映什么样的"真实"?这是文学理论的一个根本问题。中国传统思想是重实际、重政治、重伦理的。在文学上则强调"感物而动"、"兴、观、群、怨",形成了一种具有强烈功利色彩的文学观。在汉代,从司马迁、扬雄、班固到王充、张衡、桓谭,谈到写作,都强调"实录"、"征实"、"诚实","恶淫辞之淈法度"①、反对"增益实事"、"造生空文"②。这种占统治地位的创作观念建立在朴素反映论基础上,是有巨大积极意义的;但它在对文学创作的理解上又是偏于形而上学的。因为这种创作观不能反映文学的概括性、典型性的特征,没能认识生活真实与艺术真实的差异。这也表明当时的文学思想还处于萌芽状态。

道家和以后的玄学发展了本体论思想,区分了"本末"、"有无",努力揭示反映宇宙根本的终极"真实"。它们探讨的问题,涉及到现象与本质、相对与绝对、个别与一般等一系列重要哲学范畴,显示了中国人辩证思维的重大进步,从而对如何认识文学上的"真实"问题提供了一定的依据与借鉴。但玄学作为唯心主义体系,把现象界与深微不可测的"无"(以王弼为代表的"本无"一派)或"有"(以郭象为代表的"崇有"一派)的本体隔断,从而忽视了社会实践的意义。这样,玄学对文学实践的影响基本上是消极的。而中国佛教的般若学借鉴了玄学的本体论思想,发挥了一种统一"真空"、"假有"的"中道"观念,对"真实"提出了更为辩证的看法。人们用来观察、分析文学现象,对文学的本质与特征的认识也就大大深化了一步。

---

① 《扬子法言》卷二《吾子》。
② 《论衡》卷二十九《对作》,上海人民出版社,1974年,第442页。

　　《说文解字》解释"真"的本义是"仙人变形而登天",段注说:
"经典但言诚实,无言真实者。诸子百家乃有'真'字耳。"①道家主
张返本归真,多讲"真宰"、"真君"、"真人"。佛典大量讲真实。如
《华严经》里说:

> 解了诸法真实性。②
> 于真实性觉如如。③

《大般涅槃经》卷二十三《光明遍照高贵德王菩萨品》说:

> 云何名为如法修行? 如法修行即是修行檀波罗蜜乃至般
> 若波罗蜜,知阴、界、入真实之相。
> 修有二种:一者真实,二者不实。④

佛教追求一种觉悟,就是觉悟到宇宙万有、一切现象背后的"真
实",也就是《法华经》所说的"诸法实相"。

　　按大乘空宗的观点,诸法实相就是"空"。《般若经》千言万语,
就是讲诸法性空。但般若"空"观主张的不是本体之"空"。它是说
一切都是因缘生、无自性、变动不居的,因而也就不承认在现象之
外有常驻不变的绝对的本体之"空"。以龙树为代表的中观学派把
空、有相统一,提出一种"中道"观,集中反映其基本观点的"三是
偈"说:

> 众因缘生法,我说即是无。亦为是假名,亦是中道义。⑤

---

①《说文解字注·人部》,中华书局,1988 年,第 384 页。
②《大方广佛华严经》卷五《四谛品》,《大正藏》第 9 卷,第 425 页上。
③《大方广佛华严经》卷十五《金刚幢菩萨十回向品》,《大正藏》第 9 卷,第 499
　页中。
④《大般涅槃经》卷二十五《光明遍照高贵德王菩萨品》,《大正藏》第 12 卷,第
　511 页中、512 页下。
⑤《中论》卷四《观四谛品》,《大正藏》第 30 卷,第 33 页中。

按照中道空观,现象是"假有","假有"是"真空"的现实存在;"绝对真实"的"中道"是空、有的统一。这样,在对现实的否定理解中就包含着肯定。这种"真实"观也就具有辩证色彩。本来中国早期的般若学是从玄学观点来理解佛教空观的,往往把"空"看做是玄学的"无"。到了僧肇,在对中观学派的理论更加深入、更加透彻的认识的基础之上,提出了"不真故空"的理论。他在《不真空论》中解释"空"义,以为诸法因缘而有,故非实有;但既为有,故亦非无,所以不真故空,而万有正是空的体现。所以他说:

> 是以圣人乘千化而不变,履万惑而通常者,以其即万物之自虚,不假虚而虚物也。故《经》云:甚奇,世尊,不动真际,为诸法立处。非离真而立处,立处即真也。然则道远乎哉? 触事而真。圣远乎哉? 体之即神。[1]

这样,"立处即真","触事而真","真实"即在世间。但这种"真实"既是绝对,又是对世间的否定。

正是在佛教"空"观的影响之下,六朝时期的文人们形成了一种新的"真实"观。例如孙绰就努力摆脱"世教"的束缚,而追求一种"方外"的"至真"。他在《喻道论》中说:

> 缠束世教之内,肆观周、孔之迹,谓至德穷于尧、舜,微言尽乎《老》、《易》,焉复睹夫方外之妙趣、寰中之玄照乎? 悲夫,章甫之委裸俗,韶夏之弃鄙俚,至真绝于漫习,大道废于曲士也。[2]

名僧又兼名士的支遁则明确主张在诗歌中表现"身外之真"。他在《八关斋会三首》诗序中说:

> 静拱虚房,悟外身之真;登山采药,集岩水之娱。遂援笔

---

[1]《肇论·不真空论》,《大正藏》第45卷,第153页上。
[2]《弘明集》卷三,《大正藏》第52卷,第16页。

染翰,以慰二三之情。①

　　他的诗本身则禅玄交融,努力开辟超脱形迹的高远境界。如孙绰、支遁这样的对"真"的追求,显然与中国传统的真实观不同。

　　值得注意的还有如陶渊明创作中表现的那种意境。他善于在平凡的田园中显示出对人生的深刻理解。他后半生生活的彭泽地区距慧远僧团活动的庐山不远。即使他在理论上并没有接受佛教思想,但在意识中、感情上却不可避免地打上佛教观念的烙印。他追求"抱朴含真"②,要"养真衡茅下"③,说"真想初在襟,谁得拘形迹"④,"此还有真意,欲辨已忘言"⑤,如此等等,他努力探求人生与宇宙的"真实"。他这里所追求的"真",显然不是对现实生活的纯客观的概括,而是超越平凡生活的更高远的精神境界。这与佛教和玄学的企向是相通的。这种创作倾向,也表现在谢灵运的山水诗中。谢灵运写《入道至人赋》,描写一种"荒聪明以削智,遁支体以逃身"、"超尘埃以贞观,何落落此胸襟"的"入道而馆真"的"至人"⑥。这是他的人生理想,也是他所希求的目标。陶、谢诗思想内容的创造性也就表现在"蕴真"、"体道"的真实性。他们所描写的并非实际的山水田园,而是通过景物写出验之内心的绝言之道。

　　刘宋时代的宗炳(375—443)是个佛教徒,也是个艺术家。他一生隐居不仕,与名僧慧远结交;又精于佛说,与著名的天文学家何承天论辩,盛赞佛教,鼓吹神不灭论,著《明佛论》。他在其中说:

---

①《先秦汉魏晋南北朝诗·晋诗》卷二十,第 1079 页。

②《劝农诗六章》第一章,《先秦汉魏晋南北朝诗·晋诗》卷十六,第 969 页。

③《辛丑岁七月赴假还江陵夜行途中诗》,《先秦汉魏晋南北朝诗·晋诗》卷十六,第 983 页。

④《始作镇军参军经曲阿诗》,《先秦汉魏晋南北朝诗·晋诗》卷十六,第 982 页。

⑤《饮酒诗二十首》之五,《先秦汉魏晋南北朝诗·晋诗》卷十七,第 998 页。

⑥《全上古三代秦汉三国六朝文·全宋文》卷三十,第 2600 页。

"中国君子明于礼义而暗于知人心，宁知佛心乎？"又批评"周、孔所述，盖于蛮触之域，应求治之粗感，且宁乏于一生之内耳。逸乎生表者，存而未论也"[1]。他认为有"形而上"的"神"，心粗而神妙，所以神所表现的才是"真"，是"理"。他写了著名的论艺文字《画山水序》，其理论完全通于论文，实际反映了当时的美学思潮。他说：

> 夫圣人以神发道，而贤者通；山水以形媚道，而仁者乐，不亦几乎。

他认为山水等艺术上表现的形象也都应是体道的，所以不应"以形写形"，而要会理畅神，尺幅千里。因而他说：

> 夫以应目会心为理者，类之成巧，则目亦同应，心亦俱会。应会感神，神超理得。虽复虚求幽岩，何以加焉？又神本亡端，栖形感类，理入影迹，诚能妙写，亦诚尽矣。于是闲居理气，拂觞鸣琴，披图幽对，坐究四荒。不违天励之丛，独应无人之野，峰岫峣嶷，云林森渺，圣贤映于绝代，万趣融其神思，余复何为哉？畅神而已。神之所畅，孰有先焉。[2]

这种"畅神"的理论的核心，还是要求在表现自然时不局限于巧类形似，而能应目会心，从而感神，在妙写形迹之中，表现出更高一层的真实来。

刘勰的文学观从思想倾向看是儒家的，但在认识论与方法论上显然有佛家的影响。《文心雕龙》在文体表达上借鉴佛家文字前已论及，在认识论上，如对"真实"的认识，与佛家亦有相通之处。他在《论说》篇中有一段话：

> 宋岱、郭象，锐思于几神之区；夷甫、裴頠，交辨于有无之或，并独步当时，流声后代。然滞有者，全系于形用；贵无者，

---

①《弘明集》卷二，《大正藏》第 52 卷，第 9 页。
②《全上古三代秦汉三国六朝文·全宋文》卷二十，第 2545—2546 页。

专守于寂寥。徒锐偏解，莫诣正理。动极神源，其般若之绝
境乎？①

这段话是谈论说文体的，但其中也透露了他对本体论的看法。刘
勰认为玄学中溺于"形用"的"贵有"一派和专守"寂寥"的"本无"一
派都是片面的，真正把握真理的还是般若空观。这种观点和他在
《灭惑论》中所说的"玄智弥照"的"妙法真境"②是一致的。他在《文
心雕龙》中也辨析"真"、"伪"，强调"习亦凝真"③、"要约而写真"④、
"壮辞可以喻其真"⑤。他写到的"真"，也都超出形迹之外。这种理
论，与王充《论衡》中《艺增》、《语增》等篇的"真实"观有很大的
不同。

六朝时期文学思想中在"真实"观问题上看法的变化，首先是
文学实践向前发展的反映。文学脱离一般的学术与文化而独立存
在，它以特有的艺术概括的方式来反映生活，追求区别于生活真实
的更本质的艺术真实。在把这种现象上升为理论时，当时人借鉴
了佛家的"真实"观。本来，艺术的真实应是生活实践本身的典型
概括，佛教所追求的是现实之外的虚幻的"真理"，二者有本质的不
同。但在认识的逻辑上又有相通之处，即二者都努力超越于现象
而探寻本质，并用现实的语言与形象把这种"本质"表现出来。当
时的文人们正是利用这一点，借用佛家"真实"观来理解、说明创作
问题。这种说明有把文学引向脱离实际、遗弃人生的消极倾向，但
又是对以前那种"实录"、"征实"的创作观念的深化。因为只有在
更高的艺术概括的基础上表现出更本质的"真实"，才是文艺创作
的更高一层境界。

----

① 《文心雕龙注》卷四《论说》，第 327 页。
② 《弘明集》卷八，《大正藏》第 52 卷，第 51 页上。
③ 《文心雕龙》卷六《体性》，第 506 页。
④ 《文心雕龙》卷七《情采》，第 538 页。
⑤ 《文心雕龙》卷八《夸饰》，第 608 页。

2.关于"心性"问题：

心性问题是佛教义学的核心问题。宗密说："一藏经论义理，只是说心。"①佛家论心性不但比中国传统学术更充分，而且观点也有重大不同。因此何尚之答宋文帝时说：

> 范泰、谢灵运每云：六经典文，本在济俗为治耳。必求性灵真奥，岂得不以佛经为指南邪？②

颜延之《庭诰》讲言道、论心、校理义有三端，崇佛者以治心为先③。而文学创作活动，正是带有强烈主观性的精神创造；文学理论必然涉及到心性问题。佛家唯心的、但又具有一定辩证因素的心性观念输入中国并被消化、发挥，也就促进了文学理论上对心性作用的探讨。

约而言之，新输入的佛家心性理论与中国传统心性理论的不同，主要有两点。一是佛家论心，不只肯定其缘虑功能，而且强调其创造功能，即"万法唯心"，"三界所有，皆心所作"④，"心生则种种境生，所缘境则种种心起"⑤，中国人从佛教接受了"心作万有，诸法皆空"⑥观念，在文学上才讲"心生而言立，言立而文明"⑦。二是佛家讲心、佛、众生的统一，特别是竺道生的涅槃佛性学说主张一切有情都有佛性，顿悟可以成佛。中国早期的禅观就是把修持集中到主观省察体悟上。中国传统的文艺观建立在朴素的反映论的基础上，因此主张"感物而动"，要饥者歌食，劳者歌事，忽视主观的创造作用。另一方面，所讲"言志"是指表达群体意识的圣人之志。

---

①《禅源诸诠集都序》卷一，《大正藏》第48卷，第401页中。

②《弘明集》卷十一，《大正藏》第52卷，第69页中。

③《全上古三代秦汉三国六朝文·全宋文》卷三十六，第2637页。

④《大智度论》卷二十九，《大正藏》第25卷，第276页中。

⑤澄观《大方广华严经疏》卷十四，《大正藏》第35卷，第607页上、中。

⑥宗炳《明佛论》，《弘明集》卷二，《大正藏》第52卷，第9页中。

⑦《文心雕龙注》卷一《原道》，第1页。

因为经过"正心诚意"的"无邪"之思是以圣人为标准的,这样就忽视内心的反省和体验。而主观的创造思维,个人感受与体验的表达,在文学中,特别是在诗歌中又是很重要的。但在佛教传入以前,人们却不能充分认识这一点。例如汉代人对《诗经》、《楚辞》的研究,主要是从伦理的、社会的角度出发的。魏晋以后,人们借鉴了佛家理论,涉及到文学创作中的心性问题也就提出不少新认识。

支道林在个性上"任心独往,风期高亮"[①],主张"绥心神道,抗志无为"[②],作《逍遥论》,提出一种异于诸家的新义。庄子的《逍遥游》,主张忘怀于得失,实际仍有欲有求,不过是以柔弱胜刚强。而支遁提倡的是一种窒欲净心的至人之心,求得本性的真正自由。支遁赞赏维摩诘,就是把他看做是精神绝对自由的"达人"、"至人"的典型。支遁的这种观念与作风,在江南士大夫间有某种典型性。他虽然不是直接提出一种文学理论,却间接影响到文学理论与创作上的心性观念的转化。例如孙绰就提出"屡借山水以化其郁结"[③],这就是把描绘山水当作抒写情志的手段。

慧远发挥了佛家新的佛性理论,又是文学家。他写有《念佛三昧诗集序》,集中阐述了主观心性在创作中的作用。他首先描述禅悟时的精神状态:

> 序曰:夫称三昧者何? 专思寂想之谓也。思专,则志一不分;想寂,则气虚神朗。气虚,则智恬其照;神朗,则无幽不彻。斯二乃是自然之玄符,会一而致用也。

这是强调那种专心致志的内心冥想可以"无幽不彻"地洞察绝对真实。他认为写诗正应有这样的精神境界:

---

①《世说新语笺疏》上卷上《言语》,第 122 页。
②《晋剡沃州山支遁传》,《高僧传》卷四,第 160 页。
③《三月三日兰亭诗序》,《全上古三代秦汉三国六朝文·全晋文》卷六十一,第 1808 页。

　　　　鉴明则内照交映而万象生焉,非耳目之所至而闻见行焉。
　　于是睹夫渊凝虚镜之体,则悟灵根湛一,清明自然。察夫玄音
　　之扣心听,则尘累每消,滞情融朗。非天下之至妙,孰能与于
　　此哉。①

这是从心生万象的观念出发,要求以虚净的心去认识非耳闻目睹
清明自然的境界。他自己就是这样写"念佛"诗的。因此僧肇评论
它们"兴寄既高,辞致清婉,能文之士,率称其美,可谓游涉圣门,扣
玄关之唱也"②。这样的诗脱离生活,不会是好诗;但这里的诗论,
强调主观在创作中的作用,却有片面的真理。

　　谢灵运关于诗歌创作的"赏心"的观点是佛家心性学说在文学
上的具体发挥。他本人是竺道生佛性新说的拥护者,又主张到佛
教教义中去探求"性灵真奥"。他的山水诗也是抒写性灵的具体实
践。他在《归途赋序》中说:

　　　　昔文章之士,多作行旅赋。或欣在观国,或怵在斥徒,或
　　述职邦邑,或羁役戎阵。事由于外,兴不自己。虽高才可推,
　　求怀未惬。今量分告退,反身草泽,经涂履运,用感其心。③

这里具体讲行旅赋的写作,举出四种情况,都是"事由于外,兴不由
己",即感于现实而发。他认为这都"求怀未惬",即不能贴切地抒
写内心怀抱,因此他写《归途赋》,就要是"用感其心"的作品。他在
《山居赋序》里又说:古人岩栖、山居、居丘园、住城傍,"四者不同,
可以理推。言心也,黄屋实不殊于汾阳;即事也,山居良有异乎市
廛"④。这是把"言心"与"即事"对举,显然是倾向于"言心"的主观
创造的。他的诗作中常常提到"赏心":

①《广弘明集》卷三十,《大正藏》第52卷,第351页中。
②《肇论·答刘遗民书》,《大正藏》第45卷,第155页下。
③《全上古三代秦汉三国六朝文·全宋文》卷三十,第2599页。
④《全上古三代秦汉三国六朝文·全宋文》卷三十一,第2604页。

　　　　　含情尚劳爱，如何离赏心。①

　　　　　我志谁与亮，赏心惟良知。②

　　　　　永绝赏心望，长怀莫与同。③

　　　　　将穷山水迹，永绝赏心悟。④

　　　　　赏心不可忘，妙善冀能同。⑤

他在《拟魏太子邺中集诗八首序》中还说到"天下良辰、美景、赏心、乐事，四者难并"⑥。"赏心"一词，意指赏爱、玩赏的心情。这种对"良辰、美景"等等的赞赏心理，被当作是一种有特殊价值的精神修养。同时值得注意的是，这种"赏心"又成了独立的艺术表现对象。它比起所赏爱的外物更为重要。这样，谢灵运强调创作中抒写内心体验的重要意义。他还经常提出感悟的作用，如：

　　　　　情用赏为美，事昧竟谁辨。观此遗物虑，一悟得所遣。⑦

他的这些看法，正是他本人创作的总结。作为强调心性表现的理论说明来看，也反映了一种新的观念。在他以后，如谢朓、江淹、沈约等人的作品中，也一再提倡"赏心"的态度。

　　如前所述，刘勰的文学思想从基本倾向看是儒家的。他论文强调"文变染乎世情，兴废系乎时序"⑧，这是传统的"感物而动"的文学观的发挥。但他也强调"有心之器"的作用。他的"心生而言立，言立而文明"的文章起源观念，是以佛家"心作万物"的理论为基础的。

----

① 《晚出西射堂诗》，《先秦汉魏晋南北朝诗·宋诗》卷二，第 1161 页。

② 《游南亭诗》，《先秦汉魏晋南北朝诗·宋诗》卷二，第 1162 页。

③ 《酬从弟惠连五章》之一，《先秦汉魏晋南北朝诗·宋诗》卷三，第 1175 页。

④ 《永初三年七月十六日之郡初发都诗》，《先秦汉魏晋南北朝诗·宋诗》卷二，第 1159 页。

⑤ 《田南树园激流植援诗》，《先秦汉魏晋南北朝诗·宋诗》卷三，第 1172 页。

⑥ 《先秦汉魏晋南北朝诗·宋诗》卷三，第 1181 页。

⑦ 《从斤竹涧越岭西行诗》，《先秦汉魏晋南北朝诗·宋诗》卷二，第 1167 页。

⑧ 《文心雕龙注》卷九《时序》，第 675 页。

他在《文心雕龙》中经常强调"心"在创作中的作用,如《神思》:

> 思理为妙,神与物游。
> 物以貌求,心以理应。①

《物色》:

> 写气图貌,既随物以宛转;属采附声,亦与心而徘徊。
> 目既往还,心亦吐纳。②

《哀吊》:

> 隐心而结文则事惬,观文而属心则体奢。③

《杂文》:

> 身挫凭乎道胜,时屯寄于情泰。莫不渊岳其心,麟凤其采,此立本之大要也。④

《论说》:

> 必使心与理合,弥缝莫见其隙;辞共心密,敌人不知所乘。⑤

在这些地方,在心与物、心与理的关系上,具体到创作实践,刘勰都把"心"放在决定性位置上。黄侃解释"神与物游"一句说:

> 此言内心与外境相接也……以心求境,境足以役心;取境赴心,心难于照境。必令心、境相得,见、相交融……⑥

①《文心雕龙注》卷七《神思》,第493、495页。
②《文心雕龙注》卷十《物色》,第693、695页。
③《文心雕龙注》卷三《哀吊》,第240页。
④《文心雕龙注》卷三《杂文》,第255页。
⑤《文心雕龙注》卷四《论说》,第328页。
⑥《文心雕龙札记》。

黄侃这个解释，用的正是佛家的语言。所谓"求境"、"照境"，是指主观的内心观照；所谓"见、相交融"，是指佛家所说认识中能见的见分和所见的相分统一于一心。不过黄侃主张外境独立于心识之外，与佛家理解不同。刘勰又讲到"寂然凝虑，思接千载"，"陶钧文思，贵在虚静"①，则是发挥佛家"息心"、"守静"的观念，强调"心"的决定作用。他的这些观点，在主张文学反映现实的同时，又承认"心"的作用，理论上是有辩证内容的。而确立这些看法，他正得力于佛家心性学说。

佛教"心性"学说在思想界的意义，六朝时的人们已从不同角度强调过。例如佛教徒的慧远就说道：

> 每寻畴昔，游心世典，以为当年之华苑也；及见《老》、《庄》，便悟名教是应变之虚谈耳。以今而观，则知沉冥之趣，岂得不以佛理为先？②

他把学术分为三个层次：儒、道、佛，而认佛为最高。其高明所在，他认为即在"沉冥之趣"，即深微奥妙的精神方面。佛家的心性理论带给中国思想界一些唯心的、消极的东西，但又扩大、深化了人们对于主观世界的认识。这后一个方面，特别在对文学理论的发展上有其重大的积极作用。

3.关于"形象"问题：

学术界普遍认为："佛学的输入，以及魏晋玄学的兴起，对于文学艺术的形象的理论，都有着直接的影响。"③当然也有些学者认为，形象性是文学的基本特质，古代中国人的形象观念和理论与外来佛教无涉。不过佛教发达的造像艺术及其相关理论给予中土文

---

①《文心雕龙注》卷六《神思》，第493页。
②《与隐士刘遗民等书》，《广弘明集》卷二十七上，《大正藏》第52卷，第304页上。
③敏泽：《中国文学理论批评史》，人民文学出版社，1981年，第131、135页。

学思想以启发是不可否认的。

　　佛教的"形象"概念指相关联的两方面的内容。一是指直观的具象即寺塔、造像等,这在文化史上又被看做是造型艺术产品。佛教在这方面取得的成就是十分巨大的。再一方面是指经典表述使用形象方式。前面介绍翻译佛典的文学性质已清楚表明这一点。这两个方面自佛教初传中土均已造成巨大影响。从《牟子理惑论》记载的论辩看,佛典初传,其"广取譬喻"、"深妙靡丽"①的特征已让人们震惊。当时又正值印度和中亚佛教造像艺术兴盛时期,中土随之也兴起造像之风。造像成为中土人士亲近、认识、接受佛教的重要中介。这种状况对认识、总结文艺的形象理论给予启发是很自然的了。

　　慧皎说:

　　　　圣人资灵妙以应物,体冥寂以通神,借微言以津道,托形象以传真。②

这里"形象"一词则是指佛陀妙好庄严的身像,意思是说佛陀一方面利用言教来宣扬教义,另一方面用"形象"来传达"真理"。文学批评家刘勰则说:

　　　　双树晦迹,形像代兴,固已理精无始,而道被无穷者矣。③

这是说佛陀寂灭后出现造像,使得佛理借以传之无穷。慧皎、刘勰代表了六朝人对佛教"形象"的认识:他们已十分清楚地意识到"形象"对于宣扬佛教的巨大作用。

　　据现存翻译佛典,"形象"一语最早出现在东汉灵帝时来华的月支僧人支娄迦谶的译籍里。他于光和二年(179)所出《道行般若

---

①《弘明集》卷一,《大正藏》第 52 卷,第 4 页中—4 页下。
②《高僧传》卷八,第 343 页。
③《灭惑论》,《弘明集》卷八,《大正藏》第 52 卷,第 50 页下。

经》中有云：

> 譬如佛般泥洹后，有人作佛形象。人见佛形象，无不跪拜
> 供养者。其相端正妍好，如佛无有异，人见莫不称叹，莫不持
> 香花缯彩供养者。①

他同年又译有《般舟三昧经》，现存一卷和三卷二本。一卷本《四事
品》中说：

> 常造立佛形象，常教人学是法。②

三卷本的《四事品》则说：

> 菩萨复有是事，疾得是三昧。何等为四？一者作佛形象
> 若作画……③

又本土文献中最初出现肖像意义的"形象"一语的则是《东观汉
记》。这部书也形成于汉灵帝时期④。现在还不能确证汉语里的
"形象"一词是从翻译佛典里借用过来的，但在翻译佛典里开始大
量使用这一概念则是可以肯定的。

从佛教发展历史看，直到大乘佛教兴起，佛像制作才兴盛起
来。这与对佛陀的偶像化和随之而起的礼佛风气的兴盛有关系。
佛教在公元纪元前后传入中土，到东汉时期更大规模地输入，这正
是印度兴起制作佛像风气的时候。今本《四十二章经》说到汉明帝
永明年间(58—75)"遣使者张骞、博士弟子王遵等十二人，至大月
支国，写取佛经四十二章，在第十四石函中，登起立塔寺"⑤。这里

---

①《道行般若经》卷十《昙无竭菩萨品》，《大正藏》第 8 卷，第 476 页。
②《般舟三昧经》卷上《四事品》，《大正藏》第 13 卷，第 900 页。
③《般舟三昧经》卷上《四事品》，《大正藏》第 13 卷，第 906 页。
④《东观汉记·高彪传》："画彪形象，以劝学者。"又《吕氏春秋·慎大览·顺说》篇
　所谓"不设形象，与生与长"云云，"形象"一词含义不同，指具体事物。
⑤《四十二章经》，《大正藏》第 17 卷，第 722 页。

只说到塔寺，还没有涉及佛像。但《牟子理惑论》里说到同一事，则加上了"于南宫清凉台及开阳城门上作佛像。明帝存时，预修造寿陵，陵曰'显节'，亦于其上作佛图像"一节文字。后来东晋袁宏的《后汉纪》、宋范晔的《后汉书》亦有类似记述。又《三国志》上记载笮融治广陵等三郡，"大起浮图祠，以铜为人，黄金涂身，衣以锦采，垂铜盘九重，下为重楼阁道，可容三千余人，悉课读佛经"①。这是有关中土佛像最早的可靠记录，也反映了东汉民众礼拜佛像的实态。建国以后，在四川麻浩崖、山东沂南、内蒙古和林格尔等地陆续发现了东汉时期的佛像和有佛像的画像砖等，乃是佛教史和艺术史的宝贵资料。到东晋十六国时期，南北统治者提倡佛教，造寺立像作功德成为风气。据传"昔竺乾有康僧会者，初入吴，设像行道。时曹不兴见西国佛画，仪范写之，故天下盛传曹也。"②曹不兴被认为是中土第一位佛画家。此后晋代的卫协、张墨、司马绍、特别是名画家顾恺之，都善佛画。当时的画家们不但画佛陀像，还画过去七佛以及维摩诘等菩萨像。绘画之外，佛像雕造亦盛行一时。至今留存的青海永靖炳灵寺、甘肃天水麦积山、山西大同云冈、河南洛阳龙门、甘肃敦煌莫高窟等一大批石窟群，均凿造于南北朝时期。刘宋何尚之说："塔寺形像，所在千计，进可以击心，退足以招劝。"③沈约则说："夫理贵空寂，虽熔范不能传；业动因应，非形相无以感。"④当时人已普遍认识到"形象"在弘扬佛教中的重要作用，以至它被称为"象教"。

佛教造像对中国造型艺术以至整个艺术发展的影响是显而易见的。而其影响于文学的直接表现，则是文人们写了许多以造像为题材的作品，从而直接拓展了创作的内容和形式。而更值得探

---

①《三国志》卷四十九《吴书·刘繇传》。
②郭若虚：《图画见闻志》卷一。
③《答宋文帝赞扬佛教事》，《弘明集》卷十一，《大正藏》第52卷，第69页上。
④《竟陵王造释迦像记》，《全上古三代秦汉三国六朝文·全梁文》卷三十。

讨的是,佛教所使用的形象的表现方式在创作观念上对文人也产生了深远影响。这其中,佛典里涉及到"形象"有许多理论上的说明,直接关系到有关形象创作的理论。

《增一阿含经》记述佛像出现因缘。故事说,佛陀在祇树给孤独园说法,"四部之众,多有懈怠,替不听法,亦不求方便使身作证",佛陀只好往至三十三天为亡母摩耶夫人说法。其时四部之众"不见如来久",优填王与波斯匿王亦"渴仰欲见","遂得若患":

> 群臣白(优填)王云:"何以愁忧成患?"其王报曰:"由不见如来故也。设我不见如来者,便当命终。"是时群臣便作是念:当以何方便,使优填王不令命终?我等宜作如来形象。是时群臣白王言:"我等欲作形象,亦可恭敬承事作礼。"时王闻此语已,欢喜踊跃,不能自胜,告群臣曰:"善哉!卿等所说至妙。"群臣白王:"当亦何宝作如来形象?"是时王即敕国界之内诸奇巧师匠而告之曰:"我今欲作形象。"巧匠对曰:"如是,大王。"是时优填王即以牛头旃檀作如来形象,高五尺……①

波斯匿王闻知,亦以紫磨金作五尺如来形象,"尔时阎浮里内始有此二如来像"。而佛陀在世本来是反对偶像崇拜的。《十诵律》里有一段记载佛陀有关形象的意见:

> 尔时给孤独居士信心清净,往到佛所,头面作礼,一面坐已,白佛言:"世尊,如佛身像不应作,愿佛听我作菩萨侍像者。""善,"佛言,"听作菩萨。"又作是言:"佛本在家时,引幡在前,愿佛听我作引幡在前者。""善,"佛言,"听作引幡在前。"②

这里表现的是早期佛教"佛身像不应作"的观念,但已经可以作菩萨、侍者像。到《增一阿含经》宣扬造像的意义,显示了造像风俗形

---

① 《增一阿含经》卷二十八《听法品》,《大正藏》第2卷,第706页。
② 《十诵律》卷四十八《增一法》,《大正藏》第23卷,第355页。

成过程和连带的观念上的变化。

　　优填王造像故事本是一种朴素信仰心的流露。同时又可以知道，当初造像是取法现世佛陀的形貌的。就是说，造像模仿的是现实的"人"的形象。在信仰者的观念里，神圣的佛陀的面貌本是不应等同于常人的，因此相传他为太子时已有"三十二大人相"，如金色相、丈夫相、顶髻相等，再加上"八十种微妙好"，如声音洪亮、鼻梁修长、耳轮阔大等等。但这些所谓"相好庄严"本是古代印度传说中的圣王的外貌特征，还是人的相貌的夸张的表现。这就体现了佛教造像的一个原则：佛的形象是依据人的形象制作的。即使如后来密教的菩萨、明王等造像，相貌十分奇特诡异，大不同于凡人，但仍是人的外形的夸张表现。

　　但是作为宗教教主的造像身上寄托着另外的更深远的意义。就是说，佛的具体形象要体现他的精神境界并进而表现、宣扬他的教义。《无极宝三昧经》里有一段极富辩证意义的说明：

　　　　见佛像者为作礼。佛道威神岂在像中？虽不在像中，亦不离于像。①

因为形象是用泥土、石头、金属制作或画在墙壁、布帛上的，佛当然不在像中；但绝对的、无限的佛的精神却又通过相对的、有限的造像表现出来，因此他又不离于像。《法华经》大力宣扬形象崇拜，有偈说：

　　　　又诸大圣主，知一切世间，天、人、群生类，深心之所欲，更以异方便，助显第一义。②

这里所谓"第一义"即大乘深义。而"异方便"则指般若等六波罗蜜；还包括善软心，供养舍利，造佛塔，画佛像，以花、香、幡、盖供养

————————

①《无极宝三昧经》卷上，《大正藏》第 15 卷，第 512 页。
②《妙法莲花经》卷上《方便品》，《大正藏》第 9 卷，第 8 页。

佛塔、佛像,歌赞佛功德、礼佛等。这表明,造像本是方便施设,但却又具有显扬第一义的功用,所以又有偈说"若人为佛故,建立诸形象,刻雕成众相,皆已成佛道"。

《华严经》同样是大乘早期经典,其中也多论及形象,《十忍品》里有一偈说:

> 譬如工幻师,示现种种形。男、女、象、马、牛,园林、华果等。幻无所染着,亦无有住处。幻法无真实,所现悉虚妄。佛子亦如是,观察诸世间。有无一切法,了达悉入幻。①

按大乘佛教教理,我、法两空,因而宇宙万有的一切都如幻如化,而非真实。不但一切具体物象是空的,所有名相、概念也都是空的,所以《金刚经》上说"凡所有相皆是虚妄,若见诸相非想,即见如来"。而得到佛慧即"真实"的智慧,才能够从幻相中见"诸法实相"。《大涅槃经》里有佛说:

> 善男子,譬如画师以象杂彩画作众像,若男若女若牛若马。凡夫无智,见之则生男女等相,画师了知无有男女。菩萨摩诃萨亦复如是,于法异相观于一相,终不生于众生之相。何以故? 有念慧故。②

这里所谓"一相"就是"诸法实相"。就是说,具体的形象体现了更深刻的佛教义理的内涵。这样,佛典关于造像的说教又阐明了关系到文学艺术的另一个原则:形而下的具体形象是体现形而上的佛道的,即造像是以有形表无形、以相对表绝对的。在物质的、有形的形象中寄托着无限的精神内容。而从创作角度看,佛像之作为艺术品,其价值也正主要决定于其内涵的精神内容。

这样,形象对于宣扬佛法就有特殊的作用。《观佛三昧海

①《华严经》卷二十八,《大正藏》第 9 卷,第 584 页上。
②《大般涅槃经》卷二十《高贵德王品》,《大正藏》第 12 卷,第 496 页中。

经》说：

> 云何名为观诸佛境界？诸佛如来出现于世，有二种法以
> 自庄严。何等为二？一者先说十二部经，令诸众生读诵通利，
> 如是种种，名为法施；二者以妙色身示阎浮提及十方界，令诸
> 众生见佛色身具足庄严、三十二相、八十种随形好、无缺减相，
> 心生欢喜。①

又说：

> 佛告阿难："如从今日持如来语遍告弟子，佛灭度后，造好
> 形像，令身具足，亦作无量化佛色像，及通身光，及画佛迹，以
> 微妙彩及颇梨珠安白毫处，令诸众生得见是相。但见此相，心
> 生欢喜，此人除却百亿那由他恒河沙劫生死之罪。
>
> 若有众生于佛灭后，造立形象，幡、花、众香持用供养，是
> 人来世必得念佛清净三昧；若有众生知佛下时种种相貌，系念
> 思维，必自得见。②

就是说，佛在世时已有意以色身教化众生，认为这与宣说佛典有着
同样的作用；那么佛灭度后制作、礼拜佛的形象，也就是在宣扬佛
的教义，也会起到教化作用。

由于佛教造像寄托着深微教义，人们通过观看、礼拜具体的形
象来忆念佛陀，思念佛法，体悟佛的境界，从而启发、增强信仰心。
形象的这种作用又通于文学艺术创造的另一个原则：有限的形象
会引发人无限的联想，体现在形象中的作者的主观意图有限而接
受者的联想、发挥是无穷的。这也是优秀的文学艺术作品具有强
大感染力的重要根据。

支娄迦谶译有《般舟三昧经》，这是一部宣扬大乘禅观的早期

①《序观地品》，《大正藏》第15卷，第647页。
②《观四威仪品》，《大正藏》第15卷，第675、678页。

经典。"三昧"又译作"定",指内心修证得到的专注一境、使不散乱的精神状态;"般舟三昧"又称"佛立三昧",意谓修此禅定则佛立现前。这是宣扬观像念佛的重要经典,其中说:

> 菩萨如是持佛威神力,于三昧中立,在所欲见何方佛,欲见则见。①

根据佛教"心性本净"说,以心性洁净故,自我观照,则可自见其影,进入清净的禅定境界。经中又说到做四件事即迅速得到这种三昧,第一件就是"作佛形象,若作画"②。《华严经》提出心、佛与众生,是三、无差别,也主张心、佛是一致的,心自然能够映现佛的境界。《观佛三昧海经》集中宣扬观佛思想,其中说:

> 未来世中,诸善男子、善女人等,及与一切,若能至心系念在内,端坐正受,观佛色身,当知是人心如佛心,与佛无异。③

又说:

> 佛告阿难:"我涅槃后,诸天、世人,若称我名及南无诸佛,所获福德,无量无边,况复系念、念诸佛者,而不灭除诸障碍耶?"④

这些都强调"系念思索,心不散乱"地念佛的神秘作用。这部经典用更大的篇幅描写了观佛时的心理状态,实际是宗教幻想境界。一共写了六十三观——观想佛顶、佛发、佛额直到佛足等等的相好。在观想过程中,激发起对于佛陀的伟大超凡的想象。如在观"降魔时白毫光相"时,就出现了佛与魔王、地狱作斗争以及地狱、恶鬼恐怖的联想;观"如来成佛时大人相",就出现了广大美丽的化

①《般舟三昧经》卷上《行品》,《大正藏》第13卷,第905页。
②《般舟三昧经》卷上《四事品》,《大正藏》第13卷,第906页。
③《观佛三昧海经》卷一《六譬品》,《大正藏》第15卷,第646页。
④《观佛三昧海经》卷三《观像品》,《大正藏》第15卷,第661页。

佛世界。这样,观照具体的形象,系念佛的境界,思维也就沉浸在宗教幻想之中了。

　　《离垢施女经》里离垢施女对佛发十八问,其中一项是作佛形象的作用,佛答曰:

　　　　作佛形像坐莲花上,又以青、红、黄、白莲花,捣末如尘,具足擎行,供养如来,若散塔、寺……若能习是德称行,则得化生尊导前。①

这里说的是幻想中见佛。《般舟三昧经》里则说:

　　　　比丘、比丘尼、优婆塞、优婆夷,持戒完具,独一处止,心念西方阿弥陀佛……一心念若一昼夜,若七日七夜,过七日以后见阿弥陀佛,于觉不见,于梦中见之。②

这里则说梦中见佛,似乎更合乎情理。净土经典宣扬"接引佛"观念,谓持念阿弥陀佛或观音、势至,他们在人临终前会亲自降临,接引人往生西方净土。这当然也是一种宗教幻想。其中《观无量寿经》集中宣扬观想念佛的禅观,一一描述观想西方净土的十六观,说道:

　　　　如来今者,教韦提希及未来世一切众生,观于西方极乐世界。以佛力故,当得见彼清净国土,如执明镜自见面像,见彼国土极妙乐事,心欢喜故,应时即得无生法忍。③

这实际也是虔诚的信仰者沉溺于宗教玄想出现的幻觉。这十六观可以分为三类:前七观分别是日想观、水想观、地想观、宝树观、宝池观、宝楼观、花座观,被称为"依报",所观的是佛国土;其次六观:像观、真身观、观音观、势至观、普观、杂观,称为"正报",是观佛;最后三观是上辈生想观、中辈生想观、下辈生想观,是观三辈九品往

———————

①《离垢施女经》,《大正藏》第 12 卷,第 95 页。
②《般舟三昧经》卷上《行品》,《大正藏》第 13 卷,第 905 页。
③《观无量寿经》,《大正藏》第 12 卷,第 341 页。

生行相。经中说当对这一一对象持续观想时,就会出现其美好庄
严的形象。如观想"花座",就会出现"无量寿佛住立空中,观世音、
大势至是二大士侍立左右,光明炽盛不可具见,百千阎浮檀金色不
可为比"的灿烂美好景象。这就把观想中的幻相全然落实了。在
中土佛教传说里,有无数人在垂死时见到"西方三圣"手持香花、
"金台"前来迎接的故事,被当成净土信仰的有力证据。

　　正因为造像在显扬佛法方面具有如此重大的意义,它从而也
就成为重大的功德。大乘佛典里有许多宣扬这种功德的。如《作
佛形像经》说:

　　　　作佛形像,后世得福无有穷极尽时,不可复称数。四天下
　　江海水尚可斗量枯尽,作佛形像其得福过于四天下江海水十
　　倍,后世所生为人所敬护。作佛形像譬若天雨水,人有好舍,
　　无所畏……①

经中又详细叙说这种福报有身体完好、生富贵家以及离恶道、升梵
天等等。此外如《造立形象福报经》、《大乘造像功德经》等许多经
典都是宣扬造像功德的。

　　上述佛教关于形象的一系列观点,与文学的形象性原则又有
原则区别。主要体现在两个方面。一是佛教教理把"像"或"相"当
作"感取",割断了它们与现实生活的关系,而文学创造形象乃是现
实生活的典型化;再是佛教把形象单纯看做是一种施设、手段,而
文学形象作为艺术创造,饱含丰富的内涵,本身具有一定的独立客
观意义。不过佛教有关形象的理论,确实涉及艺术创作的一些根
本原则,富于辩证内容,又是中国传统学术较少探讨的,因而也就
产生了相当大的影响。

　　如上所说,自东汉佛教初传,造像风气已逐渐兴盛起来。到南

---

①《作佛形像经》,《大正藏》第 16 卷,第 788 页。

北朝时期,造像更形成高潮。特别是在北方,兴造起一大批穷极壮丽的石窟寺,更极大地促进了造像艺术的发展,扩大了它们的影响。另一方面,到这一时期已经传译、介绍了更多富于形象性的经典,成为认识、理解形象理论的文字资料。受到上述关于形象的理论的启发,中土僧俗也议论、总结出对于形象的看法。

当初慧远与刘遗民等在无量寿佛像前立誓往生西方,令刘遗民作文,其中说:

> 盖神者可以感涉,而不可以迹求。必感之有物,则幽路咫尺;苟求之无主,则渺茫何津。①

这里认为,佛教中的神理,即所谓真如、实相等等,本是没有形迹可求的;但感知它则必须借助外物的形象。慧远也写过不少赞佛文字,其中也有赞佛像的。如他在《晋襄阳丈六金像颂并序》中说:

> 每希想光晷,仿佛容仪,痛寐兴怀,若形心目……夫形、理虽殊,陛涂有渐;精粗诚异,悟亦有因。是故拟状灵范,启殊津之心;仪形神模,辟百虑之会。②

这就是说,佛的形象本是意识上"希想"、"仿佛"的创造,是有形的粗迹,但却又是悟解更精微的义理的助因。他在《万佛影铭序》中也表明了相似的观点。

竺道生主张"观理得性"、"顿悟成佛",他对佛的形象有如下看法:

> 法身真实,丈六应假,将何以明之哉?悟夫法者,封惑永尽,仿佛亦除,妙绝三界之表、理冥无形之境。形既已无,故能无不形;三界既绝,故能无不界。无不形者,唯感是应。佛,无为也。至于形之巨细,寿之修短,皆是接众生之影迹,非佛实

---

① 《慧远传》,《高僧传》卷六,第 214 页。
② 《广弘明集》卷十五,《大正藏》第 52 卷,第 198 页中—198 页下。

也……然则丈六之与八尺，皆是众生心水中佛也。①

他认为法身佛是绝对，绝对的东西本不能用有形的东西来表现，但既为绝对，必然具有普遍性。因此八尺的化身佛和丈六的佛像都是感应的形迹。这也是指出形象的意义和作用。

另一方面，两晋以来，文学艺术中更多"形"、"神"关系的议论，出现普遍的重视"神"的观念。这与汉末以来人物品评风气有直接关系，而佛教教理的相关观念也起了一定作用。如支遁、孙绰、慧远等著名僧俗人物都主张"体道尽神"，不受"言教"、"形器"的束缚。六朝画论里谈形神、重神似也成为风气。文学创作中也同样。如《世说新语》，无论其中表述的观念，还是具体艺术体现，都更注重风神、风流的表现。《文心雕龙》在这方面也提出一系列主张。

南北朝时更有许多人强调"形象"的感化、教育作用。如释道高说：

> 闻法音而称善，刍狗非是空陈；睹形象而曲躬，灵仪岂为虚设。②

沈约说：

> 夫理贵空寂，虽熔范不能传；业动因应，非形相无以感。是故日华月彩，照耀天外；方区散景，咫尺尘方。③

这都表明当时人对于形象作用有了更清晰的认识。

总之，魏、晋以来传译的佛教经典对于"形象"理论做了相当充分的阐发，进行十分广泛的宣传。涉及到形象的塑造、形象的特质、形象的作用、形神关系等重大问题，与文学艺术的形象理论确

---

① 《注维摩诘经》卷二，《大正藏》第38卷，第343页上。
② 《重答李交州书》，《弘明集》卷十一，《大正藏》第52卷，第71页上。
③ 《竟陵王造释迦像记》，《全上古三代秦汉三国六朝文·全梁文》卷三十，第3123页。

有相通之处。在汉代以来思想意识领域居统治地位的经学，比较忽视对于文学自身特质的研究，当时又恰值中土文学自觉兴起的时期，佛教在这方面提供的借鉴和影响就更为宝贵和突出。

以上，简单介绍魏晋以来佛典翻译和中国佛教义学发展影响文学思想演进的几个方面。理论观念上的转变必然在创作实践中体现出来。仅从这一个的角度看，佛教对中国文学发展的影响就是不可低估的。

二、言、意关系问题

佛教教理影响于中国文学思想（实际还关系哲学中的认识论、方法论等诸多领域）、进而作用于创作实践还有一个言、意关系问题。文学创作以语言为工具，语言是文学的基本材料。文学是语言艺术，是利用语言来塑造形象、创造意境从而表达思想感情的，而形象所传达的内容会大大超出语言的本来含义。这就造成了文学语言的一系列特色，同时在文学创作实践中也就出现了言、意之间的差异以至矛盾现象。

在中国古代，人们早就注意到这个问题。例如孟子讲"以意逆志"，王充讲"艺增"、"语增"，都直接讨论到语言的夸饰效果，实际上也涉及文学语言的特点。在魏晋玄学中，"言不尽意"和"圣人有情"、"声无哀乐"等，都是为确立本体论而讨论的中心问题。这些问题都与文学相关，而"言不尽意"关系更为直接、紧密。从玄学的本体论看来，本体只能是绝对，是形而上的抽象，它不能等同于任何事物，因而也不能用语言来表达。使用语言就要利用概念、判断、推理；而这些都是限制。能用有限制的东西表达的事物就不是绝对，而是相对，所以绝对的"意"和相对的"言"必须区别开来，这就要肯定"言不尽意"。汤用彤先生曾指出："玄学体系之建立，有赖于言意之辩"①。但是，这种主张也面临一个不可克服的矛盾：强调理冥而言废、忘觉而智全的玄学体系，却正是利用思辨的语言建立起来的。这样，玄学家们又不得不承认语言作为一种达意手段的作用，所以又提出"得意忘言"或"寄言出意"的观念。因此，玄学虽然不承认语言与本体有什么一致性，却又不得不肯定它是一种"筌蹄"。玄学的这套看法，对于深化人们对语言功能的认识，探索语言与思维、思维与存在的辩证关系，是有积极意义的。

玄学对于言、意关系的认识，本来与佛学有一致之处。中国佛学在这个问题上，是继承了玄学的思路来加以发挥的。佛教初传多利用玄学语言，这也是一个重要表现。

佛教的诸法实相是绝对的，因此它也就不能用具体的语言名相来表现，这就是所谓"言语道断，心行灭处"。用龙树的话说：

> 一切法实性，皆过心、心数法，出名字、语言道。②

《维摩诘经》中文殊师利率众佛弟子等去维摩方丈问疾时讨论到"不二法门"，维摩诘的答辩是沉默。因为说明绝对真实的道理，任何相对的语言都不能表达。"维摩之默"正体现对无言无相的绝对真实的深刻理解。但是佛教遇到的矛盾也与玄学相同：既然否定了名言文句，那么三藏十二部经又为什么创造出来？佛、菩萨又为什么那么热心地说法布道？大乘中观学派的"中道"观调和了这个矛盾。《金刚经》中立二十七个主题，说明一种非有非无的道理，每一个主题都用肯定与否定相统一的公式来表达。如说"佛说般若，即非般若，是名般若"，意思就是：般若正智本来不是可以用名言表达的，那么已经形之言说的就不是般若，然而般若之"名"却只能用语言来确定，所以它是不可言说又是不得不用言说的。《光赞般若经》说：

①《言意之辩》，《汤用彤学术论文集》，中华书局，1983年，第215页。
②《大智度论》卷一百《释昙无竭品》，《大正藏》第25卷，第753页上—753页中。

　　　　诸佛之法，亦无实字，但假号耳。①

文字相是一种虚幻的假相，但这个假相却可以利用来表示实相。
现代语言学认为语言是一种符号，是思维的外壳，而思维与存在有
一致性。佛教也认为语言是符号，又肯定真空与假有是统一的，所
以它与那个唯一真实存在的实相也有某种一致性。语言不能等同
于实相，它只是表达手段而已；但它作为表达手段又是必要的。所
以佛典中又经常强调语言作用的这一方面。《持世经·本事品》
要求：

　　　　善知诸法实相，亦善分别一切法、文辞、章句。②

龙树的《大智度论》言"空"最彻底，在语言问题上，他认为一切可说
都可破，因而"语言度人皆是有为虚诳法"③。但是他又说：

　　　　是般若波罗蜜因语言文字章句可得其义，是故佛以般若
　　经卷殷勤嘱累阿难……
　　　　语言能持义亦如是。若失语言，则义不可得。④

佛典中经常说到智者以譬喻得解；又经常用指月的譬喻，《楞严
经》说：

　　　　如人以手指月示人，彼人因指当应看月，若复观指以为月
　　体，此人岂唯亡失月轮，亦亡其指。⑤

这是说语以得义，而义非语，正如人以指月，应当视月而不视指。

――――――

①《光赞般若波罗蜜经》卷三《摩诃般若波罗蜜了空品》，《大正藏》第8卷，第
　168页中。
②《持世经》卷四《本事品》，《大正藏》第14卷，第663页中。
③《大智度论》卷三十一《释初品中十八空义》，《大正藏》第25卷，第291页中。
④《大智度论》卷七十九《释称扬品》，《大正藏》第25卷，第619页中、620页上。
⑤《首楞严经》卷二，《大正藏》第19卷，第111页上。

因而,在佛的"五力"中,"语说"、"随宜"、"方便"都包含在内①。说法教化是一种慈悲,也是一种功德。重要的是要对语言无所贪著,远离一切绮语、戏论。而实际从一定意义上讲,不少佛典正是运用语言的范例。无论是《般若》的方便说法,还是《法华》的开权显实,都显示了卓越的语言艺术。

中国的佛教义学家们在介绍佛教原典理论的基础上,对言、意关系问题也作了发挥。例如道安说:

> 圣人有以见因华可以成实,睹末可以达本,乃为布不言之教,陈无辙之轨,阐止启观,式成定谛。②

他认为至理无言,尚文迷质,因此言不能尽意,佛教应是"不言之教";但他又用老子的"可道"与"常道"来说明佛法真谛与语言的关系,语言是"可道"的,并非"常道",但"此两者同谓之智,而不可相无也"③。

僧肇的说法则更富于辩证色彩,也更为明确:

> 经云:般若义者无名无说,非有非无,非实非虚,虚不失照,照不失虚。斯则无名之法,故非言所能言也。言虽不能言,然非言无以传。是以圣人终日言,而未尝言也。④

本来是名由惑取,至道无名,因此无言无相才能达到真解脱。但这无言之法,却非言无以传。本来维摩不言,是在沉默中表现了千言万语说不尽的真实义谛;僧肇却认为终日言正等于无言,因为言语的表面之后包含着更深刻的内涵。僧肇说的是"维摩之默"的另一面。

名言非实相,而非名言又无以表实相。所以慧远说:

──────────

① 《思益梵天所问经》卷二《解诸法品》,《大正藏》第 15 卷,第 40 页中。
② 《道地经序》,《出三藏记集》卷十,第 367 页。
③ 《合放光光赞随略解序》,《出三藏记集》卷七,第 267 页。
④ 《肇论·般若无知论》,《大正藏》第 45 卷,第 153 页下。

非言无以畅一诣之感。①

僧祐说：

> 夫神理无声，因言辞以写意；言辞无迹，缘文字以图音。
> 故字为言蹄，言为理筌，音义合符，不可偏失。是以文字应用，
> 弥纶宇宙，虽迹系翰墨，而理契乎神。②

慧皎说：

> 圣人资灵妙以应物，体冥寂以通神，借微言以津道，托形
> 象以传真。③

正如前面指出的，语言修辞上有夸张、比喻、指代等手法，词汇又有引申、褒贬等含义，因而言辞的本义和具体语言环境下的意义就会有所差异，所以才产生"以意逆志"的问题。而文学语言的包蕴更特别丰富。一方面文学创作在语言的主观运用上有相当大的随意性，可以使用各种修辞和表现手法造成语意的歧异、矛盾、模糊；另一方面语言创造形象，而形象包含着超过作者主观意图的客观意义。所以在文学作品中，语言的内在含义远大于其本来的意义。这也可以说是"言不尽意"，或"言有尽而意无穷"。玄学和佛教关于言意之辨的理论，对于总结、说明以至发挥文学语言的这种特性是有一定的启发作用的。在佛家那里，世俗语言所表达的是本非言相所示的精微神秘的绝对真实；在文学作品中，语言则应表现超出言外的深刻内涵。二者目的不同，但在思维形式上却有共同之处。

　　佛家关于言、意的理论，对中国文学特别是诗歌的发展影响非常深远。六朝时已有些文人议论到这个问题。谢灵运给范泰的一

---

① 《与隐士刘遗民等书》，《广弘明集》卷二十七，《大正藏》第 52 卷，第 304 页中。
② 《胡汉译经文字音义同异记》，《出三藏记集》卷一，第 12 页。
③ 《义解论》，《高僧传》卷八，第 342 页。

封谈诗的信说：

> 故人有情，信如来告，企咏之结，实成饥渴。山涧幽阻，音尘阔绝，忽见诸赞，叹慰良多，可谓俗外之咏。寻览三复，味玩增怀，辄奉和如别。虽辞不足观，然意寄尽此。①

这里谈诗，强调的是"意寄"，并把它与"辞"相对待。他称赞范泰诗为"俗外之咏"，也是从意的方面着眼的。而在言、意的关系上，范晔（398—445）的意见则更为完整而中肯：

> 常耻作文士。文患其事尽于形，情急于藻，义牵其旨，韵移其意，虽时有能者，大较多不免此累。政可类工巧图缋，竟无得也。常谓情志所托，故当以意为主，以文传意。以意为主，则其旨必见；以文传意，则其词不流。然后抽其芬芳，振其金石耳。此中情性旨趣，千条百品，屈曲有成理，自谓颇识其数。尝为人言，多不能赏，意或异故也。性别宫商，识清浊，斯自然也。观古今文人，多不全了此处。纵有会此者，不必从根本中来。言之皆有实证，非为空谈。年少中谢庄最有其分，手笔差易，文不拘韵故也。吾思乃无定方，特能济难适轻重，所禀之分，犹当未尽。但多公家之言，少于事外远致，以此为恨，亦由无意于文名故也……②

这是一篇重要的文论，其中涉及问题较多。这里指出其中两点：一是文章应"以意为主，以文传意"，文字达意即可，不能流荡而忘返；二是强调"事外远致"，即这个"意"是情志所托，应该在文章所写事象之外表现出更深刻的旨趣。同时他还指出，自己所写"多公家之

---

① 《答范光禄书》，《全上古三代秦汉三国六朝文·全宋文》卷三十二，第2611页。

② 《狱中与诸甥侄书以自序》，《全上古三代秦汉三国六朝文·全宋文》卷十五，第2519页。

言",所以不能发挥"文"才。这是指他的主要著述是史书,而真正能表现"事外远致"的是"文",即今天所说的文学创作。从范晔以后,中国诗文理论中论"言外之意"的很多,实际都是从六朝言意理论基础上加以发挥的。

三、"境界"理论

印度大乘佛教发展到约公元 4—5 世纪,由弥勒、无著、世亲等人创立了瑜伽行派。这一学派的著作很快就传译到中国。梁、陈之际的真谛已较系统地传译了这一学派的著作,中国也出现了弘扬瑜伽唯识之学的摄论宗。到了唐初,玄奘西行求法,正值这一派在印度发展到极盛。玄奘系统译介了这一派代表著作《瑜伽师地论》、《解深密经》等,并"糅译"印度唯识学十大论师对世亲《唯识三十颂》的注释为《成唯识论》,以之为典据创立了中国的唯识宗或称法相宗,成为他在中国佛教史上的主要贡献之一。这一宗作为独立宗派,经两传即已衰微,但它的理论思想却留下了巨大影响,传习不绝。特别是关于认识论方面的丰富的理论成果,被其他宗派所汲取,也被其他学术思想领域所借鉴。中国文学中的"境界"说,就直接受到它的影响。

所谓"瑜伽",是一种通过现观悟解佛法的"绝对真实"的修持方式。现观是指不通过语言的神秘的感悟。《显扬圣教论·成瑜伽品》说:"正慧能到彼岸,是大菩提最胜方便,故名瑜伽。"[1]之所以能实现这种现观,是因为"万法唯识"。瑜伽行派的中心思想是在中观学派主张我、法两空的基础上进一步论证了外境空。为了证

①《显扬圣教论》卷十七,《大正藏》第 31 卷,第 563 页中。

成外境空,它对人的认识进行了细密的分析。这种分析主要是繁琐的、唯心的诡辩,但在有关认识层次与功能、人的认识的主观能动性等问题上,却不无合理的成分。

佛家把色、声、香、味、触、法叫作"六境"或"六尘",加上"六根"(眼、耳、鼻、舌、身、意)和"六识"(眼识、耳识、鼻识、舌识、身识、意识)叫做"十八界",统称为"境界"。在瑜伽行派看来,除了心识之外,没有任何独立存在的客观实在。这心识分成三类即阿赖耶识、末那识和前六识,总计是八识。这三类八识又称"三能变",因为"内识生时,似外境现"①。《成唯识论》中说:

> 外境随情而施设故非有如识,内识必依因缘生故非无如境……境依内识而假立故唯世俗有,识是假境所依事故亦胜义有。②

这后两句是说"境"本依识而存在,它是"世俗有";"识"为境所依,所以是"胜义有"。"胜义有"即真实的存在。在唯识看来,唯有"识"才是真实的。前两句是说"境"与"识"的关系,两者是互为因缘的。世亲《唯识三十论颂》有一偈说:

> 是诸识转变,分别、所分别,由此彼皆无,故一切唯识。③

这里是解释为什么"一切唯识"。唯识学家把每一识体分为两个部分,一部分是见分,即分别,这是能缘虑的一面;另一部分是相分,即所分别,这是所缘虑的一面。《成唯识论》卷七解释这个偈说:

> 彼实我、法,离识所变,皆定非有。离能、所取,无别物故。非有实物,离二相故。是故一切有为无为,若实若假,皆不离识……或转变者,谓诸内识,转似我、法外境相现。此能转变,

①世亲《唯识二十论》,《大正藏》第31卷,第74页中。
②《成唯识论》卷一,《大正藏》第31卷,第1页中。
③《大正藏》第31卷,第61页上。

> 即名分别,虚妄分别为自性故。谓即三界、心及心所,此所执
> 境,名所分别。即所妄执实我、法性,由此分别,变似外境、假
> 我、法相。彼所分别实我、法性,决定是无。①

这就是说,外境是诸识转变而成的。诸识以自己的见分来缘虑自
己的相分,由分别去分别所分别,从而产生了"境"。所以《唯识三
十论颂》上又说:

> 由一切种识,如是如是变。以展转力故,彼、彼分别生。②

因此,"皆唯有识,无有境界"③。但是,内识本身也不是一成不变
的,它的转变在缘境依根中产生。这样由境又能产生新的识。这
也是清除识体的污染使之不断清净,从而修证成正果的条件。

　　以上,是唯识学关于识与境关系理论的简单说明。这种理论
是唯心的、头脚倒置的,但在说明认识与实践的一致性及其相互转
化上又确实有辩证的、合理的因素,特别是在阐述认识的能动作用
方面是有真理内容的。从文学的角度看,文学是反映现实生活的,
不是作家的随意的主观臆造,因而文学创作的规律与唯识的认识
论根本不同。但文学反映的现实又要经过作家的头脑,它又是一
种主观创造,文学作品中所反映的"境"确实不能离"识"。这样,唯
识的境界说又与文学有相通之处。特别是在古代中国文学中,一
方面在理论上对创作的主观方面的研究比较贫乏;另一方面由于
有悠久丰富的抒情诗传统,创作中又特别富于主观性。在这样的
矛盾中,唯识的"内识转似外境"④的理论被借鉴、发挥,形成了中国
文学理论中的境界说。

---

① 《成唯识论》,《大正藏》第 31 卷,第 38 页下。
② 《大正藏》第 31 卷,第 61 页上。
③ 《摄大乘论本》卷中,《大正藏》第 31 卷,第 138 页中。
④ 《成唯识论》卷一,《大正藏》第 31 卷,第 1 页中。

　　中国诗论中最早论述境界问题的是诗僧皎然①。此后在中、晚唐,论诗境成为风气。与上述唯识的认识论关联密切的,主要是关于如何创造诗境的问题,而不是诗的境界如何表现的问题。

　　首先是所谓"取境"。

　　按机械的反映论看来,外物作用于人,每个人的感受应该都是一样的。但人的认识是有思想感情的积累的。按唯识的理论,识体中包含着历劫因缘中承袭下来的清净或污染种子。这种种子转变为现行,就造成了不同的境。而文学家在反映现实时由于主观的选择、概括、评价作用,对于同样的事物也可能创造出不同的境界。唯识家说"唯识无境",境由识变;文学家则说"取境"。皎然《诗式》的一个主要观念就是取境:

　　　　夫诗人之思初发,取境偏高,则一首举体便高;取境偏逸,则一首举体便逸。才、性等字亦然……②

这就是说,"境"为作者主观所"取",而这所取之"境"的高低决定了创作的成果。这个意思皎然在诗文中经常提到,如《诗式·总序》:

　　　　彼天地、日月、元化之渊奥,鬼神之微冥,精思一搜,万象不能藏其巧。③

《诗式·立意总评》:

　　　　诗人意立变化,无有倚傍,得之者悬解其间。④

这里"悬解"一语出《庄子·养生主》:"适来夫子时也,适去夫子顺

①"境"的概念在六朝时已输入画论和书论。以"境"评诗,已见殷璠《河岳英灵集》和高仲武《中兴间气集》,但都是在"境地"、"境况"的含义上用这一概念的。
②《诗式》卷一,张伯伟编《全唐五代诗格汇考》,上海古籍出版社,2002年,第241—242页。
③《诗式》卷一,《全唐五代诗格汇考》,第222页。
④《诗式》卷一,《全唐五代诗格汇考》,第346页。

也,安时而处顺,哀乐不能入也,古者谓是帝之县解。"①"县"与"悬"通。郭注:"冥神任运,是天之县解也。"皎然是在"心识"的含义上用这一个词的。又如他的《白云上人精舍寻杼山禅师兼示崔子向何山道上人》诗:

> 积疑一念破,澄息万缘静。世事花上尘,惠心空中境。②

《奉应颜尚书真卿观玄真子置酒张乐舞破阵画洞庭三山歌》:

> 如何万象自心出,而心淡然无所营。③

《酬秦系山人题赠》:

> 石语花愁徒自诧,吾心见境尽为非。④

《白云歌寄陆中丞使君长源》:

> 逸民对云效高致,禅子逢云增道意。白云遇物无偏颇,自是人心见同异。⑤

总之,诗境的所取,决定于人的主观。他又有专门的"取境"一条:

> 取境之时,须至难至险,始见奇句。成篇之后,观其气貌,有似等闲不思而得,此高手也。有时意静神王,佳句纵横,若不可遏,宛如神助。不然,盖由先积精思,用神王而得乎?⑥

这样,诗歌中的奇句,是由于"先积精思",取"至难至险"之境而得。而"取境"这一概念,又正出自瑜伽行派的理论。世亲《大乘五蕴论》解释"想蕴":

---

① 《庄子注》卷二。
② 《全唐诗》卷八百一十六,第 9185 页。
③ 《全唐诗》卷八百二十一,第 9255 页。
④ 《全唐诗》卷八百一十六,第 9195 页。
⑤ 《全唐诗》卷八百二十一,第 9258 页。
⑥ 《诗式》卷一,《全唐五代诗格汇考》,第 232 页。

> 云何想蕴？谓于境界取种种相。①

安慧《大乘广五蕴论》说：

> 云何想蕴？谓能增胜取诸境相。增胜取者,谓胜力能取,
> 如大力者,说名胜力。②

《成唯识论》卷三解释"想"与"思"两个偏行心所：

> 想：谓于境取像为性,施设种种名言为业。谓要安立境分
> 齐相,方能随起种种名言。
>
> 思：谓令心造作为性,于善品等役心为业。谓能取境正因
> 等相,驱役自心令造善等。③

《百法明门论》普光疏说：

> 领纳外尘,觉苦知乐,如是取境,名之为"受"。④

因此,"取境"是心理作用,而且可以随之用语言表现出来。皎然所
说的正是创作中的这种心理活动。

　　"取境"说强调了诗人在创作中的主观能动性,也有助于总结
唐代诗歌创作上的特色。因而不少人提出了相似的看法。如刘禹
锡说：

> 能离欲则方寸地虚,虚而万景入,入必有所泄,乃形乎
> 词……因空而得境,故翛然以清；由慧而遣词,故粹然以丽。⑤

---

①《大正藏》第 31 卷,第 848 页中。
②《大正藏》第 31 卷,第 851 页中。
③《大正藏》第 31 卷,第 11 页下。唯识学认为"八识"是精神作用的主体,故称
　　"心王"；与之相应而起的心理活动与精神现象称为"心所有法",简称"心
　　所"。"偏行"指与一切识俱起。"想"是五蕴之一；在对诸法的分析中又是
　　"心所"。
④《百法明门论疏》卷上,《大正藏》第 44 卷,第 55 页下。
⑤《秋日过鸿举法师寺院便送归江陵》,《刘宾客文集》卷二十九。

这是说僧人写诗，由于内心清净取境亦清净，即所谓"虑静境亦随"①。白居易诗说：

> 凡此十五载，有诗千余章。境兴周万象，土风备四方。②
> 暖有低檐日，春多飏幕风。平生闲境界，尽在五言中。③
> 尽在前轩卧，神闲境亦空。有山当枕上，无事到心中。④

像这些诗，都说出了主观情志决定诗境的道理。

第二是所谓"造境"。

这比"取境"又进了一步。前面说到佛家所讲的"心"有集起作用，即万法由心所生。从这个意义上说，境又是心造的。《大乘广五蕴论》解释"识蕴"：

> 云何识蕴？谓于所缘，了别为性。亦名心，能采集故；亦名意，意所摄故。

这样，心识就有创造功能⑤。

在文学上，吕温提出了"造境"，评诗时说到"研情比象，造境皆会"⑥。刘禹锡讲到"境生于象外"，说"片言可以明百意，坐驰可以役万景"⑦，也是讲心识的创造功能。中唐时期出现的托名王昌龄的《吟窗杂录》本《诗格》总结诗有三境：物境、情境、心境。如果加以分析，前者可以说是所取之境，后二者就可以说是所造之境。《诗格》中说：

> 神之于心，处身于境；视境于心，莹然掌中。

----

① 《和河南裴尹侍郎宿斋太平寺诣九龙祠祈雨二十韵》，《刘宾客文集》卷二十三。
② 《洛中偶作》，《白氏长庆集》卷八。
③ 《偶题阁下厅》，《白氏长庆集》卷十九。
④ 《闲卧》，《白氏长庆集》卷二十三。
⑤ 《大正藏》第 31 卷，第 854 页中。
⑥ 《联句诗序》，《吕衡州集》卷三。
⑦ 《董氏武陵集纪》，《刘宾客文集》卷十九。

久用精思,未契意象,力疲智竭,放安神思,心偶照境,率
然而生。①

这都是形容诗境是由心识中产生出来的。"造境"也涉及到某一类
诗歌的创作特征。现在人们评论为浪漫主义的作家就多用造境。
在西方文论中,把文学创作分为现实的和理想的两类的言论自古
多有。在中国强调"造境"则自唐代始。

第三是所谓"缘境"。

窥基解释色法,说"所依之根唯五,所缘之境则六"②。按唯识
理论,缘境能生出新的"识"。外境作为"相分",乃是产生新的
认识的一种"缘",叫做"所缘缘"。意思是本是所缘虑的对象的
"境"又成为一种"缘"。这种"所缘缘"又分为两种,即"亲所缘
缘"——认识的直接对象,和"疏所缘缘"——根身器界(即物质
世界)。所以"识"所转变的境一经产生,就会发生积极的能动
作用。

在文学创作中,作家"取境"、"造境"之后,又可以从这个心造
的"境"之中生发出新的情思。所以创作中也有"缘境"的问题。皎
然说:"诗情缘境发"③。是说从诗境中生发出新的诗情。唐代文学
家,又是佛学家的梁肃说:"心迁境迁,心旷境旷。物无定心,心无
定象。"④对佛教很有修养的权德舆则说:"凡所赋诗,皆意与境会。
疏导情性,含写飞动,得之于静,故所趣皆远。"⑤这都说明了意与境

---

①张伯伟整理:《诗格》卷下,《全唐五代诗格汇考》,第 172、173 页。关于王昌
　龄撰《诗格》及今传本真伪,参阅上引书第 145—148 页。
②《大乘百法明门论解》卷下,《大正藏》第 44 卷,第 50 页中。
③《秋日遥和卢使君游何山寺宿敫上人房论涅槃经义》,《全唐诗》卷八百一十
　五,第 9175 页。
④《心印铭》,《全唐文》卷五百二十,第 5264 页。
⑤《左武卫胄曹许君集序》,《文苑英华》卷七百一十三,中华书局,1995 年,第
　3680—3681 页。

相互启发的关系。

这样,由心造境,缘境生情,如此反复,不但使得情境交融,而且表达上不断深化。正因此,皎然提倡"重意",即诗要有"两重意以上,皆文外之旨……但见情性,不睹文字"①。他又主张"情多兴远",要求作诗"气高而不怒"、"力尽而不露"、"情多而不暗"、"才赡而不疏"②。他称赞谢灵运的"池塘生春草"诗句是"情在言外,故其辞似淡而无味,常手览之,何异文侯听古乐哉"③。戴叔伦则讲"诗家之景,如蓝田日暖,良玉生烟,可望而不可置之眉睫之前也"④。说的也是诗境的含蓄和深刻。到了晚唐司空图,写《二十四诗品》,以具体境界描绘诗的风格,其理论主旨之一就是提倡"味在咸酸之外"的"事外远致"。他的《诗品》中说的"超以象外,得其环中","遇之匪深,即之愈稀","乘之愈往,识之愈真","不著一字,尽得风流"⑤等等,都是"文外重旨"的发挥。

借用唯识境界说来阐发诗的境界,从思想体系上看是唯心的,在认识的辩证发展中,这种理论只讲到精神变物质的一个环节,而且是在以精神为本原的基础上将两者统一起来。但这个片面的发挥,用在文学创作上,却有助于阐明创作主体的积极主导作用,说明作品中主、客观相互作用下意境的创造。这是把佛家心性学说用之于文学理论的一个有意义的发展,对于文学创作的理论与实践都是有价值的。

---

①《诗式》卷一,《全唐五代诗格汇考》,第 233 页。
②《诗式》卷一《诗有四不》,《全唐五代诗格汇考》,第 224 页。
③《诗式》卷一《池塘生春草,明月照积雪》。
④司空图:《与极浦书》,《司空表圣文集》卷三。
⑤郭绍虞:《诗品集解》,人民文学出版社,1963 年,第 3、6、7、21 页。

四、以禅喻诗

中国佛教本来就有禅、慧双修的传统。禅悟是六朝佛教义学与信仰实践的重要内容。到了唐代,建立起完全中国化的佛教宗派——禅宗。它标榜为"不立文字"的"教化别传",努力摆脱自印度传来的佛教典籍与名相的束缚,发展出一套"明心见性"、"顿悟成佛"的学说,在理论上与实践上都进一步与中国传统学术和士大夫生活习性相调和。因而这一宗派在中国,特别是在士大夫阶层中大为普及。在佛教其他宗派中,习禅也是一个重要内容。宋代以后,"禅、教合一"成为潮流,知识分子中居士佛教盛行,禅宗思想继续得到广泛传播。在这种情况下,禅和禅宗也就深刻影响于文学。对于影响于文人生活和文学创作方面,前两章已有论述。这里讨论影响于文学思想方面,其集中表现是以禅喻诗。

历来谈以禅喻诗,内涵很不相同。有的以禅趣说诗趣,有的以禅品明诗品,有的以禅理通诗理,有的以禅法比诗法。这里谈禅对文学思想的影响,侧重点探讨禅宗的世界观和思想方法是如何影响于中国诗论的。

"禅悟"本是大乘佛教修证的主要途径之一。发展到瑜伽行派,又提出所谓"一心见道"的"无分别智"、"现观"。这是一种不必借助思维和语言以"亲证"绝对真实的神秘的感悟。《深密解脱经》说:

> 善男子,言有为法者,唯是如来名字说法。所言如来名字说法者,惟分别言语名为说法。善男子,若惟名字分别言语名说法者,常不如是。但种种名字聚集言语成是故,言非有为……名字说法者,是分别相。分别相者,即言语相。善男

子,言语相者,即是名字之所集法。名字集者,是虚妄法。虚
妄法者,常无如是体种种分别……。①

这是说,语言及其所表达的差别境界都是虚妄的。应当达到"所知
障净智所行真实","入已善净,于一切法,离言自性,假说自性,平
等平等,无分别智所行境界"②。瑜伽行派的这种观点直接被中国
的禅宗特别是南宗禅所师承,建立起它的"不立文字"而"顿悟""自
性清净心"的宗义。

中国诗歌历史上抒情的传统悠久而发达。它在创作泉源上特
别注重心灵的领悟与感受;在表达境界上则常常是物我如一、情志
与外境互相融合;在写作方法上则重灵感、重对景物的独创的领
会。特别是以诗谈禅、以禅趣入诗,自六朝已来已有很多尝试,支
遁、慧远、谢灵运等人都做出了一定的成绩。到了唐人,如明末清
初李邺嗣说:

唐人妙诗若《游明禅师西山兰若》诗,此亦孟襄阳之禅也,
而不得尚谓之诗;《白龙窟泛舟寄天台学道者》诗,此亦常征君
之禅也,而不得尚谓之诗;《听嘉陵江水声寄深上人》诗,此亦
韦苏州之禅也,而不得尚谓之诗。使招诸公而与默契禅宗,岂
不能得此中奇妙?③

王士禛则说:

严沧浪以禅喻诗,余深契其说,而五言尤为近之。如王、
裴《辋川绝句》,字字入禅。他如"雨中山果落,灯下草虫鸣",
"明月松间照,清泉石上流",以及李白"却下水精帘,玲珑望秋
月",常建"松际露微月,清光犹为君",浩然"樵子暗相失,草虫

①《深密解脱经》卷一《圣者善问菩萨问品》,《大正藏》第16卷,第666页上。
②《瑜伽师地论》卷三十六,《大正藏》第30卷,第686页中、686页下。
③《慰弘禅师集天竺语诗序》,《杲堂文钞》卷二。

寒不闻"，刘眘虚"时有落花至，远随流水香"，妙谛微言，与世尊拈花，迦叶微笑，等无差别。通其解者，可语上乘。①

又正如宋周必大所谓"自唐以来，禅学日盛，才智之士，往往出乎其间"②。这样，加上禅宗发展以后，禅在整个思想领域的广泛影响，人们以禅论诗就是顺理成章的事了。

虽然在慧远《念佛三昧诗集序》等六朝人作品中已谈及诗与禅的关系，但真正把诗与禅相比附，是在中唐以后。戴叔伦《送道虔上人游方》诗说：

> 律仪通外学，诗思入禅关。烟景随缘到，风姿与道闲。③

元稹《见人咏韩舍人新律诗因有戏赠》说：

> 轻新便妓唱，凝妙入僧禅。④

白居易在实践上把作诗与参禅统一起来，他的《自咏》诗说：

> 白衣居士紫芝仙，半醉行歌半坐禅。⑤

中唐以后，还有周繇那样的人：

> 繇，江南人，咸通十三年郑昌图榜进士，调福昌县尉。家贫，生理索莫，只苦篇韵，俯有思，仰有咏，深造阃域，时号为"诗禅"。⑥

"诗禅"提法的出现，表明人们把诗与禅合一的观念已很普遍。五代徐寅《雅道机要》说：

---

① 《画溪西堂诗序》，《蚕尾续文》卷二。
② 《寒岩升禅师塔铭》，《文忠集》卷四十。
③ 《全唐诗》卷二百七十三，第 3082 页。
④ 《元氏长庆集》卷十一。
⑤ 《白氏长庆集》卷三十一。
⑥ 辛文房《唐才子传》卷八，古典文学出版社，1957 年，第 148 页。

夫诗者,儒中之禅也。一言契道,万古咸知。①

诗僧方面,这类议论也不少。如拾得诗:

我诗也是诗,有人唤作偈。诗偈总一般,读时须仔细。②

皎然《酬张明府》:

爱君诗思动禅心。③

贯休《喜不思上人来》:

偈是七言诗。④

齐己《酬湘幕徐员外见寄》:

东海儒宗事业全,冰棱孤峭类神仙。诗同李贺精通鬼,文拟刘轲妙入禅。⑤

这都是以诗文拟禅的。

到了宋代,诗通于禅、诗禅一致的看法则更为普遍。苏轼《夜直玉堂携李之仪端叔诗百余首读至夜半书其后》诗说:

暂借好诗消永夜,每至佳处辄参禅。⑥

苏轼提到的李之仪《兼江祥暎上人能书自以为未工……》诗:

得句如得仙,悟笔如悟禅。⑦

他的《与李去言》信中说:

---

①《诗学指南》卷四。
②《全唐诗》卷八百〇十七,第 9104 页。
③《全唐诗》卷八百一十九,第 9239 页。
④《全唐诗》卷八百三十一,第 9369 页。
⑤《全唐诗》卷八百四十六,第 9577 页。
⑥王文浩辑注:《苏轼诗集》卷三十。
⑦《姑溪居士文集后集》卷一。

> 说禅作诗本无差别，但打得过者绝少。①

吕居仁曾把江西诗派比为南宗禅。韩驹《次韵曾通判登拟岘台》说：

> 篇成不敢出，畏子诗眼大。唯当事深禅，诸方参作么？②

葛天民《寄杨诚斋》：

> 参禅学诗无两法，死蛇解弄活泼泼……赵州禅在口皮边，渊明诗写心中妙。③

以上所举的例子，大多是诗人的经验之谈。因为并非严密的论理文字，说法难免模糊。但内容大体不出三个方面，即一，比学禅如作诗；二，赞诗思如禅悟；三，认为诗与禅本一致。就是说，在当时的诗坛上，人们已普遍意识到，禅的思想观念、禅的思维方式与诗是相通的。这就给"以禅喻诗"理论提供了现实土壤。

另一方面，在禅宗里借诗明禅成为风气，这对形成诗、禅一致、以禅喻诗的诗论也提供了重要启示。

元好问诗有句云："诗为禅客添花锦，禅是诗家切玉刀。"④利用诗歌来抒写禅趣，自支遁开始在受佛教影响的人们中已很为流行。在唐代诗人中，不但如寒山、拾得、皎然、贯休、齐己等诗僧把诗当作参禅悟道的手段，以至以偈颂为诗，而且许多大诗人的作品也深得禅机。沈德潜曾说过：

> 杜诗："江山如有待，花柳自无私。""水深鱼极乐，林茂鸟知归。""水流心不竞，云在意俱迟。"俱有理趣。邵子则云："一阳初动处，万物未生时。"以理语成诗矣。王右丞诗不用禅语，

---

① 《姑溪居士文集》卷二十九。
② 《陵阳集》卷二。
③ 《江湖小集》卷六十七《葛天民小集》。
④ 《嵩和尚颂序》，《遗山先生文集》卷三十七。

时得禅理。东坡则云:"两手欲遮瓶里雀,四条深怕井中蛇。"言外有余味耶?[1]

胡应麟《诗薮》论到绝句:

> 太白五言绝,自是天仙口语。右丞却入禅宗,如"人闲桂花落……","木末芙蓉花……",读之身世两忘,万念俱寂,不谓声律之中,有些妙诠。[2]

唐诗中那种重兴象意趣、重暗示含蓄的表现方法,那种若即若离、深远幽微的艺术效果,很容易被禅僧借用为谈禅的手段。禅本来是要言语道断、以心传心的,必须截断常识的情解,达到内心中神秘的感悟。但是一切思维与思想交流又离不开语言。这样,利用诗的形象的、象征的语言来启发、暗示就成了解决这个矛盾的办法。因此到了晚唐五代,禅宗里广泛地借诗明禅。例如关于临济宗讲"四料简",即接引不同学人使之破除我、法二执的四种施设,义玄在对答门人时就这样说明:

> 有僧问:"如何是夺人不夺境?"师云:"煦日发生铺地锦,婴孩垂发白如丝。"僧云:"如何是夺境不夺人?"师云:"王令已行天下遍,将军塞外绝烟尘。"……[3]

后来不少禅师都用诗句来说明对人、境关系的理解。详见宋智昭所编《人天眼目》。禅师间还用诗句斗机锋。义玄又有与凤林禅师的一段对问:

> 林问:"有事相借问,得么?"师云:"何得剜肉作疮?"林云:"海月澄无影,游鱼独自迷。"师云:"海月既无影,游鱼何得迷?"凤林云:"观风知浪起,玩水野帆飘。"师云:"孤轮独照江

---

[1]《说诗晬语》卷下,霍松林校注,人民文学出版社,1979年,第252页。
[2]《诗薮》卷六《近体下》,中华书局,1958年。
[3]《镇州临济玄公大宗师语录》,《大正藏》第47卷,第497页上。

山静，自笑一声天地惊。"林云："任将三尺辉天地，一句临机试
道看。"师云："路逢剑客须呈剑，不是诗人莫献诗。"凤林便
休……①

这样用韵语斗机锋，有些句子作为哲理诗读是很有趣味的。禅师们
所用韵语，有些是自己创作的，有些则用现成的诗句。一些自己创作
的诗写得很有诗意，例如法眼文益有一段著名的借诗谈禅的故事：

> 宋太祖将问罪江南。李后主用谋臣计，欲拒王师。法眼
> 禅师观牡丹于大内，因作偈讽之曰："拥毳对芳丛，由来趣不
> 同。发从今日白，花似去年红。艳曳随朝露，馨香逐晚风。何
> 须待零落，然后始知空。"后主不省。王师旋渡江。②

而法眼文益本人对于禅师们用诗谈禅的滥俗又提出批评：

> 稍睹诸方宗匠，参学上流，以歌颂为等闲，将制作为末事。
> 任情直吐，多类于野谈；率意便成，绝肖于俗语……不见《华
> 严》万偈，祖颂千篇，俱烂漫而有文，悉精纯而靡染。岂同猥
> 俗，兼糅戏谐……③

由此可见，标榜"不立文字"的禅师们作起诗来是相当认真的。实
际上，禅师公案中的有些诗句是有相当艺术水平的。

齐己说："诗心何以传，所证自同禅。"④禅师们在诗中抒写禅
趣，利用诗句表现禅机，也推动借禅喻诗的风气。

以禅喻诗的核心是个"悟"字。"悟"指禅悟，是自心对佛理的
契合与领会。而且这个悟是"妙悟"，由于它神秘不可言说，因而高

---

① 《镇州临济玄公大宗师语录》，《大正藏》第 47 卷，第 506 页中。
② 惠洪：《冷斋夜话》卷一。此事亦见《五灯会元》卷九，但结果是"王顿悟其
　　意"。
③ 《宗门十规论》，《续藏经》第 63 册，第 37 页下。
④ 《寄郑谷郎中》，《全唐诗》卷八百四十，第 9478 页。

妙。佛道本来也被称为"妙道"。"妙悟"一语，初见于僧肇《长阿含经序》：

> 司隶校尉晋公姚爽质直清柔，玄心超诣，尊尚大法，妙悟
> 自然……①

又传为僧肇著的《涅槃无余论》中也有"玄道在于妙悟"②的说法。天台智𫖮也讲"妙悟"：

> 夫听学人诵得名相，齐文作解，心眼不开，全无理观。据
> 文者生，无证者死。夫习禅人唯尚理观，触处心融，暗于名相，
> 一句不识。诵文者守株，情通者妙悟。两家互阙，论评皆失。③

这种妙悟又是"顿悟"。支遁已开始讲"顿悟"。《世说新语》刘孝标注引《支法师传》说：

> 法师研《十地》，则知顿悟于七住；寻庄周，则辩圣人之逍
> 遥……④

以后，释道安也讲到"顿悟"，而以竺道生最为有名。据澄观解释：

> 夫称顿者，明理不可分，悟语极照。以顿明悟，义不容二。
> 不二之悟，符不分之理，理智悉释，谓之顿悟。⑤

但真正使禅悟达到"妙"的境地的，还应数南宗禅。"顿悟"自性清净心是南宗禅理论的一个核心。慧能《坛经》和神会都一再讲到顿悟。在南宗禅里，也把顿悟称为"妙悟"。例如永嘉玄觉说：

---

①《出三藏记集》卷九，第336页。
②《肇论》，《大正藏》第45卷，第159页中。
③《摩诃止观》卷十上，《大正藏》第46卷，第132页上。
④《世说新语笺疏》上卷下《文学》，第224页。
⑤《大方广佛华严随疏演义钞》卷五十六，《大正藏》第36卷，第440页下。

无即不无，有即非有，有无双照，妙悟萧然。①

夫妙悟通衢，则山河非壅；迷名滞相，则丝毫成隔。②

盛唐诗人也早已谈"悟"或"妙悟"。孟浩然说：

弃象玄应悟，忘言理必该。静中何所得，吟咏也徒哉！③

王维说：

妙悟者不在多言，善学者还从规矩。④

到了宋代，更成了评诗文的常谈。如吴可说：

凡作诗如参禅，须有悟门。⑤

他写了著名的《学诗诗》，以参禅比学诗，引起后来不少人的和作。范温说：

识文章者，当如禅家有悟门。夫法门百千差别，要须自一转语悟入。如古人文章，直须先悟得一处，乃可通其他妙处。⑥

范晞文说：

盖文章之高下，随其所悟之深浅。若看破此理，一味妙悟，则径超直造，四无窒碍，古人即我，我即古人也。⑦

吕本中说：

作文必要悟入处。悟入必自工夫中来，非侥幸可得也。

①《禅宗永嘉集·毗婆舍那颂第五》,《大正藏》第 48 卷,第 390 页下。
②《禅宗永嘉集·事理不二第八》,《大正藏》第 48 卷,第 393 页上。
③《来闍黎新亭作》,《全唐诗》卷一百六十,第 1664—1665 页。
④《画学秘诀》,《王右丞集笺注》卷二十八。
⑤《藏海诗话》,《历代诗话续编》,第 327 页。
⑥《潜溪诗眼》,郭绍虞:《宋诗话辑佚》,中华书局,1980 年,第 328 页。
⑦《对床夜语》卷二,《历代诗话续编》,第 415 页。

如老苏之于文,鲁直之于诗,盖尽此理也。①

曾季狸说:

> 后山论诗说换骨,东湖论诗说中的,东莱论诗说活法,子
> 苍论诗说饱参,入处虽不同,然其实皆一关捩,要知非悟入
> 不可。②

而如皎然所谓"可以意冥,难以言状"③,司空图所谓"不知所以,神
而自神"④等等,虽不用"悟"的字样,实际也是讲"顿门"的"妙悟"。

如果分析起来,用禅悟喻诗文,有两方面的内容:一是悟什么?
二是怎样悟? 前者属于诗文的思想内容;后者属于它们的表现
方法。

本来,佛家所谓"悟",是自心对绝对真实的神秘的体认。而南
宗禅主张万法在一念净心;悟得这片净心则人境两空,我法双亡。
神会解释说:

> 自心从本已来空寂者,是顿悟;即心无所住,是顿悟;存法
> 悟心,心无所得,是顿悟;知一切法是顿悟;闻说空,不著空,即
> 不取不空,是顿悟;闻说我,不著我,即不取无我,是顿悟;不舍
> 生死而入涅槃,是顿悟。⑤

神会的这段话,是对"顿悟"的较全面的说明。一方面,要"悟"自性
本来空寂,心无所住,心无所得,如《坛经》记载:

> 外于一切境界上念不起为坐,见本性不乱为禅。⑥

---

①《童蒙诗训》,《宋诗话辑佚》附辑,第 594 页。
②《艇斋诗话》,《历代诗话续编》,第 296 页。
③《诗式》卷一《序》,《全唐五代诗格汇考》,第 222 页。
④《与李生论诗书》,《司空表圣文集》卷二。
⑤《神会语录》第一卷残,胡适校《神会和尚遗集》,胡适纪念馆,1986 年。
⑥《坛经校释》,第 37 页。

道一的弟子慧海说：

> 心无起灭，对境寂然。①

本来《般若》讲"六度"，《华严》讲"十地"，以至瑜伽行派讲"转识成智"，都须能断诸障，法身圆满，才能证得我法两空。这都要长期的修证过程。竺道生讲"顿悟"，也是主张达到修证的一定阶段之后才能实现。但南宗禅却认为自心本来清净，且为人人所具有，反本求源，只须一悟即得。虽然是六根所对，境智双寂，从而境空心净，但现象界又确实存在着。面对着这个矛盾，神会解释说：

> 譬如明镜，若不对像，镜中终不现像。今言现象者，为对物故，所以现象。②

希运则说：

> 瞥起一念便是境。若无一念，便是境忘心自灭，无复可追寻。③

在这一点上，禅宗汲取了唯识的观念，把外境归结为自心。所以《坛经》说日月星辰、山河大地、一切草木、恶法善法、天堂地狱，尽在空中，而世人性空。这样，宇宙万物都归结到无限广大的自性清净心。这是在唯心基础上统一主观和客观。穷本溯源，是诸法性空；而由末反本，则是"立处皆真"、"平常心是道"，每个世俗的人、每件现实的物又都是本性的体现。由此才形成了南宗禅混迹凡俗、任运随缘的人生态度。

中国诗歌的发展，自魏、晋以来，就努力冲破经学章句的束缚，追求心灵表现的自由。到了唐代，在经济发展、阶级关系大变动所形成的思想环境下，诗歌的表现范围更为扩大了。但是这种士大

---

①《大珠禅师语录》。
②《神会语录》第一卷残，《神会和尚遗集》，第115页。
③《黄檗断际禅师宛陵录》，《大正藏》第48卷，第386页上。

夫阶层的"思想解放",必然导致个性的自我膨胀或内心的主观反省。这造成了诗歌中的主观成分的加强,从而大大发扬了中国诗重主观抒情的特点,创造以主观包容客观的兴象、境界。南宗禅所讲的"顿悟"正与这种创作思潮相通。所以"以禅喻诗"在内容上就是用禅的心性学说来比附说明诗歌中张扬主观心性的特点。

在如何"悟"的方法方面,"以禅喻诗"又用参禅的神秘的思维活动说明诗歌创作方法。在这方面,固然有不少勉强的比附和唯心的说明,但也总结出古代诗歌特别是唐诗创作的一些成功经验。主要有以下几点:

第一,强调自悟。南宗禅认为自性本来清净,所以佛心就是自心。悟也就不假外力,要"自身自性自度"。希运说:

> 今学道人不向自心中悟,乃于心外著相取境,皆与道背。①

这样,禅师们就不读经,不礼佛,独往独来,不承认有什么外在的权威,佛法只在自心中求。以之通于写诗,则强调诗人自心独特的悟解与创造。吴可《学诗诗》说:

> 学诗浑似学参禅,头上安头不足传。跳出少陵窠臼外,丈夫志气本冲天。②

"头上安头",出希运语:"语默动静、一切声色,尽是佛事。何处觅佛?不可更头上安头,嘴上加嘴。"③"丈夫志气本冲天"用同安察禅师《十玄谈》:"万法泯时全体现,三乘分别强安名。丈夫皆有冲天志,莫向如来行处行。"④南宗禅反对拘守经教,礼佛拜祖,要做顶天立地的"大丈夫儿"。因而用以喻诗,则反因循,贵矜创,强调自身

---

①《黄檗山断际禅师传法心要》,《大正藏》第48卷,第380页上。
②《诗人玉屑》卷一,古典文学出版社,1958年,第9页。
③《黄檗断际禅师宛陵录》,《大正藏》第48卷,第385页下。
④《景德传灯录》卷二十九,《大正藏》第51卷,第455页中。

的独特领会。如宋代江西诗派是试图有所创造的,其代表人物杨万里说:

> 传派传宗我替羞,作家各自一风流。黄、陈篱下休安脚,陶、谢行前更出头。①
>
> 赠我新诗字字奇,一奁八百颗珠玑。问侬佳句如何法?无法无盂也没衣。②

他具体谈到自己的创作经验说:

> 予之诗,始学江西诸君子,既又学后山五字律,既又学半山老人七字绝句,晚乃学绝句于唐人……戊戌……作诗,忽若有悟,于是辞谢唐人及王、陈、江西诸君子皆不敢学,而后欣如也。③

他把摆脱一切典范弃之不顾的"忽然有悟",视之为成功的关键。吕本中说:

> 如东坡、太白诗,虽规摹广大,学者难依,然读之使人敢道,澡雪滞思,无穷苦艰难之状,亦一助也。要之,此事须令有所悟入,则自然越度诸子。悟入之理,正在工夫勤惰间耳。④

姜夔《白石诗说》:

> 文以文而工,不以文而妙。然舍文无妙,胜处要自悟。⑤

他也谈过自己的创作经验:

> 居数年,一语噤不敢吐,始大悟学即病,顾不若无所学之

---

①《跋徐恭仲省干近诗》三首之三,《诚斋集》卷二十六。
②《酬阁皂山碧崖道士甘叔怀赠美名人不及佳句法如何十古风》二首之二,《诚斋集》卷三十八。
③《诚斋荆溪集序》,《诚斋集》卷八十一。
④《吕居仁与曾吉甫论诗第一帖》,《苕溪渔隐丛话》前集卷四十九。
⑤《白石诗说》,人民文学出版社,1962年,第32页。

为得。①

金王若虚有诗说：

> 文章自得方为贵,衣钵相传岂是真。已觉祖师低一着,纷
> 纷法嗣复何人。②

文学创作是一种创造性的精神活动,诗更富于主观独创的特征。规
模前人、拘守教条是没有出路的。以上所引,正是借禅家之"悟"说明
了这个道理。宋人不用佛教语言谈到这个道理的还很多,如苏轼:

> 求物之妙,如系风捕影,能使是物了然于心者,盖千万人
> 而不一遇也,而况能使了然于口与手者乎?③

这样"了然于心"并用口与手表达出来就是一种"悟"。黄庭坚说:

> 妙在和光同尘,事须钩深入神。听他下虎口著,我不为牛
> 后人。④

陆游说:

> 文章之妙,在有自得处,而诗其尤者也。⑤

如此等等,都是强调通过内心独特领悟造就诗的独创性的。

第二,强调一念之悟。"顿悟"之妙,就在于其不假修持,不经
渐次,灵心一动,完成于刹那之间。按六祖《坛经》的说法:一念悟
众生即佛,一念迷佛即众生。临济宗传心印,往往棒喝交驰,用奇
特的动作截断常识的情解。云门宗有所谓"一字禅",则是用简单

---

① 《白石道人诗集》原序。
② 《山谷于诗每与东坡相抗门人亲党遂谓过之而今之作者亦多以为然予尝戏
　作四绝云》之四,《滹南遗老集》卷四十五。
③ 《答谢师民书》,《东坡七集·后集》卷十四。
④ 《赠高子勉四首》之三,《豫章黄先生文集》卷十二。
⑤ 《颐庵居士集原序》,刘应时《颐安居士集》卷首。

的暗示词语来激发人的领悟。在诗歌创作中，往往也有灵感激发的一刹那。用禅的一念悟来比喻作诗，很能说明创作灵感的特点。但创作灵感虽是精神高度集中时的一念激发，却又是得自于长期的生活积累的。没有灵感不会写出好诗；而没有生活积累也不会有灵感。所以在以禅喻诗时，有人讲一念悟，也有人讲顿悟不废渐修。例如吴可，则是在不同处强调两面。他在《藏海诗话》中说：

> 凡作诗如参禅，须有悟门。少从荣天和学，尝不解其诗曰"多谢喧喧雀，时来破寂寥"。一日于竹亭中坐，忽有群雀飞鸣而下，顿悟前语。自尔看诗，无不通者。①

他在《学诗诗》中则说：

> 学诗浑似学参禅，竹榻蒲团不计年。直待自家都了得，等闲拈出便超然。②

韩驹则强调一念悟方面：

> 学诗当如初学禅，未悟且遍参诸方。一朝悟罢正法眼，信手拈出皆成章。③

范温说：

> 老杜《樱桃》诗……此诗如禅家所谓信手拈来，头头是道者。直书目前所见，平易委曲，得人心所同然。但他人艰难不能发耳。④

这"信手拈来、头头是道"的境界，也是顿悟的结果。叶梦得说：

> "池塘生春草，园柳变鸣禽"，世多不解此语为工，盖欲以

---

① 《历代诗话续编》，第 340—341 页。
② 《诗人玉屑》卷一，第 8 页。
③ 《赠赵伯鱼》，《陵阳集》。
④ 《潜溪诗眼》，《宋诗话辑佚》，第 314 页。

奇求之耳。此语之工，正在无所用意，猝然与景相遇，借以成章，不假绳削，故非常情所能到。诗家妙处，当须以此为根本。而思苦言难者，往往不悟。①

这里讲的超乎"常情"、"猝然"相遇的"悟"，正是佛家所谓"现观"，比古人所谓"即景"、"即事"又前进了一步。林逸民说：

然后山尝曰："学诗如学仙，时至骨自换。"余则曰：学诗如学禅，小悟必小得。仙要积功，禅有顿教。譬之卷帘见道，灭教明心，是所谓一超直入者。固有八十行脚如赵州，白发再来如五祖，而善财童子，临济少年，楼阁一见，虎须一捋，直与诸祖齐肩，是岂可以齿论哉！②

这则是直接以顿悟的敏捷便利言诗了。

第三，强调一体之悟。南宗禅主张森罗万象皆是一法之所印，因为一念净心可以包容一切。希运说：

譬如一团水银，分散诸处，颗颗皆圆。若不分时，只是一块。此一即一切，一切即一……③

由于一切微尘、王国皆不出我之一念，所以一念见道，天下皆然，有性无性，皆为一体，玄觉说：

一性圆通一切性，一法遍含一切法，一月普现一切水，一切水月一月摄。④

这个水月之喻，从唯心的角度说明了宇宙的统一性。

这种观念用之于诗歌创作，就是强调艺术表达在形式上浑融

---

① 《石林诗话》卷中，《历代诗话》，第 426 页。
② 《黄绍谷集跋》，《竹溪鬳斋十一藁续集》卷十三。
③ 《黄檗断际禅师宛陵录》，《大正藏》第 48 卷，第 386 页上。
④ 《永嘉证道歌》，《大正藏》第 48 卷，第 396 页中。

和谐,在内容上浑厚圆成。高度成熟的艺术作品不但应能从整体上把握表现对象,而且所表现的内容应当贯穿更为深远广大的含义。诗歌发展史上,由六朝的重视炼字琢句到唐人的通篇圆成,从六朝的重视一机一境的优美到唐人的在意境中表现对人生、现实、宇宙的更深刻的理解,都体现了对艺术的整体和谐的追求。而南宗禅的一体之悟的观念,很可以用来说明这个道理。

黄庭坚曾用玄觉水月之喻来谈诗法:

> 无人知句法,秋月自澄江。①

这是说,正如"一月普现一切水"一样,通体圆成的诗意是难以句摘字引的。吴可的又一首《学诗诗》说:

> 学诗浑似学参禅,自古圆成有几联? 春草池塘一句子,惊天动地至今传。②

龚相《学诗诗》说:

> 学诗浑似学参禅,几许搜肠觅句联。欲识少陵奇绝处,初无言句与人传。③

这都是说诗境的完整,不应在雕章琢句上用功夫。杨万里又说:

> 句法天难秘,工夫子但加。参时且柏树,悟后岂桃花。④

这里把写诗比喻为参悟工夫,提出作诗用功处应在章句之外。如果只在章句间追索探求,不会达到更高的境界。

这种一体之悟,必定是真正的透彻之悟。一悟之后,宇宙万有全都内外明彻,直契本源。因为即心即佛,自己与绝对真实就会完

---

① 《奉答谢公静与荣子邕论狄元规孙少述诗长韵》,《豫章黄先生文集》卷二。
② 《诗人玉屑》卷一,第8页。
③ 《诗人玉屑》卷一,第9页。
④ 《和李天麟二首》之二,《诚斋集》卷四。

全契合无间，触处是道，立处皆真。黄庭坚说：

> 虚心观万物，险易极变态。皮毛剥落尽，惟有真实在……①

这里的真实，指的是内心的真纯明彻。高超的艺术应当出神入化，不见工巧，而又是真诚纯粹的。

第四，强调直证之悟。前已指出，南宗禅的"悟"是超绝语言名相的。慧海说：

> 得意者越于浮言，悟理者超于文字。法过言语文字，何向数句中求？是以发菩提者，得意而忘言，悟理而遗教，亦犹得鱼忘筌，得兔忘蹄也。②

南宗禅"不立文字"、"以心传心"，在隔断言、意二者的关系上是走向极端了。本来佛教就是反对滞于名相的，但却仍承认非言无以明其义。南宗禅也承认这一点，但这言却已不是常识的语言，而是象征的、暗示的语言。从而言、意之间的关系也更为模糊。大珠慧海有一段对答说明了这一点：

> 僧问："言语是心否？"师曰："言语是缘，不是心。"曰："离缘何者是心？"师曰："离言语无心。"曰："离言语既无心，若为是心？"师曰："心无形相，非离言语，非不离言语。心常湛然，应用自在。"③

这里的"心"即自性清净心，它非语言可表达，但它又离不开语言。人们用禅宗对语言的这种认识来比喻说明诗的语言的特质。如戴复古《论诗十绝》中说：

---

① 《杨叔明从予学问甚有成……作十诗见饯因用其韵以别》之八，《豫章黄先生文集》卷六。
② 《景德传灯录》卷二十八，《大正藏》第 51 卷，第 443 页下。
③ 《景德传灯录》卷二十八，《大正藏》第 51 卷，第 444 页上—444 页中。

> 欲参诗律似参禅,妙趣不由文字传。箇里稍关心有悟,发
> 为言句自超然。①

这是说诗的妙趣本不在文字,决定因素是作者主观感情的充
实——"心有悟"。姜夔说:

> 语贵含蓄。东坡云言有尽而意无穷者,天下之至言也。
> 山谷尤谨于此。清庙之瑟,一唱三叹,远矣哉。后之学诗者,
> 可不务乎!若句中无余字,篇中无长语,非善之善者也;句中
> 有余味,篇中有余意,善之善者也。②

这里讲的不只是修辞手法,而是强调突出"言外之意"这一诗的特
殊表达方式。

严羽的《沧浪诗话》在以禅喻诗上是一部带有总结性的著作。
他明确提出"以禅喻诗,莫此亲切"③。他强调"妙悟"、"本色之悟"、
"透彻之悟",立"别材"、"别趣"之说,他说:

> 夫诗有别材,非关书也;诗有别趣,非关理也。然非多读
> 书,多穷理,则不能极其至。所谓不涉理路,不落言筌者,上
> 也。诗者,吟咏情性也。盛唐诸人惟在兴趣,羚羊挂角,无迹
> 可求。故其妙处透彻玲珑,不可凑泊,如空中之音,相中之色,
> 水中之月,镜中之像,言有尽而意无穷。④

严羽论诗推盛唐,主张有"兴致",表达上"优游不迫"、"沉着痛快",
而不是"以文字为诗,以议论为诗,以才学为诗"。他这种"妙悟"
说,就是用禅的"直证"以说明诗歌抒发感情的特色。

---

① 《昭武大宋王子文曰与李贾严羽共观前辈一家诗及晚唐诗因有论诗十绝子
  文见之谓无甚高论亦可作诗家小学须知》十首之六,《石屏诗集》卷六。
② 《白石诗说》,第30—31页。
③ 《答出继叔临安吴景仙书》,《沧浪诗话校释》,人民文学出版社,1961年,第
  234页。
④ 《沧浪诗话校释》,第24页。

元好问对诗与禅在表达上的异同有这样一种见解：

> 虽然，方外之学，有为道日损之说，又有学至于无学之说。诗家亦有之。子美夔州已后，乐天香山已后，东坡海南已后，皆不烦绳削而自合，非技进于道者能之乎？诗家所以异于方外者，渠辈谈道不在文字，不离文字；诗家圣处不离文字，不在文字。唐贤所谓情性之外，不知有文字云耳。①

元好问分析了诗与禅的异同。他指出了二者都不以文字为目的的同处，但也指明了诗歌不离文字为第一位，因为它终究是语言艺术。

这样，用禅的直证之悟来论诗，说明了诗的语言的象征、含蓄和表达上言不尽意、意在言外的特色。

除了以上四点外，到了宋代，诗坛还广泛地用禅理或禅语来比拟学诗或作诗的一些具体门径与方法。

"夺胎换骨"与"点铁成金"。这是黄庭坚指示的作诗方法。苏轼说过"天下几人学杜甫，谁得其皮与其骨"②的话。"皮骨"典出自达摩祖师故事，灯录说达摩传法给弟子，道副得其皮，尼总持得其肉，道育得其骨，慧可得其髓。苏轼所谓得皮得骨，谓习得其精华。黄庭坚所说的"夺胎换骨"，指"不易其意而造其语，谓之换骨法；窥入其意而形容之，谓之夺胎法"③。这是学习古人而出以新意的办法。陆游诗说：

> 文能换骨余无法，学但穷源自不疑。齿豁头童方悟此，乃翁见事可怜迟。④

---

① 《陶然集诗序》，《遗山先生文集》卷三十七。
② 《次韵孔毅父集古人句见赠五首》之三，《苏轼诗集》卷三十二。
③ 惠洪：《冷斋夜话》卷一。
④ 《示儿》，《剑南诗稿》卷二十五。

这也是主张"换骨"法。"点铁成金"本是炼金术所追求的,也见于禅籍。克勤《碧岩录》有一条垂示:

> 把定世界不露纤毫,尽大地人亡锋结舌,是衲僧正令。顶门放光,照破四天下,是衲僧金刚眼睛。点铁成金,点金成铁,忽擒忽纵,是衲僧拄杖子。①

这是说禅师对学人善于接引,一言一句,一机一境,变化无方,灵便机智。黄庭坚也用以喻文章:

> 古之能为文章者,真能陶冶万物,虽取古人之陈言入于翰墨,如灵丹一粒,点铁成金也。②

后来"夺胎换骨"与"点铁成金"的方法,成了江西诗派的一个创作指针。

"活句"与"活法"。这也是禅家的语言,宋人用以论诗。陆游说:

> 我得茶山一转语,文章切忌参死句。③

吕居仁在《夏均文集序》中则提出"活法":

> 学诗当识活法。④

给江西宗派诗作序又说:

> 若灵均自得之,忽然有入,然后惟意所出,万变不穷,是名活法。⑤

圆悟克勤则说:

---

①《碧岩录》卷九,《大正藏》第48卷,第210页中。
②《答洪驹父书》,《豫章黄先生文集》卷十九。
③《赠应秀才》,《剑南诗稿》卷三十一。
④引见《刘克庄先生大全集》卷九十五《江西诗派·吕紫微》。
⑤陶宗仪:《说乳》卷十五上,《萤雪丛说》卷上《文章活法》。

> 须参活句，莫参死句。活句下荐得，永劫不忘；死句下荐
> 得，自救不了。①

禅师间斗机锋，如果所出的言语局限于常识的情解，那就是死句。
参死句的人就是钝根，他用的是"死法"。相反的则是"活句"和"活
法"。宋人以此来比喻写诗时对待传统应善于变通，不要拘守陈
规，字摹句拟。曾几说：

> 学诗如参禅，慎勿参死句。纵横无不可，乃在欢喜处。人
> 如学仙子，辛苦终不遇。忽然毛骨换，正用口诀故。居仁说活
> 法，大意欲人悟。常言古作者，一一处此路。岂惟如是说，实
> 亦造佳处。其圆如金弹，所向若脱兔……②

张镃说：

> 造化精神无尽期，跳腾踔厉即时追。目前言句知多少，罕
> 有先生活法诗。③

姜夔说：

> 学有余，而约以用之，善用事者也；意有余，而约以尽之，
> 善措辞者也。乍叙事，而间以理言，得活法者也。④

史弥宁说：

> 诗家活法类禅机，悟处功夫谁得知。寻著这些关捩子，
> 《国风》、《雅》、《颂》不难追。⑤

俞有成说：

---

①《碧岩录》卷二，《大正藏》第48卷，第161页上。
②《读吕居仁旧诗有怀其人作诗寄之》，《两宋名贤小集》卷一百九十《茶山集》。
③《携杨秘监诗一篇登舟因成二绝》之二，《南湖集》卷七。
④《白石诗说》，第29页。
⑤《诗禅》，《友林乙藁》。

> 文章一技,要自有活法。若胶古人之陈迹而不能点化其
> 句语,此乃谓之死法。死法专相蹈袭,则不能生于吾言之外;
> 活法夺胎换骨,则不能毙于吾言之内。毙吾言者生吾言也,故
> 为活法……吕居仁尝序江西宗派诗……杨万里又从而序之,
> 若曰学者属文,当悟活法。所谓活法者,要当优游厌饫。是皆
> 有得于活法也如此。①

如此讲究"活句"、"活法",是为了挽救专求出处、泥用事典和模拟
蹈袭之风。而杨万里提出反对"舍己以徇于人"②,提出"学诗须透
脱,信手自孤高"③,正是"活法"的进一步的发挥。

"三种句"。云门宗文偃示众说:"函盖乾坤,目机铢两,不涉万
缘,作么生承当?"众无对。他自代大众答:"一簇破三关。"弟子德
山圆明密禅师析为三句④,即函盖乾坤句,截断众流句,随波逐浪
句。这三种句是表现禅理的方法。函盖乾坤指直说禅理,它是普
遍的,合天盖地,无所不包;截断众流指开示现象,只是指明真理的
一个断面;随波逐浪则指引导学人要随机接缘。禅师们为了说明
这三种句所表达的境界,常用诗句来比喻。而反过来,文人们又用
这三种句论诗。叶梦得说:

> 禅宗论云门有三种语:其一为随波逐浪句,谓随物应机,
> 不主故常;其二为截断众流句,谓超出言外,非情识所到;其三
> 为函盖乾坤句,谓泯然皆契,无间可伺。其深浅以是为序。余
> 尝戏谓学子言:老杜诗亦有此三种语,但先后不同:"波漂菰米
> 沉云黑,露冷莲房坠粉红",为函盖乾坤句;以"落花游丝白日
> 静,鸣鸠乳燕青春深",为随波逐浪句;以"百年地僻柴门迥,五

---

① 《萤雪丛说》,《说郛》卷十五上。
② 《与苏仁仲提举书》,《诚斋集》卷六十四。
③ 《和李天麟二首》之一,《诚斋集》卷四。
④ 《天人眼目》卷二,《大正藏》第48卷,第312页上。

月江深草阁寒",为截断众流句。若有解此,当与渠同参。①

这可以说是参"活句"的例子。叶石林以此说明诗的三种境界。第一句是表达普遍的理趣,第二句是表白自如的情思,第三句则抒写出个别的事象。云门宗风高古简洁,用它的语言说诗,意味也特别隽永深长。

"向上一路"和"单刀直入"。"向上一路"是宝积禅师语:"向上一路,千圣不传;学者劳形,如猿捉影。"②禅家用以说明参悟得到正确门径。"单刀直入"是灵祐禅师语:"单刀趣入,则凡圣情尽,体露真常。"③意思是直证本心。这都是对"顿悟"的形容。严羽在《沧浪诗话》中讲入门须正,立志须高,推尊汉、魏、晋、盛唐,不作开、天以下人物,告诫人们路头一差,愈骛愈远,就用了这些说法。他论诗讲当行、本色,说汉、魏、晋、盛唐诗为第一义,大历以还之诗是第二义,晚唐是声闻、辟支果;又说学汉、魏、晋、盛唐诗者是临济下,学大历以还者是曹洞下,都是用禅教的区别或禅宗不同宗派的高低来比拟学诗要选好门径。对这种比较,后人非议者甚多,但其主旨还是可以理解的。

以禅喻诗对于阐发抒情诗的某些特点,教导学诗方法,是有积极意义的。当然作为一种比喻,也有牵强附会之处。一是把禅引入诗,无论从思想上看还是从方法上看,都会让人舍真实而求虚幻,厌切近而慕阔远,走向玄妙恍惚、超诣虚玄的一途。二是从本质上看,诗作为一种反映现实的艺术创作,与宗教的禅终究是两码事。反对"以禅喻诗"的人就此提出许多批评,也是有一定道理的。

宋代以后,中国佛教理论建树不多。由于儒、释调和,禅教合一,佛教思想已逐步融汇到中国思想学术之中。宋、明理学实际是

---

①《石林诗话》卷上,《历代诗话》,第 406—407 页。
②《景德传灯录》卷七,《幽州盘山宝积禅师》,《大正藏》第 51 卷,第 253 页中。
③《景德传灯录》卷九,《潭州沩山灵祐禅师》,《大正藏》第 51 卷,第 265 页上。

统合儒释的产物。在知识分子中,理学被确立为思想统治的权威,佛学以及佛教的影响在一定程度上被抵制了。但是佛教在思想文化领域长期积累的成果仍在继续发挥相当大的作用,居士佛教又相当发达而成为支持整个佛教存续的主要力量,特别是一些带有"异端"色彩的文人更从佛家借用思想武器。在文学理论领域,虽然建立在儒家道统上的文论占了统治地位,但如李贽倡"童心"说,袁宏道倡"性灵"说,以及后来王士禛的"神韵"说等,又与佛教思想、主要是禅宗有一定的关系。这些前面已有所提及,限于篇幅,不赘述了。

以上,勾勒了佛教影响于中国文学理论思想的大致轮廓。从中可以看出,佛教对中国文学思想的影响是巨大的。如果说魏晋以后,佛教乃是推动中国思想、学术发展的重要力量,那么中国人对文学现象进行理论概括时,佛教思想也一直起着重大作用。从对文学的特质、作用的总体认识到创作的艺术特征和具体方法,人们往往以佛教思想为依据来加以发挥,从而取得诸多理论成果。这个问题是应当认真加以批判地总结的。

1988 年版后记

　　结束本书正文之后,笔者想就研究方法方面的问题作点说明。

　　笔者在本书前言中提出,自己的任务主要是就佛教与中国文学的关系作一"描述"。这主要是因为笔者强烈意识到揭示历史事实真相是历史研究的中心任务。长期以来,我们的文化史研究,具体到如哲学史、文学史的研究,在这种"描述"上仍存在着许多空白或疏陋的方面,这是不利于全面地认识历史的;这也成为一些具体学科研究进展上的一大缺失。即以文学史的研究而论,文学与其他意识形态,例如宗教,有密切的交互影响;在文学内部,宗教的因素也深浸到它的内容、形式等多方面。那么不探讨宗教与中国文学的联系,是难于全面、正确地认识中国文学的历史的。所以在当前的文化史研究中,把这种"描述"工作做好是个占首位的课题。特别是由于我们多年来在历史研究的不少领域有颇多禁忌,例如宗教史研究一直非常薄弱,那么补足这种薄弱环节更是当务之急。这也是笔者不揣浅陋,奋力完成自己提出的课题的原因之一。

　　另外,就历史研究全部内容来说,描述是历史评价、总结历史规律等等工作的基础。描述与后面的评价、总结等等有关联、又有区别。例如一个具体历史人物在历史上的贡献大小和评价高低往往是不一致的。因为评价的过程总包含着进行评价的人的意识与现实目的。例如王维在诗歌艺术发展上贡献是巨大的,但我们对他的评价不会很高,因为根据我们的时代要求,他的那些艺术成就最为卓著的作品在思想上也显得消极了。然而，就以王维而论，如果研究诗歌发展史，对他的贡献是应当重视和肯定的。但我们的历史研究，长期以来比较侧重于评价；而这种评价如果没有确切全面的描述为基础，就会流于武断和空疏，以至走向随意剪裁历史的实用主义。所以笔者以为，目前在历史研究上更多侧重于描述的工作是很必要的。

再者，对历史的描述，也要运用正确的观点和科学的方法。纯客观的描述是根本不存在的。笔者一直努力学习与运用马克思主义的观点和方法。这是因为笔者切身体会到，这是当代世界上构成世界观与理论体系的最为正确的观点和方法。即以文学史研究为例，现在还有许多其他的方法，诸如比较文学的方法、心理分析的方法、结构主义的方法等等，这些方法的有价值方面我们可以并应该借鉴和吸取，但比较起来，它们都没有马克思主义的辩证唯物主义与历史唯物主义的方法那样科学、系统、明快。马克思主义是一种揭示真理的科学，是研究宇宙、社会与人生的内部矛盾与外部联系的科学，给文化史研究提供了正确的指针和锋利有效的武器。笔者还没有自信能正确运用它，但要努力为之，坚持不懈。

笔者前曾就唐代文学与佛教关系写过一些文章，并出版过《唐代文学与佛教》一书①，谬蒙前辈和同道勉励；大概并不是由于这些作品有什么建树，而是因为其中提出了一些人们感兴趣的问题。在到 1986 年 10 月的两年多时间里，笔者应聘执教于日本神户大学，与日本佛教学者进行交流。在 1986 年 5 月于东京和京都举行的国际东方学者会议第三十一届年会上，笔者有幸被提名为特别讲演人，在京都会议上做了佛教对唐代文学的影响的讲演，各国学者亦以为意有可取。这对我都是很大的鼓励。因此回国后才践"中国文化史丛书"编委会之约，整理资料，组织旧稿，草成此书。这本书仍是尝试性的著作，加上笔者学力不够，错误与缺点在所难

①陕西人民出版社 1985 年版，台湾谷风出版社 1987 年版。

免,尚乞前辈与方家多多指教。

　　本书大部分草稿完成于日本执教期间。日本的佛教专家和中国文学专家如伊藤正文、入矢义高、柳田圣山、小南一郎诸先生给予很多指教与帮助,神户大学图书馆各位职员先生提供不少方便,应当表示深切的感谢。南开大学刘泽华先生殷勤推荐并惠予指导,亦铭感在心。内人高淑贞对研究工作多方协助,功不可没。以上一并记载,以为纪念。

孙昌武

一九八七年清明节

2007 年版后记

本书出版于 1988 年,是在这以前的几年间写作的。出版后累计印数两万余册。台湾东华书局于次年出了繁体字版,印数不知多少。这部书在国内外传布相当广泛。本来当年自知学疏才浅,没有能力承担这样大的选题。只是一方面不敢违逆《中国文化史丛书》编者诸公之约,另一方面则希望起到"抛砖引玉"的作用,并以为不久必定会有相关论题的优秀论著问世,这种潦草的习作即可尽早在图书馆里尘封起来。出版这本书的 20 世纪 80 年代末,正值有关宗教的学术研究在长时期冷落之后得到振兴,做这个题目可谓恰逢其时,因而尽管自知书的内容相当粗疏、幼稚,却也受到人们的关注和欢迎。但出版之后就陆续发现许多错误和不足之处,对于读者深感歉疚。现在出版社拟重出新的版本,很高兴得到补正的机会,从而有了这个修订本。

关于佛教与文学的相互关联,仅从历史现象看就可以发现:佛教经典里包含相当丰富的文学成分,弘扬佛教多利用各种文学形式,文学更是佛教信仰实践的重要领域,历代民众和文人多利用文学形式表达自身的信仰和感情,等等;而黑格尔更上升到理论层次,指出宗教与艺术(包括文学)乃是意识形态领域中两个最为接近的部门。而值得注意的是,具体到中国,佛教与文学的相互关系更关联到中国社会的具体环境和文化的总体特征,显得尤为密切。

钱穆论中国古代文化,曾精辟地指出:

我们若说中国古代文化进展，是政治化了宗教，伦理化了政治，则又可说他艺术化或文学化了伦理，又人生化了艺术或文学。这许多全要在古人讲的礼上面去寻求。（钱穆《中国文化史导论（修订本）》第 74 页，商务印书馆，1995 年）

这是指出，春秋战国时代的诸子百家，特别是后来在中国历史上长期居思想文化领域统治地位的儒家，创造出具有浓厚理性精神和人本主义色彩的文化传统。在这个传统中发展的中国文化，宗教信仰的地位和作用在相当程度上被削弱甚至消弭了。另一方面，李泽厚论及中国哲学的发展趋向，又曾说：

无论庄、易、禅（或儒、道、禅），中国哲学的趋向和顶峰不是宗教，而是美学。中国哲学思想的道路不是由认识、道德到宗教，而是由它们到审美。（《庄玄禅宗漫述》，《中国思想史论》上册第 219 页，安徽文艺出版社，1999 年）

这里指出的历史现象，同样关系到宗教在中国发展的独特地位与作用：在具有浓厚的理性精神和人本主义思想的文化传统中和高度专制的集权政治体制下，宗教内容更多地蜕化为美学欣赏的对象，包括衍化为文学创作了。这样一方面，中国人对待宗教，包括对待佛教，在作为宗教核心的信仰层面上显得淡漠、游移，宗教在政治上、伦理上所起的作用也受到更多限制；但是另一方面，正由于宗教能够超越狭隘的信仰，又有可能更紧密地与社会生活和思想文化的各个领域发生关联。具体到文学，宗教所发挥的影响也就更为普遍、深入。这样，研究中国文学与佛教的相互影响就是不容回避的课题。正因此，近年来中国佛教与文学相互影响的众多课题成为学术界研究的"热点"，出版了许多论著，取得了可观进展。在有关宗教的全部学术研究中，这也是成绩显著的部门之一。

在这样的环境下，对本书加以修订就显得更为必要。但是受到诸多主、客观条件限制，这次修订不可能更多地吸收近年来中外学界取得的研究成果。作为原书的修订本,基本结构、基本观点、基本内容没有改变。修订主要针对三个方面:一是原书中有些观点、看法、判断显得片面、绝对(这当然与当年的写作环境有关系);二是知识和资料有讹误;三是笔者书写或排印有错误。除此之外,有些章节做了必要补充;为阅读方便对引用资料补足了出处。笔者深知,论学术水准,这部书仍然是十分粗疏、幼稚的,因而一如既往地切盼得到批评、指正。

初版以来,倏忽之间近二十年过去了,笔者也已经华发苍颜,年近古稀了。多年来,尽管笔者能力有限,主观上总算竭尽心力于宗教与文学相互影响的教学与研究,一直深感这是一个十分重要而又有广阔开拓余地的学术领域,但是自己能力本来有限,余力也很有限了。只希望所做的工作能够成为垫脚石,让后来者大踏步地超越过去,创造出辉煌的业绩。

孙昌武
2006 年 8 月 25 日